同济博士论丛
TONGJI Dissertation Series
总主编 伍 江 副总主编 雷星晖

赵渺希 唐子来 著

经济全球化进程中长三角区域城市体系的演化

Evolution of Urban System in Yangtze River Delta in the Course of Economic Globalization

同济大学出版社
TONGJI UNIVERSITY PRESS

内容提要

本书分析了1996—2005年经济全球化进程中长三角区域城市体系的演化，并在相关理论的指导下解析两者之间的因果作用机制，包括就经济全球化作用于城市体系演化归纳出理论假说，对经济全球化的现象进行时空演化的描述，以及对经济全球化与城市体系演化的相互作用进行解析。本书的特点是结合定性与定量研究，通过五个跨国公司全球生产网络价值链案例，进一步证实长三角区域空间经济结构与全球城市经济体系的关系。

本书适合城市规划学、经济学、经济全球化等研究领域的学者阅读参考。

图书在版编目(CIP)数据

经济全球化进程中长三角区域城市体系的演化 / 赵渺希，唐子来著. —上海：同济大学出版社，2018.9

(同济博士论丛 / 伍江总主编)

ISBN 978-7-5608-6931-5

Ⅰ. ①经… Ⅱ. ①赵… ②唐… Ⅲ. ①长江三角洲—城市经济—经济发展—研究 Ⅳ. ①F299.275

中国版本图书馆CIP数据核字(2017)第089354号

经济全球化进程中长三角区域城市体系的演化

赵渺希 唐子来 著

出品人 华春荣 责任编辑 罗 璇 熊磊丽

责任校对 徐春莲 封面设计 陈益平

出版发行 同济大学出版社 www.tongjipress.com.cn

(地址：上海市四平路1239号 邮编：200092 电话：021-65985622)

经　　销 全国各地新华书店

排版制作 南京展望文化发展有限公司

印　　刷 浙江广育爱多印务有限公司

开　　本 787 mm×1092 mm 1/16

印　　张 21

字　　数 420 000

版　　次 2018年9月第1版 2018年9月第1次印刷

书　　号 ISBN 978-7-5608-6931-5

定　　价 95.00元

“同济博士论丛”编写领导小组

组　　长：杨贤金　钟志华

副 组 长：伍　江　江　波

成　　员：方守恩　蔡达峰　马锦明　姜富明　吴志强
徐建平　吕培明　顾祥林　雷星晖

办公室成员：李　兰　华春荣　段存广　姚建中

“同济博士论丛”编辑委员会

袁万城　莫天伟　夏四清　顾　明　顾祥林　钱梦騄
徐　政　徐　鉴　徐立鸿　徐亚伟　凌建明　高乃云
郭忠印　唐子来　阎耀保　黄一如　黄宏伟　黄茂松
戚正武　彭正龙　葛耀君　董德存　蒋昌俊　韩传峰
童小华　曾国苏　楼梦麟　路秉杰　蔡永洁　蔡克峰
薛　雷　霍佳震

秘书组成员： 谢永生　赵泽毓　熊磊丽　胡晗欣　卢元姗　蒋卓文

总序

在同济大学110周年华诞之际，喜闻“同济博士论丛”将正式出版发行，倍感欣慰。记得在100周年校庆时，我曾以《百年同济，大学对社会的承诺》为题作了演讲，如今看到付梓的“同济博士论丛”，我想这就是大学对社会承诺的一种体现。这110部学术著作不仅包含了同济大学近10年100多位优秀博士研究生的学术科研成果，也展现了同济大学围绕国家战略开展学科建设、发展自我特色，向建设世界一流大学的目标迈出的坚实步伐。

坐落于东海之滨的同济大学，历经110年历史风云，承古续今、汇聚东西，秉持“与祖国同行、以科教济世”的理念，发扬自强不息、追求卓越的精神，在复兴中华的征程中同舟共济、砥砺前行，谱写了一幅幅辉煌壮美的篇章。创校至今，同济大学培养了数十万工作在祖国各条战线上的人才，包括人们常提到的贝时璋、李国豪、裘法祖、吴孟超等一批著名教授。正是这些专家学者培养了一代又一代的博士研究生，薪火相传，将同济大学的科学研究和学科建设一步步推向高峰。

大学有其社会责任，她的社会责任就是融入国家的创新体系之中，成为国家创新战略的实践者。党的十八大以来，以习近平同志为核心的党中央高度重视科技创新，对实施创新驱动发展战略作出一系列重大决策部署。党的十八届五中全会把创新发展作为五大发展理念之首，强调创新是引领发展的第一动力，要求充分发挥科技创新在全面创新中的引领作用。要把创新驱动发展作为国家的优先战略，以科技创新为核心带动全面创新，以体制机制改革激发创新活力，以高效率的创新体系支撑高水平的创新型国家建设。作为人才培养和科技创新的重要平台，大学是国家创新体系的重要组成部分。同济大学理当围绕国家战略目标的实现，作出更大的贡献。

大学的根本任务是培养人才，同济大学走出了一条特色鲜明的道路。无论是本科教育、研究生教育，还是这些年摸索总结出的导师制、人才培养特区，“卓越人才培养”的做法取得了很好的成绩。聚焦创新驱动转型发展战略，同济大学推进科研管理体系改革和重大科研基地平台建设。以贯穿人才培养全过程的一流创新创业教育助力创新驱动发展战略，实现创新创业教育的全覆盖，培养具有一流创新力、组织力和行动力的卓越人才。“同济博士论丛”的出版不仅是对同济大学人才培养成果的集中展示，更将进一步推动同济大学围绕国家战略开展学科建设、发展自我特色、明确大学定位、培养创新人才。

面对新形势、新任务、新挑战，我们必须增强忧患意识，扎根中国大地，朝着建设世界一流大学的目标，深化改革，勠力前行！

万　钢
2017 年 5 月

论丛前言

承古续今，汇聚东西，百年同济秉持“与祖国同行、以科教济世”的理念，注重人才培养、科学研究、社会服务、文化传承创新和国际合作交流，自强不息，追求卓越。特别是近20年来，同济大学坚持把论文写在祖国的大地上，各学科都培养了一大批博士优秀人才，发表了数以千计的学术研究论文。这些论文不但反映了同济大学培养人才能力和学术研究的水平，而且也促进了学科的发展和国家的建设。多年来，我一直希望能有机会将我们同济大学的优秀博士论文集中整理，分类出版，让更多的读者获得分享。值此同济大学110周年校庆之际，在学校的支持下，“同济博士论丛”得以顺利出版。

“同济博士论丛”的出版组织工作启动于2016年9月，计划在同济大学110周年校庆之际出版110部同济大学的优秀博士论文。我们在数千篇博士论文中，聚焦于2005—2016年十多年间的优秀博士学位论文430余篇，经各院系征询，导师和博士积极响应并同意，遴选出近170篇，涵盖了同济的大部分学科：土木工程、城乡规划学(含建筑、风景园林)、海洋科学、交通运输工程、车辆工程、环境科学与工程、数学、材料工程、测绘科学与工程、机械工程、计算机科学与技术、医学、工程管理、哲学等。作为“同济博士论丛”出版工程的开端，在校庆之际首批集中出版110余部，其余也将陆续出版。

博士学位论文是反映博士研究生培养质量的重要方面。同济大学一直将立德树人作为根本任务，把培养高素质人才摆在首位，认真探索全面提高博士研究生质量的有效途径和机制。因此，“同济博士论丛”的出版集中展示同济大学博士研究生培养与科研成果，体现对同济大学学术文化的传承。

“同济博士论丛”作为重要的科研文献资源，系统、全面、具体地反映了同济大学各学科专业前沿领域的科研成果和发展状况。它的出版是扩大传播同济科研成果和学术影响力的重要途径。博士论文的研究对象中不少是“国家自然科学基金”等科研基金资助的项目，具有明确的创新性和学术性，具有极高的学术价值，对我国的经济、文化、社会发展具有一定的理论和实践指导意义。

“同济博士论丛”的出版，将会调动同济广大科研人员的积极性，促进多学科学术交流、加速人才的发掘和人才的成长，有助于提高同济在国内外的竞争力，为实现同济大学扎根中国大地，建设世界一流大学的目标愿景做好基础性工作。

虽然同济已经发展成为一所特色鲜明、具有国际影响力的综合性、研究型大学，但与世界一流大学之间仍然存在着一定差距。“同济博士论丛”所反映的学术水平需要不断提高，同时在很短的时间内编辑出版110余部著作，必然存在一些不足之处，恳请广大学者，特别是有关专家提出批评，为提高同济人才培养质量和同济的学科建设提供宝贵意见。

最后感谢研究生院、出版社以及各院系的协作与支持。希望“同济博士论丛”能持续出版，并借助新媒体以电子书、知识库等多种方式呈现，以期成为展现同济学术成果、服务社会的一个可持续的出版品牌。为继续扎根中国大地，培育卓越英才，建设世界一流大学服务。

伍　江

2017年5月

前言

本书的核心内容为：提出命题假设、描述作为背景的现象条件、分析背景条件下区域空间的演化，并利用相关理论对命题作出检验以解析现象条件作用于实体空间的机制。具体包括：一就经济全球化作用于城市体系演化归纳出理论假说，二对经济全球化的现象进行时空演化的描述，三对经济全球化与城市体系演化的相互关系进行解析。

本书研究了1996—2005年经济全球化进程中长三角区域城市体系的演化，并在相关理论的指导下解析两者之间的因果作用机制。研究发现，在经济快速发展的进程中，长三角区域的地区分工联系越来越深地迈入以产业价值链为模式的全球分工网络：

首先，在全球产业分工中，长三角各城市之间关系趋向于按全球价值链进行分工，即转变成为以价值区段为特征的空间经济结构，而整体上产业部类都出现了由低附加值区段产业向高附加值区段攀升的趋势。

其次，经济全球化使得长三角区域城市体系日益嵌入全球产业分工，在生产性服务业功能方面，上海具有非常明显的极核地位，并成为全球网络的重要节点；苏州等成为明显的高技术集聚区域，而长三角区域其余的大部分制造业城市处于全球城市体系中较低的地位。

第三，上海作为长三角区域的“门户城市”，发挥向外连接全球网络和向内辐射区域腹地的“两个扇面”作用，区域内部的城市之间关联网络具有层级和地域的双重属性，企业是城市之间关联网络的“作用者”，区域中的城市联系具有深化的趋势。

在因果作用机制方面，研究采用定性和定量相结合并补充案例的方法进行解释。首先，在定性分析中，以波特的竞争力模型为分析框架，论证了经济全球化通过对地区产业竞争力的作用而对城市体系产生影响。其次，在定量分析中，研究发现全球化对产业部类价值区段、地区产业分工、城市网络联系等方面的演化均产生一定影响。另外，通过案例剖析跨国公司在全球网络中的产业分工，进一步确证了长三角区域空间经济结构被日益纳入全球城市体系之中，且正在转变成为以“价值链”为特征的空间经济结构。

目 录

第二部分 经济全球化的进程

第四部分 因果机制解析

第五部分 结 论

第一部分

导　论

第1章 绪论

1.1 研究背景

随着世界经济的大规模重组和技术变革，旧的经济秩序正在被打破，并产生了大量的跨国界组织如 EU、NAFTA、MERCOSUR、ASEAN、APEC、CARICOM 等(Badie, 1995)。在这一背景下，经济全球化作为一种迅速发展的“流动”现象，使得各个国家、地区出现经济此消彼长的差异状况，并导致了全球城市、全球城市区域的出现。从这些区域空间类型形成、发展的全过程来看，其根本原因就在于经济全球化对于各个国家的区域-城市体系产生了前所未有的重大影响：

一方面，全球化导致空间经济结构的转型和世界城市体系的重组，以“产业链”为特征的空间经济结构正在转变成为以“价值链”为特征的空间经济结构；发达国家的经济重构，产生了以跨国公司为主导的新国际劳动分工(波特，2002)，在这一过程中，既使生产性服务业向大都市集聚，产生了全球城市，与此同时，制造业的转移也为发展中国家提供了发展的机会，一部分国家和地区凭借这个机遇迅速崛起，相应的城市化进程也大大加快(姚士谋，2005)；

另一方面，各国的城市和区域发展越来越纳入全球经济网络，经济全球化的城镇密集区域的国际竞争力是国家综合竞争力的重要组成部分；由城市区域之间的物资、人口、资金和信息流通所构建的“全球性”网络本身就是企业、资本以及劳动力全球化的一部分(David、Halbert, 2010)。唐子来(2006)进一步认为，在经济全球化时代，城市发展越来越面临来自全球层面的机遇和挑战，全球资本的流动性导致了城市之间的竞争日趋激烈，为了吸引更多的外部发展资源(如投资者、旅游者和居住者)，越来越多的地方政府采取城市营销作为城市竞争战略的重要工具。

因此，在经济全球化背景下，对于特定的区域来说，如何依托现有的产业基础、提升产业竞争力、争取全球价值链上游产业已经成为国家和地方制定相关政策以保障社会经济发展的重要议题。而从我国区域发展的实际情况来看，城市化进程正在越来越紧密地与全球经济网络相关联，2004 年我国实际利用外资金额为 606.3 亿元，是仅次于美国和英国的世界第三大外国直接投资的吸纳国，并已形成长江三角洲、珠江三角洲和京津冀三大城镇密集区域。

1.2 研究视角

1.2.1 城市和区域的全球化视角

经济全球化进程中，城市区域的发展面临着新的机遇和挑战，城市体系正在经历前所未有的演化过程，并成为国内学术界的关注议题，且对这一议题的研究已远远超出经济领域，并对城市经济、政策、社会和文化等领域产生日益广泛的影响。范吉提斯、昆曼与魏格纳在对经济全球化与区域经济一体化背景下城市体系进行了研究后认为，城市群实际上是产业空间整合的产物，并占据着全球经济的核心位置(林先杨，2004)。总的说来，全球性的城市区域在经济、政治和社会方面均有着不同于传统意义上的城市区域的特征，不同的学者分别从经济、社会、政治等视角分别对经济全球化进程中的区域空间进行了研究，主要包括：

1. 经济范畴全球化的城市研究

在经济范畴，全球性的资本流、人流和信息流在特定的空间集聚，形成了城市群在特定地域范围内的集聚，并使得关于“全球城市”的研究成为当前国内外研究的一项学术前沿。

全球城市最早源自对世界城市的研究。早在 1915 年西方城市和区域规划先驱盖迪斯(P. Geddes)就提出了世界城市的概念，但最早从事现代世界城市研究的学者是英国地理学家霍尔(Peter Hall)。对世界城市的描述经历了早期的“国际金融中心(Reed，1981)”、“需求中心(弗里德曼，1986)”，到后来“在全球竞争市场中形成的特殊的知识和学习场所”。

1982 年和 1986 年，美国学者弗里德曼(J. Friedman)先后发表了《世界城市的形成》(*World City Formation*)和《世界城市的假说》(*The World City Hypothesis*)。他认为，世界城市作为全球经济网络的“支点”，具有一些特定属性，包括公司总部、国际金融和商务产业的集聚地，全球性的交通和通信枢纽，同时也是国内和国际移民的主要目的地，并且呈现出社会空间的高度极化。弗里德曼被学术界认为是世界城市体系研究的“属性方法”(Attribute Approach)的开拓者。弗里德曼(2008)还认为，全球贸易、生产外包、供应链、政治势力已经使得“扁平化”的全球化对世界产生了不可逆转的影响，且全球化还将进一步加速对产业的组织和营运的影响。

美国学者莎森(1991、1994)将世界城市描述为提供生产服务的空间体系，她发表了《全球城市：纽约、伦敦、东京》(*Global City: New York, London, Tokyo*)一书的首版和新版，深入分析了纽约、伦敦和东京在全球经济网络中的主导作用。她认为，在跨国公司的生产活动趋于全球扩散的同时，更加要求管理功能趋于空间集聚，而纽约、伦敦和东京等全球城市就是全球经济网络的管理中心，金融业和生产性服务业则是这些城市的全球主导功能的核心产业。莎森认为3个世界城市存在两个相互联系的过程：其一是逆工业化、服务行业增长条件下的世界经济的全球化，其二是生产性服务业在这些城市的集聚、吸引过程(Sassen, 1991)。

国内相关研究方面，主要是对国外相关理论的引介与实证检验，如宁越敏(2003)系统地归纳、总结了国内外世界城市的研究进展，并将西方学者对世界城市的分类进行比较；沈金箭、周一星(2003)分析、界定了世界城市的概念；郑伯红(2003)则认为，由于区域之间的全球化和地方化同时并存，使得区域内部的城市间关系更加复杂化，城市体系的地理界线扩展到国界以外，不同地理位置的、不同国家政治制度的城市共同组成全球城市等级体系；周振华(2008)则分析了崛起中的全球城市的战略目标定位及其在相应约束条件下的发展路径问题。

2. 社会范畴全球化的城市研究

在社会范畴的全球化方面，也涌现越来越多的研究成果，并且相对经济范畴而言，社会层面的研究内容呈现出更加多元的趋势。

全球化进程中西方向后福特主义转型的城市其主要特征是社会空间的极化，因此社会贫富差距成为全球化的主要关注点之一(Scott, 2001)；John Eade(2005)分析了全球化变革下不同社会和文化群体参与全球活动的过程；Dettmers(2001)分析了全球化影响下不同社会群体在城市内部的空间分布；Appadurai(1997)分析了全球化条件下相对稳定的社会关系、网络、群体和组织；Donovan D. Rypkema(2005)分析了全球化和城市文化的关系，认为成功的全球城市应予人场所、识别、创新、社区、所有等感受。还有一些学者开始从社会学的最新理论中寻找城市网络的理论，如Richard Smith(2003)借助后结构主义中的联系理论来研究全球城市网络体系。Short(2004)认为全球化对全世界的城市重组是一个关键因素，并举出了一些城市应对全球化的例子，如举办奥运会等重大赛事的活动。国内的一些学者也对全球化对社会空间的影响作了理论的引介，如杨荣斌、陈超(2004)认为世界城市必定也是世界文化的中心之一，李志刚、吴缚龙(2007)则以上海为案例进行了具体分析。

3. 政治范畴全球化的城市研究

对于政治范畴的经济全球化问题，研究中的一个核心问题是政府的作用和地位究竟发生了怎样的变化。随着跨国公司的兴起，跨地域的流动使得企业成为控制经济的核心节点，但是各个地方政府在经济全球化中为了争取本地的福利，采用政策优惠、设施供给等手段进行着激烈的相互竞争，从这个意义上来说，竞争的主体有从国家向地方转换的趋势。因此，探索产业竞争背后的政府作用也是经济全球化的研究方向之一。

事实上，早在三个世纪以前，布罗代尔(Braudel)就将国家与城市这一相互对立的两个实体视作现代世界的起源(Veltz, 2004)。在当代全球城市的相关研究中，莎森(2004)研究了全球政治中的本地政府行为，她认为全球化不仅仅是经济的全球化，地理上不可移动的本地化行为群体可以通过全球形象成为全球的政治势力和主体；莎森(2006)还认为，传统意义上国家是由政策、资本、政权主体、城市空间、世俗框架以及其他动态网域等组成的要素，而经济全球化的过程使得具备该类要素特征的国家地位和角色得以弱化。随着跨国界的城市多元合作不断增多(Scott, 2001)，全球组织的秩序由国别领土相区分的政治地理转向了全球城市区域内相互关联的经济网络(Scott, 1998)，城市不仅仅是国家次一级的组成部分，而且更构成了“全球经济网络的节点”(Amin、Thrift, 1992)。

具体研究方面，Miyamoto(2007)以东京和大阪为研究对象分析了全球化下的城市政策；Ayseuncu则以非西方的两个城市区域——新加坡和马尼拉作为研究对象，认为在全球市场驱动的情况下政府并没有弱化，反而发挥着更加主导的作用(转引自：Sun, 2001)，这一点与郝斯特(1996)、汤普逊(1996)等学者的观点相类似。国内学者陈振光、姚士谋(2001)也认为，城市作为全球性的城市系统的一部分，不是按照传统理论的领土的连续性进行空间组织，而是建构在全球功能性节点(中心城市)以及节点之间的网络(商品流、人流、资金流、信息流)之上的。

1.2.2 本课题的研究视角

本书借鉴霍尔、萨森、卡斯特勒、弗里德曼等学者的研究成果，主要关注经济范畴中全球化对区域和城市发展的影响，并考虑到长三角区域这一研究对象的产业特征，将研究的关注点进一步从生产性服务业扩展到了制造业，从城市体系的角度来观察全球化这一现象对区域空间演化的作用。

在关于全球化的相关研究中，基本可以分为两种：一类是把全球化作为研究的对象，另一类是把全球化作为具体研究问题的参照背景（赫尔德，1999）。本书属于后一类研究，即以经济全球化为重要的参照背景，而将特定区域范围的城市体系作为研究的对象。具体地，本书将经济全球化视作资本、货物、人员、信息等方面的全球性流动，分析全球产业分工的基本格局，并在此基础上对长三角区域的城市体系演化进行实证分析。

1.3 研究命题

1.3.1 研究问题的提出

工业革命以来，城市体系的结构特征体现出明显的行业门类特征，这种城市产业结构都是建立在制造业的基础上，只是每个城市的主导部类不同，这就形成了所谓的“钢铁城市”“纺织城市”或“汽车城市”等，因为每个产业的管理/控制、研究/开发和制造/装配层面往往都集中在同一城市。因而，城市之间的经济活动差异在于产业部类不同而不是价值层面不同，这种差异使得城市体系呈现出水平结构的特征。

自 20 世纪 90 年代以来，伴随跨国公司的全球扩张和布局，价值链已演变为全球生产系统，并成为当前世界经济的一个重要特征。在这一趋势下，新的国际分工深化为按价值链增值环节进行全球布局，城市和区域之间传统的城市职能分工也逐步演变为按照价值链增值环节进行产业分工（唐子来，2009）。

与之相应，以国际大都市为核心的城镇密集区域在全球经济网络中的影响越来越显著，并引起了国际学术界的高度关注。在 1999 年全球城市区域的国际研讨会上，A. J. Scott、霍尔、弗里德曼就对全球城市网络中的区域发展进行了深入探讨，并提及了我国的长江三角洲和珠江三角洲区域发展与经济全球化的关系。从 20 世纪 90 年代初开始，经济全球化对于城市和区域发展的影响开始引起我国学者的关注。1994 年,上海召开了以“迈向 21 世纪的上海”为主题的国际研讨会,率先从经济全球化的视野来考虑上海的城市发展战略。国家有关部门也关注到全球化对于我国城市和区域发展的重要影响。建设部组织了“跨世纪中国城市发展战略研究”,在 1999 年出版了《经济全球化与中国城市发展》一书,该研究报告从全球化的视角,对我国城市发展提出相关的政策建议。

这些学术活动表明,经济全球化进程中城市和区域的演化已经成为一个重要研究领域,该领域既包括城市体系的结构重组,又包括城市内部结构重组。其中经济全球化进程中特定区域城市体系演化是本书研究的关注方向,即在经济全球化进程中,随着空间经济结构重组,长三角区域的城市体系发生了怎样的结构性变化。

按照李德华主编的建工版《城市规划原理》(第三版)中的观点,经济全球化对城市体系的演化可能体现在以下几个方面:其一,在经济全球化进程中,跨国公司的管理/控制、研究/开发和制造/装配层面分别聚集在不同的城市,空间经济结构重组表现为制造/装配层面的空间扩散和管理/控制层面的空间集聚,在此基础上形成依据价值链组织生产的体系格局。其二,在城市职能的空间分异中,以管理/控制为职能特征的城市占据主导地位,并成为全球的和区域的经济中心城市;以制造/装配为职能特征的城市处于从属地位,即主要承担跨国公司制造/装配基地的角色,并有部分城市成为高技术产业集中的研究/开发中心。其三,在经济全球化不断加速的过程中,无论是主导性城市还是从属性城市,它们之间的相互依存程度也更为密切,形成网络化的城市体系格局①。

因此,本书的研究命题主要是对上述观点在特定地域中进行实证检验:

首先,检验经济全球化对区域产业结构的影响。核心问题是要检验在经济全球化背景下,长三角区域各城市是否正以经济活动的行业门类为特征的水平结构到以经济活动的价值链层面为特征的垂直结构。具体而言,这种演化又可分为两大部分,其一是在经济全球化进程中,产业价值区段的区域经济结构逐渐成形,其二是在流动空间的逻辑中,特定产业如生产性服务业和高技术产业对城市职能特征发生了怎样深刻的影响。

其次,检验经济全球化对网络空间结构的影响。核心问题是要检验在经济

① 根据《城市规划原理》第三版(中国建筑工业出版社)的相关内容改写。

全球化加速进程中，长三角区域各城市之间的相互联系程度是否更为紧密。具体而言，随着经济全球化的不断加速，全球城市区域空间结构呈现出网络化的演化趋势，研究将从区域的核心城市在网络中的地位以及其余城市之间联系强度的比较来进行检验。

1.3.2 研究内容的确定

近年来，国内学术界开始关注我国经济发达区域的全球化进程（主要是跨国公司在中国或各个区域的投资分布）或城市体系演化（主要是空间结构），但尚未对于两者之间的因果作用机制进行深入解析，更没有从全球经济网络的“价值链”角度对区域进行深入研究。

另外，从目前西方对经济全球化研究的关注领域来看，绝大部分还是基于跨国公司生产性服务业的总部控制作用来考察城市体系的演化，“全球城市”成为城市和区域经济全球化这一研究领域的热名词。但是，经济全球化进程中的城市不等同于全球城市，全球城市也不能代表参与全球产业分工的所有城市。全球经济重构产生了新的国际劳动分工，一方面是生产性服务业向核心城市集聚，产生了“世界城市”现象；另一方面，制造业的转移也为发展中国家提供了发展机会，一部分国家和地区凭借这个机遇迅速崛起，如长三角区域和珠三角区域的崛起，即代表了全球城市以外的一般城市也处于加速融入经济全球化的进程中。虽然 Scott 提出了全球城市区域的概念，将全球城市的视角放大到相对较大的地域范围来考察，霍尔、卡斯特勒、博尔哈(1994)等人也关注了高技术产业的重新布局，但西方学者的研究在目前仍然是以生产性服务业为主要分析对象的，针对发展中国家尤其是长三角、珠三角等区域的研究更为少见，故有必要进一步将研究内容从生产性服务业扩展到制造业来分析经济全球化，并从城市体系的角度来观察这一现象对区域空间演化的作用。

具体而言，本书在内容上不但关注区域核心城市在生产性服务业的全球节点功能，还应关注其余非核心城市在全球产业分工网络中承接制造业的作用；不但对区域产业参与全球网络分工的状况进行分析，还要对区域内部的空间网络链接情况进行考察；不但要关注不同产业价值区段的空间集聚特征，还要与传统意义上的城市职能分工进行比较。

1.3.3 研究的时空范围界定

在研究的空间范围方面，本书以世界上六大城市密集区域之一的长江三角

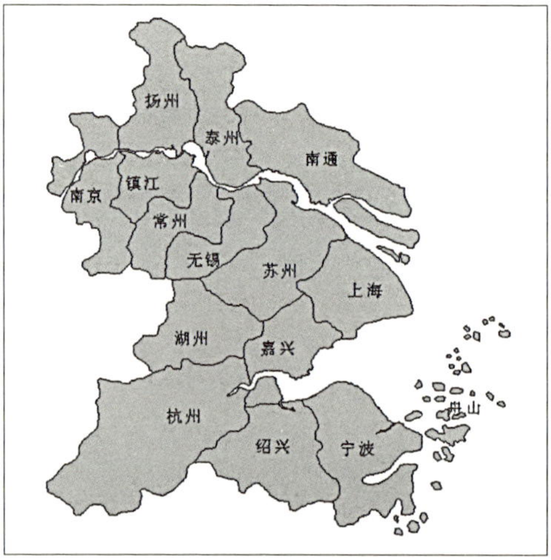

图 1－1　15 个城市在长江三角洲区域的空间分布

洲区域[①](包括上海、南京、苏州、无锡、常州、南通、扬州、镇江、泰州、杭州、宁波、嘉兴、湖州、绍兴、舟山 15 个城市)作为研究的空间范畴(图 1－1)。

在研究的时间范围方面,以我国改革开放后加入 WTO 前后的 1996—2005 年作为研究的时间范畴,从经济全球化的视角来解析长江三角洲区域的城市体系演化的因果作用机制。

目前,理论界对长三角并没有统一的范围界定[②]: 地理意义上的长江三角洲是我国最大的河口三角洲,泛指镇江、扬州以东长江泥沙积成的冲积平原,位于江苏省东南部、上海市及浙江省杭嘉湖地区;传统意义的长江三角洲北起通扬运河,南抵杭州湾,西至南京,东到海滨,包括上海市、江苏省南部、浙江省北部以及邻近海域,面积约为 9.9 平方公里。本书选择 15 个城市这一特定的时空范畴作为研究的对象,综合考虑了地区层面空间单元的稳定性: 行政区划方面,1996 年从扬州地区析出泰州;2003 年后台州开始成为成员[③]。因此总的来说,从 1996 年到 2005 年,长三角区域主体的 15 个构成地区相对稳定,有利于区域演化研究的横向比较。

研究也注意到了在不同的空间尺度,区域演化会有不一样的表征,例如长三角区域中与上海邻近的太仓、张家港、昆山、江阴等地的崛起,空间组织方面呈现出与传统中心地理论不一致的演化趋势,并在一定程度上出现了网络化、多中心的趋向。需要指出的是,研究之所以将研究层次定在地级市以上这一层面,主要

① 长三角区域经济合作会议主要有三个层次: 副省(市)长级别的“沪苏浙经济合作与发展座谈会”;长三角 16 城市市长级别的“长三角城市经济协调会”;长三角各城市政府部门之间的协调会。副省(市)长级别的“沪苏浙经济合作与发展座谈会”,主要是决策。而长三角 16 城市市长级别的“长三角城市经济协调会”,则侧重于落实决策。长三角城市经济协调会,渐渐演变为长三角区域经济合作最具有代表性质的机构和方式。长三角城市经济协调会第五次会议,决定成立长三角城市经济协调会办公室,驻地上海,负责协调、组织和实施长三角区域经济合作日常事务(引自: http: //bbs. anhuinews. com/thread－296941－1－1. html)。

② 引自百科网站: http: //baike. baidu. com/view/181899. htm。

③ 2003 年,台州作为第一个非创始会员加入长三角城市经济协调会,使得长三角区域突破地理概念,使之成为真正意义上的经济圈概念。

还是基于从整体上把握全球化对区域的城市体系影响，而对下一层面(县市区)的分析尽管在附录中有所涉及，并重点讨论了区域网络化模式的演进趋势，但这并不是本书的目的。

1.4 研究意义

经济全球化进程中区域的城市体系演化趋势既是我国城镇化建设中面临的新议题，也是国民经济和社会发展中迫切需要解决的一个关键问题。本书从经济全球化的视角来考察长江三角洲区域的城市体系演化，解析经济全球化在特定时空范畴中的因果作用机制，从而填补城市和区域规划领域的这一研究缺失，也为长三角区域协调发展和提升区域的国际竞争力提供科学依据。本书将要揭示，在全球资本流动的区位选择和各个地方政府的竞争战略之间相互作用过程中，长江三角洲区域的各个城市越来越纳入全球经济网络的“价值链”，由此导致城市体系的等级属性和关联网络发生本质性变化。

1.4.1 研究的实际意义

经过近30年的跨越式发展，我国城镇密集区域已经得到了长足的进步，2007年的统计数据表明，长三角区域的15个地区仅占全国国土面积的1.05%和人口的6.66%，但创造了全国国内生产总值的18.2%、财政收入的24.0%、进出口总额的35.0%和实际利用外资总额的44.8%。因此，在实际应用方面，提升以国际大都市为核心的长三角城镇密集区域的国际竞争力越来越成为我国城镇化进程和区域协调发展的一个战略议题。

我国《国民经济的社会发展“十一五”规划纲要》的“第二十一章：促进城镇化健康发展”在强调大中小城市和小城镇协调发展的同时，要求把城市群作为推进城镇化的主体形态。国家有关部委正在或已经编制京津冀、长江三角洲和珠江三角洲三大城镇密集区域的空间发展规划。

2008年8月6日国务院常务会议审议并原则通过《进一步推进长江三角洲地区改革开放和经济社会发展的指导意见》，指导意见中明确指出，长江三角洲地区是我国综合实力最强的区域，在新形势下加快提升长江三角洲地区经济整体素质和国际竞争力，促进这一地区科学发展、和谐发展、率先发展、一体化发展，对全国改革开放和经济社会发展具有重大意义。

而在本书研究进程中，国务院又于2009年3月25日正式通过了《关于率先形成服务经济为主的产业结构，加快推进上海国际金融中心和国际航运中心建设的意见》，意见中明确指出：推进上海加快发展现代服务业和先进制造业，建设国际金融中心和航运中心，对于发挥上海的比较优势和示范带动作用，更好地服务长三角地区、服务长江流域、服务全国，具有重要意义。

因此，本书研究对相关的区域发展政策制定将有着直接的研究意义，并有可能为区域—城市经济的发展策略提供一定的参考作用。

1.4.2 研究的理论意义

在理论研究方面，尽管国内的学术界对经济全球化的研究已经取得不少成果，但对于经济全球化和各个区域的城市体系演化之间的因果关系尚未取得令人满意的研究进展。

近十年来，长三角区域的发展已经引起了西方学者的注意。1999年，在美国加州大学的洛杉矶分校举行了全球城市区域的国际研讨会，并出版了由A. J. Scott主编的《全球城市区域：趋势、理论、政策》(*Global City-Regions: Trends, Theory, Policy*)一书，探讨了全球化进程中城市区域的最新发展动态和未来趋势，霍尔和弗里德曼在他们的论文中分别提及了我国的长江三角洲和珠江三角洲区域发展与经济全球化的关系。2002年，莎森主编了《全球网络：相互关联的城市》(*Global Network: Linked Cities*)一书，邀请各国学者对于大都市(包括上海)与全球经济的关联网络进行案例研究。

因此，长三角区域经济全球化与城市体系演化的研究对进一步检验理论、发现规律具有非常重要的意义。尽管国际学术界在“经济全球化与城市体系演化”的研究领域已经取得不少成果，但经济全球化在特定时空范畴中的作用机制是显然不同的，本书研究成果能够充实国际学术界的既有理论及其应用。

1.5 研究方案

1.5.1 研究思路

本书研究的思路表现出三个方面的特征。第一是理论和实际相结合的研究方法，本书以全球经济网络理论为指导，以我国长江三角洲区域为实证案例，揭示一般规律在特定时空范畴中的因果作用机制。第二是定量和定性相结合的研究方法，尽管本书研究在各个部分都会采用定量的数据分析，但定量分析的目的是为了检验定性分析提出的因果假说，而不是显示定量分析本身的研究价值。第三是时间和空间相结合的研究方法，本书既要判断经济全球化进程和城市体系演化的时间和空间分布模式，更要解析两者之间的因果关系的时空演化趋势。

1.5.2 研究方法

本书采用从实证分析到理论解析的方法，由表及里，由现象到机制，由静态到动态，由一般到特殊，对近 15 年中长三角城市体系及其演化机制进行研究。相应地，本书采用相关分析、聚类分析等多变量分析手段，以便更为有效地进行模式归纳、趋势判断和因果解析。在分析工具上，将运用 SPSS、MATHCAD、GIS、GOLDEN SUFFER、OFFICE 等软件进行数据处理和分析。

在这些研究方法方面，从实证的角度进行事物的特征分析是本书研究的主要方法论基础。区域现象本身的复杂性和不确定性是本书的出发点，也是作为研究者探究未知世界的动力来源之一，但是各种数理统计和图表分析工具则必须或者尽可能地以确定性的语言说明现象，正如哈维所言，“方法论……允许我们保持一种特殊的哲学而无须拘泥于我们的研究方法”(哈维，1969)。因此，中立地分析客观表象、发掘特征规律是本次实证研究的关键点。

在实证地描述分析长三角区域的客观现象后，理论解析是研究的最后一项工作。解析是各种事实说明之间的联系，或为事实说明与更为普遍的“理论”说明之间的形式联系，而“理论”说明可用来支持事实说明。相关的经济全球化、产业区位和城市体系等理论构成了解析研究的理论基础。在本项研究之中，机制解析的着眼点是经济全球化与区域格局之间的关系，这也是研究的难点。

1.5.3 技术路线

本书采用因果分析(cause and effect analysis)的常规技术路线。首先是分别判断经济全球化作为成因和案例城市在区域城市体系中的职能演化作为后果的时空演化模式，然后是在相关理论的指导下解析两者之间的因果作用机制。因此，本书的技术路线主要为：

1. 理论和实践相结合

以全球经济网络理论为指导并结合相关理论提出基本的理论假说，在此基础上以经济全球化进程为研究的背景，以长三角区域城市体系的演化为描述对象，以此实现理论假说到实证检验的研究过程，再进一步以相关理论为解析工具，揭示一般规律在特定时空范畴中的因果作用机制。

2. 定量和定性相结合

城市和区域空间的演化属于复杂性科学范畴，因此在分析工具方面采用定量和定性相结合的研究手段。尽管本书在各个部分都会采用定量的数据分析方法，但定量分析的目的是为了检验定性分析提出的因果假说，而不是显示定量分析本身的研究价值，也不是为了简单地扩展研究内容，因为区域城市体系的演化有其自身的复杂性，采用多种分析工具组合的方法有助于研究者和阅读者立体地认识城市体系演化的复杂现象。

3. 时间和空间相结合

本书既要判断经济全球化进程和长三角区域城市体系演化的时间和空间分布，还要解析两者之间的因果关系。

为实现上述研究路径，在定量研究工具方面，本书相应地运用各种软件进行数据处理和分析，采用相关分析、聚类分析等多变量分析手段，有效地进行模式归纳、趋势判断和因果解析；在研究数据方面，其一是利用互联网获得尽可能多的初始数据，其二是查阅统计资料（主要是城市统计年鉴和专业志），其三是查阅相关的年度报告、企业名录数据，其四是对城市进行实地走访。

需要强调指出的是，具体的研究框架还需要通过进一步的文献阅读之后才能进行完整构建，即通过文献梳理来完成研究命题的全面理解，在此基础上确定研究对象之间的基本逻辑关系，整理基本的理论假说模型，明确实证检验的具体内容，并为可能的模式归纳提供理论指导。因此，本书框架是构筑于文献综述的基础上的。

1.5.4 研究的资助情况

对经济全球化背景下长三角区域的城市体系演化的研究资助主要有三方面：国家自然科学基金资助项目、同济大学哲学社会科学创新基地基金项目、上海市科学技术委员会软科学博士生资助项目。

第2章 文献综述

2.1 引　　言

以下文献综述主要分为三大部分：前两部分属于文献回顾，最后一部分是在文献回顾的基础上归纳了经济全球化对区域空间演化的可能影响，并结合研究命题对研究框架进行基本构建。

第一部分是关于经济全球化和国际劳动分工的理论，首先总结了全球化的基本概念、主要观点以及基本进程，在此基础上引介了国际劳动分工理论的发展脉络，重点诠释了以全球价值链的主要特征，并归纳了价值链对全球范围内生产性服务业、制造业分工的主要影响。

第二部分是产业区位与城市体系理论，研究首先归纳了产业区位理论的发展概况，回顾了不同时期的区位理论；其次，针对经济全球化对城市体系的影响，研究文献主要回顾了产业价值区段、城市产业职能分工、城市网络联系等理论，并引介了目前在这三方面研究城市体系演化的分析方法，以作为本书的分析工具来研究经济全球化进程中城市体系的演化。

第三，在对经济全球化、区位理论、城市体系等理论相关文献完成回顾总结的基础上，探讨了经济全球化对城市体系演化的可能影响：嵌入全球价值链的产业部类、纳入全球产业分工的城市职能、链接全球城市的网络化趋势，提出了相应的研究方法，并针对上一章绪论中提出的研究命题，结合相关理论指导归纳了研究的理论假说，建构了研究的基本内容和基本框架。

2.2 全球化的一般理论

2.2.1 全球化的基本概念

全球化已经成为当今世界格局中最重要的经济、政治、文化、社会现象之一，其特征在于全球范围内的跨国界的社会、经济、文化、技术等方面的一体化(Dreher、Gaston、Martens，2008)。在经济方面，目前对于经济全球化上没有完全统一的定义，主要原因在于全球化本身是一个复杂的现象，且全球化理论本身不是一种理论而是一个理论群(赫尔德，1999)。随着技术的不断进步，特殊地点和事件所受到的约束越来越少，从而使得人类对时间和空间的控制日益方便，Havey(1989)则以“时空压缩”的概念来概括全球化的这一特征。

一般认为，全球化一词最早是由哈佛大学教授、营销大师李维特(Theodore Levitt)于1983年在《哈佛商业评论》上提出的。李维特(1983)对全球化的解释为：随着新技术的发展，全球通讯成本也大幅降低，在这一影响下，全球各地消费者对商品的品位逐渐趋同化，并为商品提供了规模空前的全球市场。

在具体的概念方面，由于全球化过程中对外贸易、外来直接投资、资本流动、人口迁移和技术扩散的发生，使得各国经济也相应地不断融入全球经济，因此也有一些学者将全球化等同于经济全球化(Bhagwati，2004)。Riley(2005)定义经济全球化的概念为：经济全球化指的是国家之间经济一体化不断增强的过程，并导致了全球统一市场的形成。德拉德赫萨(2009)认为，全球化是众多市场实行自由化、开放和国际整合的过程，涉及从劳动力市场到商品市场、从服务市场到资本和技术市场等广泛的领域。联合国ESCWA机构(2008)在其网站上的相关定义认为，在经济领域，全球化意味着国家之间在货物、资本、服务和劳动力流动等方面的壁垒减少。维基百科全书(2009)将一些学者的观点总结为：全球化是各个地方或区域融入全球的形成过程。

2.2.2 关于全球化的主要观点

全球化同时也是饱受各国民众争议的一项经济趋势(图2-1)。在理论界，大前研一(1990，1995)、郝斯特、汤普孙(1996)、吉登斯(1990)、罗西瑙(1997)、李维特(1983)、波特(1990)、Held(1999)等学者也在各自研究中发表了对全球化的不同观点，其中大前研一(1990)认为全球化意味着一个崭新的时代，各民族国家服从于全球市场的制约，相比之下郝斯特(1996)、汤普孙(1996)则对全球化提出强烈的质疑并指出国家政府依然强大的现实，而吉登斯(1990、1996)、罗西瑙(1997)则认为全球化使得国家和社会正经历一个深刻的变革并努力适应全球联系日益紧密的不确定世界。

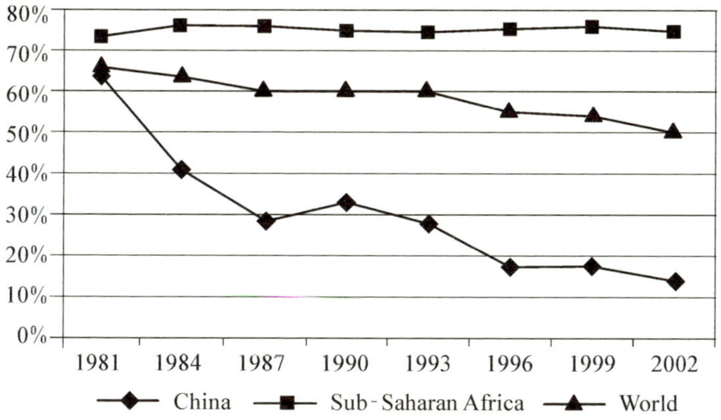

图 2-1　1981—2002 年反对全球化的人群比例变化

资料来源：http://en.wikipedia.org/wiki/Globalization，2007.12.8。

2.2.3　全球化的基本进程

关于全球化的起源和进程在学术界一直存在争议(Frank，1998；成思危，2001；Hobson，2004)。鲍德温和马丁(1999)和我国的成思危(2001)将全球化分为四个发展阶段①，基本如下：

在第一阶段，即前全球化阶段(1750—1870)，交通成本非常高，国际贸易非常少，工业活动是原始的和非动态的，分别各自在发达国家和发展中国家之间开展。这一时期以原料贸易为特征(成思危，2001)，工业的高度分散减少了企业家之间的相互联系，阻碍了技术创新的传播。

在第二阶段(1871—1913)，随着运输成本的显著下降，国际贸易开始增加。集中的向心力使工业的分布和离散度处于一种微妙的平衡状态(克鲁格曼，

① 在西班牙学者德拉德赫萨(2009)的著作中，鲍德温和马丁所说的两个地区为北方和南方，鉴于一般意义上北方指发达国家、南方主要指发展中国家，而位于北半球的我国属于发展中国家，因此本书将其分别明确为发达国家和发展中国家。

1998)。这一时期以产品贸易为特征(成思危,2001),发达国家的工业和发展中国家的非工业化导致两个地区人均收入差距的扩大。在1870—1913年的第一次全球化浪潮期间,商品交换的成本降幅远远大于思想和创新技术交换的成本降幅。

在第三阶段(1914—1960),商品的运输成本继续下降直至达到其自然边界。由于通信技术的发展,思想交换的成本开始下降。一些学者将这一阶段称为"现代全球化"的开始,Yeates(1962)甚至认为是全球化的金融危机导致了第一次世界大战的爆发。但总的来说,这一时期以技术贸易为特征,其中技术贸易主要包括专利权、许可证、使用权等的转让(成思危,2001)。

在目前的全球化阶段(1961年至今),思想交换成本的迅速降低使中心—外围之间的区分不再稳定,离心力发挥着更大的作用(克鲁格曼,1998)。这一阶段,随着科学、技术、产品的新发展,以美国、欧洲等西方国家为主的跨国公司成为全球化的主导(引自:维基百科)①,工业投资流向发展中国家,20世纪60年代以后全球产业分工多次发生较大的转变。这一阶段的特征是资本的输入和输出,资本的输入输出开始主要采取跨国合资的方式,再进一步就变成了兼并收购,从而使得跨国投资的规模迅速增长②(成思危,2001)。

需要指出的是,第四阶段是经济全球化最为明显的阶段,本书以1996—2005年为时空范围界定,这一时期恰恰也是我国加入WTO组织前后阶段,因此选择这一个时间序列能更生动、深刻、直接地观测到经济全球化中长三角区域城市体系的演化。

2.3 全球劳动分工的理论

产业分工是地区经济得以增长的重要源泉,其相关理论一直受到经济学家和地理学家的关注。二战以后,西方发达国家随着信息技术的不断创新和广泛应用,加速了经济全球化并促成了新的国际分工的形成(阎小培,1995)。在全球劳动分工的组织形式方面,新的国际分工导致的产业转移从制造业领域过渡到了服务业,且其内涵发生着不断变化。从资源密集度来看,产业转移从早期的劳

① 引自:http://en.wikipedia.org/wiki/Globalization#cite_note-24。
② 成思危(2001)原指"资金的输入和输出",与本书略有不同。

动密集型产业，逐步过渡到资本密集型产业，再到技术密集型产业；从附加值来看，则由低附加值产业发展到高附加值产业。20 世纪 90 年代以来，产业内分工的日益兴起，使得跨国公司在全球范围按照价值区段进行生产要素的空间配置，进一步深化了国际劳动分工的组织形式。

在劳动分工的理论方面，有两方面的视角：一是从地域（国家和地区）生产要素分布或多因素组合的角度来看待劳动分工，以斯密、李嘉图、俄林直至波特作为这一视角的代表人物；另一视角则是从生产活动的空间组织来看待劳动分工，以 Massey、Scott、Dicken 等学者为代表，将生产的空间结构与经济发展的社会过程、政治政策、技术变革和文化因素等联系起来考虑，重点考虑区域空间的不平衡状况。

2.3.1 全球劳动分工的主要视角

1. 基于生产要素空间分布、组合的视角

传统的国际产业（劳动）分工体制建立在李嘉图的比较优势理论基础上，认为国家之间资源禀赋的差异是形成国际劳动分工的基础：产品的生产在一个国家内完成，并在国家间进行贸易（克鲁格曼，1993）。进一步发扬比较优势理论的是海克斯（Eli F. Heckscher，1879—1952 年，瑞典经济史学者）与俄林（Bertil, Ohlin，1899—1979 年，瑞典经济学家），他们的观点是假设在各国的技术相等的情形下生产方式会决定于土地、劳动力、天然资源与资本等“生产要素”的差异。根据这一标准的理论框架（De la Dehesa，1999），全球化把国际竞争引入了世界经济，使每个参与竞争的国家根据自己生产要素的比较优势进行专业化生产，从而使劳动力、资本和技术得到更好的配置（波特，2002）。

随着经济全球化的不断深入，越来越多的学者提出了这一理论的局限性：首先，赫克歇尔—俄尔模型是建立在一系列脱离现实的假设基础之上的：在现实中运输成本不为零，并且越来越多的贸易是产业内部或者公司内部贸易（即在同一行业或同一公司内部①），而不是行业之间的贸易（即在农业、能源、工业和服务业之间）；而且，规模经济和外部性经济在现实中发挥着重要的作用（德拉德赫萨，2009）。其次，关于生产要素的比较优势并不足以解释全球化背景下丰富多元的贸易形态（波特，2002；德拉德赫萨，2009），例如全球大多数的贸易是发生在要素相近的工业发达国家之间，生产要素的比较优势法则并不能解释这些贸

① 我国学者王中昭（2004）的实证研究表明，我国进出口贸易中产品内的贸易比重不断上升。

易形态，而跨国企业与它在海外的子公司之间大量公司内贸易，更超出生产要素的比较优势法则。

波特在20世纪80年代建立的竞争优势理论，实现了对传统比较优势理论的继承与超越。波特(2002)认为，国家竞争优势形成的根本点在于主导产业是否具有竞争优势，而主导产业是否具有竞争优势又取决于资源要素、需求因素、支柱产业及产业配套状况等多个层面的因素组合。以这一理论为指导，美国重新赢回了世界经济的霸主地位，因而竞争优势理论成为经济全球化下各国进行国际分工定位、实现和挖掘比较优势的主要指导理论。波特的竞争优势既包含了一个国家的初始比较优势——主要取决于资源禀赋，又包含了后发比较优势和潜在比较优势——主要取决于是否具有创新的制度、组织和理念，因此从本质上看，竞争优势仍是比较优势。随着经济全球化，比较优势不仅产生于成本要素的差异，而且越来越可能产生于国家创造独特技术资产的能力(沈志渔、罗仲伟，2006)。

2. *基于生产活动空间组织的视角*

需要指出的是，上述分工理论侧重于生产要素空间分布，而较少从生产活动的空间组织角度来看待劳动力的分工。具体地，在劳动分工的空间维度方面，20世纪70年代以Massey为代表的一批学者从关注区域发展不平衡问题的角度，并把马克思的结构分析方法和空间的社会内涵引入对劳动空间分工的分析中，有力地推动了理论的发展；20世纪80年代初期，Scott把劳动空间分工同现代城市的形成与发展联系起来，并进一步把新制度经济学派的交易成本理论引入劳动空间分工的分析，赋予纵向一体化和纵向分解以空间概念；Dicken和Lloyd(1990)则在Trriedmann、Massey以及Scott等的研究基础上，提出了新国际劳动分工中空间分工的内涵：一些区位处于控制核心地位，一些处于边缘支配地位，以资本功能为特征的区域获得控制权，劳动力过剩区域处于被支配地位(孟庆民、李国平，2000；石崧、宁越敏，2006)。

比较而言，在传统的产业分工理论中，产业被假定服从早已存在的生产要素格局。Massey、Scott、Walker和Stoper等人所开辟的劳动力空间分工的区位分析框架成功地扭转了传统区位论的理论背景，特别强调社会经济过程的分析。他们将生产的空间结构与经济发展的社会过程、政治政策、技术变革和文化因素等联系起来考虑，形成新的区位机理，认为空间形态是社会过程的空间表现，是社会过程、生产的社会关系的变革和综合作用的结果，对诸多的社会经济现象有着很强的解释能力(石崧、宁越敏，2006)。

总的来说，在经济全球化过程中，从产业组织中不同区域的地位来看，劳动分工的空间组织与沃勒斯坦的世界体系理论、阿明的依附理论具有一定的关联；同时就产业组织中不同空间的利润来说，劳动空间分工理论又与波特的价值链理论、藤田的价值链切割理论有一定的关联，因为高、低附加值之间的生产组织是基于不同区域单元的。

2.3.2　全球劳动分工的基本进程

随着对全球化和资本主义生产方式转型研究的展开，有关国际劳动分工以及产业转移的话题逐渐成为研究者关注的焦点。从 1950 年代至今一共经历了以下全球产业分工的转变：

第一次转变是发生在 20 世纪 50 年代的国际劳动分工转变。二战后，美国在确立了全球经济和产业技术领先地位后，率先进行了产业结构的调整升级：在国内集中力量发展汽车、化工等资本密集型重化工业，把纺织业等传统产业通过直接投资向正处于经济恢复期的日本等国家转移，日本则很快成为全球劳动密集型产品的主要供应者(潘悦，2006)。与以往国际劳动分工相比，这种分工最大的特点就在于产品的生产突破国家界限，成为全球生产的一部分，而跨国公司则是促成这一转变的行为主体(波特，2002)。

第二次国际产业转移浪潮发生在 20 世纪 60 年代。科技革命推动发达国家加快产业升级的步伐，美、德、日等国集中力量发展钢铁、化工和汽车等资本密集型产业以及电子、航空航天和生物医疗等技术密集型产业，并将劳动密集型产业转移到新兴工业化国家和地区(波特，2002；潘悦，2006；闫鸿鹏，2009)。

第三次国际产业分工主要发生在 20 世纪 70 年代，是以西方世界石油危机为基本标志的。这一时期的国际分工表现为：发展中国家利用本国生产的技术含量较低而劳动力密集的制成品与发达国家生产的技术和资本含量较高的制成品之间进行交换。这种转变其实是跨国公司将产品制造的企业内分工向发展中国家转移的结果，其特征就是发展中国家在参与国际分工中不再仅仅从事原材料的出口(波特，2002)，劳动分工以劳动密集型生产从工业化国家向发展中国家的转移为特征，通过这种转移使得欠发达国家涌现出越来越多的与世界经济体系相关联的生产部门，并因此使世界不同区域之间的联系发生重大改变(Frobel, 1978)。Palloix 和 Agl 认为，在这一阶段开始向资本产业新兴集中的背景下，伴随着福特制分工形式缩短和新福特制分工的发展，加快了世界经济特别是跨国公司经营专门化劳动过程的深化，以及管理功能集中化和操作过程分散化(孟庆民、李国平,2000)。

20世纪80年代以后,随着石油和初级产品价格大幅度下跌,发达国家之间贸易摩擦加剧,各国为了建立新的国际分工、国际贸易格局和与国际经济相协调的经济结构,出现了又一次世界性产业结构调整和转移浪潮。由于世界统一市场的逐步形成,以及各国之间经济互动性的增强,国际产业转移的规模迅速扩大,美国、日本等工业发达国家产业结构调整加快,纷纷将劳动密集型轻纺业和机械制造业向东亚"四小龙"等转移。20世纪80年代中期以后,随着日元升值加快,这种产业转移进一步升级,中国和东南亚国家成为这种产业转移新的目的地(沈志渔、罗仲伟,2006)。

20世纪90年代中期以来,建立在市场化基础之上的经济全球化程度日益加深,使得经济要素的空间扩散在全球范围内进行,导致新的国际劳动地域分工的形成(申玉铭,1999)。具体而言,在全球的价值链分工体系中,以发达国家为主体,由生产环节向研发设计和品牌营销环节转移;以发展中国家为主体,在生产环节中由下游生产环节向上游生产环节转移,国际劳动分工已从产业层次深入到产品层次和产品生产工序上的分工①(宁越敏,2004;戴宏伟,2007)。在这其中,跨国公司在全球范围内的网络化生产布局成为新型产业分工的重要特征。跨国公司的运作发展使全球在某种程度被整合为一体,区域生产协作和国际生产分工成为世界经济的主导(朱介鸣,2002)。

根据孟庆民、李国平(2000)的研究,时间和空间维度上的新国际劳动分工影响着不同层次经济系统的功能和结构。从全球角度看,信息技术和交通等科技的发展推动新国际劳动分工的发展,而新国际劳动分工发展又刺激信息和交通等科技的发展,从而新国际劳动分工使全球空间距离在缩小,时间差异弱化;时—空接近性越来越强。就空间效应看来看,新国际劳动分工存在着明显的空间等级,波恩和番帝特(J. Poon and K. Pandit)研究指出,全球存在着三级贸易等级;最低级是由单独的国家构成,中间一级是由围绕着日本、法国的紧密贸易区组成,最高等级的是美国和德国,并且在等级体系中,垂直型交叉贸易是主导形式。

总之,1990年代中期以来,随着世界经济全球化的不断深入和竞争的驱动,在企业内国际分工的前提下,价值增值链的任何部分均可安排在能为提高公司

① Goureviteh等人通过对计算机硬盘部件的各个工序在全球布点状况的分析,从实证的角度剖析了生产过程的全球化,即各国在各个工序之间存在分工(Peter Goureviteh,2000);类似地,国内学者李健、宁越敏、汪明峰等人(2006)也从价值链的角度分析了计算机产业的全球空间网络格局。

整体业绩做出最大贡献的地方进行(原小能，2004)。全球生产系统使得新兴工业化国家得以从旧的国际分工转到新的国际劳动分工中，而新国际劳动分工中的全球生产系统的形成，使得这些国家和地区成为全球经济中的重要出口者。从这些新兴工业化经济体融入世界经济体系的共同特征来看，主要有两个：(1) 产业的空间专业化。国际经济制度的趋同、交通和生产技术发展，促成了生产、投资、贸易在全球的快速流动。这使得不同层级的空间领域在世界经济系统中以专业化在某特定产业部门或者生产过程某一环节来从事经济发展；(2) 国家策略性介入，包括工业区、保税区、加工出口区、出口导向型工业化策略等。而这两个特征也成为全球生产系统最终形成的基础条件(宁越敏、李健，2007)。

2.3.3　全球价值链理论

1. 全球价值链的基本概念

全球化带来的市场一体化并不是把所有生产集中到某一些地方，反而使企业将生产过程按照附加价值分为不同环节，分布到各个地区和不同国家(Feenstra，1998)。对这一现象，一些学者总结认为，跨国公司的去本地化生产活动成了一条很长的“价值链”(波特，2002)，囊括了设计、质量控制到分销在内的一整串生产活动，对企业来说，它们也愿意把生产过程越来越多地分布到其他地区。一部分生产活动可能保留在本国，而另一部分可能会转移到外国以寻求每个国家最大的比较优势(德拉德赫萨，2009)。

全球价值链的概念来自全球产业分工的发展。1950 年代以来，以跨国公司为主体的全球生产网络通过跨国公司不断将国内市场、国际市场内部化。在此过程中，跨国公司内部的分工得以突破国家边界的限制成为国际分工的重要部分，其生产网络将分散于全球各地的生产单位纳入同一产品的生产中，并将产业组织扩展到包括发展中国家在内的多个国家或地区(波特，2002)。针对产业组织的各个环节在全球呈现片段分布的现象，波特将其总结为全球价值链的生产模式，其核心思想就是：制造业全球化生产与产品价值链的分工紧密相关(图 2－2)。波特还认为，企业的价值创造是通过一系列基本活动和辅助活动构成的，这些互不相同但又相互关联的生产经营活动，构成了一个创造价值的动态过程，即价值链(图 2－3)。

一些学者对价值链的生产模式提出了类似的学术称谓：Bhagwati 和 Debejia(1994)把国际生产的地理分离现象称为“万花筒式的比较优势”；克鲁格

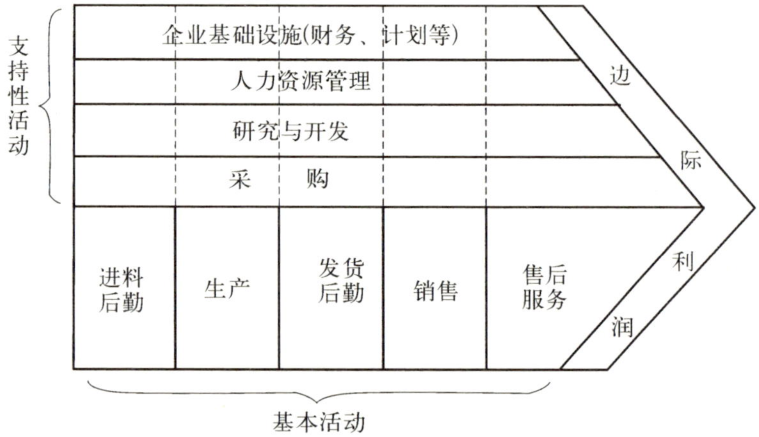

图 2-2　波特的价值链

资料来源：波特，《国家竞争优势》。

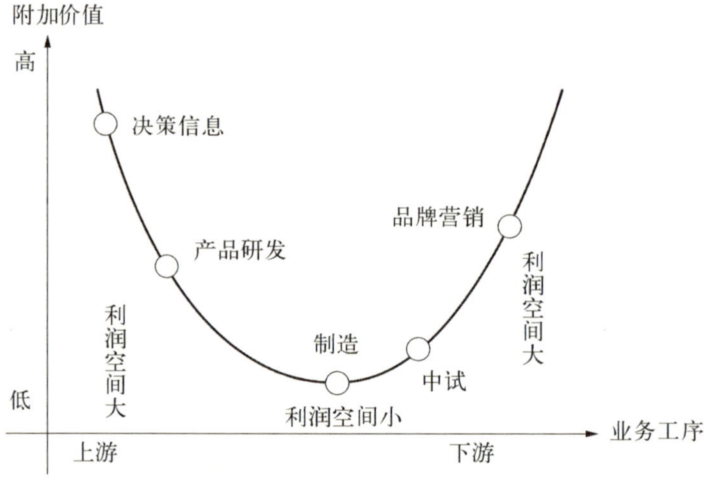

图 2-3　价值链中按照附加价值排列的价值区段

曼(1996)、藤田和西塞(2003)使用了“切割价值链”的说法；里默(1997)将之称为“内媒式贸易”。

还有一些学者称之为垂直专业化(Hanson，1996；Hunnese、Raporort and Yi，1997)，且认为垂直专业化极大地偏离了传统的垂直一体化生产模式，即汽车工业中应用的福特生产模式。

另外，联合国工业发展组织(2008)，Kogut(1985)、卡洛斯(2006)、Gereffi(2006)、Massey(1995)、邓肯(2000)、德拉德赫萨(2009)、Arndt 和 Kierzkowski(2001)等学者也或提出了类似的观点或对类似观点进行了引介阐述。

2. 全球价值链的主要观点

对于全球产业分工产生的影响而言，一些学者提出了一些与全球价值链相关的学术观点（伊曼纽尔、阿明，1990；邓肯，1995；Audet，1996；藤田、西塞，2003；德拉德赫萨，2009；Tempest，1996；Tisdale，1994；Massey，1995；Kaplinsky 和 Morris，2000）。

伊曼纽尔和阿明（1990）对于世界经济体系中不平等交换的成因与机制进行了深入研究，提出了国际交换中的“价值转移”说，并把马克思的价值转化为生产价格的分析引入国际交换领域，表明在国际交换中存在的从低工资国家向高工资国家的价值转移。邓肯（1995）总结了诸多学者对跨国公司生产网络的不均等性研究，认为被不同公司控制的生产系统各部分之间，有控制与被控制之别。类似地，Massey（1995）从“所有权关系决定社会关系”的马克思主义观点出发，认为资金投入状况决定着跨国投资的拥有关系。这些拥有关系可通过在公司董事会中的地位，影响投资企业的重大决策。空间上的所有权关系，便变成了权力关系地理、控制与被控制地理、影响与被影响地理。

3. 价值链分工对区域空间的影响

分工是提高效率并使经济得以增长的重要源泉，在全球经济一体化的环境与背景下，发达国家产业结构正在迅速升级，并由此引发了全球性的产业结构重组及传递浪潮，具体地表现在跨国公司在世界经济中的主导地位越来越突出，管理/控制—研究/开发—生产/装配三个基本层面的空间配置已经不再受到国界的局限。一些学者（转引自：宁越敏、李健，2007）则认为，价值链研究中两个最重要的因素应该是价值链的全球组织和空间布置，最终形成网络化的全球生产系统。但价值链始终是全球经济系统分析领域的一个重要研究分析框架（Hopins、Gereffi et al.，1992、1994）。价值链分工对全球生产性服务业和制造业的空间组织均产生了重大影响：

在生产性服务业方面，弗里德曼（1982、1986）认为，世界城市的特定属性包括公司总部、国际金融和商务产业等生产性服务业。莎森（1991、1994）将全球城市描述为提供生产服务的空间体系，她认为，在跨国公司的生产活动越来越趋于全球扩散的同时，更加要求管理功能趋于空间集聚，而纽约、伦敦和东京等全球城市就是全球经济网络的管理中心，金融业和生产性服务业则是这些城市的全球主导功能的核心产业。

在制造业方面，Dicken（1995）归纳总结了纺织和服装业、半导体、汽车工业等制造业的价值链全球分布。朱介鸣（2002）在分析新加坡工业园区时认为，现代技术的迅猛发展和现代化企业的提升，不断改变着制造业的生产方式和世界贸易的模式，跨国企业的运作发展淘汰了自给自足的经济模式，使全球在某种程度被整合为一体，区域生产协作和国际生产分工成为世界经济的主导。Audet(1996)对兴起于20世纪60、70年代的垂直专业化分工进行了研究，认为由于每个国家只在商品生产的特定阶段进行专业化生产，且使全球中间品贸易在国际贸易中的比重大大上升，对各国的生产效率以及出口绩效产生了重大影响。Audet(1998)还认为垂直分工系统和计算机技术革新进一步促进了产业的重组。藤田和西塞(2003)则从价值链的空间分割效应以及随之而来的非本地化生产趋势出发，认为国家之间的贫富差距随着全球化程度的增加而有所减小。德拉德赫萨(2009)则指出，在劳动密集型生产活动的去本地化的过程中，芭比娃娃和耐克运动鞋是两个典型的例子(Tempest，1996；Tisdale，1994)。

另外，国内相关研究中，宁越敏、李健(2007)指出，经济全球化的进程使全球生产系统网络关系日益复杂化，不仅制造业向发展中国家和地区转移，而且跨国公司管理、研发活动以及相关服务业向发展中国家转移，在这一趋势下，发展中国家的一些重要城市逐渐成为世界城市网络中的成员，而且在世界城市网络中的地位有从低层次向中间层次上升的趋势。谢守红(2002)则指出，经济全球化推动了管理、金融和服务业的全球化进程，从而使城市在全球经济中所扮演的角色日益重要，这一过程中经济全球化导致了世界城市的形成，而世界城市又依靠其强大的经济辐射和扩散能力推动着经济全球化的进一步发展。其他相关研究中，魏后凯(2006)、张小蒂、孙景蔚(2006)、Zhang(2004)、吴福象(2005)、吕文栋、张辉(2002)、王珍(2006)、龚三乐(2006)、汪斌、侯茂章(2006)均从价值链角度出发，进行了相应的理论探讨或实证检验。

2.4 产业区位与城市体系的理论

城市体系的理论与1930年代初的中心地理论有着密切的关系(Berry，1964)，而中心地理论是区位理论的重要组成部分①。需要指出的是，经过近50

① 在白光润(2003)主编的《现代地理学导论》中，作者将中心地理论产业区位理论视为空间区位系统的组成部分，并指出国内城市体系的研究是区位理论运用于实践的重要形式，如北京大学、东北师范大学等高校依据中心地理论对城市体系的研究。

年的发展，产业区位的相关理论得到了快速的发展（如克鲁格曼的新经济地理学、波特的国家竞争优势和钻石模型），与此同时，随着近 20 年来全球范围内社会、经济的大变革，从全球的角度来看待城市体系的发展已经成为目前西方城市体系研究领域中的前沿之一（Taylor，2004）。因此，研究城市体系的相关理论，应从产业区位理论发展的背景来看待。

2.4.1　产业区位理论的发展

1. 古典的区位理论

古典区位论以产业的空间布局为核心，以成本-收益分析为方法，从经济活动的空间分布和空间联系进行考察。早在 18 世纪，欧洲古典经济学家如康提隆、斯密、毕什等探讨并论述过运费、距离、运输等对工业分布的影响，但最具影响的主要是杜能、韦伯两人的区位理论。

杜能于 1826 年完成了《孤立国同农业和国民经济的关系》一书，奠定了农业区位理论的基础。杜能农业区位论揭示了即使在同样的自然条件下，也能够出现农业的空间分异。由于地租收入对同样的作物而言，随着市场距离的增加使得运费增多。在市场（运费为零）点的地租收入和耕作极限连结的曲线被称为地租曲线。每种作物都有一条地租曲线，空间分异源于生产区位与消费区位之间的距离，致使各种农业生产方式在空间上呈现出同心圆结构。

韦伯于 1909 年出版了《工业区位论：区位的纯理论》一书，从而创立了工业区位论。韦伯区位论具有以下特色：首次将抽象和演绎的方法运用于工业区位研究中，建立了完善的工业区位理论体系，为他之后的区位论学者提供了研究工业区位的方法论和理论基础；韦伯区位论的最大特点或贡献之一是最小费用区位原则，即费用最小点就是最佳区位点。韦伯的指向理论已超越了原有仅仅论及工业区位的范围，而发展成为经济区位布局的一般理论。

2. 近代区位理论

近代区位论以利润最大化为目标，体现了对市场区划分和市场网合理结构的关注。随着古典市场经济向现代市场经济的过渡，商品的实现成为企业经营最关键的问题，也即市场问题成为工业企业能否赢利，甚至能否存在的关键。因此，在考虑成本和运费的同时，关注市场区划分和市场网合理结构，是市场学派的近代区位理论发展的必然趋势（白永秀，2006）。

美国经济学家费特从市场空间视角对市场竞争力进行分析后认为，任何工业企业的竞争力取决于销售量、消费者数量、市场空间的大小，但是最基本的是运输费用和生产费用决定企业竞争力的强弱，并且这两种费用的高低与市场空间大小成反比，运输费用和生产费用越低，市场空间就越大，市场竞争力就越强，工业企业的生存和获利的空间就越大（转引自：智库百科）①。

俄林的一般区位理论是在地域是分工和贸易的基本地域单位假设下而形成的。俄林认为，不管是在一个区域内，还是在一个国家内，在一个综合的时间里，所有的商品价格和生产要素价格都是由它们各自的供求关系决定的。工业区位的移动既与已经形成的资本和劳动力配置的历史格局有关，也是生产要素在各地区之间重新配置和均衡关系变动的结果（转引自：智库百科）②。

中心地理论产生于20世纪30年代初，当时正值西欧工业化和城市化迅速发展时期，这一理论几乎同时由德国地理学家克里斯泰勒和廖什提出。通过对德国南部城市和中心聚落的大量调查研究后，克里斯塔勒（1933）发现一定区域内的中心地在职能、规模和空间形态分布上具有一定规律性，中心地空间分布形态会受市场、交通和行政三个原则的影响而形成不同的系统。克里斯塔勒还探讨了一定区域内城镇等级、规模、数量、职能间关系及其空间结构的规律性，并采用六边形图式对城镇等级与规模关系加以概括。在不同的原则支配下，中心地网络呈现不同的结构，而且中心地和服务范围大小的等级顺序有着严格的规定，可排列成有规则的、严密的系列（转引自：周一星，1999）。同样在20世纪30年代，廖什提出了中心地理论：在均质平原、有普及的可用于生产的技术知识和相同的消费需要条件下，生产和消费都在市场区内进行，中心地不是单纯的提供服务的中心，也是日常物品的生产中心，每一种不同的商品有不同的门槛值，有不同大小的市场区，K 值大小反映市场区的大小，不同 K 值的市场区重叠，围绕一个中心旋转、调整，得到廖什景观（转引自：周一星，1999）。

3. 当代主要产业区位理论

1960、70年代后，新古典主义经济学探讨在自由市场经济的理想竞争状态下资源配置的最优化，Alonso 的研究最有影响，用新古典主义经济理论解析了区位、地租和土地利用之间的关系（唐子来，1997）。在城市体系的研究方面，1974年，Henderson 的“城市规模和类型”研究奠定了新古典城市体系理论的基础（转引自：姚士谋，2005）。新古典城市体系理论吸收了中心地理论的城市体系概念，即“经济是由城市体系组成”的理论（Henderson，1996），基本特点可以概括为：

---

① http://wiki.mbalib.com/wiki。
② http://wiki.mbalib.com/wiki。

城市职能是指该城市在贸易商品的生产过程中专业化分工的类型及其城市性质的具体表现；城市职能决定了城市的发展方向和合理规模（Henderson，1974）。

1990 年代后，新经济地理学对贸易条件下城市体系做出了理论解释。新经济地理学最初源于克鲁格曼的“城市区位”研究，主要代表人物还有日本的藤田昌久。新经济地理学的理论基础是新贸易理论（New Trade Theory）。在该理论的支撑下，新经济地理学从报酬递增、规模经济、运输成本和路径依赖的角度出发，采用一系列微观经济学的规模数学模型，分析城市体系形成和发展的动力机制，证明中心地理论的城市体系结构形成的过程（藤田昌久、克鲁格曼，1999）。规模经济是城市形成的“向心力”，而运输成本是阻碍城市形成的“离心力”。因此，在生产厂商的规模经济、运输成本以及要素流动三种因素相互作用下，城市区位就可能形成（克鲁格曼，1995）。克鲁格曼和藤田昌久（1999）也探讨了国际贸易自由化与一个国家产业空间变化的关系，他们认为，一个国家随着贸易自由化的加速，就整体而言，将会出现企业空间的分散化，但随着生产专业化出现，也会带来特定产业的空间集聚（Hanson，1996）。

2000 年以来，波特的钻石模型成为国家和地区产业竞争力的重要理论工具。波特（2002）认为，产业集群是在某一特定领域内互相联系的、在地理位置上集中的公司和机构集合。波特在《国家竞争优势》中提出了“钻石模型”，他认为一个集群的优势依赖于几个相互作用的因素，它们决定了公司的竞争优势。利用波特的钻石模型可以看出哪些公司和产业具有竞争优势，并且他强调有主导产业存在于集群中获得利益的重要性。具体而言，“钻石模型”的构成有四个基本因素：“一是要素条件，二是需求条件，三是相关产业及支撑产业，四是企业的战略、结构和竞争对手，同时还有机会和政府两个附加要素。”波特强调只有在每一个要素都积极参与的条件下，国家发展才能有机地组成一个“钻石模型”构架，创造出企业发展的环境，促进整个产业的发展。而国内竞争的压力和地理集中是使整个“钻石模型”构架成一个系统的必要条件。国内市场竞争压力可以提高国内其他竞争者的创新能力；地理集中将使四个基本因素整合为一个整体，从而更容易相互作用和协调提高。波特的国家竞争优势理论认为，集群在三个方面产生竞争优势：一是提高该领域企业的生产率，二是指明创新方向和提高创新速率，三是加强和扩大集群本身。随着集群优势的形成，利润可以在垂直联系及水平联系企业之间流动（图 2－4）。

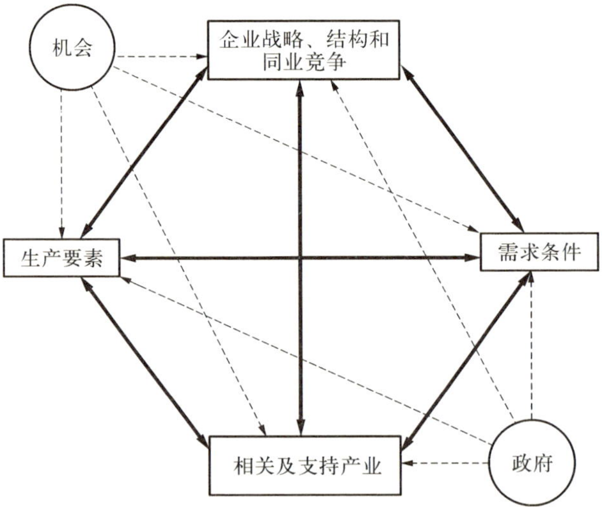

图 2-4 波特的钻石模型

资料来源:《国家竞争优势》。

2.4.2 城市体系理论的发展

1. 城市体系的概念

城市(镇)体系是由 Urban System① 翻译而来,思想萌芽可追溯到霍华德(E. Howard)的田园城市,而其概念最早是由西方学者邓肯(1960)提出的,并且直到 1964 年随着 Berry 的论述才得以广泛传播,因此城市(镇)体系概念的运用至今不过 50 年。在 2009 年最新版的《人文地理学词典》(第五版,由英国 WILEY-BLACKWELL 出版社出版)中,对 Urban System 一词的定义源自 Taylor(2004)的总结:

"在特定地域范围内(国家或者全球)的一系列相互联系的城镇。这一概念源自以中心地理论和系统论为分析方法在国家地域范围内的经济功能以及功能性的劳动分工的运用(Berry, 1964)。"②

---

① 在当代中国最早的《城市地理学概论》(1983 年由于洪俊、宁越敏合著)一书中,这一名词的提法分别为"城市体系""City System"。

② 原文为: A set of interlinked cities and towns set within a specific territory (e.g. the nation or the globe). The concept owes its origins to central place theory、and systems analysis approaches to economic functions, and functional divisions of labour, within national territories (Berry, 1964). While the evolution and contemporary characteristics of national urban systems remains a focus of research, a great deal of urban systems oriented scholarship now focuses on the global scale. Contemporary global cities or world cities research seeks to understand how a network of cities, stretched unevenly across the world, organizes the spaces of the global economy (Taylor, 2004).

接着，Taylor(2004)转而进行了进一步的评述：

"尽管目前研究的重点依旧是国家城市体系的演化和现状特征，但是大量的城市体系研究领域中的学者将重点放到了全球层面。目前关于全球城市或世界城市的探索性研究主要是理解：在全球范围内扩展的城市网络对全球地点的组织。"

对我国城市规划和地理领域来说，这一概念应该属于西译专有名词。尽管在城市规划术语的规范中有"城镇体系规划"的词条，但并没有"城镇体系"的定义。在国内较早的文献中，曹艺民(1989)、顾朝林(1990)、宋家泰(1992)均以"在一个相对完整的区域或国家中，由不同职能分工、不同等级规模、联系密切、互相依存的城镇的集合"这一说法来表述城市(镇)体系。其他部分学者的定义则略有不同，例如王乜(1990)则将其定义为："在一定地域范围内，以中心城市为主体、小城市为纽带，以广大农村为基础，以生产、交通、信息、金融等社会经济联系为网络，由若干不同规模等级和不同类型的城镇有机组合而成的城镇系统。"周一星、陈振光(2003)则在其人教版的《城市与城市地理》中，从系统论的角度对城市体系的特性进行了归纳、总结，这一研究应算是国内对这一学术名词的内涵的最为详尽的阐述。

总的来说，在西方研究领域中，传统意义上城市体系的相关概念和理论与中心地理论、系统论息息相关，近期的理论动态则更主要地从全球网络的角度来看待城市群体的空间组织(Taylor，2004)。从目前国内的研究现状来看，对于城市(镇)体系的认识也取得了长足的进展，不过对在全球化背景中城市体系的演化特征研究尚处于起步阶段。

另外，经过最近几十年的发展，城市体系理论所包含的内容十分丰富，但是对于本书而言，仍然属于有限目的的试探性研究，主要原因在于，申请课题时，课题名称中所包含的"经济全球化进程"已经自明性地指出了研究的目的，因此，研究将从全球化背景下城市和区域的演化理论入手，归纳出理论假说，在此基础上进行有限目标的实证研究，并完成因果机制解析。

2. 城市体系理论的发展

在城市体系这一概念成型之前，西方学术界对城市体系的研究在二战以前就已经开始了。法国地理学家戈特曼早在 1920 年代将研究对象从城市区转到城市体系，开创了现代城市体系空间结构研究的先河。1933 年，克里斯泰勒所著的《德国南部中心地》一书被公认为是开辟城镇体系研究的代表著作。与此同时，其他学者也采用系统的观点开始研究城市体系这一社会经济现象。杰弗逊

(1939)及齐普夫(1942)等对城市群的规模分布进行了理论分析。二战以后,世界城市化步伐加快,涌现大批的新型城市群,系统论成为城市空间研究的重要方法。1945—1955年之间,维宁从经济学角度研究了城市体系对城市发展的意义①。1957年,戈特曼发表了著名的论文"城市带:东北海岸的城市化",其城市带理论已经被现代西方国家,尤其是美国的经济和社会发展所证实(R. Fishman, 1990)。1960年邓肯(1960)在其著作《大都市和区域》中首先明确提出了"城市体系"(Urban System)一词并阐明了城市体系研究的实际意义。

在城市体系的具体研究方面,1954年,Berry(1954)用系统化的观点研究了城市人口分布与服务中心等级体系的关系。1965年费雷德曼(Friedmann)和米勒(Miller)提出了"城市场"(urban field)以及福克斯(Fox)和库马(Kumar)"功能经济区"(functional economic area)的新概念总结。与此同时,数学及计算机也得到了广泛的应用,对系统的最优化(Optimality)、城镇等级规模分布模型以及动态模拟(Dynamic simulation)等方面进行了初步的尝试。特别值得指出的,这一时期的城镇体系研究已开始关注不同地区、不同国家、不同发展阶段体系的对比研究。Berry与霍托恩(Horton,F. F)1970年合著的《城市体系的地理学透视》、1973年的《美国城市体系的增长中心》,帕尔1972年编著的《城市与区域体系模式与过程》,鲍恩与马克诺恩1972年编著的《加拿大中部城镇体系发展》,皮特1973年的《城市增长与信息循环:1790—1840年美国城镇体系》,斯维恩、马克诺恩1975年编著的《城镇体系管理》都是代表性著作。到1978年,加拿大地理学家鲍恩和西蒙斯合编的《城市体系》一书问世,集中了有关方面的各家学说,把城镇体系的研究推向高潮(转引自:于洪俊、宁越敏,1983;顾朝林,2006)。

需要指出的是,进入2000年以来,随着对卡斯特勒的"流动空间"、Sassen的"全球城市"的日益关注,西方相关领域的学者纷纷从网络、生产性服务业、价值链等角度对城市体系进行研究,其中最著名的是以Taylor为首的Gawc全球城市研究团队、以Hall为首的Polynet欧洲城市研究项目团队,并涌现了一批研究

---

① 在2000年以前,国内学者严重敏(1964)、于洪俊、宁越敏(1983)、赵小兵(1986)、田树柏(1987)、杨吾扬(1987)、许学强、叶嘉安、张蓉(1995)、杨万钟(1999)等均以"城市体系"来表达西方学术界的"Urban System"。值得指出的是,国内对这一名词的其他称呼还包括"城镇体系"(严重敏,1985;齐康、夏宗玕,1985;周一星,1986;宋家泰、顾朝林,1988;田文祝,1991;顾朝林,1988、1992;叶舜赞,1994)和"城镇系统"(严重敏,1995;李秉毅,1999)。另外,在华东师范大学等4所高校(1999)合编、杨万钟主编的教材《经济地理学导论》中采用的是"城市体系"这一概念,同样周一星、陈彦光(2003)合编的人教版《城市与城市地理》中也是用的这一说法,另外考虑到在当前学术界中,"城市体系"这一概念与"全球化"更多地联系在一起(在维普中合并搜索时,全球化、城市体系共有11篇,全球化、城镇体系仅有2篇),故采用"城市体系"的提法。

成果，既有定量的实证研究，也有对城市体系核心理论的探讨，如中心地理论与网络化模式的比较、印证，国内一些学者和研究人员也开始以类似视角来进入这一研究领域。

2.5　经济全球化视角中的城市体系

2.5.1　经济全球化与城市体系演化

随着全球流动性的不断增强，西方国家的产业结构及全球的经济组织结构发生了根本的变化：管理的高层次集聚、生产的低层次扩散，控制和服务的等级体系扩散方式构成了信息经济社会的总体特征。按照相关理论假说（图 2-5），由于经济全球化的影响，区域和城市的发展会出现以下特征：

首先，全球产业分工作用促进了一些区域的经济快速增长，而地区产业发展表现为产业部类结构的优化（霍夫曼，1931；库兹涅茨，1941；克拉克，1951；罗斯托，1960；许学强、叶嘉安、张蓉，1995），因而意味着各城市产业价值区段的提升，并且各区域通过发展不同产业附加价值而融入统一的全球价值链（波特，1991；克鲁格曼，1996；Feenstra，1998；Gereffi，1999；邓肯，2000），而这种价值链的产业空间组织有可能使得区域城市体系融入全球产业分工。

第二，产业价值区段的地理分离对城市的产业分工产生了深远的影响：一部分城市成为具有全球控制能力的全球城市（霍尔，1966；弗里德曼，1986；莎森，1999、2001），另外一些地方则成为高技术集聚的区域（卡斯特勒、霍尔，1994；博尔哈、卡斯特勒，2000），而产业价值区段较低的地区则成为处于依附地位的非结构化的外围地区（阿明，1990；博尔哈、卡斯特勒，2000）。

第三，各个城市在全球网络和本地区域网络方面均发生了根本的改变，体现在少数核心城市成为链接全球网络的门户城市（卡斯特勒，1996、2002；Taylor，2001、2003），对区域腹地产生辐射关系，并与区域次核心城市一起构成了区域多核心的网络型分工体系（霍尔、Pain，2006；Batten，1989；Parr，2002；Knaap、Wall，2002；Scott，1998）。

2.5.2　经济全球化作用下的产业部类

经济全球化首先对地区的产业结构产生了重大影响。产业结构的变化与经济发展是对应的，从发达国家的经济发展来看，这种变化表现出一定的规律性，

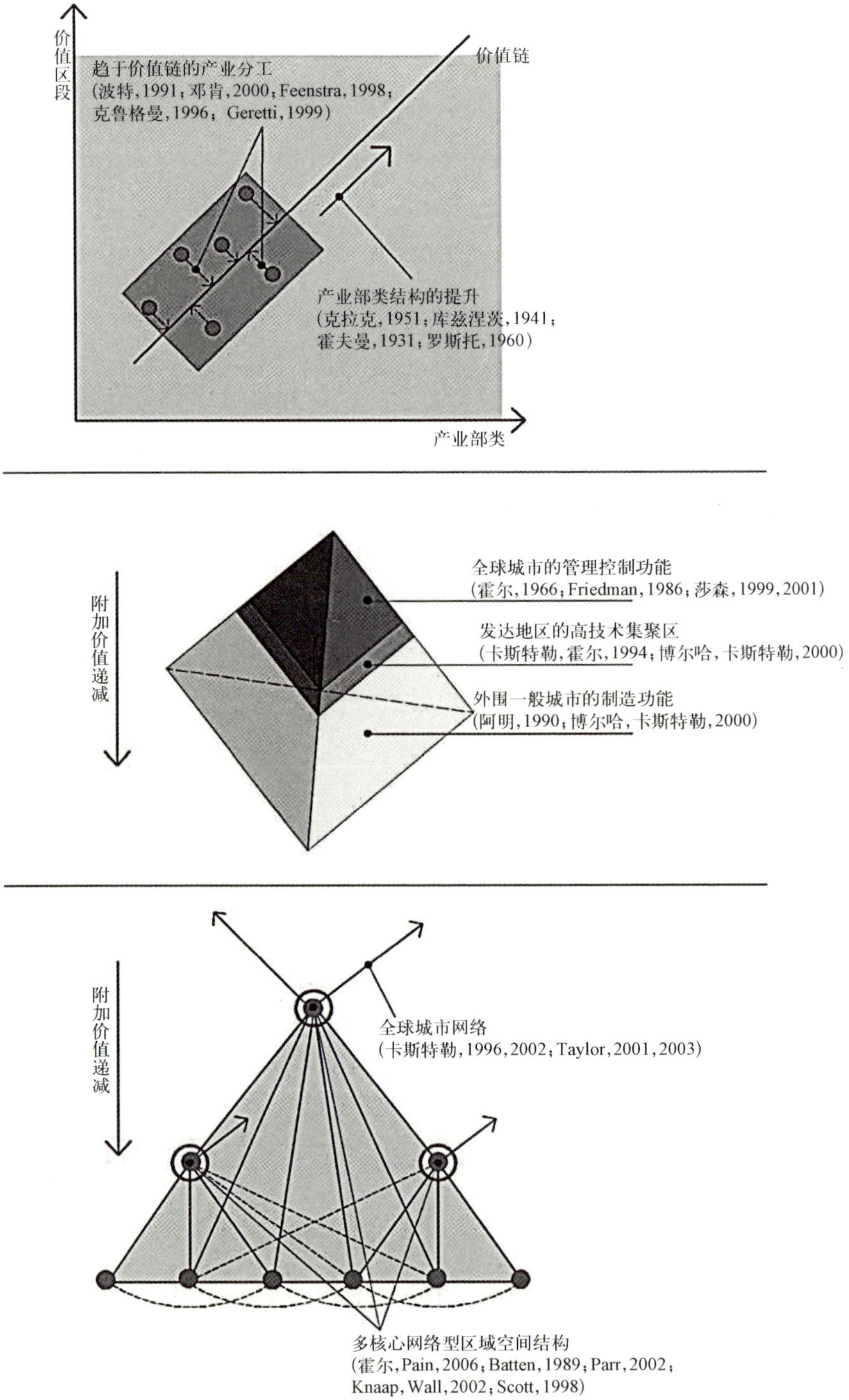

图 2-5　经济全球化作用下城市体系演化的假说

即由低阶段向高阶段的攀升。

经济学界普遍认为，三次产业分类法的确立，实际上是由费希尔于 20 世纪 30 年代完成的。霍夫曼(1931)将产业分为消费资料工业、资本资料工业、其他产业，并认为工业化进程中，消费资料工业的净产值/资本资料工业的净产值呈下降趋势；克拉克(1940)认为，由于各产业之间存在着收入相对差异，而劳动力总是倾向于流向高收入的产业，随着经济发展，人均国民收入水平相应提高，于是劳动力就开始从第一产业向第二产业转移，而当人均国民收入水平进一步提高时，劳动力就会向第三产业转移；库兹涅茨(1941)在继承了克拉克的研究成果基础上，从国民收入和劳动力在产业之间的分布两个方面，对伴随经济发展的产业结构变化进行了分析研究；罗斯托(1960)根据技术标准把经济成长阶段划分为 6 个阶段：传统社会(农业为主导)、起飞前提阶段(轻工业为主导)、起飞阶段(采掘业、钢铁工业、交通设施业为主导)、成熟阶段(电力、机械制造、化工为主导)、高消费阶段(汽车业、石油业、耐用消费品工业等为主导)、追求生活质量阶段(信息业、环保业、服务业为主导)；赤松要通过对日本棉纺工业从进口发展到国内生产，再发展到出口的历史性考察，认为后进国家的产业发展应遵循“进口—国内生产—出口”的模式，使其产业相继更替发展，并被称为“雁行形态说”(转引自：智库百科)。

从经济全球化的视角来看产业结构演化，在外来直接投资和对外贸易不断增长的背景下，全球价值链的出现致使全球产业分工日益深化，而按照经济学的基本原理，产业分工的深化必定带来效率的提高，并导致整体经济福利的增加，这也是国民经济得以运行的基础条件。地区经济的发展必然对其产业结构产生明显的促进作用，这是因为在经济全球化和区域化过程中发生的产业转移，使发达国家将一些产业以及相关的技术转移给发展中国家，这种国与国之间的产业转移客观上为发展中国家产业水平的提升起了很强的推动作用。波特(2002)认为，产业发展趋势从资源密集度即可得到体现，产业转移从早期的劳动密集型产业，逐步过渡到资本密集型产业，再到技术、知识密集型产业；从附加值来看，由低附加值产业发展到高附加值产业。

需要指出的是，单就一个国家或地区的产业结构演化来说，产业结构提升的相关理论仅仅只是描述一种现象，而并没有解释全球产业分工对产业部类结构产生了怎样的影响。结合前述全球价值链的基本概念，其在区域和城市层面的影响主要体现在：产业活动的碎片化且按照附加价值的高低进行生产活动组织、使得各个城市都融入全球化之中(波特，2002)。但是，目前从产业价值区段进行区域空间研究的还相对较少，一般而言往往以行业类型为研究对象，分析价值链在不同城市、区域的活动组织，而缺少以空间为研究视角来看待价值链的分布，已有的以区域空间为对象的研究成果主要分析的是产业结构部类或者产业集群。

2.5.3 经济全球化作用下的产业分工

在全球价值链的影响下，城市的产业分工已从行业间的分工转向全球范围内依据产业价值区段进行产业分工的全球分工模式。根据价值链的生产模式，生产过程会被分割，其中一些部分会被转移到其他更能盈利的地区，乃至整个工业会被转移到发展中国家。

而从经济全球化导致的区域城市产业分工来看，德拉德赫萨(2009)、赫尔德、麦克格鲁、戈尔德布莱特(2000)以及邓肯(2000)指出，跨国公司生产过程的全球性分离成为一大特征，即企业总部、研发处于大部分位于全球城市(莎森，1991)，而外围地区的制造业成为全球网络生产的一个环节，且处于依附地位(阿明，1990)。

根据德拉德赫萨的研究，在全球化的背景下，新兴工业国家和其他将来会崛起的国家在世界工业生产中的份额会逐渐增加，而发达国家也会进一步增加在世界服务业中的份额，即发达国家会越来越专业化于生产和出口的服务方面(德拉德赫萨，2009)，而新兴工业国家则会越来越专业化于制成品的生产和出口，如在 1997 年世界贸易中 30%是服务贸易，世界 500 强企业中 54%是服务业企业(Hufbauer、Warren，1994)。

霍尔等人(1985)出版了《未来的城市形态：新技术的影响》；卡斯特勒斯(1989)等人从不同角度探讨了全球化背景下新技术对城市的可能影响。他们认为，技术变化影响并决定了经济发展，而经济发展影响并决定了城市发展。莎森(1991)分析了对外直接投资(FDI)的基本格局，并指出，早期的 1950 年代 FDI 主要集中于原材料和初级产品，而自 1980 年代开始则转向于技术密集型制造业和服务业，其中生产性服务业的跨国公司投资尤为重要(1991)。值得指出的是，莎森(1991)在分析 FDI 时，其重点是生产性服务业的演化，霍尔(2001)也指出，制造业份额在长三角、珠三角等全球城市区域中具有相当突出的重要性。

2.5.4 经济全球化作用下的城市网络

1996 年，出生在西班牙的美国学者卡斯特勒发表了《网络社会的崛起》(*The*

Rise of the Network Society)一书。他认为,随着网络社会的崛起,流通空间(space of flow)而不是场所空间(space of place)造就了全球城市体系。这里,卡斯特勒的流通空间就是指信息、资本、技术和人力资源的全球经济网络,场所空间则是指城市作为全球经济网络的"节点"。卡斯特勒还认为在全球化背景下,城市区域的功能既是全球的也是本土的,在全球化背景下区域的经济、技术、媒体等都是在全球网络中进行组织的,与此同时日常生活、文化认同和政治参与等活动又是本土化的(卡斯特勒,2002)。卡斯特勒认为,随着网络社会的崛起,流通空间造就了全球城市体系,世界城市的语义中包含了城市之间的关系。另外,"网络联系"也是 Taylor 研究全球城市最重要的分析工具。

在经济全球化过程中,区域城市网络结构是重要的表征形式。按照赫尔辛基城市网络研究小组的定义,网络(network)包含了信息、物资和服务的"流"(Leva Kage、Niko LipLanen, 1999)。Batten(1989)指出,随着信息化的不断深入,新的层级网络将在原有网络的基础上构成地域联系的多重网络结构。但从一般意义上来说,经济基础决定着上层建筑,因此关注于实在的经济联系是城市网络研究的重要方面,其中地域间的公司联系已成为当前西方在城市网络联系方面的主要研究对象,如霍尔、Pain 等人(2001)对大伦敦及周边地区的企业网络联系。

P. J. Taylor(2003)认为世界城市的空间特征首先在于全球化意味着一种特殊的地理单位,其次是空间逻辑的网络社会关系;Taylor(2001)还对世界城市的网络做出了定义:作为全球节点的城市,且这种超级节点是建立在全球经济层面的,生产性服务业形成次一级的层面,在研究中还对网络关系的度量提出了细致的计量方法。

Scott(2001)针对经济全球化对区域的深刻影响,提出了全球城市区域的概念,他认为全球城市区域是在高度全球化下、以经济联系为基础,由全球城市及其腹地内经济实力较雄厚的二级大中城市扩展联合而形成的独特空间现象。

随着全球化的不断深入,跨国交易的飞速发展导致了区域边界的限定作用不断弱化,还有一些学者据此认为:区域的空间组织模式正从传统的中心地模式向网络化模式转化,城市网络交互作用在区域空间组织方面起着越来越重要的作用。在中心地模式和网络化模式这两个框架中,都包含了场所(place)和流(flow)的概念,只不过在中心地理论中,区位场所的等级分布决定了流的分布;而在网络化模式中,则是流的分布决定了区位场所的等级(Taylor, 2007)。Parr(2002)指出,与中心地模式相比,网络化的城市区域的空间组织在中心地分布上更为均衡；Taylor（2007、2008）还以 Town-ness 和 City-ness 的概念分别描述了中心地模式和网络化模式这两种区域空间作用的区别。概括而言，网络化模式以跨越腹地边界的多向联系为表征。德国学者 Knaap、Wall（2002）则在欧洲大都市区的研究中以荷兰为例分析了网络联系的方向性，并总结了 3 种不同网络体系以及与之对应的空间模式（图 2－6）。

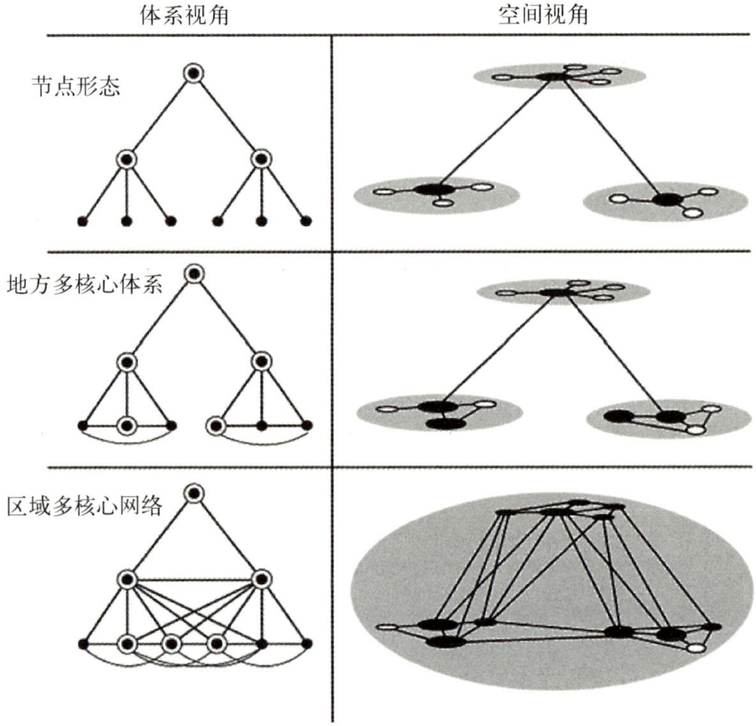

图 2－6　不同网络化模式对应的空间模式

资料来源：Knaap、Wall（2002）。

国内一些学者认为，全球城市区域是由多核心的城市扩展联合的空间结构，而非单一核心的城市区域（周振华，2007），吴缚龙（2006）也提出了多个核心组成网络共同发挥全球城市功能的观点。陆大道（2009）总结了当前世界体系的空间结构，指出这种空间结构是建立在“流”、连接、网络和节点的逻辑基础之上，且其重要结果就是塑造了对世界经济发展至关重要的“门户城市”，即各种“流”的汇集地、连接区域和世界的节点、经济体系的控制中心……在经济全球化趋势下，由“门户城市”及其腹地组成、具有密切劳动分工的“城市—区域”，正在成为全球经济竞争的基本单元。

2.6　城市体系演化的研究方法

2.6.1　产业价值链的研究方法

在既有的价值链相关研究中，研究对象主要是价值链中研发、制造、销售及售后服务等多个环节在全球范围内的区域产业分工。Gereffi(2003)通过研究发现许多价值链都是由一个或几个支配者在进行协调通常占据价值链中的战略环节，由此决定了整个价值链的基本特征；Gereffi(2003)还对服装行业中的价值链进行了研究，他将价值链分为供应驱动型和需求驱动型两种模式，而将研究对象划分为零售商、市场供应商和品牌生产商，并分析了全球服装行业在北美、欧洲、东亚、墨西哥和加内比海沿岸等不同区域的价值链状况；Humphrey 与 Schmitz(2000)对跨国公司研究后认为，全球价值链是由发达国家的主导公司(多以跨国公司形式)负责对全球范围内的经济活动进行统一的整合与协调，是一种对全球价值链上分工的制度安排；Kaplinsky 和 Morris(2000)就价值链的全球化背景作了深入的分析，并提出价值链分析的三个核心要素是准入阻力与租金、管治、类型。国内相关方面，刘婷、薛求知(2006)分析了服务业跨国公司各战略与价值链中不同经济活动的对应关系；张辉(2005)则研究了北京城市产业价值链的基本特征。

值得指出的是，由于本书是以空间为分析视角，以重点行业或者跨国公司为案例当然可以研究经济全球化对长三角区域的作用机制，但是这种案例式的枚举法从研究方法来说具有其天生的缺陷，主要原因就在于行业太细、企业太多导致枚举法无法穷尽所有的可能，因此本书借鉴了英国贸工部从企业附加价值角度分析行业类别、地区空间的方法，将传统的三次产业结构细分为价值区段属性的若干产业部类，既避免了产业结构研究分类过粗的问题，同时又将价值链引入产业部类分析中，并力争使本书中的产业部类与全球价值链相匹配，即通过以价值区段为依据划分产业部类，以了解全球化进程中产业层面的长三角区域空间差异。

在英国贸工部关于产业附加值的年度报告中，虽然该数据是基于欧洲企业的汇总，但其中分行业、分区域的统计分析适用城市体系的研究。

由于投入要素的不同，不同的企业个体、产业部类、产业区域其产出在增加值方面均会出现明显的差异性，英国贸工部的研究报告分析 750 家欧洲最大企业的技术投入密度与资本投入密度的行业分布状况。另外，在关于产业附加值的评判方法中，英国贸工部研究报告以从业人员人均增加值(P_1)和企业增加值占经营成本的比重($P2$)两项指标予以计算，并自 2005 年起连续 3 年作出了关于欧洲和英国企业的附加值年度评价报告，即利用企业附加价值的计算来了解企业的发展策略与动向，为政府制定相应产业政策提供依据。

在产业区域的价值区段差异方面，从图 2－7 可以看出，尽管英国的经济总量小于德国，但是在企业价值区段的区域比较中明显地高于德国，这很好地说明了价值区段与传统意义上国内生产总值的不同。而从图 2－8 可以看出，在对英国、德国、法国三个国家不同产业部类的价值区段贡献方面，尽管 3 个国家构成差异性较大，但是银行业是 3 个国家贡献比重均比较大的产业部类，这也符合全球生产网络中价值链分布的一般规律，即资本控制在经济全球化的生产网络中扮演者举足轻重的地位。

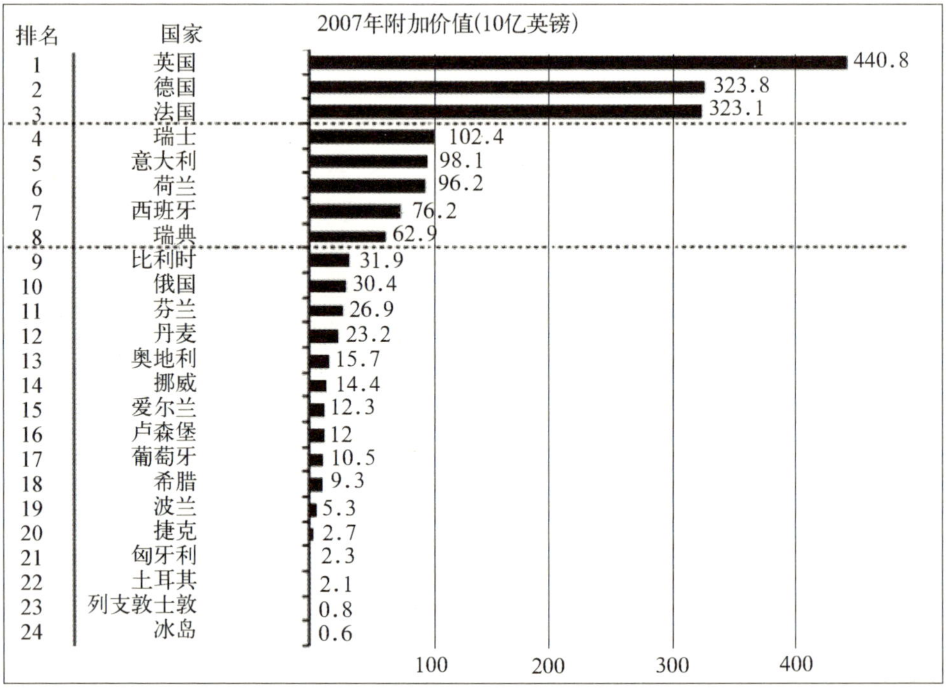

图 2－7　2007 年欧洲企业价值区段的区域差异

资料来源：2007 The top 800 UK & 750 European companies by Value Added。

根据经济全球化作用下价值链空间分离的机制，同时结合产业结构提升的相关理论，研究计划将产业结构在价值链的基础上细分为若干价值区段的产业

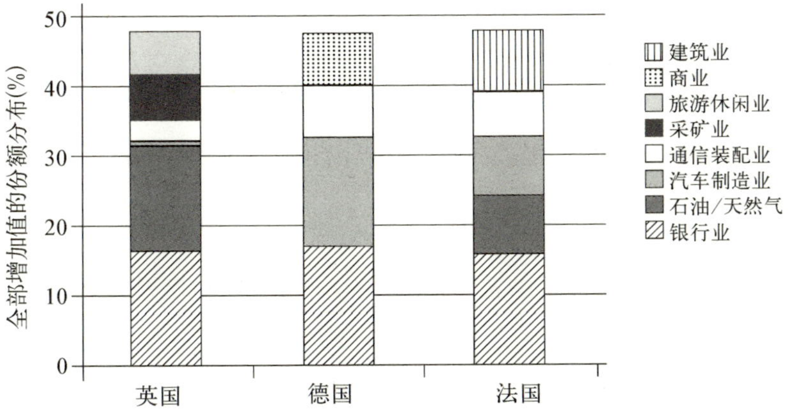

图 2-8　2007 年英国、法国、德国企业价值区段的份额分布

资料来源：2007 The top 800 UK & 750 European companies by Value Added。

部类，并以此展开对全球化背景下长三角区域各城市产业部类价值区段演化的研究。

2.6.2　城市职能的研究方法①

城市职能分类的方法经历了一个较长的发展过程。英国城市地理学家卡特曾经把城市职能分类方法按发展的时间顺序分为 5 种：一般描述方法、统计描述方法、统计分析方法、城市经济基础研究的方法、多变量分析法。

在国外，城市职能分类研究始于 1921 年奥罗索的六分法。大半个多世纪以来，由于城市研究学者对城镇职能理解不同，因此其分类也各不相同。卡特在其 1982 年再版的《城市地理学研究》一书中，把迄今为止的城镇职能分类系统归纳为五大类，即一般性描述、统计描述、统计分析、城市经济基础研究和多变量分析(顾朝林，1996)。值得指出的是，目前国外对城市职能的定义相对较广一些，但在深度上已经逐步转向全球化、信息化的深度研究，如 Taylor(2003)等人对全球城市生产性服务业进行了研究，以此作为确定全球城市的职能研究，Gereffi(1994)研究了分散在世界范围内不同环节之间又相互联系的生产体系；又如 Romano Fistola(2001)则以数字技术发展为视角分析了城市职能的虚拟化、网

① 从本书的前述相关文献来看，经济全球化将使得城市产业分工趋向于以价值区段为表征的部类分工模式，因此区域中产业的空间分异将是研究的重要内容之一。值得指出的是，研究的目的在于以特定区域为实例、通过相关理论指导来进行证实或者证伪，而不是刻意进行学术名词、概念、方法的创新。鉴于产业价值链的区域集聚同城市职能的紧密性，研究回顾了城市职能的研究方法，以期在研究的具体工作中进行应用性的分析。

络化现象等。

20 世纪 90 年代以来，随着全球化的不断深入，全球城市的功能日益受到学者的关注。法国的沙且尔等人对世界城市的特征与功能作了界定（沙且尔，1994）。在西蒙斯研究的基础上，耶兹（1990）建立了城市群体空间演化过程的模型。莎森（1995）对世界城市功能体系进行了描述，认为当今的城市结构群体空间关系正由网络取代传统城市体系的等级概念。Esparza 和 Krmenec（2000）研究了全球化背景下城市体系中各产业的市场影响范围情况，即以美国中西部城市群的生产性服务作为研究对象，并着重考察了中小城市不同生产性服务业的市场销售/服务范围，分析了城市体系中不同层级城市其产业的空间影响范围。

在国内，目前对城市职能的研究虽然很多，但基本上还是引用国外的研究方法进行实证分析。已故地理学者孙盘寿作过西南三省的城镇职能分类，提出了分类系统（顾朝林，1994）。周一星 1997 年发表了综合性的城市职能分类，其理论基础是城市职能三要素：专业化部门、职能强度、职能规模。在方法论基础方面，周一星（2007）采用多变量分析和统计分析的结合，用多变量分析进行客观的分类，用统计分析方法揭示城市的职能特征，以便于命名。与之类似，顾朝林也对中国城市体系的职能结构进行了详细的分析、研究。周一星（1997）、韩延星（2005）、许学强等人（2004）还对这一领域的前沿问题进行了归纳和总结：

第一是目前城市职能研究的众多成果基本上属于静态的和单层面的，在城市职能的动态性、体系性研究尚不足，正如周一星所言，“城市职能分类是某一时点的城市职能的比较研究，是静态的。如果使用同样的方法来分析两个时点（例如间隔 10 年）的城市资料，就可以分析城市职能结构的动态变化。这种研究对资料质量的要求非常高，可以说是这方面的一个前沿课题”。因此，利用不同时间点的平行数据进行长三角地区城市职能的分析是具有理论意义的。

第二是关于经济全球化对区域内各城市产业部类的影响。目前对全球化视角下的城市产业研究往往是从两种视角来看待的：一种是关注在全球范围内具有控制和主导功能的全球城市，这些城市具有生产性服务业主导的共性特征，这种视角目前是西方当前相关学术领域的主要视角；另一种则从发展中国家承接全球制造业转移的角度来考察欠发达地区产业崛起的过程，这些地区往往与全球城市在产业经济方面形成从属关系。尽管这些研究均各自取得了丰硕的研究成果，但是对于一些崛起中的全球城市区域，尤其是这两个过程同时发生的区域如珠三角、长三角，目前相应研究还不是很深入。

第三是关于城市职能的演化规律和方向，以及包括政治、文化等多个层面的城市职能体系性研究尚属空白，如能利用城市职能分类的结果，还可以进行城市职能与其他要素的相关分析。相应地，在国外分析城市职能对其他要素的影响也属于比较前沿的课题，如莎森认为地理上不可移动的本地化行为群体可以通过全球形象成为全球的政治势力和主体（Sassen, 2004）；因此，在城市职能分析的成果应用方面，对区域要素进行深入的关联分析在实践中也具有一定意义。

2.6.3 城市网络的研究方法

随着世界城市为核心的城镇密集区域在全球经济网络中的影响越来越显著，国际学术界的高度关注这一领域，并从属性研究开始转向网络研究，其中跨国公司成为重点。

卡斯特勒认为世界城市的语义中包含了城市之间的关系，在其研究中，卡斯特勒分析了从美国到布鲁塞尔、加拿大、香港、伦敦、墨西哥城、波多黎各、南美、悉尼和东京等地区和城市之间的信息流。从 1990 年代后期开始，以英国 Loughborough 大学为基地的全球化与世界城市研究小组（Globalization and World Cities Study Group and Network）开始成为这一研究领域中最具影响力的学术机构之一，至今已经发表了一大批研究成果。其中特别引人注目的是泰勒（P. Taylor）等人采用“网络方法”（network approach）研究全球化时代的世界城市体系，不仅判断世界城市体系中各个枢纽城市的等级属性，而且分析它们之间的关联网络。从“属性方法”到“网络方法”，对于全球化进程中的世界城市体系的研究取得了重要进展。Taylor(2003)进而对伦敦与其他全球城市的网络联系进行了分析，经过数据分析后研究伦敦在全球城市体系中的位置，包括伦敦与其他全球城市联系的影响强度。在研究伦敦的基础上，Taylor 提出了世界城市体系网络研究的框架：选取世界城市的生产性服务数据，对城市间公司数据进行相似性分析后对世界城市进行分类，其网络分析主要是从层级上和地域空间范围内分析、评估世界城市的联结度，最后的表述分析则试着描述世界城市的空间流动。

另外，其他学者也对世界城市间的网络联系作出了研究，例如 Beaverstock (2000)利用航班作为城市网络关系研究的分析对象；Zook 和 Brunn(2006)分析了全球主要城市的航空运输系统；Junho H. Choi(2006)等运用因特网高速链路和航空运输的客流数据，对 88 个世界城市的联系进行了分析。

在国内对城市网络的研究方面，国内目前还是以应用性研究为主，如郑伯红(2005)系统总结了世界城市的区域腹地、控制型资源决定理论，用信息流动与信息场分析了流动空间相互作用的基本规律，据此提出世界城市的服务价值和网络联结度等概念；研究方法与手段上，用全球服务公司网络联通性评测世界城市网络的联通性，提出并验证世界城市网络化的联结模式。郑伯红在国内目前是最先进行比较系统、详细研究的学者；另外张晓明(2008)也对长三角区域的生产性服务业企业网络进行了研究，但是其选用的企业并非严格意义上的跨国公司。周一星、金凤君(2005)等人关于中国航空网络的城市网络研究；杨兴柱、顾朝林(2006)则分析了南京市域的旅游客流的网络；吴威等人(2006)分析了长三角区域的公路网路；李国平(2009)分析了杭州市域交通流的分布；汪明峰、宁越敏(2006)、虞蔚(1988)、王德(2000、2002、2003)也做出了相应的研究。

2.7 研究框架的建构

2.7.1 基本的因果逻辑关系

按照因果解释的基本链条关系，事件 A 的发生导致事件 B 的发生，事件 B 导致事件 C 的发生，则意味着事件 A 的发生导致事件 C 的发生。并且，在因果机制的基本逻辑方面，“因”“果”之间的关联检验必须排除其他共同变量的影响。

因此，分析经济全球化进程中城市体系演化的因果机制，既要从因果的链条关系出发，又要分析共同变量的作用程度(图 2-9)。

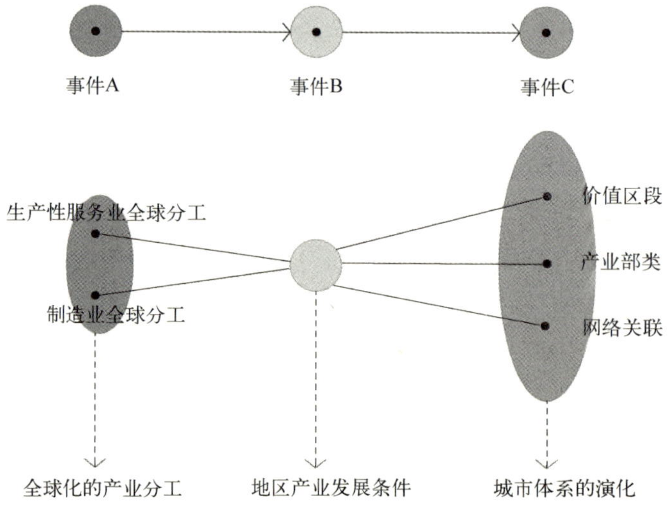

图 2-9　经济全球化与城市体系演化的因果逻辑关系

针对因果逻辑分析的基本条件，再总结前述经济全球化、区域产业发展、城市体系的相关理论，可对本书提供基本的逻辑关系：

经济全球化的实质是在技术进步的前提下，资本、人员、商品和信息的流动速度的空前提高，按照资本获利最大化的原则，跨国公司以全球价值链为产业分工的模式，在全球范围内组织企业的各项活动，从而使得生产性服务业和制造业在全球不同的区位集聚。对于接受经济全球化影响的区域，由于全球资本流动与区域产业条件的结合，特定的产业在特定的地域范围内集聚，从而使得经济全球化对城市体系的演化产生影响。

2.7.2　研究框架的构建

从研究的构架来说，在现象的一般描述方面，经济全球化的表征及内涵、城市体系的演化两部分内容均属于描述性的研究，而作为中间变量的区域产业发展条件，则需要在因果机制中与经济全球化结合起来，以分析区域城市体系的演化。

从研究的描述内容来说，首先是关于经济全球化进程的一般描述，经济全球化包括了资本流、贸易流、人流、信息流等的全球运动，而内涵则包括了生产性服务业和制造业的全球地域分离；其次是城市体系的演化，考虑到经济全球化的内涵，城市体系演化的重点研究方向应是城市产业价值区段、职能分工、网络关联的演化。

需要指出的是，经济全球化并不是地区发展条件中唯一的外部变量，因此在解析中，分析不同要素条件和政府竞争战略在国际资本流动的情况下，如何对城市体系的演化产生作用。在因果机制的基本逻辑方面，“因”“果”之间的关联检验应排除其他共同变量的影响，但事实上，经济全球化与地区产业发展条件具有一定的相互作用，因此，研究经济全球化对城市体系演化的作用机制，还需要分析经济全球化与地区要素条件的耦合关系。

2.8　研究的内容

2.8.1　经济全球化进程

首先，外国直接投资、对外贸易、信息技术和跨境人员流动是经济全球化的最主要特征，因此研究中首先以各个地区的外国直接投资、进出口贸易额、国际互联网普及状况、境外旅游人数作为基本线索，采用多变量分析技术，从资金流、货物流、人流、信息流等多方面分析长三角区域经济全球化的时空演化模式，论证长江三角洲区域的产业经济是全球经济网络的组成部分(图 2-10)。

在分析经济全球化的基础上，进一步分析全球化与区域产业发展的关系：

一方面，需要研究长三角区域生产性服务业的全球城市网络关系，研究将通过收集、处理长三角区域生产性服务业跨国公司的数据，以 Taylor 的分析方法和分析对象来考察区域内各城市与世界其他全球城市之间的网络连接度，描述长三角区域 15 个主要城市生产性服务业全球链接的区域差异，并检验核心城市上海在全球城市网络连接中的区域特征。

另一方面，需要研究长三角区域制造业与全球产业转移的关系，研究将通过计算长三角区域制造业出口产品的全球贸易竞争力，找出长三角区域具有全球竞争优势的制造业，并在分析全球竞争力的研究基础上，对区域内的外资制造业产业集群进行空间分布描述。

2.8.2　城市体系演化

在全球化背景下，长三角区域城市体系演化主要体现在产业部类价值区段时空分异、城市产业部类的职能分工、城市间网络关联等方面，具体将要研究(图 2-10)：

首先，需要定量研究长三角各个地区产业价值区段的整体情况，具体分析区域产业部类的演化情况，并进一步对不同时间截面的地区产业特征进行类型划分，以掌握经济全球化背景下区域产业部类的空间特征。另外，为了深入分析价值链模式的演化情况，还需要分析案例行业内部不同价值环节在区域的空间分布模式。

第二，需要通过产业部类分析来研究城市职能，先以区位熵分析方法得出各城市的比较优势产业部类，在此基础上，从规模角度研究具有比较优势的职能地位，从而得出长三角地区的城市间功能关系的演进情况；并从产业之间和产业内部两方面考察长三角区域的产业异同性，即对各城市或区域的产业差异性或同构性进行定量测度，以演绎经济全球化背景下长三角各地区产业互动的时空演化趋势。

第三，需要分析区域内部城市间的网络关系，本书将从以企业分支机构为表征的经济流基础数据，进行长三角区域网络关系的定量分析，着重分析区域网络关系中“流量”和“节点”，即分析企业视角的区域空间相互作用。

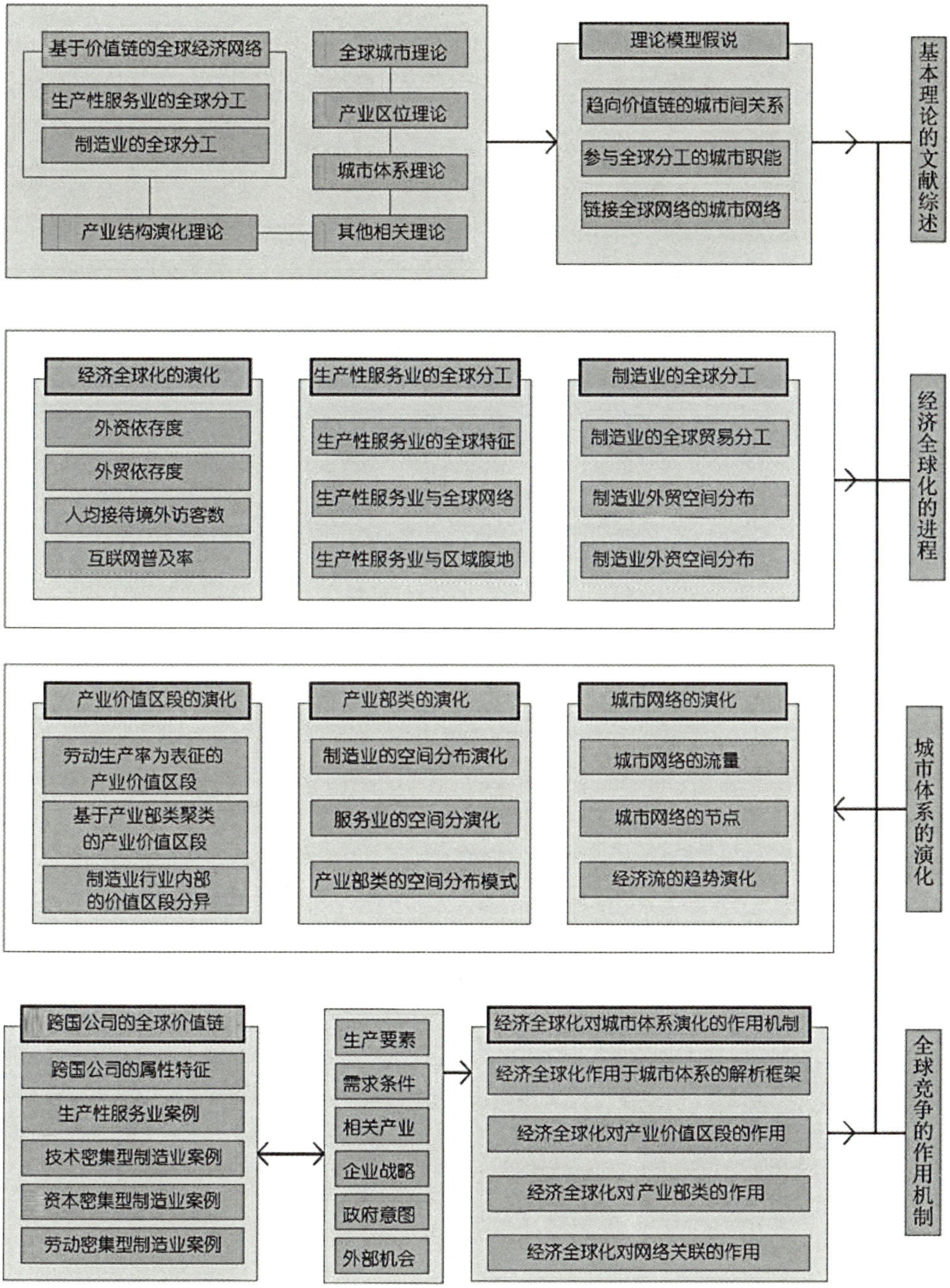

图 2－10　本书研究内容的基本框架

2.8.3 机制解析

在完成上述实证描述研究部分后，探索长三角区域全球化进程与城市体系演化之间的关系，研究主要采用波特的钻石模型结合案例的解析框架。首先采用定量、定性相结合的分析方法来检验两者的关系假设，然后应用全球产业分工理论进行跨国公司的典型案例剖析，论证经济全球化进程和城市体系演化之间的因果作用机制。本书研究将要揭示，在全球资本流动的区位选择和各个地方政府的竞争战略之间相互作用过程中，长江三角洲区域的各个城市越来越纳入全球经济网络的“价值链”，由此导致城市体系的等级属性和关联网络发生本质性变化。

一是经济全球化进程和城市体系演化的因果机制解析。这一部分首先从城市产业竞争力与全球价值链的关系，按照“钻石体系”要素以及政府和机遇等方面分析经济全球化的作用机制；其次，在因果关系检验部分，需要分析各城市产业价值区段与全球化水平之间的相关关系，外资与城市产业职能地位的关系，验证全球化对城市体系演化产生的影响。

二是跨国公司的全球价值链案例剖析。在经济全球化背景下，基于不同区位的比较优势方面，空间成为提高经济效益的因素之一。跨国公司作为整合全球范围内空间资源的行为主体，在不同区位配置不同价值区段的企业活动成为盈利的关键，这一部分的案例将要通过归纳的方法揭示：跨国公司在特定产业、特定地区进行全球价值链分工的方式，从而进一步理解经济全球化背景下长三角区域的城市体系发生演化的本质原因。

第二部分

经济全球化的进程

第3章 经济全球化进程的时空演化

3.1 引　　言

经济全球化的趋势日益显著，对于各个国家和区域的城市发展产生了前所未有的影响。经济全球化进程中特定国家或区域的城市体系演化成为国际学术界关注的一个重要研究领域，这其中，首先需要考察和分析特定国家或区域的经济全球化进程的时空演化格局。

我国已经成为世界第三大的外国直接投资吸纳国，城市和区域发展也越来越纳入全球经济网络，而长江三角洲区域则是我国参与经济全球化的前沿阵地。

本部分研究以长江三角洲区域 15 个城市为空间范畴，以我国改革开放进入全面推进时期的 1996—2005 年为时间范畴，考察和分析经济全球化进程的时空演化格局。

3.2 经济全球化进程的测度方法

3.2.1 经济全球化水平测度指标回顾

自 2001 年开始，科尔尼公司和《外交政策》杂志联合，逐年推出了“科尔尼/外交政策全球化指数(A. T. Kearney/Foreign Policy Globalization index)”，该指数的指标体系包含经济融合、文化交往、技术联络、人力资本、政治参与等维度，每一维度下又包含若干次指标(表 3 - 1)。

世界市场研究中心(World Market Research Center)2001 年 8 月首次发布全球化指数，即 Globalization Index，简称 G - Index。该指数包含“传统经济”和

表 3-1　2008 年科尔尼/外交政策全球化指数排名最高的 20 个城市

位　次	城　　市	最高排名项目
1	纽　约	经济融合(1)
2	伦　敦	文化交往(1)
3	巴　黎	技术联络(1)
4	东　京	经济融合(2)
5	香　港	经济融合(5)
6	洛杉矶	人力资本(4)
7	新加坡	经济融合(6)
8	芝加哥	人力资本(3)
9	首　尔	技术联络(5)
10	多伦多	文化交往(4)
11	华盛顿	政治参与(1)
12	北　京	政治参与(7)
13	布鲁塞尔	技术联络(2)
14	马德里	技术联络(9)
15	旧金山	人力资本(12)
16	悉　尼	人力资本(8)
17	柏　林	文化交往(8)
18	维也纳	政治参与(9)
19	莫斯科	文化交往(6)
20	上　海	经济融合(8)

资料来源：维基百科网站。

"新经济"两大类指标，国际货物贸易、外国直接投资、净私人资本流动、服务产品出口、因特网主机数和国际长途电话使用率 6 个次级指标。

经合组织(OECD)的全球化指数包含了城市对全球化的贡献率(Contribution to globalization)和全球化对各城市的影响程度(Extent of globalization)两个方面，描述的变量主要包括外国直接投资、进出口贸易。

德雷尔(Axel Dreher)认为经济全球化是指商品、劳务、资本以及伴随着市场交换所产生的信息和观念的远距离流动。他采用主成分分析法(PCA)得到全球化指数，其结果较为科学。

兹维茨在科尔尼/外交政策全球化指数和世界市场研究中心的全球化指数的基础上，建立全球化修正指数，简称 MGT(Modified Globalization Index)，包含了全球政治、武装组织、全球贸易、全球金融、人口流动、技术和环境 7 个维度，11 个变量，其算术平均就是全球化指数。

国内学者也对这一前沿问题进行定量分析，如胡鞍钢(2002)认为衡量各国经济开放及经济一体化的主要指标就是贸易类和资本类指标，并考虑新信息技术发展和劳动力国与国之间流动因素，他的“全球化指数”实际上是“经济全球化指数”。该指数分为四大类，共八项指标。

此外，国内其他学者也作了类似的研究：罗肇鸿(2001)认为衡量经济全球化的指标主要有贸易系数、生产要素的国内外流量、企业国际化程度以及有效保护率四类；陈雨露(2000)认为外国直接投资额占 GDP 的比重、抛补利差、储蓄投资相关系数、本国偏向这四个指标可以用来直接而有效地衡量一国金融全球化的程度；刘玉玫(2003)将经济全球化程度的指标体系分为四类：生产一体化指标、投资全球化指标、贸易自由化指标和金融国际化指标，通过对一个经济体上述四方面的指标的综合分析得到其参与全球经济活动的总体量化结果。

3.2.2　本书采用的测度方法

尽管不少研究机构和国际组织提出了国家和区域全球化进程的各种测度方法，但尚未形成广泛的共识。基于本项研究的目的，参照胡鞍钢提出的全球化指数，并结合城市统计年鉴中相关数据的可获得性，形成长江三角洲区域及其各个城市的经济全球化进程的测度方法。

本部分研究选取外资依存度(即港澳台和外国直接投资占区域或城市国内生产总值的比例)、外贸依存度(即商品进出口总额占区域或城市国内生产总值的比例)、人均接待境外访客数(即年入境港澳台和外国访客人数占区域或城市总人口的比例)和国际互联网普及率(即国际互联网用户占区域或城市总人口的比例)作为区域和城市的经济全球化进程的表征指标，并进行初始数据的标准化处理和权重赋值(上述 4 项表征指标的权重分别为 0.4、0.4、0.1、0.1)，最终形成长江三角洲区域及其各个城市的经济全球化指数。这四个指标分别从资本、产品、人员和信息的全球流通方面表征了区域和城市的经济全球化进程。其中，外资依存度和外贸依存度是经济全球化的核心指标，因而赋予更大的权重。

区域和城市的经济全球化指数的计算公式如下：

$$f_{ij} = 100 \times S_{ij} / S_{i\max} \quad (1)$$

$$f_{jz} = \sum \alpha_i \times f_{ij} \quad (2)$$

$$F_{jz} = 100 \times f_{jz} / f_{z\max} \quad (3)$$

式中 f_{ij}——区域或某一城市 j 的 $i(i=1, \cdots, 4)$ 项表征指标的标准值；

S_{ij}——区域或某一城市 j 的 $i(i=1, \cdots, 4)$ 项表征指标的初始值；

$S_{i\max}$——区域或全部城市在全部年份中 $i(i=1, \cdots, 4)$ 项表征指标的最大值；

f_{jz}——区域或某一城市 j 的 4 项表征指标的加权值；

α_i——$i(i=1, \cdots, 4)$ 项表征指标的权重系数；

F_{jz}——区域或某一城市 j 的全球化指数；

$f_{z\max}$——区域或全部城市在全部年份中 4 项指标加权值的最大值。

3.3 外资依存度的时空演化

在 1996—2005 年期间，长江三角洲区域的外资依存度的变化可以分为三个阶段(见图 3-1)。由于受到 1997 年亚洲金融危机的不利影响，1996—2000 年长江三角洲区域的外资依存度呈现逐年下降的趋势，这一阶段的外商直接投资总额也是徘徊停滞的。2001 年我国加入世贸组织，而亚洲金融危机的不利影响也已逐渐消失，2001—2003 年是长江三角洲区域的外资依存度和外商直接投资总额都迅速上升的阶段。在 2004—2005 年，尽管外商直接投资总额仍然有所上升，但长江三角洲区域的外资依存度呈现下降趋势。

以 1996 年、2000 年和 2005 年为时间截面，可以考察长江三角洲区域的外资依存度的空间演化格局(图 3-3)。在 1996 年和 2000 年，外资依存度较高的城市集中在沪宁线上；到了 2005 年，浙江的许多城市也呈现出较高的外资依存度。统计数据也表明，从 2000 年开始，长江三角洲区域中各个城市的外资依存度的离散系数逐年下降(表3-2)。同时，就 1996 年和 2005 年各个城市的外资依存度的排名变化而言，沪宁线上各个城市的排名普遍下降，而浙江和苏中地区的大部分城市的排名是上升的(图 3-2 和表3-2)。上述分析表明，在 1996—2005 年期间，长江三角洲区域的外商直接投资呈现空间扩散的趋势，即从沪宁走廊地区扩散到南部的浙江和北部的苏中地区。因此，外资依存度的时空演化格局从一个方面反映了长江三角洲区域的经济全球化进程的深度和广度。

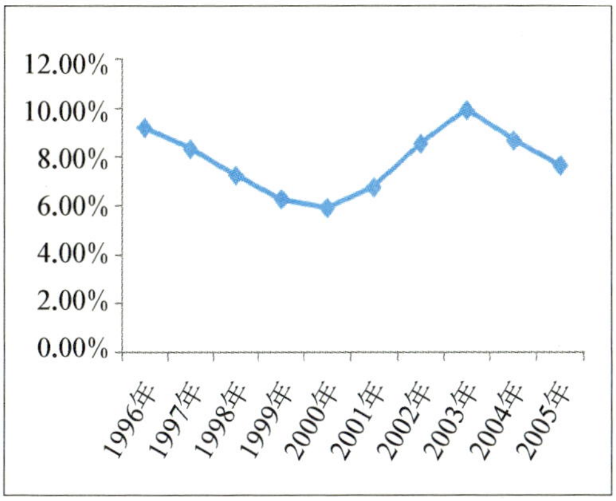

图 3－1　长江三角洲区域的外资依存度的变化阶段

资料来源：各城市统计年鉴。

图 3－2　1996 年和 2005 年各个城市的外资依存度的排名变化

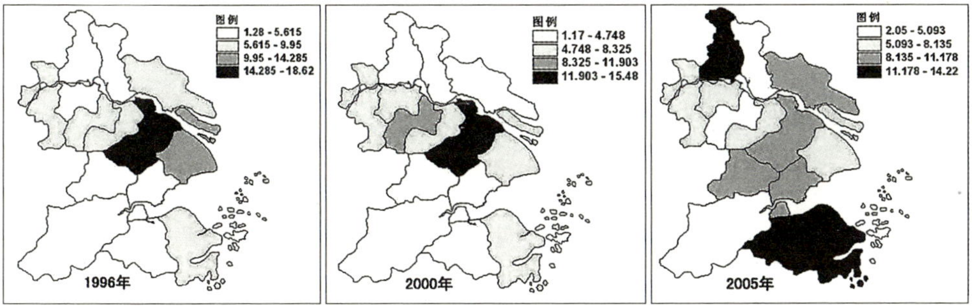

图 3－3　长江三角洲区域的外资依存度(%)的空间变化

表 3－2　长江三角洲区域及其各个城市的外资依存度

	1996 年	1997 年	1998 年	1999 年	2000 年	2001 年	2002 年	2003 年	2004 年	2005 年
上　海	13.19%	11.56%	7.92%	6.02%	5.48%	6.97%	7.25%	7.23%	6.70%	6.19%
苏　州	18.62%	17.87%	18.80%	17.39%	15.48%	14.20%	19.14%	20.09%	12.06%	10.51%
无　锡	8.78%	7.61%	7.26%	6.70%	7.61%	8.45%	9.38%	12.18%	11.97%	5.92%
常　州	9.93%	9.96%	9.13%	9.61%	9.64%	7.64%	6.10%	7.85%	4.36%	4.64%
南　通	6.31%	8.71%	5.01%	3.49%	1.60%	1.79%	2.22%	6.00%	7.45%	9.82%

续 表

	1996 年	1997 年	1998 年	1999 年	2000 年	2001 年	2002 年	2003 年	2004 年	2005 年
扬 州	2.35%	1.62%	1.41%	0.76%	1.17%	1.63%	3.78%	6.15%	8.85%	11.21%
泰 州	2.45%	2.61%	2.43%	1.72%	2.11%	2.25%	2.99%	4.36%	4.93%	4.93%
南 京	5.97%	8.36%	8.13%	7.69%	7.60%	5.74%	9.28%	10.81%	10.27%	6.89%
镇 江	5.59%	10.68%	16.04%	10.09%	5.36%	5.37%	7.39%	10.39%	6.39%	5.65%
绍 兴	5.18%	1.04%	1.64%	1.44%	1.76%	2.89%	7.14%	11.41%	10.52%	11.60%
宁 波	9.26%	4.31%	4.44%	5.34%	6.88%	12.64%	18.21%	16.28%	16.22%	14.22%
舟 山	1.28%	0.77%	2.06%	2.07%	1.84%	1.85%	1.44%	2.24%	2.20%	2.05%
杭 州	4.89%	3.29%	2.80%	2.84%	2.58%	2.65%	2.42%	3.97%	4.58%	4.81%
嘉 兴	2.72%	2.99%	2.31%	2.21%	2.42%	3.82%	5.86%	8.01%	8.43%	8.25%
湖 州	1.82%	1.85%	1.44%	1.66%	2.09%	4.78%	7.49%	9.67%	9.18%	8.35%
长三角区域	9.30%	8.42%	7.33%	6.35%	5.99%	6.83%	8.64%	10.01%	8.77%	7.74%
平均值	6.56%	6.22%	6.05%	5.27%	4.91%	5.51%	7.34%	9.11%	8.27%	7.67%
离散系数	0.70%	0.77%	0.85%	0.83%	0.79%	0.68%	0.69%	0.50%	0.42%	0.41%

数据来源：根据城市统计年鉴的相关数据整理而成。

3.4 外贸依存度的时空演化

如图 3-4 所示，在 1996—2005 年期间，长江三角洲区域的外贸依存度的变化可以分为两个阶段。1996—1999 年是外贸依存度的徘徊停滞阶段，亚洲金融危机的不利影响同样是显而易见的；2000—2005 年是外贸依存度的持续上升阶段，进出口总额也呈现加速上升的趋势。外贸依存度和外资依存度之间存在一定的关联性。2004 年的统计资料表明，我国实际利用外资存量占国内生产总值的比重高达 34.1%，外资企业的出口额占我国出口总额的 57.0%，占我国高新技术产品出口总额的 87.3%。可见，外商直接投资是我国出口总额持续上升的主要动因。

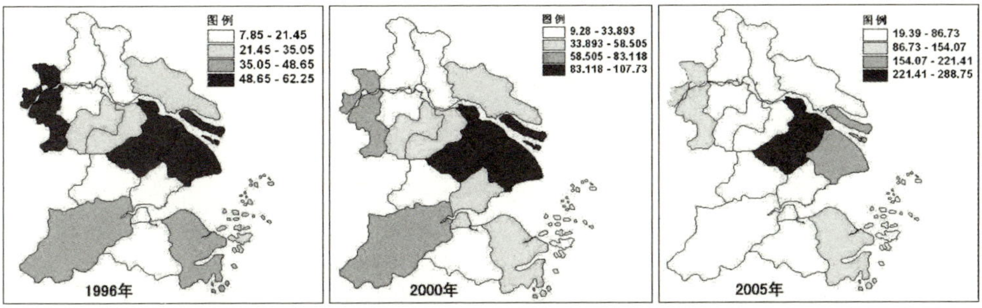

图3-4 长江三角洲区域的外贸依存度(%)的变化阶段

在1996—2000年,尽管长江三角洲区域的外资依存度是逐年下降的,但外贸依存度却是小幅上升的;同样,在2004—2005年,尽管长江三角洲区域的外资依存度又呈现逐年下降的趋势,但外贸依存度则是继续上升的。这种现象可以从两个方面进行解释。其一,尽管当年的外资依存度是下降的,但实际利用外资存量占GDP的比重是上升的,由此导致外贸依存度的上升;其二,随着我国经济的日益开放,国内企业的出口能力也越来越增强了。总之,外贸依存度的持续上升表明长江三角洲区域的经济发展更为紧密地纳入全球经济网络。

以1996年、2000年和2005年为时间截面,可以考察长江三角洲区域的外贸依存度的空间演化格局(图3-5)。在1996年和2000年,外贸依存度的空间格局并未发生显著变化;但到了2005年,外贸依存度的空间分布出现了极化现象,外贸依存度的前三个聚类等级仅包含苏州、上海、宁波和南京四个城市,而在2000年,外贸依存度的前三个聚类等级包含了九个城市。统计数据也表明,从2000年开始,长江三角洲区域中各个城市的外贸依存度的离散系数是逐年上升的(表3-3)。此外,就1996年和2005年各个城市的外贸依存度的排名变化而言,排名上升的城市形成明显的连绵区域,似乎与上海和宁波作为区域主要海港的空间区位相关联(图3-6和表3-3)。

表3-3 长江三角洲区域及其各个城市的外贸依存度

	1996年	1997年	1998年	1999年	2000年	2001年	2002年	2003年	2004年	2005年
上海	62.25%	59.56%	68.19%	76.22%	94.83%	96.66%	104.67%	138.85%	163.93%	168.36%
苏州	56.79%	63.06%	63.84%	76.43%	107.73%	111.16%	144.66%	193.83%	247.38%	288.75%
无锡	23.13%	28.97%	34.47%	32.05%	42.05%	41.50%	52.51%	64.87%	80.27%	86.07%
常州	25.99%	29.63%	26.12%	29.59%	38.86%	40.05%	42.60%	48.18%	51.89%	52.88%

续　表

	1996年	1997年	1998年	1999年	2000年	2001年	2002年	2003年	2004年	2005年
南　通	31.21%	30.89%	28.92%	29.75%	35.44%	33.04%	36.31%	42.42%	45.82%	47.86%
扬　州	12.11%	14.23%	17.15%	15.40%	19.58%	20.16%	22.40%	25.85%	26.30%	25.03%
泰　州	7.85%	9.29%	9.24%	8.12%	9.28%	9.91%	9.51%	12.69%	14.85%	19.39%
南　京	58.41%	59.03%	52.84%	59.31%	70.12%	65.08%	60.27%	71.96%	82.57%	92.92%
镇　江	15.37%	20.37%	31.95%	9.96%	26.74%	23.92%	30.93%	34.45%	39.70%	37.62%
绍　兴	13.03%	11.10%	11.56%	11.50%	17.63%	24.83%	34.46%	45.29%	54.52%	60.20%
宁　波	44.15%	43.36%	36.56%	40.73%	54.48%	57.51%	69.84%	88.93%	102.37%	113.09%
舟　山	27.54%	32.28%	27.43%	24.69%	31.79%	28.25%	26.11%	30.22%	42.17%	44.42%
杭　州	39.70%	38.97%	43.53%	49.54%	62.66%	59.59%	60.83%	71.83%	79.66%	83.95%
嘉　兴	17.78%	21.89%	26.12%	32.04%	43.05%	46.07%	45.10%	57.36%	65.38%	70.76%
湖　州	10.40%	9.41%	8.09%	9.97%	17.62%	17.06%	18.48%	21.91%	25.50%	29.15%
长三角区域	41.42%	42.49%	45.59%	50.22%	65.33%	66.17%	74.68%	97.60%	116.72%	125.50%
平均值	29.71%	31.47%	32.40%	33.69%	44.79%	44.99%	50.58%	63.24%	74.82%	81.36%
离散系数	0.60%	0.56%	0.55%	0.66%	0.62%	0.62%	0.67%	0.73%	0.78%	0.82%

数据来源：根据城市统计年鉴的相关数据整理而成。

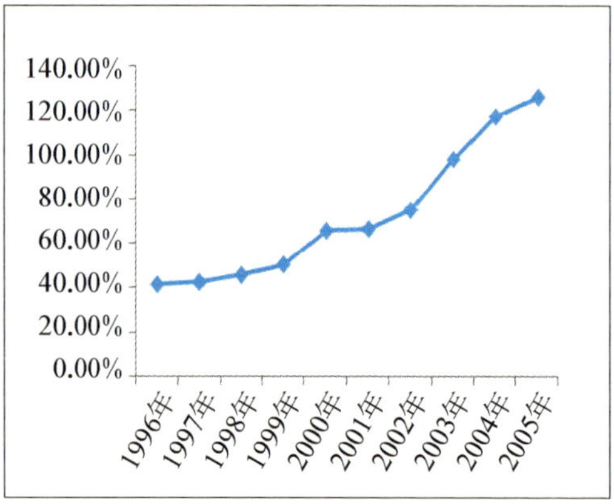

图 3－5　长江三角洲区域的外贸依存度的空间变化

资料来源：各城市统计年鉴。

图 3－6　1996 年和 2005 年各个城市的外贸依存度的排名变化

3.5　人均接待境外访客数的时空演化

如图 3－7 所示，在 1996—2005 年期间，长江三角洲区域的人均接待境外访客数呈现持续上升的趋势。但受到 2003 年的非典型性肺炎的不利影响，人均接待境外访客数的增幅明显下降，而在 2004 年又反弹到了正常水平。很显然，人均接待境外访客数的持续上升是与我国经济开放进程中外资和外贸的不断增长紧密相关的。

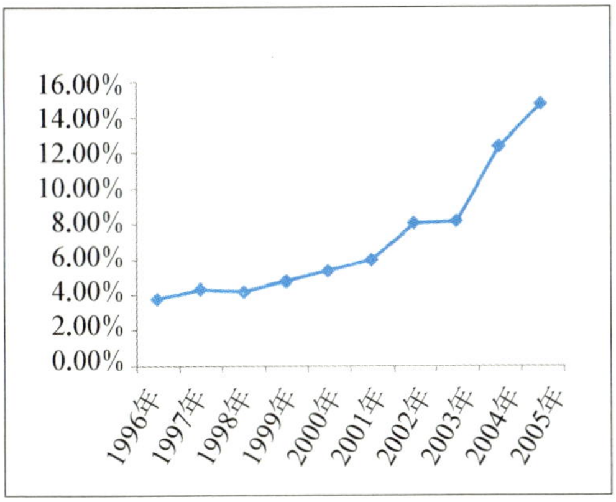

图 3－7　长江三角洲区域的人均接待境外访客数的变化阶段

资料来源：各城市统计年鉴。

图 3－8　1996 年和 2005 年各个城市的人均接待境外访客数的排名变化

以 1996 年、2000 年和 2005 年为时间截面，长江三角洲区域的人均接待境外访客数的空间格局并未发生显著变化（图 3－9），一方面与各个城市的旅游资源相关，另一方面也受到各个城市的外资和外贸发展状况的影响。统计数据表明，在 1996—2005 年期间，长江三角洲区域中各个城市的人均接待境外访客数的离散系数在总体上呈现逐年下降趋势（表 3－4）。此外，就 1996 年和 2005 年各个城市的人均接待境外访客数的排名变化而言（图 3－8 和表3－4），作为主要旅游目的地的绝大部分城市（包括上海、苏州、杭州、南京和无锡）的排名保持不变或有所上升，但舟山的排名是下降的，在其他城市中嘉兴的排名显著上升和湖州的排名略有上升。相关分析表明，这些主要旅游目的地既有丰富的旅游资源，也是经济开放程度较高的城市。尽管舟山也有丰富的旅游资源，但经济开放程度不高(2005年的外资依存度和外贸依存度在长江三角洲区域的排名分别为第15位和第11位),因而人均接待境外访客数在区域中的排名从1996年的第3位下滑到2005年的第6位。嘉兴和湖州位于主要旅游目的地之间区域,经济开放程度(外资依存度和外贸依存度)在区域中排名的显著上升带动了人均接待境外访客数的排名上升,因为商务访客已经越来越成为境外访客的重要组成部分。

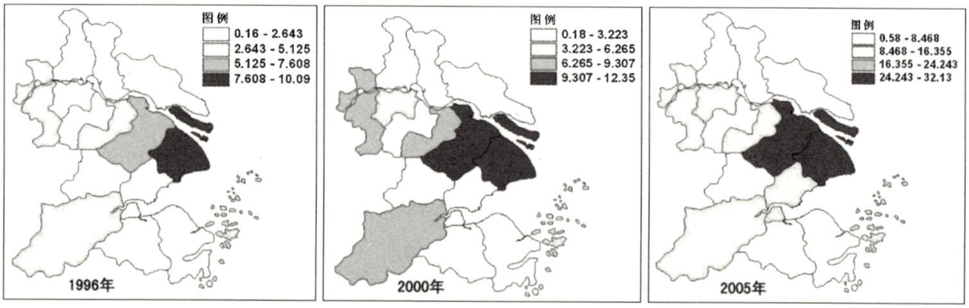

图3-9 长江三角洲区域的人均接待境外访客数的空间变化

表3-4 长江三角洲区域及其各个城市的人均接待境外访客数增长率

	1996年	1997年	1998年	1999年	2000年	2001年	2002年	2003年	2004年	2005年
上海	10.09%	11.35%	10.43%	11.24%	11.05%	12.66%	16.77%	18.69%	28.24%	32.13%
苏州	6.16%	7.23%	7.65%	10.53%	12.35%	10.94%	15.26%	13.80%	21.73%	25.69%
无锡	4.51%	5.04%	5.23%	5.97%	7.54%	9.07%	10.87%	9.90%	12.06%	14.55%
常州	0.61%	0.70%	1.00%	0.82%	0.97%	1.39%	2.36%	3.20%	4.10%	5.17%
南通	0.70%	0.96%	0.78%	0.50%	0.61%	0.61%	0.68%	0.82%	1.21%	1.70%
扬州	1.18%	1.38%	1.49%	1.62%	1.90%	2.23%	2.68%	2.85%	4.14%	4.99%
泰州	0.16%	0.10%	0.09%	0.14%	0.18%	0.22%	0.24%	0.43%	0.51%	0.58%
南京	4.66%	5.57%	5.73%	7.05%	7.69%	8.49%	9.96%	9.00%	12.33%	14.56%
镇江	2.02%	2.48%	3.14%	2.73%	3.93%	4.30%	5.60%	5.88%	9.52%	11.45%
绍兴	0.75%	0.81%	0.84%	0.91%	1.11%	1.38%	2.32%	2.00%	3.53%	4.60%
宁波	1.67%	1.88%	1.87%	2.08%	2.29%	2.96%	3.76%	4.04%	5.83%	7.87%
舟山	4.72%	5.34%	4.80%	5.65%	6.22%	7.33%	8.65%	5.67%	12.02%	14.48%
杭州	4.53%	4.75%	4.27%	5.27%	6.45%	7.12%	9.92%	7.50%	12.15%	15.46%

续　表

	1996 年	1997 年	1998 年	1999 年	2000 年	2001 年	2002 年	2003 年	2004 年	2005 年
嘉　兴	0.61%	0.70%	0.68%	0.78%	0.89%	2.90%	6.75%	5.68%	10.19%	13.23%
湖　州	0.27%	0.37%	0.38%	0.38%	0.49%	0.78%	1.61%	1.85%	2.74%	3.97%
长三角区域	3.83%	4.38%	4.24%	4.83%	5.41%	6.04%	8.09%	8.19%	12.40%	14.80%
平均值	2.84%	3.25%	3.23%	3.71%	4.24%	4.83%	6.50%	6.09%	9.35%	11.36%
离散系数	1.00%	0.99%	0.95%	1.00%	0.95%	0.85%	0.81%	0.83%	0.82%	0.78%

数据来源：根据城市统计年鉴的相关数据整理而成。

3.6　国际互联网普及率的时空演化

如图 3 - 10 所示，在 1996—2005 年期间，长三角区域的国际互联网普及率的变化可以分为两个阶段。1996—1999 年是国际互联网普及率的缓慢上升阶段，2000—2005 年是国际互联网普及率的快速上升阶段，而 2002 年国际互联网普及率的增幅放缓可能受到当时的互联网经济泡沫破灭的影响。

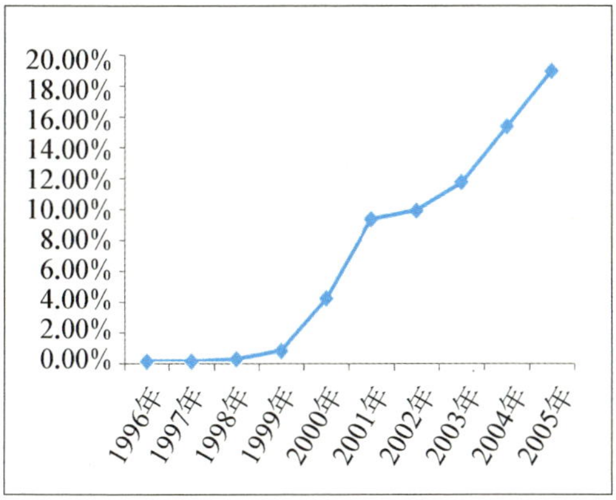

图 3 - 10　长江三角洲区域的国际互联网普及率的变化阶段

资料来源：各城市统计年鉴。

图 3 - 11　1996 年和 2005 年各个城市的国际互联网普及率的排名变化

由于 2000 年以前绝大部分城市的国际互联网普及率都很低，以 2000 年和 2005 年为时间截面来考察长江三角洲区域的国际互联网普及率的空间演化格局更有意义(图 3－12)。在 2000 年,国际互联网普及率较高的城市都集中在沪宁线上;到了 2005 年,除了上海的国际互联网普及率仍然名列榜首,许多浙江城市的国际互联网普及率已经高于江苏城市(表 3－5)。统计数据表明,在 1996—2005 年期间,长江三角洲区域中各个城市的国际互联网普及率的离散系数在总体上呈现逐年下降趋势(表 3－5)。此外,就 1996 年和 2005 年的各个城市的国际互联网普及率的排名变化而言(图 3－11 和表 3－5),上海和绝大部分浙江城市的排名上升,而所有江苏城市的排名下降。这表明了长江三角洲区域的国际互联网普及率不仅持续上升,而且呈现出空间扩散的趋势。

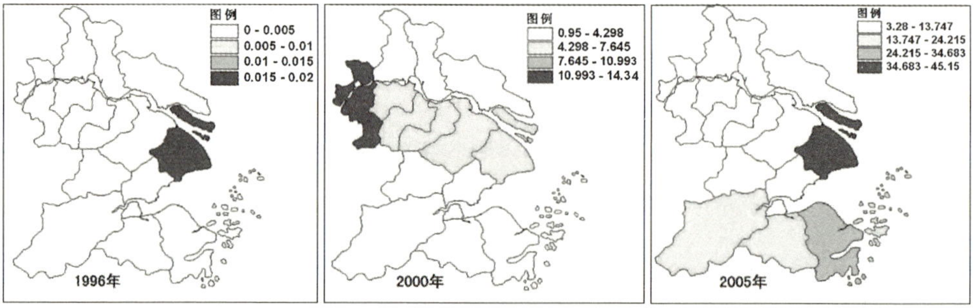

图 3－12　长江三角洲区域的国际互联网普及率(%)的空间变化

表 3－5　长江三角洲区域及其各个城市的国际互联网普及率

	1996 年	1997 年	1998 年	1999 年	2000 年	2001 年	2002 年	2003 年	2004 年	2005 年
上　海	0.02%	0.06%	0.70%	2.87%	5.38%	19.21%	25.85%	25.25%	36.34%	45.15%
苏　州	0.00%	0.05%	0.22%	1.12%	6.27%	16.21%	9.66%	7.82%	9.55%	11.61%
无　锡	0.00%	0.00%	0.00%	0.00%	7.29%	12.98%	10.86%	9.75%	13.05%	10.71%
常　州	0.00%	0.00%	0.00%	0.00%	4.85%	7.65%	6.42%	6.24%	7.07%	6.61%
南　通	0.00%	0.00%	0.00%	0.00%	1.66%	3.73%	3.28%	3.04%	3.67%	3.28%
扬　州	0.00%	0.00%	0.00%	0.00%	1.22%	2.73%	4.15%	4.89%	6.00%	6.89%
泰　州	0.00%	0.00%	0.00%	0.00%	1.10%	3.46%	1.02%	2.25%	3.11%	4.12%
南　京	0.00%	0.00%	0.00%	0.00%	14.34%	15.97%	12.09%	14.40%	11.72%	10.56%
镇　江	0.00%	0.00%	0.00%	0.00%	4.98%	6.73%	4.83%	4.72%	4.90%	5.50%
绍　兴	0.00%	0.00%	0.00%	0.00%	1.76%	3.92%	5.57%	9.72%	8.91%	17.16%
宁　波	0.00%	0.00%	0.08%	0.69%	1.31%	1.72%	1.91%	15.22%	18.82%	30.63%
舟　山	0.00%	0.00%	0.00%	0.00%	1.00%	4.70%	7.24%	7.83%	16.60%	17.05%

续　表

	1996 年	1997 年	1998 年	1999 年	2000 年	2001 年	2002 年	2003 年	2004 年	2005 年
杭　州	0.00%	0.00%	0.00%	0.00%	1.84%	2.91%	3.34%	10.29%	14.36%	16.58%
嘉　兴	0.00%	0.00%	0.00%	0.00%	0.95%	4.10%	5.46%	6.54%	9.99%	12.40%
湖　州	0.00%	0.00%	0.00%	0.00%	1.32%	2.99%	4.24%	4.65%	6.14%	6.53%
长三角区域	0.00%	0.02%	0.16%	0.69%	4.11%	9.24%	9.78%	11.64%	15.26%	18.83%
平均值	0.00%	0.01%	0.07%	0.31%	3.68%	7.27%	7.06%	8.84%	11.35%	13.65%
离散系数	3.74%	2.56%	2.68%	2.41%	0.96%	0.77%	0.83%	0.64%	0.71%	0.79%

数据来源：根据城市统计年鉴的相关数据整理而成。

3.7　经济全球化指数的时空演化

在 1996—2005 年期间，基于上述四个指标的综合影响，长江三角洲区域的经济全球化指数的变化可以分为三个阶段(图 3-13)。受到亚洲金融危机的不利影响，1996—1999 年是经济全球化指数的缓慢下降阶段；随着亚洲金融危机的影响逐渐消失，再加上中国加入世贸组织对于吸引外资和促进外贸的拉动效应，2000—2003 年是经济全球化指数的显著上升阶段；随着中国加入世贸组织的拉动效应逐渐减弱，2004—2005 年是经济全球化指数的收敛上升阶段。

以 1996 年、2000 年和 2005 年为时间截面，可以考察长江三角洲区域的经济全球化指数的空间演化格局(图 3-15)。在 1996 年和 2000 年，经济全球化指数的空间格局并未发生显著变化，经济全球化指数较高的城市主要集中的沪宁线上。到了 2005 年，经济全球化指数较高的城市在沪宁线上的空间集聚出现了明显的分化，苏州和上海仍然保持领先地位，而更多的浙江城市呈现出较高的经济全球化指数。根据统计数据，从 1999 年开始，长江三角洲区域中各个城市的经济全球化指数的离散系数是持续下降的(表 3-6)，也就是说，长江三角洲区域中各个城市的经济全球化指数的差距不断缩小，表明长江三角洲区域的经济全球化进程呈现空间扩散的趋势，这意味着更多的城市纳入全球经济网络。就 1996 年和 2005 年各个城市的经济全球化指数的排名变化而言(图 3-14 和表 3-6)，大部分浙江城市的排名保持不变或有所上升，而大部分江苏城市的排名有所下降。

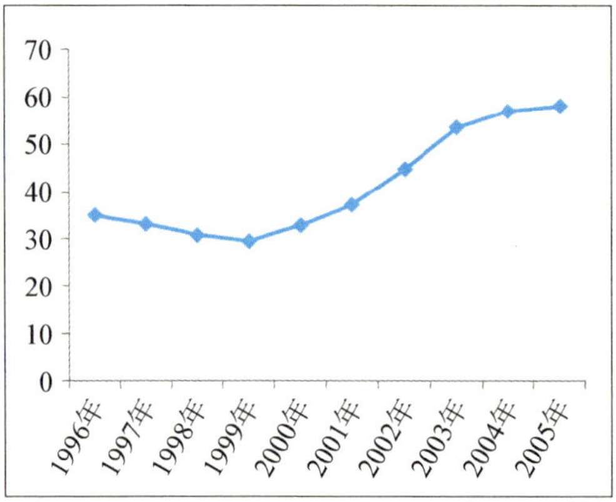

图 3－13　长江三角洲区域的经济全球化指数的变化阶段

资料来源：各城市统计年鉴。

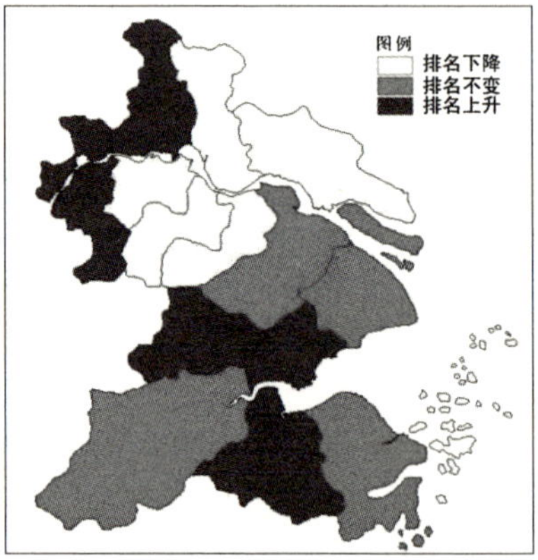

图 3－14　1996 年和 2005 年各个城市的经济全球化指数的排名变化

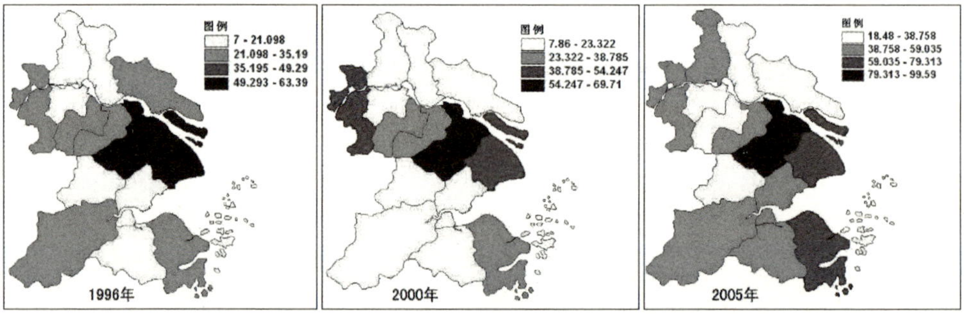

图 3－15　长江三角洲区域的经济全球化指数的空间变化

表 3－6　长江三角洲区域及其各个城市的经济全球化指数

	1996 年	1997 年	1998 年	1999 年	2000 年	2001 年	2002 年	2003 年	2004 年	2005 年
上　海	51.74	47.46	39.25	36.82	39.74	49.12	55.32	62.64	73.85	77.84
苏　州	63.39	63.10	65.97	66.24	69.71	69.48	89.04	100.00	93.22	99.59
无　锡	29.87	28.15	28.38	26.74	34.10	38.69	43.45	52.55	57.00	42.41
常　州	31.77	32.62	29.83	31.71	35.20	31.20	27.64	33.69	25.80	27.07
南　通	23.23	29.64	19.33	15.34	12.02	12.69	14.37	25.61	30.49	37.28
扬　州	9.15	7.70	7.76	5.75	8.16	10.14	16.95	24.21	32.41	39.09
泰　州	8.12	8.80	8.31	6.24	7.86	9.11	10.26	14.98	17.22	18.48
南　京	29.41	36.27	34.52	35.21	41.87	36.79	44.69	51.36	52.62	46.29

续　表

	1996 年	1997 年	1998 年	1999 年	2000 年	2001 年	2002 年	2003 年	2004 年	2005 年
镇　江	18.77	33.50	50.30	30.00	22.79	22.98	29.70	38.47	30.51	29.20
绍　兴	16.67	5.31	6.99	6.50	9.18	14.41	28.53	43.15	43.02	50.08
宁　波	34.04	20.81	19.84	23.33	30.39	46.75	64.39	67.30	71.69	73.08
舟　山	10.89	10.73	12.99	12.85	14.20	15.17	15.05	16.84	24.65	25.90
杭　州	22.80	18.48	17.87	19.59	22.57	22.80	23.80	31.20	37.69	41.29
嘉　兴	10.99	12.56	11.58	12.51	15.57	21.75	29.14	37.12	42.88	45.55
湖　州	7.00	6.92	5.57	6.54	9.64	17.34	25.58	32.29	32.56	31.73
长三角区域	34.55	32.68	30.36	29.09	32.43	36.72	44.26	53.04	56.47	57.65
平均值	24.52	24.14	23.90	22.36	24.87	27.89	34.53	42.09	44.37	45.66
离散系数	0.64	0.67	0.71	0.71	0.67	0.60	0.60	0.51	0.47	0.47

数据来源：根据城市统计年鉴的相关数据整理而成。

一个重要的现象是 1996 年和 2005 年经济全球化指数排名前三位的城市都是苏州、上海和宁波，并且经济全球化指数的排名保持不变或者有所上升的大部分城市形成明显的连绵区域。除了受到各个城市的综合发展基础(如上海、南京和杭州分别作为直辖市或省会城市拥有较强的综合发展基础)、地方政府的竞争战略(如苏州以外资导向的产业发展战略)和自然环境的特殊条件(如舟山群岛的自然环境不适合大规模的制造业发展)等影响因素，长江三角洲区域的经济全球化指数的时空演化格局显示出与区域主要海港(上海和宁波)的空间关联性。长江三角洲区域的经济全球化进程的主要特征是以制造业为外商投资的主要领域和出口贸易的主要产业。以苏州、无锡和常州为例，2005 年制造业领域的外商直接投资所占比重分别为 93%、83%和 80%(黄毅翎，2008)。长江三角洲区域已经成为出口导向的世界级制造业基地，海港是经济全球化进程中最为关键的区域性基础设施，因为绝大部分的制造产品的出口运输采用海运方式，与区域主要海港的空间关联性是制造业的外资企业选址中的核心区位要素之一。

统计数据表明，中国对外货物贸易的 85%是通过港口实现的，沿海港口吞吐量与外贸进出口总额的相关系数高达 0.991；在加入世贸组织后的三年中，我国外贸货物吞吐量的年均增速达到 18.8%(罗萍，2007)。伴随着长江三角洲区域在经济全球化进程中成为出口导向的世界级制造业基地，上海港和宁波港的世界排名迅速上升，2005 年的货物吞吐量分别名列世界第 1 位和第 4 位，集装箱吞吐量分别名列世界第 2 位和第 15 位（转引自：http：//business. sohu. com，http：//www. zjsr. com）。

3.8 本章小结

本部分研究以资本、产品、人员和信息的全球流通为表征，考察和分析了长江三角洲区域的经济全球化进程的时空演化格局。在 1996—2005 年期间，受到 1997 年亚洲金融危机的消极影响和 2001 年中国加入世贸组织的积极效应，长江三角洲区域的经济全球化进程经历了停滞徘徊、快速上升和收敛发展三个阶段。

与此同时，经济全球化进程的空间格局也发生了显著变化，既呈现出空间扩散的趋势，又显示出与区域性交通基础设施的空间关联性，特别是从区域交通走廊（沪宁交通走廊）导向转变为区域主要海港（上海港和宁波港）导向的空间关联格局。伴随着经济全球化进程的时空演化格局，长江三角洲区域越来越纳入全球经济网络，已经成为出口导向的世界级制造业基地。

本部分研究对于长江三角洲区域的经济全球化进程的时空演化格局的考察和分析为进而研究该区域的城市体系演化提供了相关背景。

第4章 生产性服务业的全球城市网络

4.1 引　　言

从生产性服务业的内涵特征(Greenfield, 1966; Browning、Singelman, 1975; Howells、Green, 1986; 莎森, 2001)来看，主要是指市场化的中间投入服务，即可用于商品和服务的进一步生产的非最终消费服务，是生产者在生产者服务业市场上购买的服务，是为生产、商务活动而非直接向个体消费者提供的服务①。

从全球产业分工来看，生产性服务业的全球区域重组已经成为经济全球化最重要的表现形式之一，其中全球城市就属于全球化的直接产物，而全球城市在经济全球化中的地位是通过生产性服务业的跨国公司来体现的。随着世界城市化进程的加速发展，全球城市网络体系将不断扩大与充实，处于重要地位的全球城市也将不断增多，即不断有新的全球城市崛起(周振华, 2008)。具体地，自1990年代以来，随着经济全球化对城市和区域影响的不断加深，全球城市(Global Cities)的概念开始取代世界城市，但相对于传统意义上的经济、政治权力集聚地而言，全球城市的特征更突出地表现在城市之间网络的紧密联系方面(Melbourne City Research, 2007)，并且全球城市与其他不同类型的城市开始在全球范围内进行产业的分工。受经济全球化的影响，西方发达国家的城市开始

① 1966年美国经济学家 H. Greenfield 在研究服务业及其分类时，最早提出了生产性服务业(Producer Services)的概念。Browning 和 Singelman(1975)在对服务业进行功能性分类时，也提出了生产性服务业概念，并认为生产性服务业包括金融、保险、法律工商服务、经纪等具有知识密集和为客户提供专门性服务的行业。Howells 和 Green(1986)认为生产性服务业包括保险、银行、金融和其他商业服务业，如广告和市场研究，以及职业和科学服务，如会计、法律服务、研究与开发等为其他公司提供的服务。莎森(2001)则在研究全球城市中重点关注了被称为"FIRE"的金融、保险、房地产等行业。

从工业时代过渡到后工业时代，第三产业成为城市发展的后续动力①，其生产性服务业的增长远远超出其他服务业的平均增长水平。在OECD国家中，金融、保险、房地产及经营服务等生产性服务行业的增加值占国内生产总值的比重均超过了三分之一（MBA智库百科，2008）。与此同时，制造业在全球范围内向发展中国家的转移，使得经济全球化对区域城市体系演化所产生的影响更为复杂。

因此，通过描述长三角区域外资生产性服务业的空间分布差异，能进一步剖析长三角区域链接全球城市网络的发展态势。

4.2 全球城市网络的研究方法

4.2.1 全球城市与城市网络

目前对全球城市的理论研究已从传统的全球城市属性分析（以Friedmann为代表）转向全球城市网络分析，其中最为突出的研究成果是有关城市间网络连接的分析。例如，Alderson和Beckfield（2004）基于世界跨国公司500强办公地点的全球城市网络体系研究；世界城市研究小组（GaWC）基于生产性服务公司网络的全球城市网络体系的研究（Beaverstock等，1999），等等。P. J. Taylor对全球城市的网络联系特征作了大量的实证研究，他认为全球城市的空间特征首先在于全球化意味着一种特殊的地理单位，其次是空间逻辑的网络社会关系（Taylor，2003）。

我国大陆地区目前专门针对全球城市进行网络研究的成果较少，除了郑伯红、张晓明等人（郑伯红，2004；张晓明，2008）参照Taylor对全球城市网络做过定量分析以外，其余大多只是定性地分析全球城市的概念、特征以及发展趋势。

4.2.2 全球城市网络分析模型

1. 研究的前提假设

Taylor是全球城市网络研究的主要代表人物，其研究方法在全球城市研究领域具有公认的地位，因此本书即以Taylor的研究方法为主要工具，来度量长三角区域城市与全球城市的联系，并以此测算区域内部的15个城市在全球城市

① 根据姜伟增（2005）的讲话稿，目前发展中国家服务业占GDP的比重达到60%左右，而发达国家普遍达到70%以上，且发达国家的生产性服务业占整个服务业比重超过了50%，其中美国达到了58.8%，欧盟达到了50.3%。

体系中的相对位置。

Taylor 以“公司是城市经济的作用者”的假设为城市网络研究的基本前提：即把世界城市看作是彼此连接的网络体系中的全球服务中心，认为世界城市网络的构建内容是全球服务公司办公点内以及办公点之间的接触，通过办公点之间的各种信息、观念、知识和教育等这些非物质流彼此连接在一起。这样 Taylor 等人把世界城市网络解释成全球服务公司办公点以及它们之间产生的各种“流”的混合体（Taylor 等，2002）。

2. 全球城市网络模型的构建

全球城市网络模型的核心思想是：以生产性服务业跨国公司的相关数据为基础，建立世界城市网络框架，并以此为依据对世界城市网络的关联度加以度量。Taylor（2001）在研究中对网络关系的度量提出了细致的计量方法：将 315 个城市作为 y 轴、100 家跨国公司作为 x 轴，构建了一个特殊的模型（表4－1），模型中的每一列都代表了一个指定公司在各城市中的办公点网络，进而表明每个城市对于公司全球化战略的重要性（Taylor 等，2002）。

表 4－1　跨国公司—全球城市的关系矩阵

	公司 1	公司 2	公司 3	公司 4	公司……
城市 A	1	1	0	0	……
城市 B	0	1	0	1	……
城市 C	0	0	1	0	……
城市……	……	……	……	……	……

为了进一步反映城市之间的联系，将以跨国公司数据为 x 轴、城市为 y 轴的 $x-y$ 矩阵转换成 $y-y$ 的关系矩阵，并由此生成 4 个反映城市之间联系的数据库：其一是用反映城市—公司之间是否都存在关系的“存有/缺省”数据，生成对称的共有关系数据库，在此基础上用分支机构数作为服务价值；其二，建立反映一个城市变量在其他所有城市变量是否都存在的“1/0”型数据表，1 代表存在分支机构，0 则代表不存在，这样则可以生成对称的关系型数据库；其三，用数据库计算城市变量两两之间相关系数的大小，生成对称的相关关系数据库，以此可以度量跨国公司在全球选址方面的相关性。

利用这种分析结果可以用直接的图表关系反映城市之间的相互关系和层级关系，这一过程需要对网络分析中产生的复杂数据库进行经验判断。

3. 全球城市的连接度计算

Taylor(2001)以一个数学模型来表示其网络连接度，n 个城市中有 m 个先进生产性服务企业，城市 i 的服务值被定义为在该城市的公司办公点在其办公网络中的重要程度，用 V_{ij} 来表示，所有服务企业 $n \times m$ 就构成服务值矩阵 V。服务值矩阵 V 中最基本的关系可以表示为：

$$r_{ab,j} = v_{aj} \cdot v_{bj} \tag{1}$$

这是以公司 j 表示的城市 a 与城市 b 的基本连接关系，对此进行加总，a、b 间的城市互联度则可以表示：

$$r_{ab} = \sum r_{ab,j} \tag{2}$$

每个城市最多有 $n-1$ 个这样的联系。网络内每个城市的总关联状况，则可以表示为：

$$N_a = \sum r_{ai} \tag{3}$$

N_a是城市 a 的全球网络连接度，一个城市的全球连接度高，说明其很好地融入全球经济之中。

4. Taylor 的研究基础

Taylor 等学者用了两种计算方法来测度城市网络连接度，一种是全球城市连接，把每个城市的所有全球生产性服务业公司的服务价值的结果加合，在连接度最高的 20 个城市中，在 1998 年筛选出来的全球城市中，西欧 6 个、北美 5 个、亚太 4 个，其中伦敦、纽约、巴黎、东京 4 个城市得分最高，Taylor 等人把它们称为全面世界级城市的第一等级，第二等级则包括芝加哥、法兰克福、香港等 6 个城市，第二类世界级城市为旧金山、悉尼、多伦多等 10 个城市(表 4-2)。从长三角区域各个城市在全球城市网络中的地位来看，只有核心城市上海入选，并且上海所属的等级相对较低，仅为第三等级(小型世界级城市)的末位。另外，国内学者郑伯红按照同样的方法，得出的结论是上海在全球城市网络中的排名是第 50 位。

表 4-2　Taylor 计算的 1998 年全球城市等级表

第一类世界级城市(全面世界级城市)	12 分：伦敦、纽约、巴黎、东京 10 分：芝加哥、法兰克福、香港、洛杉矶、米兰、新加坡
第二类世界级城市(大型世界级城市)	9 分：旧金山、悉尼、多伦多、苏黎世 8 分：布鲁塞尔、马德里、墨西哥、圣保罗 7 分：莫斯科、首尔

续 表

第三类世界级城市（小型世界级城市）	6 分：台北、华盛顿哥伦比亚特区、大阪、日内瓦、波士顿、阿姆斯特丹、墨尔本、休斯敦、布拉格、圣地亚哥、约翰内斯堡、达拉斯、杜塞尔多夫、卡拉卡斯、雅加达 5 分：曼谷、北京、蒙特利尔、罗马、斯德哥尔摩、华沙 4 分：亚特兰大、巴塞罗那、柏林、布达佩斯、布宜诺斯艾利斯、哥本哈根、汉堡、伊斯坦布尔、吉隆坡、马尼拉、迈阿密、明尼阿波利斯、慕尼黑、上海
具有明显迹象形成世界级城市的	3 分：雅典、奥克兰、都柏林、赫尔辛基、卢森堡、里昂、孟买、新德里、费城、里约热内卢、特拉维夫、维也纳

另一种方法是只计算特定细分服务行业的连接，例如法律或者金融业。Taylor 曾把银行金融公司的服务价值加合，在连接度最高的 20 个城市中，西欧 6 个、北美 4 个、亚太 7 个，显示了亚太金融中心的崛起，伦敦、纽约和东京被称为全球金融中心，第二级有香港、法兰克福、马德里等 7 个城市，第三级有 10 个城市。

4.3 外资生产性服务业的空间分布

根据跨国公司相关的理论，生产性服务业直接投资对跨国公司进驻东道国区域、实现全球企业管理控制具有非常重大的作用。因此，分析长三角的外资生产性服务业的发展概况，有助于理解经济全球化背景下长三角区域以上海为核心的全球城市区域的崛起态势。

本书以产业部类划分的生产性服务业细分行业为主要依据，参照莎森对全球城市生产性服务业的研究，并结合 2001 年、2004 年国家工商总局发布的外资企业名录字段，进行生产性服务企业的筛选。值得指出的是，筛选过程中在房地产业方面选择了面向企业提供生产性服务的房地产管理业、房地产经纪与代理业，而舍弃了波动性强、主要与本地建筑业相关的房地产开发业；另外律师事务所原本也在筛选之列，但由于我国针对外资律师事务所实行严格的准入制度，直到 2003 年中国才按入世承诺全面取消了对外国律师事务所在华设立办事处的数量和地域限制，故在 2001 年、2004 年的企业样本筛选列表中没有外资律师事务所。选取的细分行业及相应代码如表 4 - 3 所示。

表 4-3　长三角外资生产性服务业样本企业的细分行业

细分行业所属种类	行　业　名　称
金融保险业	金融、银行业 保险业
房地产业	房地产管理业 房地产经纪与代理业
信息咨询业	广告业 咨询服务业 公证业 会计、审计、统计咨询业 社会调查业 其他类未包括的信息咨询服务业
综合技术服务业	工程勘察设计业

资料来源：根据工商企业名录整理。

在此基础上，筛选出来的外资生产性服务业企业一共有 3 202 家，其中 2001 年公布注册的 846 家，2004 年公布注册的 2 356 家。

在经济全球化过程中，生产性服务业虽然可以跨越国界进行投资、营业，但由于“face to face”交流的需要，反而使其在一定区域范围内呈现出较强的区位局限性，例如英国的生产性服务业主要集中在东南部的伦敦，因此根据研究的需要，本部分研究从企业数、企业就业总人数两方面对长三角区域的外资生产性服务业进行区域比较。

从表 4-4 中可以看出，上海的外资生产性服务业在长三角区域具有非常高的比重，相应数值达到了 88.53%。另外，排名在上海后的第二位城市苏州其就业人数占区域比例已不足 5%。这说明外资生产性服务业的空间极化现象非常明显。另外，从区域的空间差异来看，江苏各市的外资生产性服务业企业员工数的平均水平(535 人)要高于浙江各市(381 人)，说明在外资生产性服务业方面江苏的城市普遍强于浙江的城市。

表 4-4　2004 年长三角区域外资生产性服务企业的区域分布

城 市	总就业人数	就业人数占区域比例	2005 年全部生产性服务业增加值(万元)	2005 年全部生产性服务业增加值占区域相应产业比例
上 海	50 641	88.53%	8 942.84	27.74%
苏 州	1 941	3.39%	4 026.52	12.49%

续　表

城 市	总就业人数	就业人数占区域比例	2005 年全部生产性服务业增加值(万元)	2005 年全部生产性服务业增加值占区域相应产业比例
南 京	1 464	2.56%	2 411.11	7.48%
杭 州	794	1.39%	2 942.65	9.13%
宁 波	598	1.05%	2 449.31	7.60%
湖 州	550	0.96%	644.25	2.00%
镇 江	500	0.87%	871.67	2.70%
绍 兴	238	0.42%	1 440.48	4.47%
无 锡	163	0.28%	2 804.68	8.70%
常 州	113	0.20%	1 303.36	4.04%
嘉 兴	100	0.17%	1 159.65	3.60%
南 通	41	0.07%	1 349.78	4.19%
扬 州	39	0.07%	852.89	2.65%
泰 州	15	0.03%	752.70	2.34%
舟 山	5	0.01%	280.93	0.87%

资料来源：根据 2001 年、2004 年工商企业名录和各地统计年鉴整理。

值得注意的是，将上海与苏州的外资生产性服务业企业数量和从业人数进行对比可以发现，尽管在上一章节分析中，2004 年苏州(93.22)的经济全球化指数高于上海(73.85)，但在反映全球城市的生产性服务业方面，苏州(外资生产性服务业的从业人数为 1 941 人)在总量上远远低于上海(50 641 人)，这一现象实际上是与全球范围内城市产业分工的假说相吻合的：经济全球化分别导致了全球制造业与生产性服务业的空间再分布，且这两种产业部类在长三角区域又相对分离，从而使得一定地域范围内反映跨国公司生产性服务业的全球城市未必是经济全球化最高的城市，即上海属于全球城市，但区域中全球化程度最高的城市是苏州。同时这也说明，在生产性服务业方面，外来投资具有明显的区位偏好，上海作为节点型的全球城市，成为外资生产性服务企业进驻的首选地。

4.4 生产性服务业的全球城市网络

4.4.1 样本企业和样本城市选取

为了深入地剖析长三角区域生产性服务业的网络系统和网络结构，利用企业数据库和银监会、保监会、司法部、商务部等网站发布的信息，结合前述外资生产性服务业的分析，为了避免外资律师事务所的缺失情况，故选取2007年作为分析年份，从而得到长三角区域15个城市的银行、会计、律师事务所、广告和保险这5类生产性服务业的跨国公司，进行信息收集和整理，产生相关数据。入选的81家跨国公司包括：18家会计事务及管理咨询公司、9家4A级广告传媒公司、27家银行(金融业)公司、18家法律事务公司和9家保险公司。

在城市的样本选取方面，针对本课题的实际情况，尽管除上海以外的14个城市并没有出现在Taylor研究结果中，但为了定量地测度长三角区域15个城市中全球城市的等级属性差异，将另外14个城市也纳入样本城市。

在数据收集方面，参照Taylor、郑伯红、张晓明等人的数据选取标准，通过互联网搜集跨国公司和全球城市的数据，虽然数据不一定完整，但它却是对复杂系统进行处理的有效方法。这样就构建了一个以上海为观察视角、由81个城市和81家公司(81×81)组成的数据库矩阵。另外，考虑到数据收集和计算的工作量以及数据精度问题，本书以跨国公司分支机构在城市的存有状况来进行描述(有记为1，无记为0)，而不再对每一个跨国公司分支机构的注册规模和从业人数进行计算。经整理得出的与长三角区域关联的全球服务公司明细详见附录。

4.4.2 跨国公司服务价值分布

通过互联网搜索跨国公司主页，收集数据形成以跨国公司数据为x轴、城市为y轴的$x-y$矩阵，在数据库(矩阵)V中，每一列表示某公司在不同城市是否具有办公机构，每一行则表示某一城市中不同公司是否在此设有办公机构。本书用反映城市—公司之间是否都存在关系的“存有/缺省”(1/0)数据，生成对称的关系数据库，在此基础上以各城市拥有的跨国公司或分支机构数总和作为该城市的服务价值，以跨国公司在各城市拥有的分支机构数总和作为该公司的服务价值。

因此，对列的分析，即可得出跨国公司的全球化战略；专注行的分析则可得到某一城市的服务价值。结合收集到的跨国公司数据，通过排序提出入选样本的 10 家服务价值最高的跨国公司和 10 个服务价值最高的城市。

分支机构数最高的 10 家跨国公司及其服务价值分别是：① 7 家会计师事务公司：安永(54)、摩斯伦(57)、浩华(59)、尼克夏(59)、捷安(63)、马斯特(56)、马施云(55)；② 2 家广告公司：奥美(51)、麦肯(51)；③ 1 家跨国银行：德意志银行(56)。

服务值最高的 10 个城市(由于样本企业是以在上海设分支机构的企业为筛选原则，故应把上海排除在外)及其服务价值分别是：香港(74)、伦敦(70)、纽约(71)、巴黎(59)、东京(66)、北京(62)、新加坡(71)、布鲁塞尔(54)、圣保罗(51)、莫斯科(50)。

从上述数据可以看出，在跨国公司服务价值方面，会计事务公司全球化程度最高，在 10 家服务价值最高的跨国公司中，会计事务公司占 7 家，银行业 1 家，广告传媒业 2 家，法律事务公司没有入围；在以上海为连接对象的城市服务价值方面，伦敦、纽约、东京属于公认的顶级全球城市，而北京、新加坡、香港的入选则反映了上海作为全球城市连接点的区域性连接特征。

4.4.3　上海与全球城市的连接

根据全球服务公司的分布，可以计算出长三角首位城市与数据库中长三角以外其他任一城市的公司连接的概率。本书以大于 N_a 值最大值一半 ($N_a>40$) 的城市作为连接长三角的主要全球城市，这样筛选出来的总共有 19 个城市(表 4－5)，进而在数据收集基础上，运用数学软件 Mathcad 进行企业网络的矩阵运算，得出其余 18 个主要全球城市与上海之间的公司连接强度，在此基础上，结合 Taylor 计算的全球城市等级表，形成以上海为视点的主要全球城市连接表(表 4－5)。

表 4－5　上海与主要全球城市的网络连接度分布 ($N_a>40$)

城　市	律师事务所	会计事务所	银　行	广告公司	保险公司	总　计
上　海	18	18	27	9	9	81
香　港	16	16	21	9	9	71
新加坡	12	18	23	8	8	69
纽　约	14	17	21	9	7	68
伦　敦	16	17	20	8	7	68

续 表

城 市	律师事务所	会计事务所	银 行	广告公司	保险公司	总 计
东 京	13	16	19	9	6	63
北 京	13	15	18	5	7	58
巴 黎	12	16	15	8	8	59
布鲁塞尔	14	17	8	9	6	54
圣保罗	5	16	15	9	6	51
莫斯科	11	14	11	7	5	48
悉 尼	2	16	16	6	7	47
法兰克福	11	10	14	7	3	45
雅加达	2	16	18	8	4	48
曼 谷	6	13	14	8	6	47
台 北	1	16	14	8	8	47
马德里	8	13	12	7	6	46
吉隆坡	0	16	13	9	4	42
多伦多	0	16	11	9	5	41

面向全球的关联网络分析表明，与上海的网络关联度最高的 6 个城市包括伦敦、纽约、香港、巴黎、东京和新加坡，这些城市也是 Taylor 研究中全球网络关联度最高的全球核心城市，涵盖了北美、西欧和亚太三个全球经济区域；与上海的网络关联度较高的全球主要城市分布在全球多个区域。可见，上海面向全球的关联网络不仅具有明确的层级，而且显示出较为广泛的地域属性，这与 Taylor 的研究结果是完全一致的。

另外，针对 81 家跨国公司的总部基地的分布进行统计分析，研究从全球总部的空间分布进行比较。81 全球总部企业的总部主要集中于伦敦和纽约两个全球城市，这两个城市各有 21 家总部(包含 1 家总部并列分布于伦敦、纽约的情形)，而排其后的东京则仅有 5 家总部。可见，即使以上海为观察视角，伦敦、纽约在跨国公司总部分布中具有绝对的优势，这些特征也与莎森、Taylor 的研究结果基本相符(表 4 - 6)。

表 4-6　上海 81 家跨国公司的全球总部分布

全球总部所在地	总部数量	全球总部所在地	总部数量
伦　敦	21	芝加哥	3
纽　约	21	香　港	2
东　京	5	米　兰	2
巴　黎	4	法兰克福	2
首　尔	3	其他全球城市	16
新加坡	3		

注：上述数据中均包含了总部基地并列于 2 个以上城市的情形。

4.4.4　上海对区域腹地的辐射

以跨国公司间的连接为基础，可以推断长三角 15 个城市与全球城市网络连接的模式。即通过对长三角存在连接关系的跨国公司和全球城市数量，来计算长三角各城市的全球网络连接度 N_a。对上海辐射区域腹地的关联网络分析表明，长三角区域的各个城市与上海的网络关联度可以分为三个层级：上海、主要城市、一般城市（表 4-7）。与上海的网络关联度相对较高的城市包括苏州、南京和杭州，网络关联度较低的城市包括宁波、无锡、绍兴、常州和嘉兴，没有网络关联度的城市包括镇江、南通、扬州、泰州、湖州和舟山。可见，与上海的网络关联度较高的城市都是长三角区域的主要城市，各个城市与上海的网络关联度与该城市的经济全球化进程显著相关，城市的经济全球化程度越高，受到上海的辐射程度也就越高。

表 4-7　上海与长三角区域内其他城市的关联网络

城　　市		网络关联值	网络关联度
区域主要城市	苏　州	8	0.099
	南　京	7	0.086
	杭　州	6	0.074
区域一般城市	宁　波	2	0.025
	无　锡	1	0.012
	绍　兴	1	0.012

续　表

城　市		网络关联值	网络关联度
区域一般城市	常　州	1	0.012
	嘉　兴	1	0.012
	镇　江	—	—
	南　通	—	—
	扬　州	—	—
	泰　州	—	—
	湖　州	—	—
	舟　山	—	—

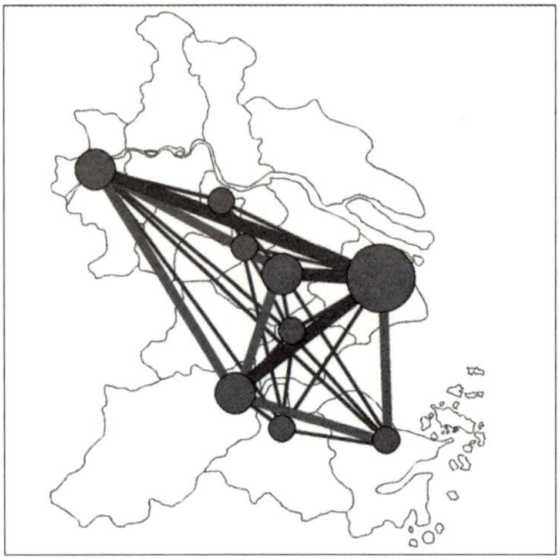

图 4-1　长三角区域生产性服务业跨国公司的连接分布

值得关注的是，若对上表进行进一步分析，可以发现除了南京以外，大于 0 的联系均位于常州—无锡—苏州—上海—嘉兴—杭州—绍兴—宁波的之字形连绵区域，这说明在一定程度上，长三角区域作为崛起中全球城市区域，形成了以上海为极核的连绵型空间（图 4-1）。

由于本书着眼点是长三角区域 15 个城市的生产性服务业网络连接，所以计算出的最大值为上海（N_a 值为 81）。对长三角区域其余 14 个城市的全球网络连接度（N_a 值）进行计算，可以发现，虽然这些跨国公司是根据互联网相关信息搜集再进行计算的，但是其结果与上一节筛选的工商总局外资生产性服务业企业区域分布相类似，同样表现出非常强的空间极化现象。

进一步分析长三角区域 15 个城市的全球网络连接度及其在区域中的排序，则可发现在世界城市网络化进程中，城市的网络连接度与其排序存在指数函数规律，即服从城市体系的位序—规模律（图 4-2）。

另外，分析不同类型跨国公司的空间分布特征可以发现，律师事务所空间集

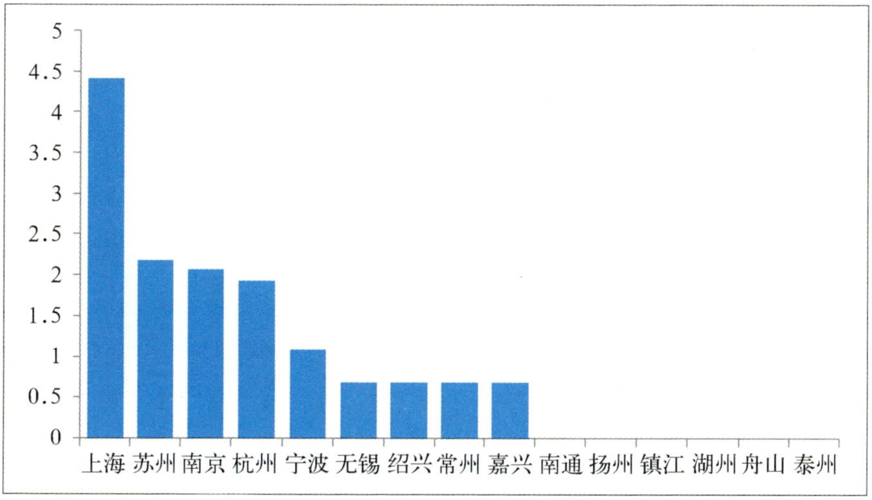

图 4-2　长三角区域生产性服务业网络连接度按位序取自然对数的分布

聚性最为明显，会计师事务所、银行、广告公司的空间分布一般，而保险公司的地域分布相对更为广泛一些。这些特征体现了不同行业跨国公司生产性服务业的选址偏好(表 4-8)。

表 4-8　长三角区域各城市的全球城市网络连接度

城　市	律师事务所	会计师事务所	银　行	广告公司	保险公司	N_a
上　海	18	18	27	9	9	81
苏　州		1	3	1	3	8
南　京		3	1	1	2	7
杭　州		2	1	1	2	6
宁　波				1	1	2
无　锡					1	1
绍　兴					1	1
常　州					1	1
嘉　兴					1	1
南　通						0
扬　州						0
镇　江						0

续 表

城　市	律师事务所	会计事务所	银　行	广告公司	保险公司	N_a
湖　州						0
舟　山						0
泰　州						0

4.5 本章小结

全球城市意味着在全球经济网络中的核心控制作用，即全球城市在经济全球化中的地位是通过生产性服务业的跨国公司来体现的，而上海则扮演着对外连接全球网络、对内辐射区域腹地的角色(图 4－3)。

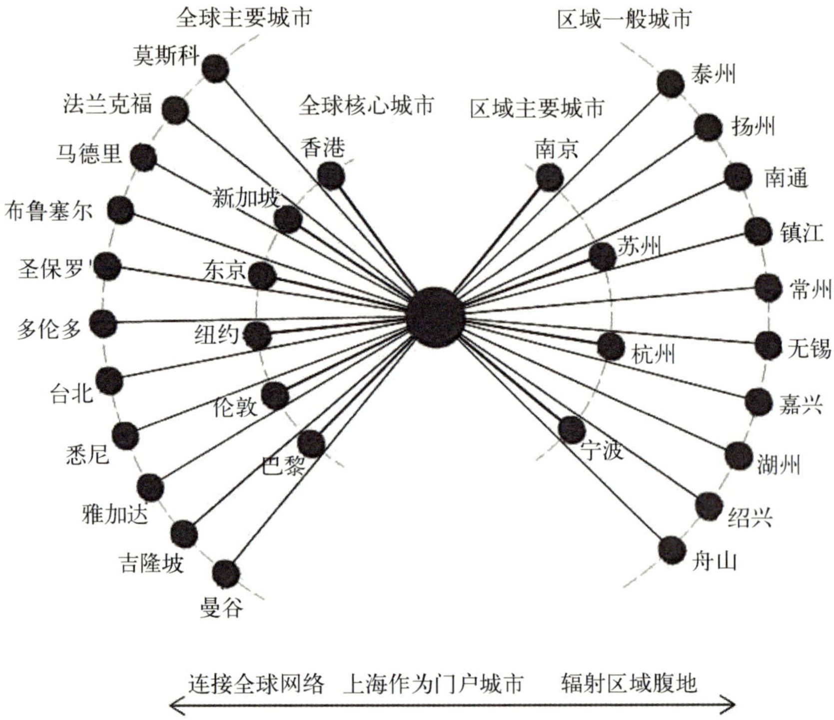

图 4－3　上海作为“门户城市”：向外连接全球网络和向内辐射区域腹地的“两个扇面”作用

从空间分布来看，长三角区域外资生产性服务业的区域分布具有明显的极化特征，上海远高于第二等级的城市，且 15 个城市的外资生产性服务业规模特征服从位序模型。上海的经济全球化指数虽然低于苏州，但外资生产性服务业方面远高于苏州，这也说明了经济全球化同时导致了全球制造业与生产性服务业在空间上的再分布。

从全球城市网络的分析结果来看，上海作为长三角区域的核心城市，已经成为全球经济网络中的重要“节点”，发挥着向外连接全球网络和向内辐射区域腹地的“两个扇面”作用。无论是面向全球还是辐射腹地的关联网络都显示出明确的层级特征。生产性服务业的跨国公司以上海作为“门户城市”，为长三角区域作为世界级制造业基地提供必需的生产性服务，并在一些区域主要城市设置次级分支机构，提供更为直接的地方服务（图 4－3）。

第5章

制造业的全球产业分工

5.1 引　　言

5.1.1 全球城市体系分工中制造业的研究视角

本部分研究主要目的是分析长三角区域作为崛起中的全球城市区域，其制造业在全球生产网络中的基本地位①和演化趋势，考察的重点是对外贸易、外来直接投资的经济全球化如何促进了长三角各城市日益被纳入全球城市体系之中。

在全球产业分工中，对外直接投资具有非常重要的指标性意义（莎森，1991）。莎森在其《全球城市》一书中分析对外直接投资（FDI）基本格局的引言中，首先回顾了20世纪后半叶的行业分布：1950年代FDI主要集中于原材料和初级产品，而自1980年代开始则转向于技术密集型制造业和服务业，其中生产性服务业尤为明显（1991）。值得指出的是，莎森（1991）分析FDI的重点是生产性服务业的演化，而本书研究的长三角区域既有上海这样的生产性服务业全球城市，还有区域腹地内迅速发展的其他制造业城市区域，霍尔（2001）也指出，制造业份额在长三角、珠三角等全球城市区域中具有相当突出的重要性。另外，霍尔、卡斯、Taylor（1994）还分析了高技术产业特别是微电子产业的分布演化趋势。赫尔德、麦克格鲁、戈尔德布莱特（2000）以及邓肯（2000）分析了全球产业活动的网络组织，其中制造业成为跨国公司组织全球网络生产活动中的一个价值环节。因此，研究全球城市体系的分工也有必要对发展中地区制造业的分工进

① 产业基本地位的判断可以以阿明（2000）全球制造业外围地区的依附理论为分析视角，即在经济全球化中，发展中国家和地区一般处于相对从属的依附地位。

行分析。

另外，按照阿明(2000)的依附理论，较低的工资水平决定了发展中地区是从属于全球城市体系的，而这种依附地位是以整个区域作为低利润产业的全球外围地区得以体现的。结合前一章节的研究结论，实际上该区域的核心城市上海属于区域链接全球网络的门户城市，长三角其余地区则成为上海的区域辐射腹地，这种依附从属关系从上海强大的外资生产性服务业集聚得到了充分的体现，而与上海生产者服务相对应的则应是区域整体上非常厚实的制造业基础，以及紧邻地区快速发展的高技术产业(霍尔、卡斯特勒，1994)。另外，参与全球产业分工已经成为当前长三角区域各个城市或地区的主要竞争渠道。因此，从实践意义上来说，在上一章节对外资生产性服务业分析的基础上，有必要继续对长三角区域制造业参与全球分工进行深入的分析。

5.1.2　全球制造业转移对区域产业提升的基本判断

波特(2002)认为，产业发展趋势从资源密集度即可得到体现，产业转移从早期的劳动密集型产业，逐步过渡到资本密集型产业，再到技术、知识密集型产业；从附加值来看，由低附加值产业发展到高附加值产业。从全球化对产业价值区段提升的作用机制来说，经济全球化和区域化过程中发生的产业转移，使发达国家将一些失去国际竞争力的产业和技术转移给发展中国家。故一般意义而言，这种国与国之间的产业转移客观上应有利于发展中地区产业水平的提升，尤其在传统产业的改造方面，而产业水平的提高又将推动产业结构的合理化，使整个产业协调发展。同时，发达国家的经济稳定和发展也依赖于发展中国家，因为发达国家致力于发展高新技术产业，而把一些传统产业转移到发展中国家，而那些承接了国际产业转移的发展中国家则形成了相对低级的产业结构。就是这种跨地域构成的产业结构使各国产业紧密地结合起来，彼此相互依赖才使各国经济正常有效地运行。

长三角地区是我国外贸经济依存度较高的地区，而 2001 年我国加入世界贸易组织，使得地区吸引外资的潜力在短时间被释放出来，呈现出投资依存度急速增长的现象，2003 年长三角地区的投资依存度达到了 8.42%。另外，全球产业分工一定程度上还是按照比较优势原则进行的，地区产业的国际竞争力取决于其劳动力、资本和技术等生产要素在全球价值链中的位置。因此，经济全球化是长三角地区产业结构调整的国际经济大背景，本部分以全球产业转移为研究背景，分析了长三角地区的主要进出口对象，并详细研究了产业分行业的出口竞争优势。

5.2 制造业分工研究的基础

5.2.1 制造业全球分工的研究重点

根据相关研究①，在经济全球化进程中，制造业的要素密集类型对参与国际产业分工具有重要意义。本部分研究的目的是分析各类制造业在全球生产网络中的基本地位和演化趋势，考察的重点是对外贸易、外来直接投资如何促进了长三角各城市日益被纳入全球城市体系之中，并分析经济全球化对制造业在全球价值链的区段演化情况。

5.2.2 制造业的分类

本书提出的第二产业的部类细分方法如下。按照《国民经济行业分类》(GB/T 4754－2002)标准，首先将第二产业分为工业部类和建筑业部类两大类。其次，对建筑业不再细分，而将工业部类细分为制造业部类和其他工业部类两类，其中制造业包括30个细分行业，其他工业部类包括采掘业和电力、燃气及水的生产和供应业两个门类。本书参考了王志华对长三角区域产业的研究分类，根据三次产业分类法、资源投入密集程度相结合的方法将制造业30个行业归并为劳动密集型、资本密集型和技术密集型三类。其中，工业部类所涉及的具体行业如下(表5－1)：

另外，对劳动密集型和资本密集型制造业部类的定义还参考了百科网站以及万晓光、李耀新等人的分类方法，对技术密集型产业的划分主要参考了中国高技术产业发展报告以及中国高技术产业年鉴中的分类方法，其余的工业行业均归为其他工业部类，具体归纳总结为：

劳动密集型制造业：劳动密集型产业是指进行生产主要依靠大量使用劳动力，而对技术和设备的依赖程度低的产业，其衡量的标准是在生产成本中工资与

① 理查德·鲍德温和菲利普·马丁(Richard Baldwin and Phillipe Martin，1999)、凡纳布尔斯和里茂(Venables and Limao，1990)指出，每个国家的贸易模式是由要素禀赋、所生产商品的要素密集度以及出口商品的运输密集度(与中心之间的空间距离)共同决定的：如果要素禀赋效应大于运输密集度效应，靠近中心的国家(如墨西哥)的贸易条件将发生恶化，由此造成福利损失；而对于距离中心更远的国家(如中国)来说，由于运输密集度随着距离的增加而变得越来越不重要，因此获得国际产业转移的收益；如果新产品的运输密集较低而劳动密集度较高，那么它将分布在外围国家，即使运输密集度较高，它也可以在外围国家生产，只要距离成本已经包含在这些国家的要素价格中并具有吸引力。

表 5-1　工业部类所涵盖行业一览表

<table>
<tr><td rowspan="4">工业部类</td><td rowspan="3">制造业部类</td><td>劳动密集型制造业部类</td><td>食品加工业、食品制造业、纺织业、服装及其他纤维制品制造业、皮革、毛皮、羽毛及其制品业、木材加工及竹、藤、棕、草制品业、家具制造业、印刷业、记录媒介的复制、文教体育用品制造业、橡胶制品业、塑料制品业、非金属矿物制品业、金属制品业</td></tr>
<tr><td>资本密集型制造业部类</td><td>饮料制造业、烟草加工业、造纸及纸制品业、石油加工及炼焦业、化学原料及化学制品制造业、化学纤维制造业、黑色金属冶炼及延压加工业、有色金属冶炼及延压加工业、普通机械制造业、专用设备制造业、交通运输设备制造业、电气机械及器材制造业</td></tr>
<tr><td>技术密集型制造业部类</td><td>医药制造业、电子及通信设备制造业、仪器仪表及文化、办公用机械制造业</td></tr>
<tr><td colspan="2">其他工业部类</td><td>采掘业和电力、燃气及水的生产和供应业</td></tr>
</table>

资料来源：王志华，陈圻. 长三角制造业结构高级化与同构的关系分析[J]. 工业技术经济，2006，1：94-97.

设备折旧和研究开发支出相比所占比重较大，如纺织、服装、玩具、皮革、家具等制造业。

资本密集型制造业：资本密集型产业指需要较多资本投入的行业、部门，又称资金密集型产业，特点是：技术装备多、投资量大、容纳劳动力较少、资金周转较慢、投资效果也慢，如冶金工业、石油工业、机械制造业等重工业。

技术密集型制造业：需用复杂先进而又尖端的科学技术才能进行工作的制造业生产部门。特点是：设备、生产工艺建立在先进的科学技术基础上，资源消耗低；科技人员在职工中所占比重较大，劳动生产率高；产品技术性能复杂，更新换代速度快，如通信电子制造业。

其他类型工业：工业中除劳动密集型工业、资本密集型工业和技术密集型工业以外的其他类型，主要包括电力、煤气及水的生产和供应业、采矿业等。

5.3　全球贸易分工中制造业的基本特征

5.3.1　制造业进出口贸易的主要对象

通过整理 2005 年两省一市进出口的主要对象国家和地区可以发现，长三角地区的主要贸易对象有两类：一是与西方经济发达国家联系密切，其次是与东亚经济体和澳大利亚的贸易联系也较为紧密。这说明，在经济全球化过程中，长三角区域的对外贸易格局主要受西方发达国家和东亚邻近经济体的影响。

为进一步分析进口和出口的国家和地区，将出口额除以进口额，得出出超、入超的国家和地域分布。可以看出，长三角在参与全球产业分工的体系中，与美欧等西方发达国家贸易主要为出超(出口额大于进口额)，其中与美国、英国、澳大利亚和加拿大等国家贸易全部为出超；而与东亚经济体①的国家和地区主要为入超(出口额小于进口额)，其中与马来西亚的贸易入超最为明显(表5-2)。

表5-2 2005年长三角区域出口额与进口额的比值

	江苏	浙江	上海
日本	0.822	1.038	0.791
美国	4.581	1.089	2.065
韩国	0.247	1.223	0.371
中国台湾	0.230	1.297	0.260
中国香港	8.973	0.741	—
德国	2.275	0.856	0.632
马来西亚	0.669	—	0.512
新加坡	1.157	—	0.701
菲律宾	0.224	—	—
英国	6.034	1.159	—
泰国	0.509	—	—
澳大利亚	1.175	1.334	—
加拿大	2.278	1.140	—
法国	3.117	—	0.922

资料来源：根据《中国商务年鉴2006》《浙江统计年鉴2006》《江苏统计年鉴2006》整理计算，表中“—”表示该项数据缺失。

① 这里泛指广义上的东亚区域，不仅指中国、日本、朝鲜、韩国和蒙古等国家，也包括东南亚区域。

5.3.2　区域制造业的贸易竞争优势分析

在开放经济条件下，一个城市产业的国际竞争力可以通过计算产品类贸易竞争指数得到统一的量化指标。研究中为了测度长三角地区对外贸易比较优势状况，引入贸易竞争指数。贸易竞争指数又称水平分工度指标，它用来反映一个国家或地区生产的一种商品相对世界市场上供应的他国同种商品来说，是处于生产效率的竞争优势还是处于劣势以及优劣势的程度。贸易竞争指数的计算公式为：

$$TC_i = (X_i - M_i)/(X_i + M_i)$$

式中　$TC_i(i = 1,2,\cdots,n)$——第 i 种商品的贸易竞争指数；

$X_i(i = 1,2,\cdots,n)$——第 i 种商品的出口额；

$M_i(i = 1,2,\cdots,n)$——第 i 种商品的进口额。

TC_i的值大于 0，表明第 i 种商品为净出口，即这种商品生产效率高于国际水平，具有竞争优势；TC_i值越大，优势越明显。TC_i的值小于 0，表明第 i 种商品为净进口，即本国的这种商品生产效率低于国际水平，处于竞争劣势；绝对值越大，劣势越明显。

由于无法获得长三角区域 15 个城市分行业的进出口商品总额，研究中贸易竞争优势指数采用两省一市的数据，来近似地分析区域 15 个城市的优势贸易产业，数据来源是 2005 年两省一市限额以上批发业商品购、销、存总额统计表中的进口、出口商品栏目。从产业所属部类的角度来看，这 18 类行业中的农畜产品、服装、纺织和服装及日用品、文化和体育用品及器材、米面制品及食用油、煤炭及制品、矿产品和建材及化工产品、金属及金属矿、建筑材料属于劳动密集型制造业，而烟草制品、食品和饮料、石油及制品、汽车和摩托车及零配件、家用电器、机械设备和五金交电及电子产品、化肥等产品属于资本密集型制造业；医药及医疗器材、计算机和软件及辅助设备则属于技术密集型制造业（表 5－3）。

从表 5－3 可以看出，2005 年上海、江苏、浙江最大宗的进口产品是矿产品和建材及化工产品，进口额占两省一市各自出口总额的比重分别是 28.11%、36.01%、36.62%；其余进口额较大的是金属及金属矿、机械设备和五金交电及电子产品。余下的各类进口占总额的比重都比较低。这说明在全球产业贸易分工中，长三角区域从国外购入的主要是资源性产品和设备类机电产品，这大致符合长三角区域作为“来料加工”型的全球制造业基地角色。

表 5-3　2005 年上海、江苏和浙江按国民经济行业划分进出口贸易构成比例

进出口贸易产品种类	进口			出口		
	上海	江苏	浙江	上海	江苏	浙江
医药及医疗器材	2.18%	0.19%	2.28%	2.61%	0.62%	1.83%
烟草制品	0.20%	0.00%	0.10%	0.57%	0.00%	0.03%
文化、体育用品及器材	2.38%	—	2.96%	0.63%	0.10%	4.10%
食品、饮料及烟草制品	1.94%	0.47%	1.13%	2.23%	0.90%	3.82%
石油及制品	6.50%	0.43%	5.80%	3.67%	0.01%	0.07%
汽车、摩托车及零配件	1.77%	1.72%	3.20%	0.80%	0.34%	1.02%
农畜产品	0.30%	0.75%	0.16%	0.01%	0.31%	0.05%
米、面制品及食用油	0.88%	0.35%	0.38%	0.36%	0.23%	0.79%
煤炭及制品	0.00%	1.24%	0.18%	0.05%	1.11%	0.03%
矿产品、建材及化工产品	28.11%	36.01%	36.62%	12.63%	7.63%	5.85%
金属及金属矿	12.65%	1.74%	13.97%	3.60%	0.90%	1.66%
建筑材料	0.19%	12.67%	1.55%	0.07%	0.15%	0.03%
家用电器	0.44%	0.86%	0.44%	0.66%	1.46%	1.91%
计算机、软件及辅助设备	7.96%	—	—	7.17%	—	—
机械设备、五金交电及电子产品	25.75%	6.12%	7.10%	16.73%	9.72%	13.37%
化肥	0.00%	1.51%	1.16%	0.00%	0.00%	0.00%
服装	2.25%	4.98%	9.52%	15.24%	18.72%	22.61%
纺织及日用品	6.48%	30.97%	13.45%	32.97%	57.77%	42.82%

资料来源：根据《中国贸易外经统计年鉴 2006》计算整理，表中“—”表示该项数据缺失。

2005 年上海、江苏、浙江最大宗的出口产品是纺织及日用品，出口额占两省一市各自出口总额的比重分别是 32.97%、57.77%、42.82%；上海第三大、江苏和浙江第二大出口产品是服装产品，出口额占各自出口总额的比重分别是 15.24%、18.72%、22.61%；上海第二大、江苏和浙江第三大出口产品是机械设备、五金交电及电子产品，所占比重分别是 16.73%、9.72%、13.37%。

显然，两省一市出口总额中占最大比重的是服装和纺织、服装及日用品等高劳动投入、低资本含量、低技术含量的轻纺工业产品和部分机电产品，而真正高技术性产品和高资本含量的制成品在出口中所占的比重并不多，这一现象也符合长三角区域所具有的全球产业区位特征，整体上的产业附加值尚处于待提升阶段。

接下来将对两省一市各主要工业制成品贸易竞争指数进行分析。从行业的角度看，研究选取的该项产品或产业的贸易额要有一定的规模。选择两省一市进出口贸易均超过1亿元的行业，因此筛除了农畜产品、化肥、煤炭及制品3个行业，剩下15个细分行业。

从16类商品的 *TC* 指数计算看(表5-4)，可以分为以下几种情况。

表5-4　2005年上海、江苏和浙江按国民经济行业划分的制造业贸易竞争指数

TC	上　海	江　苏	浙　江
医药及医疗器材	0.052	0.833	0.436
烟草制品	0.449	−1.000	0.026
文化、体育用品及器材	−0.609	—	0.628
食品、饮料及烟草制品	0.031	0.732	0.829
石油及制品	−0.314	−0.865	−0.93
汽车、摩托车及零配件	−0.409	−0.193	0.004
米、面制品及食用油	−0.453	0.373	0.735
矿产品、建材及化工产品	−0.413	−0.166	−0.328
金属及金属矿	−0.584	0.269	−0.453
建筑材料	−0.509	−0.924	−0.881
家用电器	0.156	0.704	0.863
计算机、软件及辅助设备	−0.091	—	—
机械设备、五金交电及电子产品	−0.250	0.686	0.713
服装	0.724	0.854	0.765
纺织及日用品	0.649	0.726	0.819

资料来源：根据《中国贸易外经统计年鉴2006》计算整理，表中“—”表示该项数据缺失。

1. 高比较优势产品（*TC* 指数≥0.8）：3个省市有5类商品 *TC* 指数大于0.8，分别是江苏的医药及医疗器材、服装业、浙江的食品和饮料及烟草制品、家用电器、纺织及日用品，其中出口大宗商品服装、纺织及日用品属劳动密集型产品，这两类产品的出口占两省一市出口总额的比例也较高。

2. 比较优势产品（*TC* 指数介于0.3至0.8）：3个省市有12类商品在0.3到0.8之间，分别是上海的烟草制品、服装和纺织及日用品，江苏的食品和饮料及烟草制品、米面制品及食用油、家用电器、机械设备和五金交电及电子产品、纺织及日用品，浙江的医药及医疗器材、文化和体育用品及器材、米和面制品及食用油、机械设备和五金交电及电子产品、服装。

3. 高比较劣势产品（*TC* 指数≤−0.8）：在两省一市工业制成品中有5类商品，包括江苏、浙江的石油及制品、建筑材料，此外江苏的烟草制品也属于高比较劣势产品。石油、建筑材料的 *TC* 指数则反映了两省一市此类资源禀赋的短缺，结合出口竞争优势的劳动密集型产品，可以看出在经济全球化的背景下，两省一市已经成为全球生产体系中依靠廉价劳动力作为生产要素、进口原材料进行制造业加工的产业分工格局。

4. 比较劣势产品（*TC* 指数介于−0.3至−0.8）：包括上海的文化和体育用品及器材、汽车和摩托车及零配件、米面制品及食用油、矿产品和建材及化工产品、金属及金属矿、建筑材料，浙江的矿产品和建材及化工产品、金属及金属矿。与上述高比较劣势产品类似，除了文化和体育用品及器材、汽车和摩托车及零配件以外，其余产品均属于原材料产品。

5. 其他中性产品：*TC* 指数在−0.3至0.3之间。

通过分析计算，可以发现：2005年长三角两省一市进出口产品中比较优势产品种类大部分是劳动密集型产品，而比较劣势的往往是原材料产品；另外家用电器、机械设备、五金交电及电子产品等一些资本密集型产业处于比较优势，但汽车等资本、技术密集产业从总体看仍处于产业竞争的发展初期。

另外，根据杨丹辉对长三角两省一市制造业国际化程度的研究，长三角地区部分产品在国际上已经具有非常突出的地位，但是仍然处于产业价值区段的末端（下一段引自杨丹辉的研究）：

> “长三角”地区出口规模的扩大不仅使其在全国的出口地位不断提高，而且也使“长三角”地区逐步成为国际市场的主要参与者和世界重要的制造

基地，该地区主要出口商品的国际市场占有率显著提高。目前，“长三角”地区的 PC、笔记本电脑、芯片、通讯设备等高技术产品以及纺织品、服装、鞋类、塑料制品等劳动密集型产品在国际市场上占据了较大份额。……江苏省昆山市的笔记本电脑产量占全球笔记本电脑年总产量的 25%，在苏州生产的小屏幕液晶显示器、电脑摄像头、鼠标等产品已占世界市场 30% 的份额。2004 年，浙江省的纺织品、服装出口额分别占全球纺织品、服装出口总额的 5.5% 和 4.5%。

从纺织服装业的情况来看，“长三角”地区已经具备了大规模的生产和出口能力、较完善的产业链、较强的配套能力以及产品的价格竞争优势。目前，基于制造能力和价格优势，“长三角”地区与欧美、日韩、南亚、中南美等地区形成了一定的水平分工，但在高档面料和配饰生产、设计能力、自主品牌以及营销策略等环节上，“长三角”地区仍比较薄弱，在纵向分工中主要采取为世界著名品牌来料加工和贴牌生产的方式，产品的出口附加值较低。

——摘自《经济参考研究》

5.3.3　外贸行业类别的演化

为了进一步细致分析长三角区域 15 个城市对外贸易的结构变化情况，利用外贸企业名录数据的行业资料和开业年份对 15 个城市 1995—2004 年的外贸企业行业构成比例进行分析。

从表 5-5 中的 20 类外贸企业构成比例标准差、离散系数来看，10 年间这两项数据均有所上升，这也反映了从 1995 年到 2004 年，外贸企业分类构成比例的差异性在增加。从 1995 年到 2004 年分类企业数量超过总数 5% 的 8 大类别比例变化趋势可以看出，棉麻土畜产品，纺织品，服装和鞋帽，食品、饮料及烟草等企业构成比例逐年下降，说明劳动密集型和农业初级产品的进出口贸易地位在下降；而日用百货，五金、交电、化工，化工材料，汽车和摩托车及零配件，机械、电子设备等企业构成比例有所上升，说明长三角 15 个城市技术密集型和资本密集型制造业在进出口贸易的地位逐渐上升，在经济全球化的产业分工中，其参与程度不断深化，并且意味着对外贸易中的产业价值链趋向于提升(表 5-5)。

表 5-5　1995—2004 年长三角区域 15 个城市外贸企业数量分行业构成

	1995	1996	1997	1998	1999	2000	2001	2002	2003	2004
食品、饮料及烟草	8.21%	7.87%	7.26%	6.67%	5.90%	5.86%	5.40%	4.63%	4.15%	4.28%
棉麻土畜产品	3.46%	3.12%	2.88%	2.55%	2.43%	2.10%	1.83%	1.04%	0.44%	0.45%
纺织品、服装和鞋帽	29.25%	28.96%	29.27%	30.47%	30.43%	31.15%	30.76%	24.33%	17.64%	17.15%
日用百货	6.05%	6.37%	6.73%	7.46%	7.37%	7.77%	7.50%	9.08%	10.64%	10.75%
日用杂品	0.72%	1.37%	1.28%	1.49%	1.47%	1.53%	1.40%	1.25%	0.81%	0.64%
木材	0.86%	0.87%	0.75%	0.61%	0.52%	0.51%	0.49%	0.43%	0.23%	0.16%
建筑材料	2.59%	2.75%	2.46%	2.19%	2.06%	1.97%	2.10%	2.85%	3.77%	3.95%
矿产品	0.72%	0.62%	0.64%	0.70%	0.74%	0.70%	0.59%	0.43%	0.30%	0.31%
图书报刊	0.29%	0.25%	0.21%	0.18%	0.15%	0.13%	0.11%	0.08%	0.03%	0.02%
农业生产资料	0.72%	0.62%	0.75%	0.79%	0.88%	0.89%	0.81%	0.56%	0.33%	0.33%
其他类未包括的	10.52%	10.11%	10.26%	9.75%	9.73%	9.49%	9.82%	5.09%	0.88%	0.85%
五金、交电、化工	8.21%	8.24%	8.87%	9.13%	9.43%	9.24%	9.44%	11.04%	10.50%	9.19%
能源	1.30%	1.25%	1.18%	1.23%	1.18%	1.08%	1.03%	0.92%	0.91%	0.96%
化工材料	3.17%	3.62%	4.06%	4.65%	4.57%	4.59%	4.37%	5.57%	8.44%	9.50%
金属材料	3.31%	3.25%	2.99%	2.81%	3.32%	3.25%	3.29%	3.99%	5.66%	6.14%
汽车、摩托车及零配件	1.59%	2.00%	1.82%	1.76%	1.55%	1.59%	1.78%	2.34%	3.00%	3.10%
药品及医疗器械	1.59%	1.50%	1.28%	1.32%	1.84%	1.78%	2.10%	2.04%	1.69%	1.58%
机械、电子设备	14.55%	14.48%	14.74%	13.87%	14.00%	14.01%	14.79%	22.01%	28.41%	28.30%
再生物资	0.00%	0.00%	0.00%	0.09%	0.15%	0.13%	0.16%	0.31%	0.32%	0.26%
工艺美术品	2.88%	2.75%	2.56%	2.28%	2.28%	2.23%	2.21%	2.01%	1.86%	2.08%
标准差	0.067%	0.066%	0.068%	0.069%	0.069%	0.070%	0.070%	0.067%	0.071%	0.070%
离散系数	1.347%	1.327%	1.351%	1.382%	1.381%	1.409%	1.407%	1.342%	1.410%	1.397%

资料来源：根据原外经贸部外资企业名录数据资料计算整理。

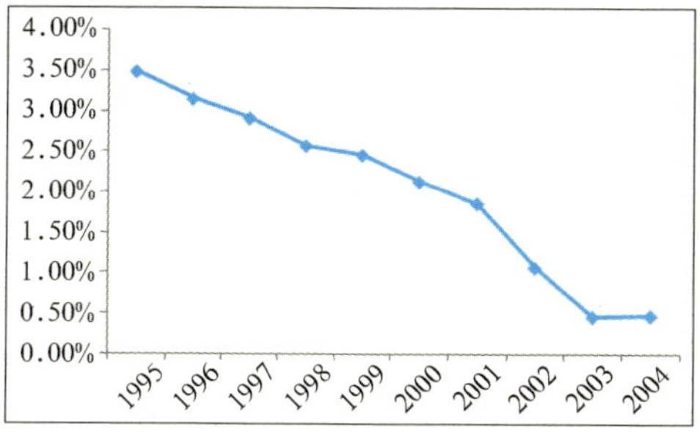

图5-1 棉、麻、土畜产品类外贸企业比例变化

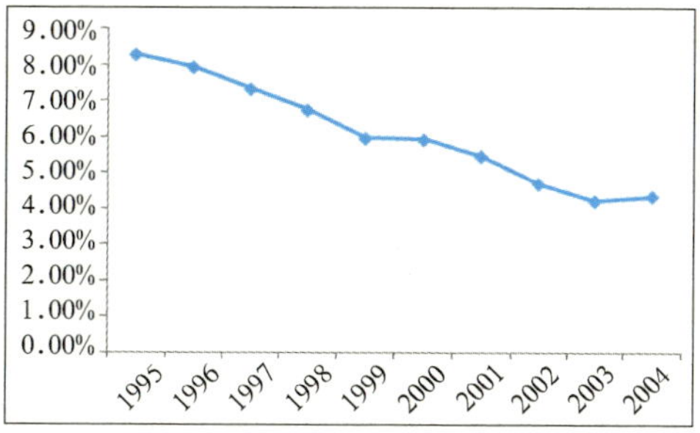

图5-2 食品、饮料、烟草类外贸企业比例变化

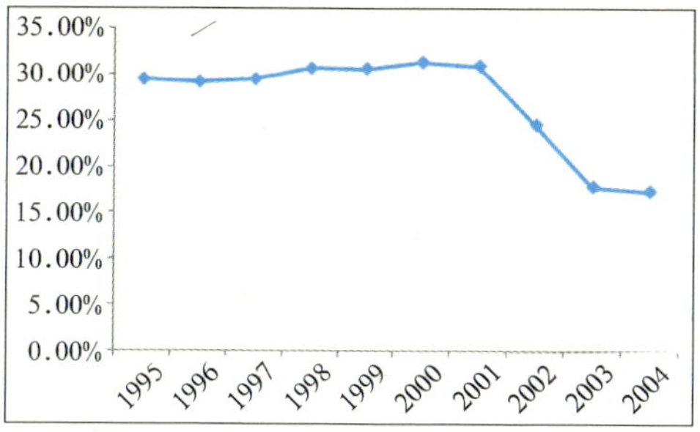

图5-3 纺织品、服装和鞋帽类外贸企业比例变化

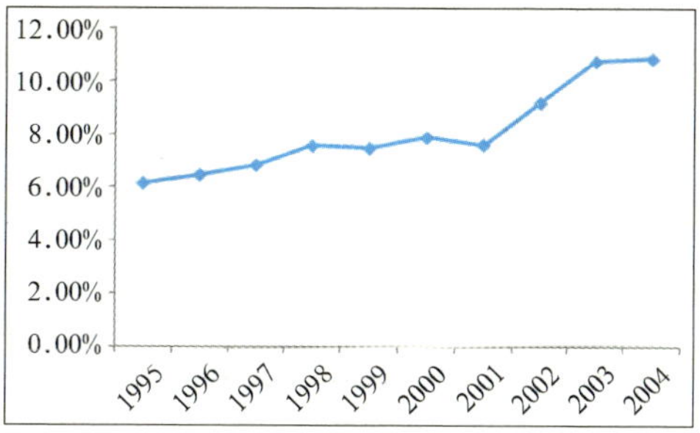

图5-4 日用百货类外贸企业比例变化

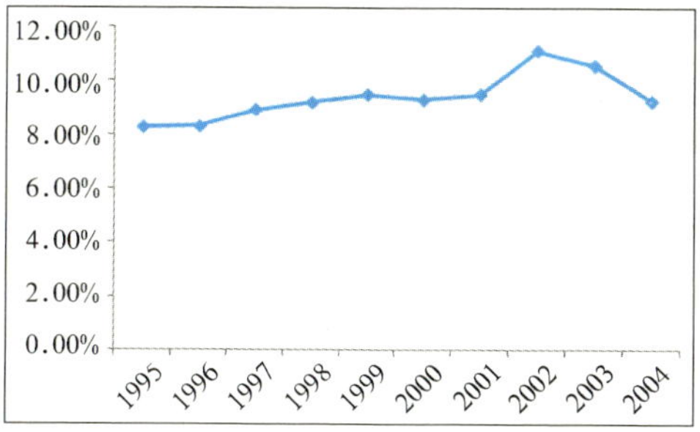

图5-5 五金、交电、化工类外贸企业比例变化

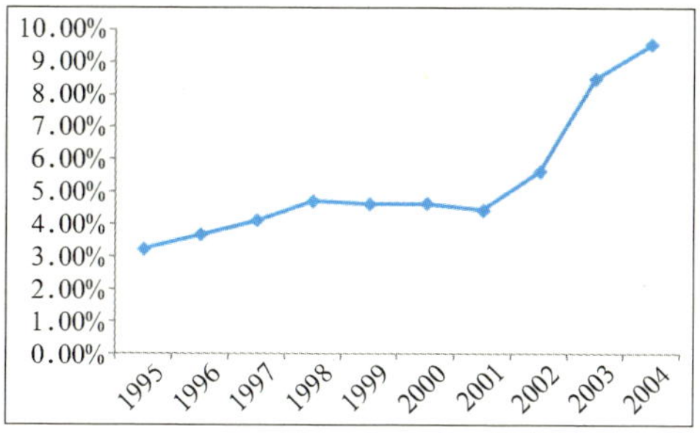

图5-6 化工材料类外贸企业比例变化

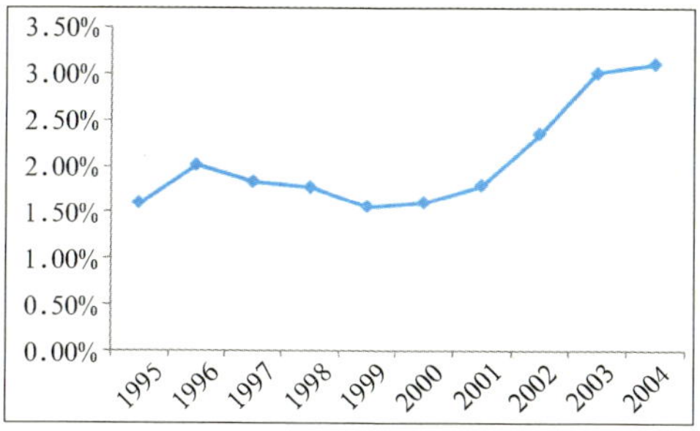

图5-7 汽车、摩托车及零配件类外贸企业比例变化

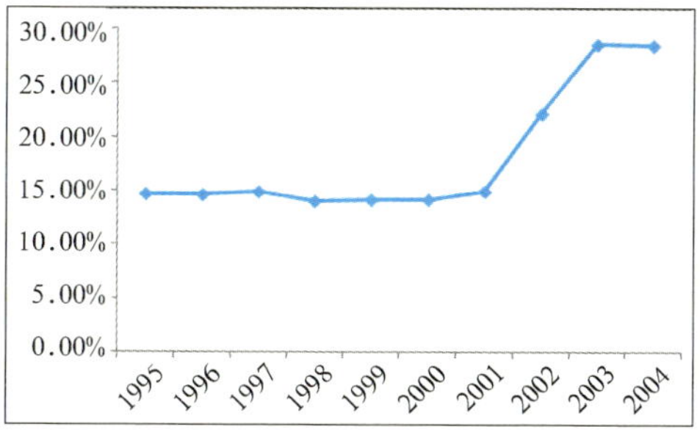

图5-8 机械、电子设备类外贸企业比例变化

5.4 外资制造业的分布特征

5.4.1 外资制造业的部类分布

根据2006年从业人员数据计算所有外资企业从业人员的内部产业部类构成比例,可以发现目前长三角地区的外资制造业仍然集中于劳动密集型制造业,占全部外资企业从业人数的将近50%,其次是资本密集型制造业,而技术密集型制造业和其他工业占全部外资企业从业人员比例均未超过5%,这说明目前长三角区域大部分城市的外资制造业仍然集中在传统的低附加值行业。另一方面,与制造业全部企业的从业人员构成比例比较,外资企业的劳动密集型制造业所占比例小于地区全部企业的平均水平,而在资本密集型制造业和技术密集型制造业方面大于长三角地区全部企业的平均水平,说明外来投资的进入虽然集中在传统的低附加值方面,但是产业部类结构要优于本地企业的产业部类(表5-6)。这一现象证明长三角的制造业正日益纳入全球城市体系之中,且价值区段的提升也符合萨森(1991)关于FDI演化趋势的基本判断,即具有高级化的演化趋势,但整体上尚属于低附加值的全球外围地带。

表5-6 2006年外资企业和全部企业的内部从业人员构成比例

产业部类	外资企业的制造业构成比例	全部企业的制造业构成比例
劳动密集型制造业	49.57%	52.72%
资本密集型制造业	45.14%	41.67%
技术密集型制造业	4.73%	4.14%
其他工业	0.57%	1.47%
合计	100%	100%

资料来源:根据国家工商总局2006年制造业企业名录数据计算整理。

可以看出,在经济全球化过程中,由于相对于劳动力跨国境的流动阻力而言,资本和技术在流动性方面处于主导地位,所以目前长三角地区还是以丰富的劳动力资源为禀赋进行全球生产体系的配置,但外来的资本同时也非常明显地促进了地区产业价值区段的提升,并直接带动了地区的产出效率。

5.4.2　外资制造业的空间分布

为详细地分析外资制造企业的空间分布特征，研究根据 2004 年企业名录数据的数据，以 4 大类制造业产业部类为划分基础，分别计算各城市分产业全部外资中该类制造业的比重(各城市各产业外资从业人数占该地区该产业就业人数的比重)、各城市分部类制造业中的外资比例(各城市各类制造业外资从业人数占该地区所有外资企业就业人数的比例)，并分别对 4 大类制造业产业部类进行汇总，从而分析各部类外资在 15 个城市的产业空间分布，其中各城市分产业全部外资中该类制造业的比重可以反映该地区某产业受影响的程度，外资构成比例可以反映不同地区外资对不同产业的空间偏好分布；限于篇幅，本书略去了其他工业部类，而主要讨论了技术密集型、资本密集型、劳动密集型 3 类制造业的外资分布，并以上述两项指标进行层次聚类，从总体上把握制造业中的外资分布情况。

1. 技术密集型外资制造业

从该部类外资制造业占该部类全部制造业的比重的空间分布特征来看(图 5-9，表 5-8 的左列)，上海、苏州、宁波该部类外资占全部外资制造业的比重较大，均超过了 50%，说明在高附加值的技术密集型制造业领域，外资在这些行业处于非常绝对的主导地位；常州、泰州全部外资中该类的比重相对最低。

从该部类在外资构成比例空间分布特征来看(图 5-10，表 5-8 的右列)，苏

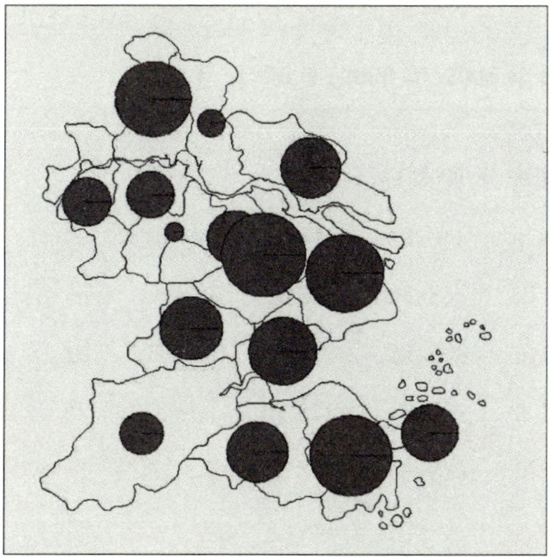

图 5-9　技术密集型制造业的外资占该部类全部企业的比例

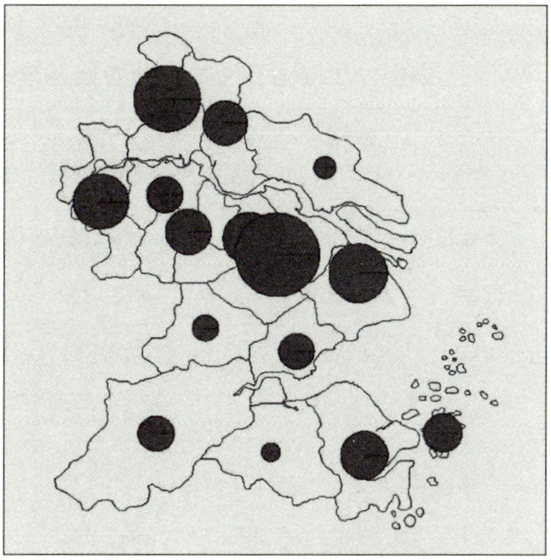

图 5-10　技术密集型制造业外资占全部外资构成比例

州所有产业中，技术密集型制造业的外资构成比例最高，其次是扬州和上海，意味着外资在这些城市的该类产业投资具有很强的空间集聚特征，如果考虑到上海、苏州的规模，则可以进一步地说，这两个空间上紧密连接的城市形成了长三角区域技术密集型制造业的主要集聚地；南通、绍兴、嘉兴等地区该类外资构成比例相对最低，所占比例均不到5%。

比较两列数据(表5-8)，可以总结出：上海、苏州两地的外资对该产业部类具有重要的影响，联系到这两个城市的经济全球化指数也是最高的，说明经济全球化的影响直接带动了高技术制造业的发展。

按照这两项指标，以SPSS进行层次聚类，以二分法的角度来将两项指标分成比重高、低两档，总共4类。可以发现，上海、苏州、宁波、扬州4个城市的技术密集型制造业不但在全部企业中比重较高，而且在该部类具有非常突出的影响，可以说，技术密集型制造业对这4个城市的主导城市职能将有着非常明显的提升作用；而常州、泰州这两项指标均比较低，说明该部类在这两个城市的产业结构中份额不大。另外，南京、镇江、无锡、杭州4个城市属于外资重点投向于技术密集型制造业的地区(表5-7)。

表5-7　各城市技术密集型外资制造业的聚类

<table>
<tr><td colspan="2" rowspan="2"></td><td colspan="2">占该部类全部企业的比例</td></tr>
<tr><td>比　重　高</td><td>比　重　低</td></tr>
<tr><td rowspan="2">该部类占全部外资构成比例</td><td>比重高</td><td>上海、苏州、扬州、宁波</td><td>南京、镇江、无锡、杭州</td></tr>
<tr><td>比重低</td><td>南通、绍兴、湖州、嘉兴、舟山</td><td>常州、泰州</td></tr>
</table>

表5-8　各城市技术密集型外资制造业的分布

地　区	外资占该部类全部企业的比例	该部类占全部外资企业的比例
上　海	53.13%	18.90%
南　京	31.90%	16.50%
镇　江	30.85%	7.89%
常　州	15.49%	12.14%
无　锡	36.54%	14.86%
苏　州	58.14%	34.38%
扬　州	51.16%	22.95%

续　表

地　区	外资占该部类全部企业的比例	该部类占全部外资企业的比例
泰　州	19.87%	11.53%
南　通	40.11%	3.40%
杭　州	28.29%	7.79%
绍　兴	40.06%	2.59%
湖　州	41.64%	4.62%
嘉　兴	45.72%	7.70%
宁　波	55.89%	13.25%
舟　山	37.52%	8.96%

资料来源：根据国家工商总局2004年企业名录数据计算整理。

2. 资本密集型外资制造业

从外资占该部类全部制造业的比重的空间分布特征来看(图5－11，表5－10的左列)，上海以及浙江的嘉兴、宁波、湖州和绍兴，江苏的南通该部类外资占全部外资制造业的比重较大，说明外资在这些城市对资本密集型产业集群具有较强的影响力；泰州该部类中外资的比重相对最低。

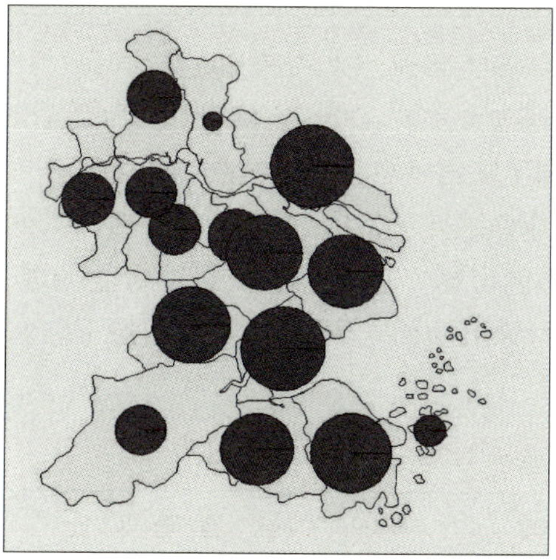

图5－11　资本密集型制造业的外资占该部类全部企业的比例

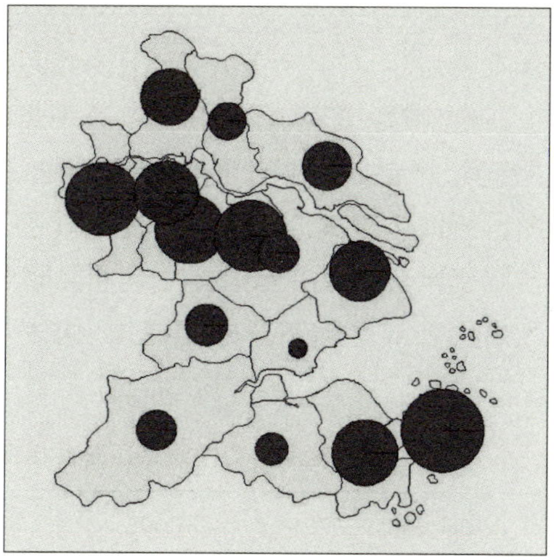

图5－12　资本密集型制造业外资占全部外资构成比例

从该部类在外资构成比例空间分布特征来看(图 5 - 12,表 5 - 10 的右列),浙江的舟山和江苏的南京、无锡、常州该部类外资构成比例均超过了 30%,意味着外资在这些城市的该类产业投资具有很强的集聚特征;嘉兴、绍兴、泰州该类外资构成比例相对最低。

前一列数据是资本密集型制造业受外资影响的程度,后一列显示了 15 个城市在外资内部构成比例方面的差异,综合分析可以发现,上海和宁波两项数据均比较靠前,因此可以说外资对这两个城市的资本密集型制造业的影响最为突出,且具有空间上的集聚特征。舟山的特殊情况是由于该地区外资资本密集型制造业中的交通运输设备从业人数较多,而且舟山总体外资比例较低,因此舟山的该部类外资情况较为特殊(表 5 - 9)。

表 5 - 9　各城市资本密集型外资制造业的聚类

		占该部类全部企业的比例	
		比　重　高	比　重　低
该部类占全部外资构成比例	比重高	上海、宁波	南京、镇江、常州、无锡、扬州、舟山
	比重低	苏州、南通、绍兴、湖州、嘉兴	杭州、泰州

表 5 - 10　2004 年各城市资本密集型外资制造业的分布

地　区	外资占该部类全部企业的比例	该部类占全部外资企业的比例
上　海	26.39%	28.78%
南　京	17.06%	34.56%
镇　江	16.27%	29.67%
常　州	16.30%	32.72%
无　锡	17.71%	34.24%
苏　州	27.14%	19.52%
扬　州	17.30%	26.70%
泰　州	6.04%	18.42%
南　通	30.87%	23.02%
杭　州	16.25%	19.18%
绍　兴	25.54%	16.25%

续　表

地　区	外资占该部类全部企业的比例	该部类占全部外资企业的比例
湖　州	27.64%	20.11%
嘉　兴	31.22%	11.46%
宁　波	29.26%	31.39%
舟　山	9.74%	40.60%

资料来源：根据国家工商总局 2004 年企业名录数据计算整理。

同样，对这两项指标进行层次聚类，按照各自二分法的归类，上海、宁波的资本密集型制造业中外资的份额相对较大，说明外资对该产业部类具有非常重要的影响，反之由于两项指标均较低，可以判断外资对杭州和泰州的资本密集型制造业影响均较小。另外，沿长江一线的城市如南京、镇江、常州、无锡均属于外资重点关注于资本密集型制造业的地区(表 5－9)。

3. 劳动密集型外资制造业

从外资占劳动密集型产业的比重的空间分布特征来看(图 5－13，表5－11的左列)，浙江的嘉兴、绍兴、宁波、湖州和江苏的南通、泰州该部类外资占全部外资制造业的比重较大，说明外资在这些城市对劳动密集型产业集群具有较强的影响力；舟山全部外资中该类的比重相对最低。

表 5－11　2004 年各城市劳动密集型外资制造业的分布

地　区	外资占该部类全部企业的比例	该部类占全部外资企业的比例
上　海	34.84%	50.08%
南　京	13.46%	46.64%
镇　江	20.66%	51.47%
常　州	17.71%	51.05%
无　锡	21.57%	49.25%
苏　州	24.07%	44.61%
扬　州	23.23%	47.19%
泰　州	14.90%	66.55%
南　通	34.76%	71.79%

续　表

地　区	外资占该部类全部企业的比例	该部类占全部外资企业的比例
杭　州	21.02%	71.48%
绍　兴	35.79%	79.75%
湖　州	29.63%	68.90%
嘉　兴	36.05%	79.87%
宁　波	30.85%	53.89%
舟　山	9.53%	50.44%

资料来源：根据国家工商总局2004年企业名录数据计算整理。

从该部类在外资构成比例空间分布特征来看(图5-14,表5-11的右列),浙江的杭州、嘉兴、湖州、绍兴和江苏的南通该部类外资构成比例较高,意味着外资在这些城市的该类产业投资具有很强的集聚特征;扬州、苏州、南京、无锡该类外资构成比例相对最低。

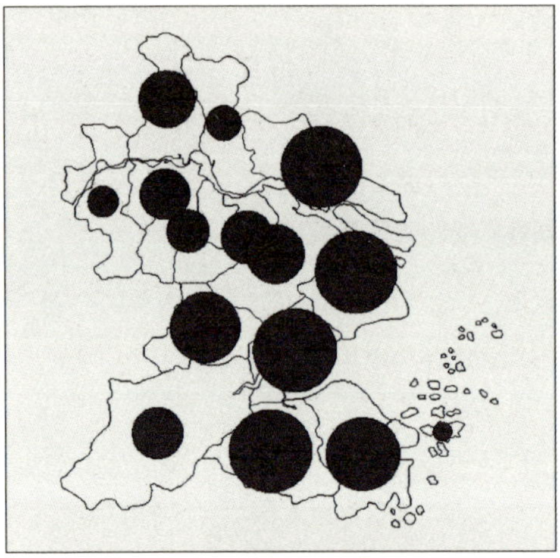

图5-13　劳动密集型制造业的外资占该部类全部企业的比例

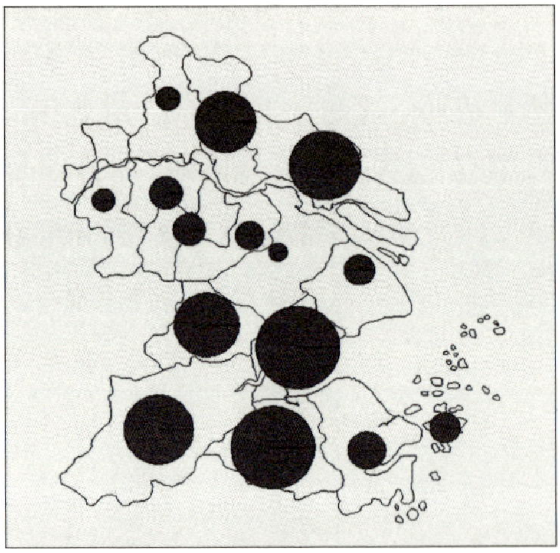

图5-14　劳动密集型制造业外资占全部外资构成比例

同样对劳动密集型制造业进行层次聚类,分析4类地区的情况,可以明显地看出,南通、绍兴、湖州、嘉兴在两项指标均具有非常突出的外资比重,说明这些地区的外资对促进该部类产业集聚具有举足轻重的地位。而上海、宁波该部类制造业中的外资比重较高(均超过了30%),但是在全部外资制造业的比重中较低(相对于南通、绍兴、湖州、嘉兴等地高于 70%,这两个地区略高于 50%),说明劳动密集型制造业中,从行业影响力来说外资企业的比重较高、话语权相对较大,但在空间上并不是外资的重点投向区域。另外,南京、镇江、常州、无锡、苏州、扬州、舟山等城市两项指标均较低,说明外资在这些沿江区域并没有将其作为重点投向区域(表 5-12)。

表 5-12　各城市劳动密集型外资制造业的聚类

		占该部类全部企业的比例	
		比　重　高	比　重　低
该部类占全部外资构成比例	比重高	南通、绍兴、湖州、嘉兴	杭州、泰州
	比重低	上海、宁波	南京、镇江、常州、无锡、苏州、扬州、舟山

总体而言,在全球化的过程中,外资对劳动密集型制造业的影响较大,区域空间分布上主要集中在南通和浙江的绍兴、嘉兴,考虑到劳动密集型制造业在这三个城市的主导地位,可以初步判断,外来投资对这几个城市的劳动密集型产业集群具有非常明显的加强作用。

5.5　本 章 小 结

通过对全球产业分工中制造业外贸发生对象和构成比例的趋势研究,证实了长三角区域制造业正日益被纳入全球产业分工城市体系之中,并与波特(2002)、莎森(1991)的判断基本一致。具体地说,可以得到如下结论:

(1) 在全球贸易中,随着长三角区域的参与贸易分工的不断深化,促使区域产业结构在全球价值链的区段得以提升:劳动密集型和农业初级产品的进出口贸易地位在下降,技术密集型和资本密集型制造业在进出口贸易的地位逐渐上升。

(2) 从外资企业的部类分布状况来看,由于资本和技术在流动性方面处于主导地位,而劳动力跨国境的流动仍然受到一定的限制,所以目前长三角地区的外资还是集中于劳动密集型制造业,但外资中高附加值区段的产业比重高于非外资的相应比重,因此,外资也非常明显地促进了地区产业价值区段的提升,并直接带动了地区的产出效率。

(3) 从外资企业的空间分布状况来看，技术密集型制造业的外资企业主要集中在上海、苏州、宁波等地，资本密集型主要分布在上海、宁波，劳动密集型制造业主要分布在绍兴、湖州、嘉兴、南通等地，这种分布可能对城市职能产生一定的影响，但具体的影响程度还需要从城市职能情况进行分析，并在全球化作用机制中进一步厘清。

基于外资企业的构成比例、空间分布特征，结合第 3 章关于经济全球化进程的研究内容来看，经济全球化与上海、宁波两个港口有一定的关联，而本节的研究则进一步证实了这一观点：经济全球化在空间上依托港口等大型基础设施，并使得邻近地域的产业部类结构得以提升。这说明，在外来直接投资和对外贸易不断增长的背景下，经济全球化必然对长三角区域经济发展产生明显的促进作用，这是因为在经济全球化和区域化过程中发生的产业转移，使发达国家将一些产业以及相关的技术转移给长三角区域，这种国与国之间的产业转移客观上为长三角区域的产业水平提升起到了很强的推动作用。

总体来看，长三角区域作为发展中地区其制造业在全球产业分工中具有突出的地位(霍尔，2001)，且传统劳动密集型制造业仍然占有相当突出的地位，区域整体上属于阿明(2000)所说的外围依附地区，但是区域制造业外资/外贸产业的价值区段提升则又与莎森(1991)的研究判断基本一致，即参与全球流动的外向型产品已经由初级产品转向了技术、资本等要素含量较高的制成品，对外贸易的产业部类也从劳动密集型制造业逐渐转向技术密集型制造业。因此，本部分研究深入地刻画了长三角区域制造业的全球产业分工格局，体现了长三角区域作为崛起中的全球城市区域其制造业在全球生产网络中的基本地位和演化趋势。

第三部分

城市体系的演化

第6章 产业价值区段的时空演化

6.1 引　　言

在全球经济一体化的环境与背景下，发达国家产业结构正在迅速升级，并由此引发了全球性的产业结构重组及传递浪潮(圭拉姆，2009)，长三角区域作为我国全球化程度最高的区域之一，全球性的产业结构重组必然给这一地区产业结构的调整带来机遇及巨大的挑战。产业结构的变化与经济发展是对应的，这种对应关系主要表现在不同的经济发展阶段，产业结构会作出相对应的调整。

在国际产业分工的一般规律中，依据全球价值链进行产业分工已经成为跨国公司实现利润最大化的主要方式。在这一前提下，经济全球化带来的经济增长，不但因为产业结构的改善和优化促使地方的产业部类价值区段得以提升，而且使得区域中的各个城市按照价值链的规则参与全球产业分工，各城市也就因此而嵌入了全球价值链的城市体系之中(波特，2002)。

6.2 产业部类的划分

对产业的划分一般从一、二、三产业的构成比例进行分析，但这种方法过粗，如第三产业中为本地居民提供消费服务和为企业提供生产服务的行业即有着较大的差异性。另外，对行业过细的划分在研究中不利于对城市产业部类的整体把握。因此，有必要将三次产业结构根据行业特征进一步细分，既体现产业部类的结构关系，又体现细分行业的整体特征。

研究对统计年鉴的细分行业数据进行适当的筛选，确定了八大产业部类（详见附表）作为研究的初始变量。具体包括：农业、劳动密集型制造业、资本密集型制造业、技术密集型制造业、其他类型工业、建筑业、生产性服务业和其他服务业 8 类。

其中，在第 4 章已经初步定义了生产性服务业；在第 5 章已经基本定义了三类制造业、其他类型工业和建筑业。故农业不需要再细分，仅将第三产业中生产性服务业以外的作为其他服务业。当然，根据可获得的数据的统计口径，不同来源的行业数据会有微差。

6.3 产业部类价值区段的时空演化

6.3.1 产业部类的价值区段特征

对于产业部类，应先大致确定其所在的价值区段，以更好地对产业部类特征从附加价值的角度予以评判。在英国贸工部关于产业附加值的评判方法中①，以从业人员人均增加值（$V1$）和企业增加值占经营成本的比重（$V2$）两项指标予以度量，这两项指标分别从劳动生产效率和资本利用效率两方面度量了产业或企业的附加值情况。英国贸工部研究报告的计算公式如下：

$$V1=\text{增加值}/\text{从业人数} \tag{1}$$

$$V2=\text{增加值}/(\text{劳动者报酬}+\text{固定资产折旧}) \tag{2}$$

从上述公式来看，$V1$ 属于劳动生产率的概念，这一公式在我国学术界关于地区和行业的经济分析中已经得到广泛的运用；而 $V2$ 则属于国民经济构成的比例的统计范畴，目前国内尚未以这一指标对产业的价值区段进行衡量。在我国目前支出法的产业增加值中，总共包括了 4 项：劳动者报酬、固定资产折旧、生产税净额、营业盈余，其中后面 2 项生产税净额、营业盈余反映了企业运营当中创造的附加值，也是构成产业价值链中最核心的利润部分，因此 $V2$ 的高低反

① 英国贸工部自 2005 年起连续 3 年作出了关于欧盟和英国企业的附加值年度评价报告，即利用企业附加价值的计算来了解企业的发展策略与动向，为政府制定相应产业政策提供依据。在 2007 年的《THE VALUE ADDED SCOREBOARD》报告中，为避免汇率的影响，重点以资本的利用效率（$P2$）进行衡量。

映了产业附加值的高低。

从 8 大部类的从业人员劳动生产率(*V*1)来看,以上海 2000 年的数据为例,从高到低依次为:生产性服务业、其他类型工业①、技术密集型、资本密集型、建筑业、劳动密集型、其他服务业和农业,其中生产性服务业的 *V*1 值与其他类型产业部类的 *V*1 值差异非常明显,如图 6-1、表 6-1 所示。

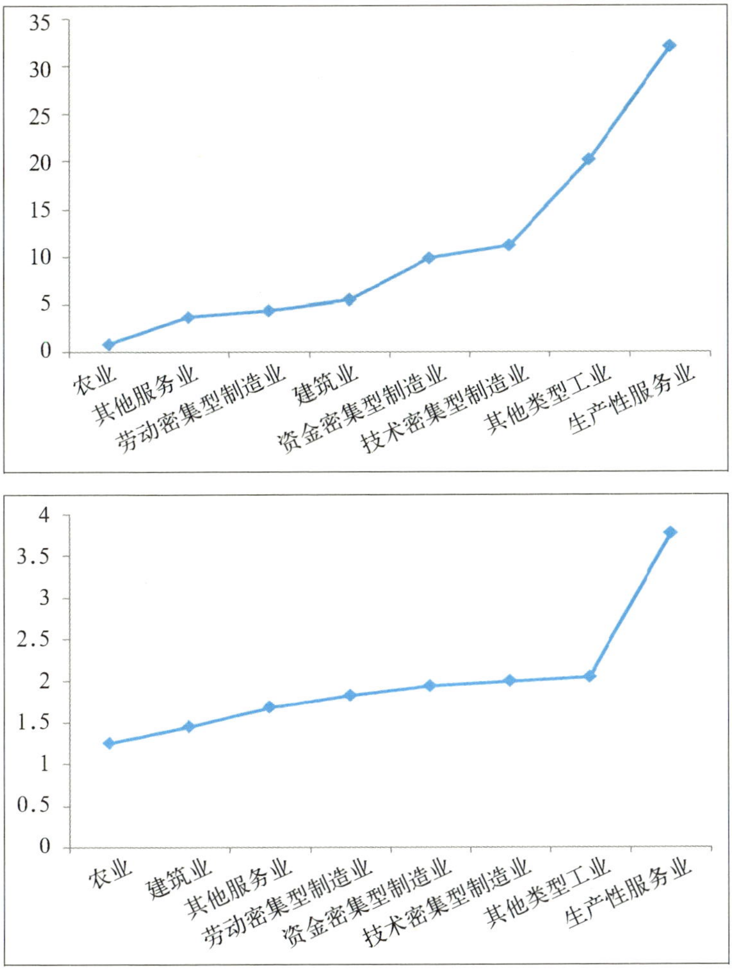

图 6-1 上海市 2000 年 8 大部类劳动生产率(V1,上图)和资本效率(V2,下图)的分布

① 其他类型工业包括了石油、电力、燃气、供水等垄断行业,这些行业所创造的增加值并非完全的市场行为所创造的增加值,因此其人均增加值高于除生产性服务业以外的其他产业部类。

表 6-1　2000 年上海 8 大部类劳动生产率(V1,万元/人)和资本效率(V2)

产　业　部　类	V1	V2
生产性服务业	32.217	3.789
其他类型工业	20.303	2.067
技术密集型制造业	11.324	2.019
资金密集型制造业	9.979	1.96
建筑业	5.592	1.467
劳动密集型制造业	4.472	1.845
其他服务业	3.791	1.703
农　业	0.932	1.267
离散系数	0.882	0.357

同样的,采用英国贸工部研究报告的计算方法,计算 8 大部类的资本效率(V2),仍以上海 2000 年的数据为例,可以发现 8 大部类的行业分布特征同样基本服从上述规律,即 V2 从高到低依次为:生产性服务业、其他类型工业、技术密集型、资本密集型、劳动密集型、其他服务业、建筑业和农业,不同之处仅在于建筑业的排位有所变化,且其相对差异小于劳动生产率的差异,具体如图 6-1、表 6-1。

在借鉴英国贸工部对产业和地区附加值(V1、V2)计算方法的基础上,本次研究以这两项公式为依据,计算产业部类的价值区段指数。

对于劳动生产效率(V1),通过各个城市的地区生产总值和总从业人数就可直接计算。对于资本效率(V2),由于数据可得性的原因,无法获得各个城市的地区生产总值的 4 项支出构成,因此在研究中不再采用。

分别计算 15 个城市 1996 年、2000 年、2005 年的劳动生产效率(Vi),将数据进行标准化处理,其计算公式如下:

$$Vi = 100 \times Vi / Vi_{max} \tag{3}$$

式中　Vi_{max}—— 城市或地区 $i(i = 1, \cdots, 15)$ 在 3 个年份中的最大值;

Vi——区域或某一城市 i 的产业价值区段指数。

6.3.2 产业价值区段的演化情况

可以发现，从 1996 年到 2005 年，初始指标均呈现出增加的趋势，长三角区域劳动生产率的整体初始值从 1996 年的 22 761 元/每人增加到 2005 年的 67 738 元/每人，因此总体来说，长三角区域的产业部类价值区段处于上升的态势（表 6－2）。

表 6－2　长三角区域 1996 年、2000 年、2005 年 V1（劳动生产率，元/人）一览表

城　市	1996 年	2000 年	2005 年
上　海	37 299	53 259	106 035
苏　州	30 946	44 924	101 123
无　锡	36 595	50 733	96 981
南　京	22 965	35 282	76 135
杭　州	21 570	31 475	61 165
宁　波	18 957	30 152	59 005
镇　江	22 022	28 465	58 714
常　州	21 074	30 833	53 978
绍　兴	18 216	26 878	50 573
舟　山	12 620	17 973	50 280
嘉　兴	18 072	25 565	48 153
湖　州	16 888	21 550	40 848
扬　州	14 299	20 443	38 994
南　通	11 125	16 426	33 125
泰　州	10 118	15 539	32 299
长三角区域	22 761	33 716	67 738
平均值	20 851	29 966	60 494

资料来源：根据各地城市统计年鉴数据计算整理。

从各城市的价值区段指数来看，1996 年上海、无锡、苏州分列前三位，到了 2005 年苏州上升更为迅速，而杭州和无锡也呈现出快速增长的趋势，舟山、嘉兴、湖州和苏中三市在2005年相对靠后(表6-2)。

再以1996年、2000年和2005年为时间截面,可以考察长江三角洲区域的价值区段指数($V1$)的空间演化格局。在1996年和2000年,价值区段指数的空间格局发生了一定的变化,就1996年和2005年各个城市的排名变化而言(图6-2、图6-3),苏州、杭州、宁波的排名有所上升,而长江以北的江苏城市和浙江的嘉兴、湖州排名有所下降。

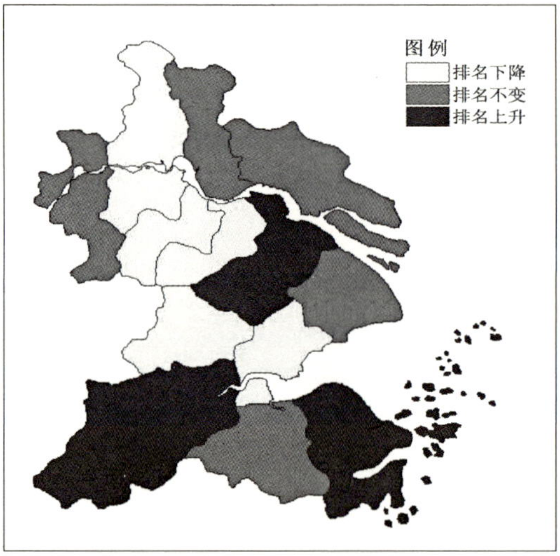

图6-2 1996年到2005年价值区段指数排名变化

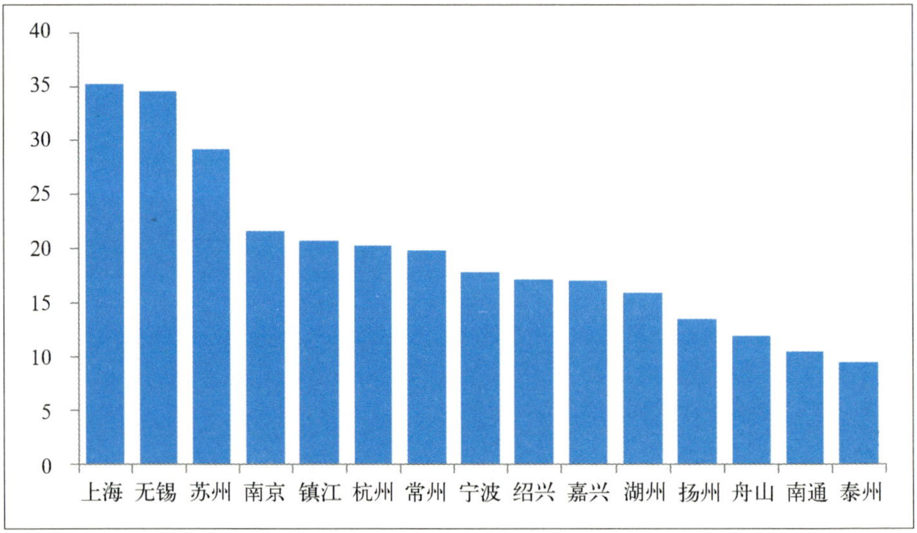

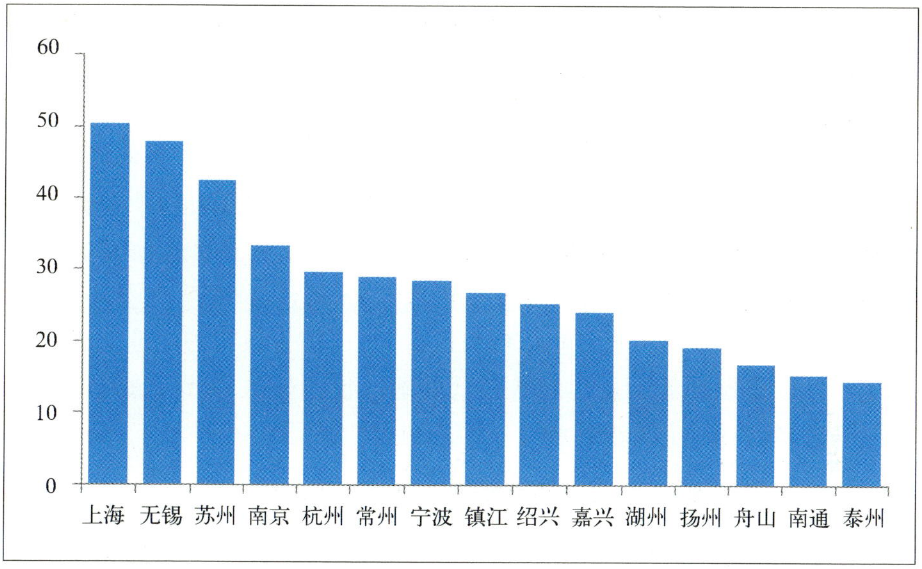

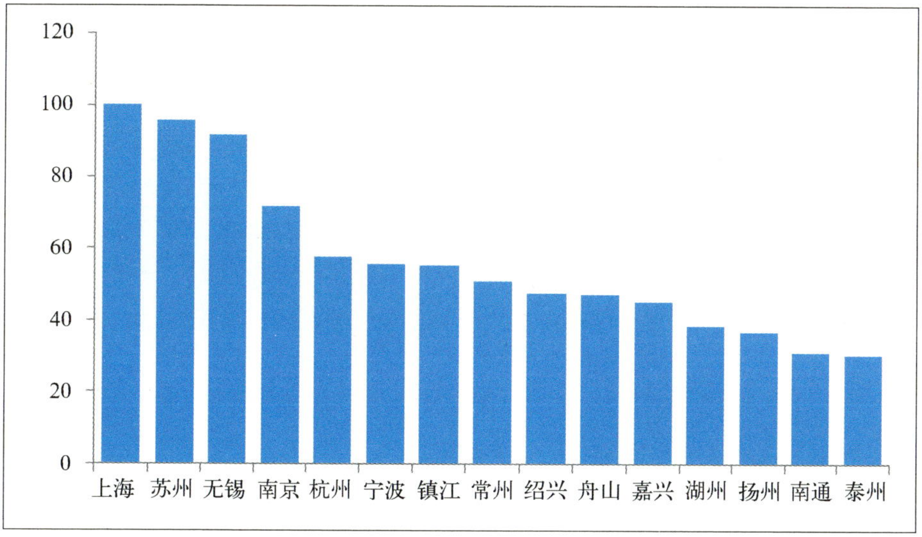

图 6-3　1996 年、2000 年、2005 年价值区段指数分布

6.4　生产性服务业/制造业就业结构的演化

在全球城市的语义中，国内外学者都将生产性服务业的发展水平视为城市在产业的管理、控制方面的功能地位。参照克鲁格曼对生产性服务业的指标描述方法，对 1996 年、2000 年、2004 年各截面生产性服务业功能专业化指数(生产性服务业与制造业从业人数之比)进行计算，以比较分析 15 个城市在产业的管理、控制方面的功能地位。

通过计算生产性服务业与制造业从业人数之比，可以发现，上海、南京均遥遥领先于其后各地区，也是 15 个城市中该项指标高于平均值超过 1 个标准差的城市，到了 2004 年，上海产业功能化指数达到了 50.88%，南京达到了 28.64%，分别高于区域各城市算术平均值标准差倍数 3.28 倍、1.32 倍。另外，舟山也具有较高的生产性服务业功能专业化指数，这与舟山较为独特的地理交通环境有关。生产性服务业功能专业化指数较低的地区包括苏州、无锡、常州、镇江、南通、泰州、嘉兴、湖州、宁波和绍兴，2004 年该指数均低于 10%(表 6-3)。

表 6-3　生产性服务业的产业功能化指数比较

城　市	功能化指数			高于平均值的标准差倍数		
	1996 年	2000 年	2004 年	1996 年	2000 年	2004 年
上　海	34.97%	41.66%	50.88%	3.19	3.37	3.28
苏　州	9.90%	9.35%	8.99%	−0.35	−0.33	−0.42
无　锡	6.41%	6.09%	8.28%	−0.84	−0.70	−0.48
常　州	6.79%	6.77%	7.03%	−0.79	−0.62	−0.59
南　京	19.93%	21.48%	28.64%	1.07	1.06	1.32
镇　江	8.90%	8.99%	9.40%	−0.49	−0.37	−0.38
南　通	9.79%	9.45%	9.55%	−0.36	−0.32	−0.37
泰　州	8.40%	8.30%	8.83%	−0.56	−0.45	−0.43
扬　州	13.82%	12.55%	13.71%	0.20	0.04	0.00
杭　州	10.98%	12.23%	15.84%	−0.20	0.00	0.19
嘉　兴	7.17%	8.73%	5.91%	−0.73	−0.40	−0.69
湖　州	10.01%	5.87%	7.26%	−0.33	−0.73	−0.57
宁　波	9.88%	8.36%	8.97%	−0.35	−0.44	−0.42
绍　兴	10.41%	8.81%	7.80%	−0.27	−0.39	−0.52
舟　山	18.10%	14.80%	14.48%	0.81	0.29	0.07

从 1996—2004 年期间生产性服务业的功能化指数的变化来看，上海、南京、杭州上升明显，而浙江的嘉兴、湖州、舟山和绍兴均出现了明显的下降趋势。

6.5　产业价值区段的空间类型

在图 6－3 中，以人均增加值（劳动生产率）为表征的价值区段指数可以代表城市总的产业附加值状况，但并不反映各城市产业的部类特征，例如无锡、苏州、南京等城市均具有高价值区段的产业，但是总的价值区段仍不能说明部类的构成，因此仍需要从产业类型的空间分布角度予以深入分析，以揭示长三角区域各个城市的附加值类别分布状况。考虑到建筑业的区域分布具有特殊性和其他工业的行业垄断特征，研究选取生产性服务业、其他服务业、技术密集型制造业、资本密集型制造业、劳动密集型制造业和农业六个产业部类，并以这些产业部类的增加值占总增加值的比重作为变量，从产业价值区段空间分异的角度，对长三角区域的 15 个城市进行聚类分析。

以 1996 年各个城市的六个产业部类的增加值所占比重作为变量，将长三角区域的 15 个城市分为 5 种类型（见表 6－4）。依据各类城市的六个产业部类所占比重偏离区域平均值的标准差（STD）倍数，可以判断上述 5 类城市的产业价值区段特征（见表 6－5）。第一类城市包括上海和南京，具有较高的产业价值区段特征，生产性服务业、技术密集型制造业、资本密集型制造业和其他服务业的比重都明显地高于区域平均值（均大于 1 倍标准差）；第二类城市包括杭州、宁波、苏州、无锡、常州、镇江和绍兴，产业特征不太明显，只有资本密集型制造业的比重高于区域平均值（为 0.441 倍标准差）；第三类城市包括南通、嘉兴和湖州，产业价值区段特征是劳动密集型制造业的比重明显地高于区域平均值（大于 1 倍标准差），农业的比重也高于区域平均值（为 0.722 倍标准差）；第四类城市包括扬州和泰州，农业的比重高于区域平均值（为 0.752 倍标准差）；第五类城市是舟山，具有较低的产业价值区段特征，农业的比重明显地高于区域平均值（大于

表 6－4　1996 年长三角区域的城市聚类分析结果

城市类型	城　市	城市类型	城　市
1	上海、南京	3	南通、嘉兴、湖州
2	苏州、无锡、常州、镇江、杭州、宁波、绍兴	4	扬州、泰州
		5	舟　山

表 6-5　1996 年各类城市的六个产业部类的增加值所占比重偏离区域平均值的标准差倍数

城市类型	农　业	其他服务业	劳动密集型制造业	资本密集型制造业	技术密集型制造业	生产性服务业
1	−1.159	1.020	−1.238	1.086	1.490	1.789
2	−0.535	−0.053	0.320	0.441	0.345	−0.329
3	0.722	−1.165	1.036	−1.220	−0.905	−0.487
4	0.752	0.450	−1.223	0.315	−0.718	0.452
5	2.391	0.927	−0.425	−2.226	−1.243	−0.718

2 倍标准差)，其他服务业的比重也高于区域平均值(为 0.927 倍标准差)，表现出舟山作为海岛城市的产业特征。综上所述，1996 年长三角区域 15 个城市的聚类分析结果在一定程度上体现了产业价值区段特征，但是并不十分显著。

以 2005 年各个城市的六个产业部类的增加值所占比重作为变量，同样将长三角区域的 15 个城市分为 5 种类型，可以观察到更为显著的产业价值区段特征(见表 6-6 和表 6-7)。第一类城市包括上海、南京和杭州，具有最高的产业价值区段特征，生产性服务业和其他服务业的比重都明显地高于区域平均值(大于 1 倍标准差)，技术密集型制造业的比重也高于区域平均值(为 0.679 倍标准差)；第二类城市是苏州，具有较高的产业价值区段特征，技术密集型制造业的比重明显地高于区域平均值(几乎为 3 倍标准差)；第三类城市包括宁波、无锡、常州、镇江、扬州和泰州，具有中等的产业价值区段特征，资本密集型制造业的比重明显地高于区域平均值(为 0.937 倍标准差，接近 1 倍标准差)；第四类城市包括南通、嘉兴、湖州和绍兴，具有较低的产业价值区段特征，劳动密集型制造业的比重明显地高于区域平均值(大于 1 倍标准差)，农业的比重也高于区域平均值(为 0.576 倍标准差)；第五类城市依然是舟山，具有最低的产业价值区段特征，农业和其他服务业的比重都明显地高于区域平均值(分别大于 2 倍标准差和接近 2

表 6-6　2005 年长三角区域的城市聚类分析结果

城市类型	城　　市	城市类型	城　　市
1	上海、南京、杭州	4	南通、嘉兴、湖州、绍兴
2	苏　州	5	舟　山
3	无锡、常州、镇江、扬州、泰州、宁波		

表 6－7　2005 年各类城市的六个产业部类的增加值所占比重偏离区域平均值的标准差倍数

城市类型	农　业	其他服务业	劳动密集型制造业	资本密集型制造业	技术密集型制造业	生产性服务业
1	−0.889	1.110	−1.215	0.134	0.679	1.166
2	−1.120	0.343	−0.221	−0.412	2.903	−0.555
3	−0.095	−0.285	−0.187	0.937	−0.243	−0.450
4	0.576	−0.952	1.349	−0.970	−0.573	0.003
5	2.053	1.847	−0.404	−1.731	−1.190	−0.254

倍标准差)，表现出海岛城市的产业特征。与 1996 年的状况相比，2005 年各类城市的产业价值区段特征更为显著，这意味着区域的城市体系正在转变成为以价值区段为特征的空间经济结构。

随着经济全球化的进程，长三角区域越来越纳入全球经济网络，跨国公司的国际劳动分工对于区域城市体系的影响也日趋显著。基于产业价值区段的城市聚类分析表明，从 1996 年到 2005 年，长三角区域的城市体系正在从以“行业类型”为特征的空间经济结构转变成为以“价值区段”为特征的空间经济结构，形成明显的基于产业价值区段的层级体系。需要指出的是，各类城市的产业价值区段特征与经济全球化程度是显著相关的(2000 年两者之间的相关系数为 0.782)，城市的经济全球化程度越高，产业价值区段也就越高。

6.6　行业内产业价值区段的时空演化

6.6.1　行业内价值区段的分离与空间集聚

在经济全球化进程中，生产活动日益分散化、片段化，转而趋向于价值区段的空间分异，并使得一些价值区段在部分区域空间得以强烈集聚。本部分的研究即要证实这一论点：即价值区段的空间分离正成为长三角区域产业分工网络的主要形式。在国民经济行业分类中，与制造业相关的研发、管理和销售均为服务业，但从产业垂直分工的角度来看，意味着产品内的分工日益明显，以价值链为形式的地域分工正在取代传统的横向产业分工。为了进一步分析长三角区域的产业分工情况，本书按照管理、研发、销售和生产制造 4 个方面划分产业的价值区段，并依据这种分类计算特定行业内部的空间基尼系数①。

选取了劳动密集型制造业的纺织服装业、技术密集型制造业的电子通信设备业等 2 个行业，来分析长三角区域的行业内价值链分工演化情况。

需要指出的是，正如全球价值链的分析一般多以特定跨国公司为例进行全球产业分工的，对区域内的价值链分工同样只能以案例的方式进行典型性说明，而难以一一枚举。这种典例式的分析有以偏概全之嫌，但却是深入、生动了解区域城市体系价值区段分工的重要方式。

6.6.2 产业集聚程度的测定方法

保罗·克鲁格曼比较了美国 1947 年和 1985 年四大区域的部门专业化指数，发现美国的制造业在 20 世纪 20 年代就达到了部门专业化的高潮，然后就有一种明显的下降趋势（克鲁格曼，1991）。Kim（1995）发现从 19 世纪晚期到 20 世纪中期，美国工业部门的区域专业化程度首先上升，然后下降。Young 也注意到美国的区域专业化程度在近几十年里随时间的推移而下降②。此外，国内外其他学者也通过实证研究验证了上述观点。刘志彪和吴福象利用江苏的投入产出表数据，计算了 1987—2000 年江苏主要制造行业的生产非一体化指数（VDI），结果发现各大主要的制造行业均呈现明显的生产非一体化趋势③，即区域产业部门之间的横向联系程度呈下降趋势。这些研究表明，在全球产业垂直专业化分工的影响下，区域内部的产业分工正在由部门专业化向功能专业化转变，产业联系出现了以行业门类为表征的“产业链”向以产业附加值为表征的“价值链”的转变。

本书以基尼系数来反映长三角各地区某一行业中各个价值区段的集聚程

---

① 欧美国家的学者利用洛伦茨曲线和基尼系数的原理和方法，对产业的集聚程度进行了较多的实证研究。克伯(Keeble，1986)将洛伦茨曲线和基尼系数用于测量行业在地区间的分布均衡程度。克鲁格曼(Krugman，1991)计算了美国 3 位数行业的空间基尼系数。艾米提(Amiti，1998)计算了欧盟十国的 3 位数水平的 27 个行业的基尼系数及五国 65 个行业的基尼系数，以检验 EU 国家在 1968—1990 年期间的工业是否更为集中了。

值得一提的是美国著名经济学家保罗·克鲁格曼所做的研究，他系统地论述了产业集群和集聚经济的形成因素，并完全用经济学的方法解释和分析产业经济的空间聚集现象，从而成为新经济地理学的代表人物。

② 此段内容详见：都阳，中国改革以来的区域经济发展，中国社会科学研究院人口和劳动力经济研究所工作论文系列四十九。

③ 此段内容详见：刘志彪，吴福象. 全球化经济中的生产非一体化——基于江苏投入产业表的实证研究. 中国工业经济，2005，7：12－19.

度，基尼系数越大，说明该产业部类在 15 个城市数组中差异性越大，产业部类越是突出；基尼系数越小，说明该产业部类差异性越小，产业部类越是不明显。

克鲁格曼用来测定集聚程度的度量方法是空间基尼系数(Spatial Gini Coefficient)，即比较某个城市某一产业的总产值占该产业总产值的比重，以及该地区全部产业产值占该经济体总产值的情况。其公式为：

$$G=\sum_{j}(S_j-X_j)^2 \tag{4}$$

式中，G 为基尼系数，S_j 是 j 地区某产业产值占全国该产业总产值的比重，X_j 是该地区全部产业产值占全国总产值的比重。该方法的价值在于简便直观，系数越高，表明集聚值越大，即产业在地理上愈加集中。

6.6.3　纺织、服装业的价值链分工

纺织、服装业在长三角区域属于传统的制造业，自清末开始发轫，至民国时期经过张謇、荣氏家族等民族资本家的经营，长三角区域就开始成为纺织、服装制造业高度密集的地区，且在一战期间曾成为我国主要的贸易出超行业。

随着 20 世纪 90 年代区域产业的不断升级换代，尤其是 2001 年中国加入世界贸易组织，长三角区域的经济全球化进程不断深化，纺织、服装业地域间的价值区段分工也不断深化。从产业价值链的研发、管理、销售和生产 4 个价值区段环节的企业数量来看，以 1995—2004 年 10 个年份价值区段分工指数 GSI 和空间基尼系数为度量，可以发现，空间基尼指数均呈现出逐年上升的趋势，尤其是在 2001 年以后上升最为明显，说明纺织和服装业 4 项价值区段的企业分布呈现出空间集聚现象，价值分工日益明显(图 6－4)。

从 15 个城市纺织、服装研发、管理、销售和生产 4 个价值区段环节的各自企业比重来看，上海、杭州的生产企业比重较低，其余各地区生产型的企业比重均较高，其中苏州、镇江、南通、扬州、泰州、舟山纺织服装业的生产比重均高于 90%。

从纺织和服装业的管理企业分布来看，上海占有绝对的优势，有 4.47% 的企业为管理型企业；在研发企业方面，南京、杭州和上海的比重最高，值得指出的是，在从业人数规模最大的 10 家纺织和服装研发企业中，4 家位于杭州，有 3 家位于上海(表 6－8)；在销售企业方面，上海的比重也是最高，达到了 43.08%，其次是杭州和绍兴。

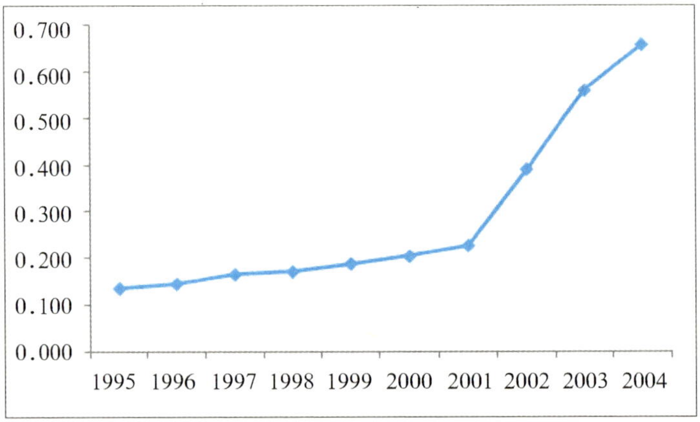

图6－4　1995—2004年长三角区域纺织、服装业不同价值区段空间基尼系数的变化

表6－8　2004年长三角区域各地区纺织、服装业各价值区段环节的比重

	管　理	生　产	销　售	研　发
上　海	4.47%	52.15%	43.08%	0.31%
苏　州	0.10%	91.73%	7.98%	0.19%
无　锡	0.09%	89.86%	9.84%	0.22%
常　州	0.12%	82.77%	16.94%	0.17%
南　京	0.80%	79.75%	18.47%	0.98%
镇　江	0.08%	94.14%	5.52%	0.25%
南　通	0.08%	92.72%	6.98%	0.22%
扬　州	0.19%	90.82%	8.86%	0.13%
泰　州	0.20%	95.04%	4.70%	0.07%
杭　州	0.16%	65.10%	34.13%	0.61%
嘉　兴	0.04%	87.74%	12.10%	0.13%
湖　州	0.00%	80.29%	19.64%	0.07%
绍　兴	0.04%	73.35%	26.42%	0.19%
宁　波	0.12%	78.79%	20.90%	0.19%
舟　山	0.61%	92.12%	7.27%	0.00%

资料来源：根据国家工商总局2004年企业名录进行计算、整理。

根据细分制造业增加值的产业部类的数值表(详见附录)，杭州、上海并不具备纺织、服装业的主导产业地位，2005 年杭州纺织、服装的区位熵(详见附录)分别为 1.00、0.96，上海纺织、服装的区位熵分别为 0.25、0.61，说明两地均不具备区位优势，但是强大的销售、研发能力使其在行业中仍然具有非常突出的地位。而优势产业地位城市绍兴在 2005 年纺织业区位熵 3.94，职能地位更是达到了 0.61(所有 15 个城市优势产业的该项数值总和为 1)，但该市 2004 年在纺织服装研发企业方面没有 1 家进入前 10；同理，2005 年嘉兴、南通服装业的区位熵分别为 3.10、2.29，职能地位分别为 0.45、0.29，但是两地仅有南通一家企业进入研发前 10。这说明长三角区域中纺织、服装业呈现出以上海、杭州、南京为研发基地，而以绍兴、南通、嘉兴为制造加工基地的产业价值区段分工格局。

表 6－9　2004 年长三角区域各地区纺织、服装业前 10 位研发企业分布

机 构 名 称	城　市	经 营 范 围
浙江丝绸科技有限公司	杭　州	纺织丝绸技术开发
丝瑞宝覆膜科技(杭州)有限公司	杭　州	工程用特种纺织品生产的高分子薄膜覆合技术产品
上海森亿服饰整理有限公司	上　海	服饰整理服务
上海乐谊服饰检整有限公司	上　海	服饰检整
杭州富丽达纺织技术研发有限公司	杭　州	纺织及原辅材料的技术研制，开发，引进推广，转让
上海申美商品检测有限公司	上　海	纺织品检验
杭州市纺织化纤工业设计院	杭　州	设计，服务
江苏省纤维检验所	南　京	纤维，纺织产品检验检测仪器设备研制
镇江市纺织工业研究所	镇　江	纺织品工艺的研究
东丽纤维研究所(中国)有限公司	南　通	服装及非服装用纤维新产品的开发和技术转让等

资料来源：根据国家工商总局 2004 年企业名录进行计算、整理。

6.6.4　电子通信和设备业的价值链分工

随着经济全球化进程不断深化，电子通信设备业作为技术密集型产业，在区域产业中的比重正不断扩大(在全球产业转移的分析部分，技术密集型制造业是外贸企业比重上升的行业)。从电子通信设备业的 4 个价值区段环节的企业数量来看,以 1995—2004 年 10 个年份空间基尼系数为度量,2001 年以前呈现波动且略微下降的情形,但其后明显上升,同样说明电子设备业价值区段的企业分布空间集聚的趋势有进一步强化的趋势(图 6-5)。

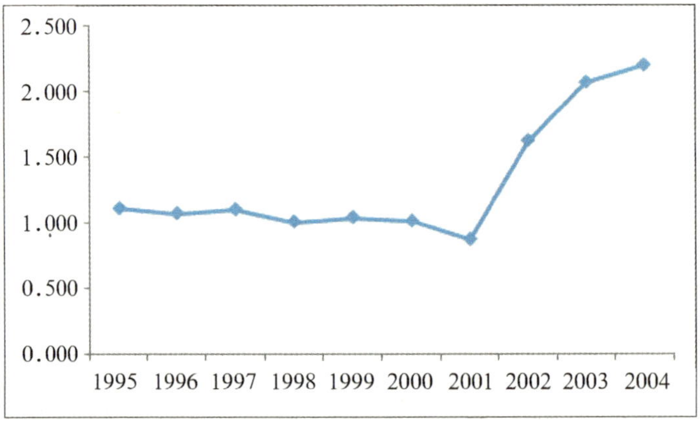

图 6-5　1995—2004 年长三角区域电子通信设备业空间基尼系数的变化

从 15 个城市电子通信设备业研发、管理、销售和生产 4 个价值区段环节的各自企业比重来看,上海、南京和杭州的生产企业比重较低,江苏的苏州、无锡、常州、镇江、南通、扬州和泰州等 8 地生产型的企业比重均较高,而浙江的城市在电子通信设备的生产型企业比重方面相对较低;而在研发企业比重方面,4 个价值区段环节中杭州的研发企业比重最高,上海在电子通信设备业方面的主要价值链特征是管理、销售的企业比重在区域中最高,反映了上海作为区域制造业的全球控制性节点这一特征(表 6-10)。

表 6-10　2004 年长三角区域各地区电子通信设备业各价值区段环节的比重

	管　理	生　产	销　售	研　发
上　海	4.3%	11.4%	82.2%	2.1%
苏　州	0.1%	56.6%	41.9%	1.4%
无　锡	0.1%	64.9%	32.0%	3.1%
常　州	0.1%	57.5%	40.9%	1.4%
南　京	0.5%	17.9%	77.4%	4.3%
镇　江	0.1%	55.4%	42.6%	1.8%
南　通	0.6%	57.6%	40.3%	1.5%
扬　州	0.4%	61.5%	34.0%	4.2%

续　表

	管　理	生　产	销　售	研　发
泰　州	0.9%	61.5%	37.4%	0.2%
杭　州	0.3%	16.1%	71.2%	12.4%
嘉　兴	0.1%	59.8%	39.0%	1.1%
湖　州	0.8%	40.3%	56.7%	2.2%
绍　兴	0.0%	49.3%	49.0%	1.7%
宁　波	0.1%	48.0%	50.7%	1.1%
舟　山	0.0%	22.1%	75.0%	2.9%

资料来源：根据国家工商总局 2004 年企业名录进行计算、整理。

虽然上海研发企业比例不高(仅有 2.1%)，低于杭州的 12.4%，但是在从业人数规模最大的 10 家电子通信设备业研发企业中，上海和杭州各有 4 家，而其中规模最大的企业是上海的信息产业部电子第二十三研究所，另外在这 10 家最大研发企业中，上海的 4 家为纯粹意义上的电子产品设计，而杭州 4 家研发企业中尚有 2 家存在产品制造的经营项目(表 6 - 11)。

表 6 - 11　2004 年长三角区域各地区电子通信设备业前 10 位研发企业分布

机 构 名 称	城　市	经 营 范 围
信息产业部电子第二十三研究所	上　海	电子领域四技服务
杭州恒生电子股份有限公司	杭　州	技术开发，咨询
镇江华宇时代通信技术有限公司	镇　江	研究、设计、生产销售通信产品及电子产品
杭州金陵科技有限公司	杭　州	移动电话及其他电子科技产品的研发、制造
上海嘉定通信发展合作公司	上　海	通信线路工程设计
上海计算技术研究所	上　海	计算机管理信息系统网络工程系统集成
上海船舶电子研究所	上　海	船舶电子设备研究开发
杭州航天电子技术有限公司	杭　州	技术开发、技术服务、技术咨询、成果转让
无锡电信实业有限责任公司	无　锡	电信工程设计；通信设备及器材技术支援服务
杭州曼特新能源有限公司	杭　州	精密电子元件、电子通信产品、高技术绿色电池的研究、开发、生产及相关的技术服务

资料来源：根据国家工商总局 2004 年企业名录进行计算、整理。

对照卡斯特勒和霍尔(P. Hall)对微电子产业的国际劳动分工的区位特征的研究：研发和原型制作位于发达国家中具有良好生活品质的创新中心，高技术的核心部件制造位于发达国家的技术园区，组装和测试位于发展中国家的新兴工业化地区；面向客户的设备调试、售后服务和技术支持位于全球各地的区域市场中心。从案例产业分析可以看出，长三角区域的生产活动也符合这一基本布局原则，尽管2005年苏州电子通信产品的区位熵和职能强度分别达到了2.00和0.74，但是研发企业并没有进入长三角区域的前10，这说明，上海属于区域研发、销售、管理的核心城市，而苏州在电子产品在制造加工方面呈现出非常突出的比较优势地位，而电子产品的生产活动的各个环节的空间分异出现了非常明显的加强趋势。

6.7 本章小结

本节将价值链的概念引入长三角区域城市体系演化的分析，从产业价值区段的角度分析了区域的演化情况，对产业部类的价值区段进行类型划分，并以价值区段的典型性案例分析了各城市之间功能演化的基本情况。

从以人均劳动生产率作为衡量产业价值区段的指标来看，长三角区域的价值区段出现了明显的上升趋势，在各地区的区域产业价值区段差异方面，上海和苏锡常地区产业价值区段指数居于区域的前列；而苏中通泰扬地区和舟山处于相对落后的局面。从六项产业部类增加值比例聚类分析可以看出，长三角区域的城市体系的空间经济结构正转变成为以“价值区段”为特征的空间经济结构，并开始形成明显的基于产业价值区段的层级体系。同时，通过分析案例行业管理、研发、销售和生产4个价值环节在区域的空间分布模式，进一步佐证了区域的制造业正呈现出向价值链分工过渡的趋势。

这说明，跨国公司在全球范围内进行研发、管理、制造、销售等各个价值环节的区位选择，使得大部分城市逐渐纳入全球城市体系；另外，核心城市则不断强化其生产性服务业的功能，上海、南京、杭州等少数城市逐渐具有全球城市的部分管理、控制功能，这一点可以从以生产性服务业和制造业的比值得到明显的体现：长三角区域的功能化指数出现了区域集中的趋势，其中上海具有绝对的优势，反映了上海作为高附加值的企业总部的管理和控制功能。

结合第4、第5章内容可以得知，长三角区域生产性服务业通过跨国公司链接全球网络，制造业则通过外资、外贸嵌入全球产业分工体系，在此基础上对长三角区域产业价值区段演化趋势进行模式归纳可以发现，随着全球流动性的不断增强，城市体系的整体产业价值区段得到了明显的提升，各城市均沿着价值链向高附加值的产业部类攀升；与此同时，长三角区域的城市体系正在转变成为以价值区段为特征的空间经济结构（图 6－6）。

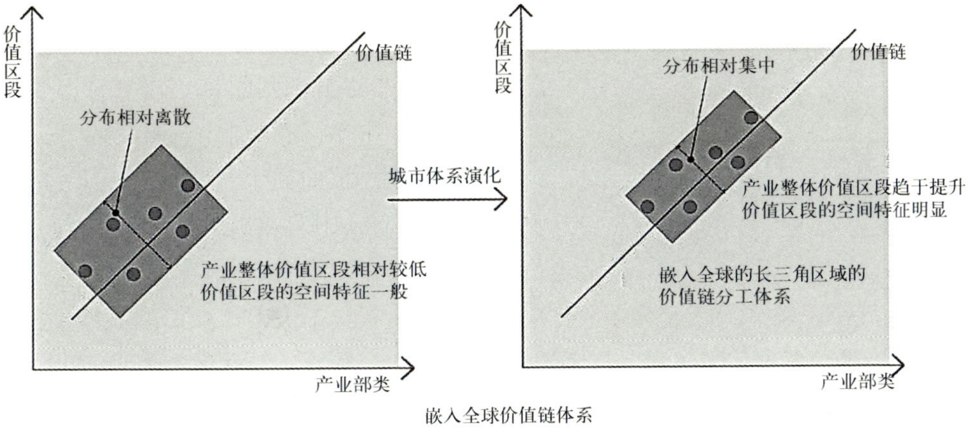

图 6－6　长三角区域城市体系的价值链分工趋势

因此，可以基本判断，在经济全球化不断加速的背景下，长三角区域融入全球价值链的同时，各个城市的价值区段得到了整体的提升，不同的价值区段片段开始集聚于不同的区域空间部位，地区之间的产业分工也呈现出明显的价值链分工趋势，经济全球化与区域城市之间的价值链分工趋势有着明显的关联性。

第7章
产业部类的时空演化

7.1 引　言

在经济全球化背景下，一些学者对这一领域开展了前沿性的研究。博尔哈、卡斯特勒在《本土化与全球化》中指出，世界的中心是一个结构化的整体，而其多样化的外围呈现出非结构化、区域化的特征，因此分析长三角区域的城市产业部类特征应从全球化的视角来予以分析。卡斯特勒、霍尔(1994)对世界上主要的高技术社会进行了深入的分析，其研究结果表明：首先，除了美国以外高技术产业全部位于发达的大城市地区，如东京—横滨、巴黎南部、伦敦 M4 长廊、米兰等城市区域；其次，在技术创新的顶级研发产业分布方面，资本、劳动力、技术等生产要素的组合使得该类产业布局一般位于新工业化地区；再次，新兴的高技术产业布局与传统的产业形成了不同等级的生产网络，行业内的生产活动组织在空间上得以扩散而又有机的彼此关联。

从上述学者的研究观点来看，以价值区段为研究视角，对产业部类和产品内价值链的分析能深层次地揭示全球城市区域的产业部类特征。

目前，对城市产业部类的研究可以从城市职能的角度来分析，因此本章节采用的产业部类分析方法即是基于城市职能的分析工具。周一星(1997)、韩延星(2005)、许学强(2004)等人认为，目前城市职能研究的众多成果基本上属于静态的和单层面的，在城市职能的动态性、体系性研究尚不足，正如周一星所言，“城市职能分类是某一时点的城市职能的比较研究，是静态的。如果使用同样的方法来分析两个时点(例如间隔 10 年)的城市资料，就可以分析城市职能结构的动态变化。这种研究对资料质量的要求非常高，可以说是这方面的一个前沿课题”。因此，利用不同时间点的平行数据进行长三角区域城市产业部类的分析、并分析全球化影响下长三角区域产业异同性演化是具有理论意义的。

7.2　城市产业部类分析方法的确定

经济全球化过程导致了全球分工的深化，形成了全球价值链的产业分工，进而导致了特定范围内产业集群的出现，因此产业集群成为全球化影响城市产业部类的载体。一般认为，产业集群同处在一个特定的产业领域，由于具有共性和互补性而联系在一起，并形成强劲、持续竞争优势①。因此，分析经济全球化背景下长三角区域城市产业部类的演化，也能基本掌握区域产业集群的分布状况和演化趋势。

本次研究对全球化背景下区域的产业体系的动态分析是突破点之一。为了进行长三角区域各城市产业部类的时空演化的分析，在不同时间点上选取了平行的数据。故本次研究在数据选择方面，以 8 大部类增加值为基础，进行产业部类体系的演变分析。

具体地，在城市产业部类的演化特征分析方面，既要从总体上把握各城市各价值区段产业部类的演化，又要对各城市进行优势产业的判别，并考虑各城市的规模因素，因此本书在分析长三角区域各产业部类空间分异的基础上，采用产业构成比例、区位熵和职能地位相结合的方法来分析城市产业部类。本次研究在城市产业分析之前还引入基尼系数分析（具体公式详见上一章节），以了解经济全球化背景中、不同产业部类在长三角区域中集聚程度的演化情况。

另外，为了更为全面地分析城市产业部类，研究中一方面利用双 S 分析对各地区的产业区位竞争力做了详细的分析，同时采用了工业细分行业增加值的数据计算细分行业的城市职能，计算结果均作为附录。

1. 区位熵的测定方法

区位熵又称专门化率，是由经济学家马蒂拉（J. M. Mattila）和汤普森（W.

① 产业集群是指相同产业（Swann & Prevezer，1996）或密切相关产业（Porter，1990）的企业在地理上的集中（安娜·格兰多里，2004）。空间经济中产业集群引致的地方化增长已经成为非常突出的经济增长现象。来自不同学科的学者比如新古典经济学的克鲁格曼（1991）、战略管理的波特（1990）、城市与区域规划的卡斯特勒和霍尔（1994）和社会学的格努维特（1985），对这一现象都表现出了浓厚的兴趣。

R. Thompson)首先提出的，波纳尔(L. L. Pownal)也采取了这一方法进行产业部类的统计分析。它是指一个城市特定部门的产值(或就业人数)在地区产业中所占的比重与较大地区或全国该部门产值在较大地区或全国产业总产值(或就业人数)中所占比重之间的比值。具体而言，表达式为：

$$L_{i,j}=\frac{\dfrac{E_{i,j}}{(\sum_i E_{i,j})}}{\dfrac{(\sum_j E_{i,j})}{[\sum_j(\sum_i E_{i,j})]}} \tag{1}$$

式中，$E_{i,j}$为j城市i产业部类的增加值或从业人数；$L_{i,j}$为j城市i产业部类在长三角区域的区位熵。

当区位熵大于1，说明该城市某产业部类发展在长三角区域处于优势地位；等于1则说明与长三角区域水平相等；而区位熵小于1说明该城市在长三角区域处于劣势地位。

2. 职能地位的测定方法

对于不同规模的两个城市，纳尔逊法中反映主导产业部类强弱的标准差倍数并不能完整地反映两个城市在该主导产业的区域影响力，比如舟山和上海均具有较高服务业比例，但由于总量的差异悬殊，两者的区域影响力也大不相同。因此有必要引入规模因素，把对主导产业的分析扩展到对职能“地位”的研究。对于长三角一个城市某产业部类的“职能地位”，本书借鉴采用如下的方法进行衡量：

首先，把长三角各城市某产业部类就业人数占对应城市总从业人数的比重与长三角平均比重(加权平均)进行比较，选出比重高于长三角平均比重的城市，这一计算过程实际上即上述区位熵的计算。

其次，对于这些城市，把产业部类的区位熵减去长三角平均比重(所有行业的区位熵平均值均为1)，乘以对应城市的相应产业部类就业人数，即得到这个城市该行业的职能规模。

第三，计算一个城市该产业部类的职能规模与上述城市产业部类的职能规模加总数的比值，即得到这个城市该产业部类的“职能地位”。

按这样的方法，可分别计算出长三角各城市产业部类的职能地位。另外，需要事先限定各城市只有那些区位熵大于1的产业部类才有职能地位。

具体公式如下：

$$T_{i,j} = \frac{[(L_{i,j} - 1) + |L_{i,j} - 1|] \cdot E_{i,j}}{2} \tag{2}$$

$$F_{i,j} = \frac{T_{i,j}}{(\sum_j T_{i,j})} \tag{3}$$

式中，$E_{i,j}$ 为 j 城市 i 产业部类增加值；$L_{i,j}$ 为 j 城市 i 产业部类在长三角区域的区位熵；$T_{i,j}$ 为 j 城市 i 行业职能规模；$F_{i,j}$ 为 j 城市 i 行业职能地位。

$F_{i,j}$ 在 0—1 之间变化，0 表示该城市该行业不具备职能地位（区位熵小于 1），1 表示该城市该行业在长三角区域中为该行业仅有的主导产业城市。

7.3　区域产业部类的基本特征

分析 1996 年、2000 年到 2005 年 8 大部类的产业构成表（表 7－1），从 15 个城市的产业部类构成的平均值来看，农业、劳动密集型制造业比重下降趋势明显，技术密集型制造业比重上升趋势相对明显，生产性服务业和资本密集型产业的比重先略有下降后上升，其他服务业比重 2000 年上升而 2005 年趋于平稳。

表 7－1　1996 年、2000 年、2005 年长三角区域各地区 8 大产业部类的构成

1996 年	农　业	建筑业	劳动密集型	技术密集型	资本密集型	其他工业	其他服务业	生产服务业
上　海	2.8%	5.6%	12.3%	4%	25.7%	1.2%	25.7%	22.8%
苏　州	7.8%	5.2%	26.8%	2.4%	21.4%	0.4%	26.3%	9.7%
无　锡	5.2%	3.5%	22.8%	3.9%	25.2%	3.3%	27.3%	8.8%
常　州	10.6%	5.3%	18.5%	3.8%	26%	3.6%	24%	8.3%
南　京	6.6%	8.8%	8.7%	5.6%	26%	2.1%	29.1%	13%
镇　江	10.9%	7%	20.7%	1.8%	19.9%	6.4%	29.7%	3.5%
南　通	26.2%	8.7%	16.8%	1.4%	9.7%	2.7%	22.5%	11.9%
扬　州	17.2%	7%	12.4%	1.1%	20%	3.6%	26.8%	11.9%

续 表

1996年	农　业	建筑业	劳动密集型	技术密集型	资本密集型	其他工业	其他服务业	生产服务业
泰 州	23.1%	5.5%	8.8%	2%	22.5%	0.6%	26.9%	10.6%
杭 州	9.3%	5.9%	17%	4.9%	21.9%	3%	27.8%	10.2%
嘉 兴	16.1%	5.1%	33%	1.7%	12.3%	5.5%	19%	7.1%
湖 州	17.4%	8%	27%	0.7%	14.3%	5.3%	23.7%	3.5%
绍 兴	12.7%	18.1%	18.5%	1.9%	18.3%	3.3%	20.3%	6.8%
宁 波	11.7%	6.6%	21.6%	3.1%	21.3%	4%	22.2%	9.5%
舟 山	33.4%	6.6%	15.9%	0.8%	6.1%	1.9%	28.5%	6.7%
2000年	农　业	建筑业	劳动密集型	技术密集型	资本密集型	其他工业	其他服务业	生产服务业
上 海	1.9%	4.7%	9.9%	5.5%	21.3%	4.3%	26.5%	25.9%
苏 州	5.9%	5.1%	21.1%	9.4%	18.4%	2.4%	27.6%	10%
无 锡	4.1%	4.6%	17.5%	5.4%	24.2%	4.3%	32.4%	7.5%
常 州	7.5%	5.8%	17.2%	4.4%	25.9%	2.8%	28.2%	8.3%
南 京	5.4%	8%	8.3%	8.4%	21%	2.7%	31.4%	14.8%
镇 江	7.1%	8.5%	24.1%	1.8%	16.6%	4.3%	33%	4.5%
南 通	21.2%	7.4%	14.6%	2.1%	9.2%	4.2%	29.8%	11.5%
扬 州	14.8%	5.9%	10.7%	1%	18.2%	7.7%	31.5%	10.1%
泰 州	18.3%	8.7%	7.6%	3.1%	19.9%	1.3%	30.4%	10.6%
杭 州	7.5%	7.3%	14%	7.1%	20.4%	2.5%	31.9%	9.3%
嘉 兴	11.1%	5.8%	30.3%	2.7%	12.9%	7%	24.3%	5.9%
湖 州	13.8%	6.1%	28%	4.3%	11%	7%	26%	3.7%
绍 兴	10%	5.7%	28.9%	2.7%	20.7%	2.7%	24.7%	4.7%
宁 波	8.1%	5%	17.9%	3.2%	23%	7%	28.4%	7.5%
舟 山	28.7%	6.3%	10.2%	2.9%	8.6%	4.2%	27.3%	11.9%
上 海	0.9%	3.6%	9.1%	9.8%	21.5%	3.5%	29.5%	22.2%

续　表

2005年	农　业	建筑业	劳动密集型	技术密集型	资本密集型	其他工业	其他服务业	生产服务业
苏　州	2.2%	4.8%	16.1%	19%	18.7%	1.2%	30%	8%
无　锡	1.7%	3.9%	15.6%	7.9%	31.6%	1.5%	30.5%	7.3%
常　州	4.3%	6.1%	17.2%	5.1%	31.4%	1.3%	27.1%	7.5%
南　京	3.3%	6.5%	5.7%	10%	25.9%	1.7%	33.2%	13.7%
镇　江	4.4%	5.9%	23.3%	1.9%	25.6%	3.9%	29.7%	5.2%
南　通	11.9%	11.2%	21.2%	3.6%	14.5%	1.7%	26.3%	9.8%
扬　州	10.5%	7.9%	12.5%	2.3%	22.6%	7.4%	28.2%	8.6%
泰　州	11.9%	10%	12%	6.9%	24.8%	0.5%	25.5%	8.4%
杭　州	5%	5.7%	13.9%	6.6%	19.1%	5.6%	29.4%	14.7%
嘉　兴	7.3%	6.3%	28.1%	2.9%	10.8%	10.8%	25.2%	8.7%
湖　州	9.8%	6.2%	24.6%	3.6%	12.1%	8.3%	25%	10.4%
绍　兴	6.6%	6.3%	28.6%	2.3%	20.5%	3.2%	21.1%	11.3%
宁　波	5.4%	6.2%	14.7%	3.1%	26.2%	4.5%	24.8%	15%
舟　山	14.2%	9%	15%	0.4%	9.8%	5.7%	37%	9%

另外，通过比较八大产业部类的基尼系数变化情况（表7－2），可以基本看出：1996年、2000年、2004年8大产业部类中其他工业、资本密集型制造业、生产性服务业3项的集聚程度均出现了降低的情形，另外建筑业相对持平，其余4项均有所上升，其中技术密集型制造业出现了非常明显的产业集聚空间强化的现象，这说明长三角区域15个城市的产业部类差异主要体现在技术密集型制造业趋于强化，从产业集聚方面的比较优势来说，该部类的城市间差异有所加大（表7－2）。

表7－2　1996—2005年各产业部类基尼系数的变化趋势

产　业　部　类	1996年	2000年	2005年	1996—2005年变化
农林牧渔业	0.047	0.059	0.067	42.55%
劳动密集型制造业	0.013	0.018	0.017	30.77%

续 表

产 业 部 类	1996 年	2000 年	2005 年	1996—2005 年变化
资本密集型制造业	0.004	0.002	0.003	−5.07%
技术密集型制造业	0.012	0.013	0.035	191.67%
其他工业部类	0.037	0.009	0.024	−35.14%
建筑业	0.013	0.005	0.013	0.00%
生产性服务业	0.033	0.062	0.025	−24.24%
其他服务业	0.001	0.000	0.002	68.28%
总 计	0.160	0.168	0.186	16.64%

总的说来，技术密集型制造业的高度集聚趋势与卡斯特勒和霍尔的研究结果基本一致，即微电子产业等技术密集型制造业的研发和原型制作部分位于发达国家（地区）中具有良好生活品质的创新中心，但是其核心部件制造位于发达国家（地区）的技术园区。

需要指出的是，基尼系数的大小仅仅指明了产业部类在空间集聚方面的强弱，并不能说明空间的分布状况，而这一状况还需要从产业职能地位的空间分布状况来进行比较。

7.4 制造业的空间分布演化

限于篇幅，论文略去了建筑业、其他工业和农业，仅详述技术密集型、资本密集型、劳动密集型制造业和生产性服务业、其他服务业等 5 类产业部类。

根据前述的计算方法，依据制造业不同价值区段的产业部类划分方法，分别描述技术密集型、资本密集型、劳动密集型制造业等产业部类在 1996 年、2000 年、2005 年三个时间截面的产业部类特征。

7.4.1 技术密集型制造业的空间分布演化

从各城市技术密集型制造业比例来看，1996 年、2000 年到 2005 年长三角区域技术密集型制造业所占的比例一直在上升，3 个年份 15 个城市技术密集型制造业比重平均值分别为 2.6%、4.3%、5.7%，总体上来说，由于技术密集型制造业是外资企业在苏南地区增长最快的产业部类，说明经济全球化过程中，苏南地区通过承接全球产业转移获得了产业价值区段提升的机会(表 7-2)。

从区位熵大于 1 的城市来看，1996 年技术密集制造业区位熵大于 1 的城市有上海、无锡、常州、南京、杭州 5 个城市；至 2000 年苏州出现了主导产业，常州则不再具有优势地位；2005 年，空间格局发生了进一步的改变，技术密集型制造业仅有上海、苏州和南京 3 个城市区位熵大于 1，其中苏州的区位熵最为突出，达到了 2.298。从表中可以看出，上海、南京技术密集型制造业具有相对稳定的产业部类优势，而苏州则后来居上，不到 10 年即通过外来直接投资实现了产业价值区段的迅速提升(表 7-3)。

表 7-3　技术密集型制造业区位熵、职能强度一览表

地　区	区　位　熵			职　能　强　度		
	1996 年	2000 年	2005 年	1996 年	2000 年	2005 年
上　海	1.225	1.038	1.179	0.285	0.043	0.130
苏　州	0.736	1.788	2.298		0.549	0.827
无　锡	1.189	1.017	0.954	0.078	0.005	
常　州	1.157	0.838	0.614	0.031		
南　京	1.731	1.589	1.213	0.340	0.242	0.043
镇　江	0.554	0.337	0.234			
南　通	0.439	0.400	0.433			
扬　州	0.322	0.198	0.276			
泰　州	0.603	0.593	0.836			
杭　州	1.490	1.342	0.799	0.266	0.161	
嘉　兴	0.529	0.522	0.353			
湖　州	0.223	0.822	0.431			
绍　兴	0.582	0.505	0.278			
宁　波	0.957	0.611	0.379			
舟　山	0.239	0.545	0.048			

另外，1996—2005 年职能地位的主要变化是该行业的首位城市从上海变

成了苏州，在 2000 年技术密集型制造业的首位城市的职能地位超过了 0.5，2005 年更是达到了 0.834，而 1996 年最大的南京仅为 0.340（注：职能强度的总和为 1）。

7.4.2 资本密集型制造业的空间分布演化

1996 年、2000 年到 2005 年长三角区域资本密集型制造业所占的比例一直在 20%左右徘徊，3 个年份 15 个城市资本密集型制造业比重平均值分别为 19.4%、18.1%、21.0%（表 7－2）。

从资本密集制造业区位熵大于 1 的城市来看，1996 年有上海、无锡、常州、南京、泰州 5 个城市，浙江则无一城市其区位熵高于 1，仅有杭州和宁波接近 1；至 2000 年则有浙江部分地区如杭州、宁波、绍兴等地出现了优势地位，上海的优势地位有所下降，而泰州的优势地位则已经消失了；2005 年，资本密集型制造业的空间格局发生了进一步改变，上海、杭州和绍兴的区位熵均低于 1，镇江则有了优势地位。从 2005 年这些城市的空间分布来看，资本密集型制造业区域连绵化的现象非常明显，7 个区位熵大于 1 的城市有 6 个城市属于沿江地区，另外一个城市宁波也具有优良的港口条件，说明具有港口优势的城市有相对明显的资本密集型制造业集群优势。

资本密集制造业的职能地位方面，1996—2005 年的主要变化是该行业的首位城市从上海变成了无锡，且 2005 年上海已不再具有明显的职能地位。另外，结合前述空间基尼系数和职能地位的数值分布，资本密集制造业具有空间扩散的趋势（表 7－4）。

表 7－4 资本密集型制造业区位熵、职能强度一览表

地 区	区 位 熵			职 能 强 度		
	1996 年	2000 年	2005 年	1996 年	2000 年	2005 年
上 海	1.171	1.063	0.973	0.565	0.258	
苏 州	0.974	0.922	0.845			
无 锡	1.150	1.213	1.430	0.163	0.265	0.452
常 州	1.184	1.297	1.424	0.103	0.201	0.206
南 京	1.187	1.049	1.171	0.162	0.046	0.127
镇 江	0.909	0.831	1.157			0.042

续　表

地　区	区　位　熵			职　能　强　度		
	1996 年	2000 年	2005 年	1996 年	2000 年	2005 年
南　通	0.443	0.460	0.655			
扬　州	0.909	0.912	1.023			0.005
泰　州	1.025	0.997	1.122	0.008		0.027
杭　州	0.998	1.023	0.865		0.028	
嘉　兴	0.562	0.644	0.487			
湖　州	0.652	0.552	0.547			
绍　兴	0.836	1.037	0.928		0.026	
宁　波	0.970	1.150	1.186		0.176	0.141
舟　山	0.278	0.428	0.443			

7.4.3　劳动密集型制造业的空间分布演化

1996 年、2000 年到 2005 年长三角区域劳动密集型制造业所占的比例有所下降，3 个年份 15 个城市劳动密集型制造业比重平均值基本上维持在 20%左右(表 7－2)。

从劳动密集型制造业区位熵大于 1 的城市来看，1996 年有江苏的苏州、无锡、常州、镇江和浙江的嘉兴、湖州、绍兴、宁波 8 个城市，基本呈现出连绵发展的格局；至 2000 年没有较大的变化，主要变化是苏州、无锡的区位熵都有所下降、浙江部分地区的区位熵开始上升；2005 年，劳动密集型制造业的空间格局进一步扩展，南通、舟山的城市也具有相对明显的优势地位。

劳动密集制造业的职能地位方面，1996—2005 年的主要变化是该产业部类的首位城市从苏州变成了绍兴，且 2005 年苏州的职能地位仅为 0.059。劳动密集制造业具有向浙江扩展的趋势，而传统的轻工业发达地区苏州、无锡地区相对下降，2 市合计的职能强度在 1996 年超过了 0.5，而到 2005 年合计值仅为 0.124，说明经济全球化过程中，外资、外贸的不同作用机制正深刻地影响着不同价值区段产业的空间布局，前者通过资本的注入、技术的衔接极大地提升了无锡、苏州地区的产业价值区段，致使该地区的劳动密集型制造业比重下降明显，而浙江绍兴以相对丰富的廉价劳动力作为资源禀赋来实现地区对外贸易经济的发展，但是在产业价值区段方面仍然低于苏南地区(表 7－5)。这种现象也说明经济全球化对区域制造业的发展有着不同的区位布局影响。

表 7－5　劳动密集型制造业区位熵、职能强度一览表

地　区	区　位　熵			职　能　强　度		
	1996 年	2000 年	2005 年	1996 年	2000 年	2005 年
上　海	0.685	0.636	0.629			
苏　州	1.489	1.352	1.114	0.376	0.172	0.059
无　锡	1.270	1.121	1.084	0.134	0.037	0.030
常　州	1.028	1.099	1.193	0.006	0.015	0.035
南　京	0.482	0.531	0.393			
镇　江	1.154	1.543	1.616	0.027	0.089	0.100
南　通	0.936	0.932	1.469			0.107
扬　州	0.690	0.685	0.869			
泰　州	0.490	0.488	0.828			
杭　州	0.948	0.894	0.961			
嘉　兴	1.839	1.940	1.946	0.268	0.231	0.247
湖　州	1.505	1.793	1.707	0.093	0.126	0.090
绍　兴	1.030	1.846	1.985	0.007	0.285	0.326
宁　波	1.205	1.145	1.017	0.089	0.046	0.005
舟　山	0.888	0.649	1.038			0.001

7.5　服务业的空间分布演化

7.5.1　生产性服务业的空间分布演化

1996 年、2000 年到 2005 年长三角区域生产性服务业所占的比例整体在上升，3 个年份 15 个城市生产性服务业比重平均值分别为 8.9%、8.7%、9.4%(表 7－2)。

从区位熵大于 1 的城市来看，1996 年、2000 年均只有上海和南京 2 个城市，呈现出非常强烈的空间集聚格局；至 2005 年，生产性服务业的空间格局出现了一定程度的扩散，主要是浙江的杭州和宁波也具有生产性服务业的优势地位（表 7 - 6）。

表 7 - 6　生产性服务业区位熵、职能强度一览表

地　区	区　位　熵			职　能　强　度		
	1996 年	2000 年	2005 年	1996 年	2000 年	2005 年
上　海	1.672	1.802	1.456	0.983	0.978	0.805
苏　州	0.815	0.778	0.630			
无　锡	0.736	0.575	0.573			
常　州	0.688	0.631	0.587			
南　京	1.071	1.122	1.139	0.017	0.022	0.052
镇　江	0.282	0.337	0.401			
南　通	0.990	0.883	0.767			
扬　州	0.983	0.766	0.653			
泰　州	0.875	0.810	0.645			
杭　州	0.842	0.698	1.148			0.068
嘉　兴	0.588	0.453	0.694			
湖　州	0.288	0.260	0.805			
绍　兴	0.561	0.367	0.913			
宁　波	0.789	0.568	1.191			0.076
舟　山	0.550	0.570	0.708			

生产性服务业的职能地位方面，1996—2005 年的主要变化是该产业部类的集聚程度相对下降，在地区分布上具有分散的趋势，而且其首位城市上海的份额也出现了一定程度的下降。但是即便如此，上海的职能地位仍然高达 0.805。

结合第 4 章中 2006 年企业名录数据，从长三角 15 个城市外资生产性服务业的空间分布特征来看，首位城市上海的空间集聚作用非常明显，外资的进入对长三角区域的生产性服务业空间布局起到了非常强烈的集聚效应，从第 4 章中关于上海作为链接全球城市网络、辐射区域腹地的基本格局也可以得到印证，这些现象体现了该类产业部类空间分布上呈现出了“扩散中的集聚”。

7.5.2 其他服务业的空间分布演化

从各城市其他服务业占各自产业比例来看，1996 年、2000 年到 2005 年长三角区域其他服务业所占的比例一直 20%～40%左右(表 7-2)。

从区位熵大于 1 的城市来看，1996 年有上海和江苏的苏州、无锡、南京、镇江、扬州、泰州以及浙江的杭州、舟山 8 个城市，基本呈现出沿长江连绵发展的格局；至 2000 年没有较大的变化，主要变化是上海的区位熵略微下降、南通的区位熵开始上升；2005 年，其他服务业的空间格局呈现出非常明显的空间集聚特征，具有大于 1 的区位熵的城市数量有所减少(表 7-7)。

表 7-7 其他服务业区位熵、职能强度一览表

地区	区位熵			职能强度		
	1996 年	2000 年	2005 年	1996 年	2000 年	2005 年
上海	1.087	0.996	1.128	0.478		0.759
苏州	1.001	0.936	1.004	0.001		0.010
无锡	1.039	1.099	1.020	0.069	0.265	0.034
常州	0.915	0.959	0.908			
南京	1.118	1.079	1.096	0.174	0.181	0.149
镇江	1.134	1.122	0.995	0.100	0.128	
南通	0.861	1.016	0.884		0.020	
扬州	1.028	1.078	0.954	0.019	0.074	
泰州	1.031	1.035	0.865	0.017	0.027	
杭州	1.066	1.091	0.999	0.125	0.284	
嘉兴	0.728	0.824	0.844			
湖州	0.904	0.891	0.848			
绍兴	0.776	0.835	0.708			
宁波	0.849	0.966	0.842			
舟山	1.091	1.079	1.235	0.016	0.020	0.048

其他服务业的职能地位方面，与生产性服务业不同的是，主要变化是该产业部类的集聚程度明显强化，不但在地区分布上体现了这一趋势，而且其首位城市上海的份额明显上升。另外，旅游城市舟山在地理条件上属于交通通达性相对较弱的区域，其职能地位的优势可能与其独特的地理条件有关。

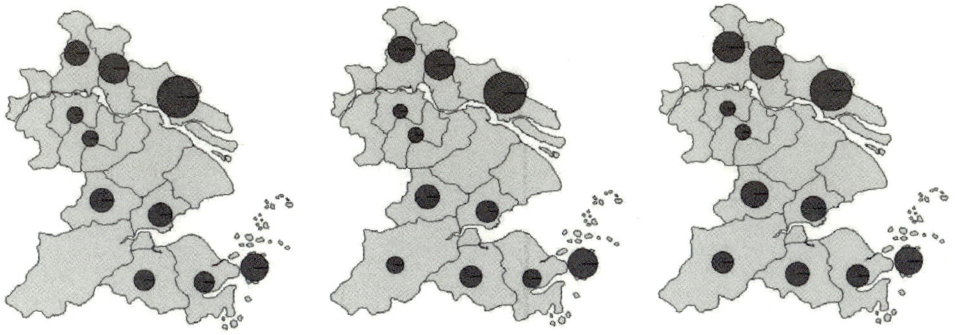

图 7-1　从左至右(下同)：1996 年、2000 年、2004 年农业职能地位区域分布

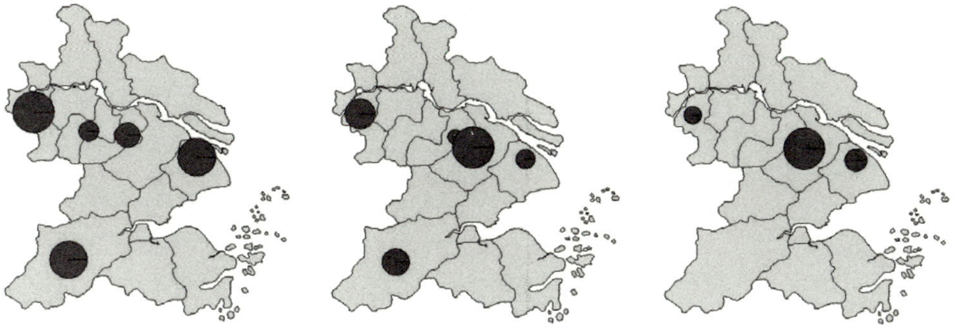

图 7-2　1996 年、2000 年、2004 年技术密集型制造业职能地位区域分布

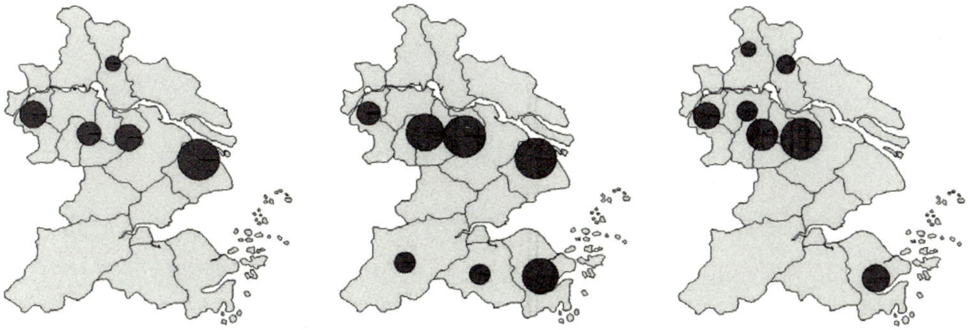

图 7-3　1996 年、2000 年、2004 年资本密集型制造业职能地位区域分布

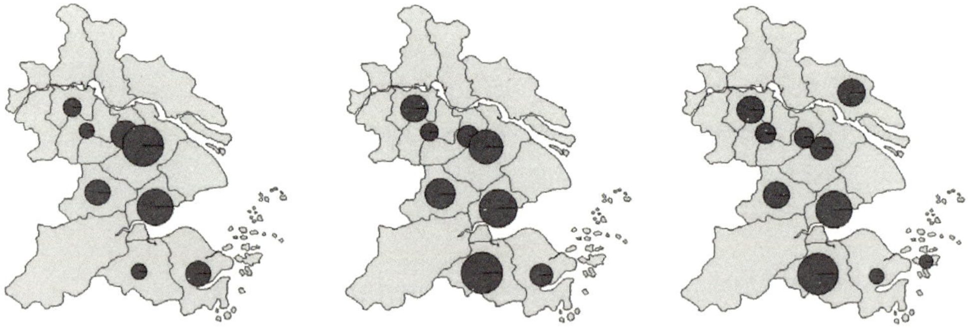

图 7－4　1996 年、2000 年、2004 年劳动密集型制造业职能地位区域分布

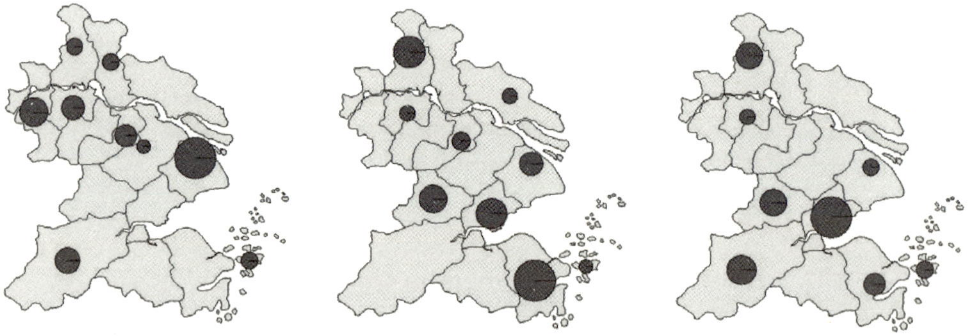

图 7－5　1996 年、2000 年、2004 年其他工业职能地位区域分布

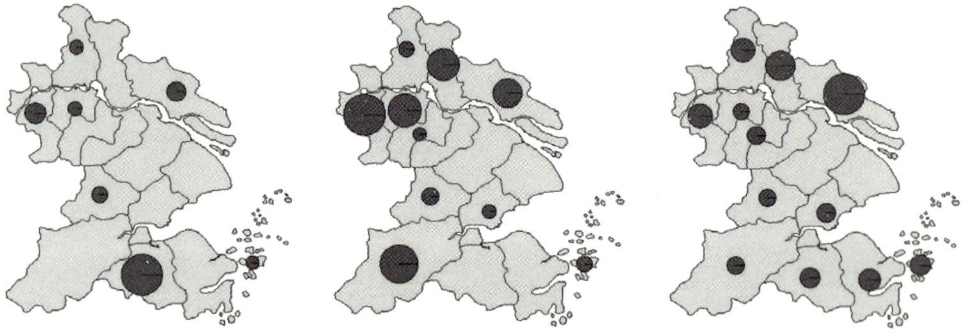

图 7－6　1996 年、2000 年、2004 年建筑业职能地位区域分布

另一方面，鉴于生产性服务业高度集聚于核心城市，其他服务业的集聚趋势有其内在的关联性，即金融、保险、房地产、科技服务等行业的高度集聚吸引了大量的配套服务产业，如零售、休闲、餐饮，这也与莎森等学者对服务业空间布局模式的观点基本一致。

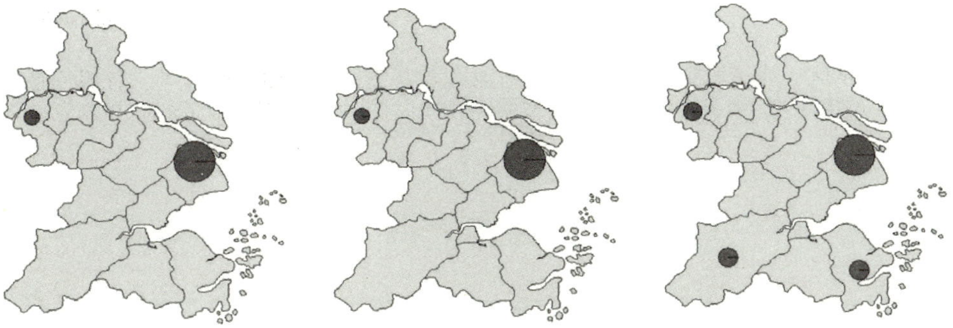

图 7－7　1996 年、2000 年、2004 年生产性服务业职能地位区域分布

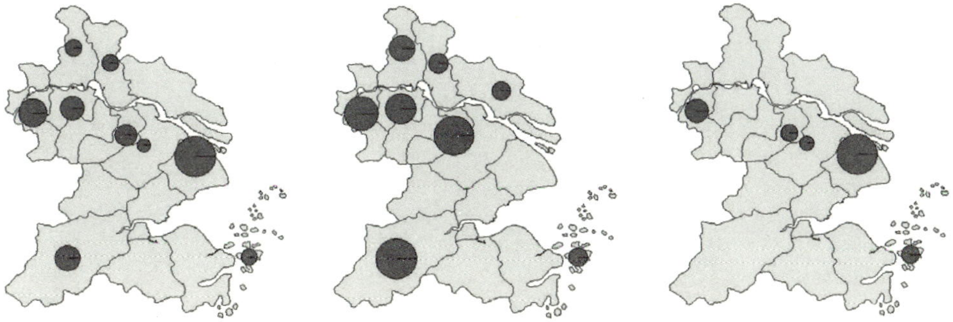

图 7－8　1996 年、2000 年、2004 年其他服务业职能地位区域分布

7.6　产业部类的空间分布模式

结合前述关于长三角区域经济全球化时空演化的研究结果，将 15 个城市同第 4 章中全球网络的连通性进行综合判定，从 2005 年外来投资占地区增加值比例、外贸占地区增加值比例、制造业占地区增加值比例、生产性服务业占地区增加值比例等方面进行度量(表 7－8)，在此基础上，可以将 15 个城市层次聚类并定性判断，将 15 个城市分成 4 类(表 7－9)。

表 7－8　全球连接与主要产业比例

城市	全球连接度	外来投资占地区增加值比例	外贸占地区增加值比例	制造业占地区增加值比例	生产性服务业占地区增加值比例
上海	81	6.19%	168.36%	43.81%	17.49%
苏州	8	10.51%	288.75%	54.97%	7.57%

续 表

城市	全球连接度	外来投资占地区增加值比例	外贸占地区增加值比例	制造业占地区增加值比例	生产性服务业占地区增加值比例
南京	7	6.89%	92.92%	43.27%	13.69%
杭州	6	4.81%	83.95%	45.18%	13.80%
宁波	2	14.22%	113.09%	48.53%	14.31%
常州	1	4.64%	52.88%	55.03%	7.06%
嘉兴	1	8.25%	70.76%	52.53%	8.34%
绍兴	1	11.60%	60.20%	54.67%	10.97%
无锡	1	5.92%	86.07%	56.61%	6.88%
湖州	0	8.35%	29.15%	48.59%	9.67%
南通	0	9.82%	47.86%	40.91%	9.21%
泰州	0	4.93%	19.39%	44.11%	7.75%
扬州	0	11.21%	25.03%	44.83%	7.85%
镇江	0	5.65%	37.62%	54.71%	4.82%
舟山	0	2.05%	44.42%	30.90%	8.51%

表 7-9　产业部类与全球化基本关系的层次聚类结果

		全球化程度	
		程度高	程度低
产业类别	生产性服务业	A类：上海	
		A′类：南京、杭州、宁波	
	制造业	B类：苏州、无锡	C类：常州、嘉兴、绍兴、湖州、南通、泰州、扬州、镇江、舟山

A类是经济全球化程度较高的城市，生产性服务业比例也最高，即核心城市上海；

B类是具有突出的经济全球化程度，但是生产性服务业比例一般的城市，即苏州、无锡，苏州具有非常突出的技术密集型制造业职能，无锡则资本密集型制造业较为突出；

C类则是各类参数均相对较弱的其余8个城市，全球性连通作用较弱，生产性服务业比例也相对较低。

另外，A′类的生产性服务业比例和制造业比例介于A、B类之间，其经济全球化程度较高但又均呈现出稍弱于A、B类的特征，即南京、杭州、宁波3个城市，属于区域的次中心城市。

可以发现，这一聚类分析结果与全球城市计算结果具有很高的关联性，这种相互印证的研究结果也从另一个角度说明了经济全球化的空间作用效度：核心城市上海既是区域的增长极核，也是全球网络的节点，另外从紧邻上海的苏州、无锡其高技术类型制造业突出的产业特征来看，由于全球城市具有明显的生产性服务业功能，其周边邻近城市则集聚了大量的技术密集型制造业，类似于硅谷、M4地带的分布模式。

值得指出的是，在跨国公司的国际劳动分工导致的世界城市体系中，少数城市作为跨国公司的管理和控制中心（Commend and Control Centers），处于国际劳动分工的"价值区段"的高端，这些城市被称为全球城市（Global Cities）或世界城市（World Cities）。更多的城市则是跨国公司的制造和装配基地，处于"价值区段"的低端。莎森对于纽约、伦敦和东京的案例研究，验证了金融业和生产性服务业是这些城市的全球主导功能的核心产业，对于长三角区域而言，上海在生产性服务业的核心地位也同样符合这一基本原则。

进一步地，长三角区域的产业模式也基本符合莎森关于"全球化战略的区域空间内化于国家领土而形成全球城市和'硅谷'的判断"、也与卡斯特勒和霍尔等学者的研究结论一致，即全球化背景下长三角城市体系的产业分工模式体现出了生产性服务业为主导的核心城市（如上海）、紧邻核心城市为以高附加值制造业为表征的技术园区和新兴工业化地区（如苏州），其余城市则为相对边缘化的外围地区（如扬州、舟山）。

7.7　区域产业异同性的演化

根据博尔哈、卡斯特勒的研究结果，在全球城市体系的外围地区，将呈现出非结构化的现象，具体到产业而言则意味着地域间的同构现象将比较明显。当然，目前关于长三角区域制造业同构性并没有取得一致的意见，本书仅从产业价值链的角度探讨产业异同性是否存在同构的现象①，并尝试以克鲁格曼 GSI 指数进行同构性分析，具体分析内容则详见附录。

需要指出的是，在经济全球化的背景下，相当一部分的产品其销售是针对国际市场的(这也是本书城市职能分析中舍弃最小需求量的主要原因)，这一点也可以从长三角区域 10 年来不断增加的外贸依存度看出。还需要指出的是，附录中通过细分行业的 GSI 指数能在一定程度上反映地域间的产业异同情况，但往往忽视了行业的规模因素，因此本书着重从规模排序的角度对产业异同性进行直观的比较分析。

从 2005 年长三角区域 15 个城市制造业增加值平均排名前 10 位的行业类别来看，分别为通用设备，纺织业，化学原料及化学制品，电气机械及器材，纺织服装、鞋、帽，交通运输设备制造业，通信、计算机及电子，金属制品业，非金属矿物，黑色金属冶炼及加工 10 个细分行业。对照这 10 类制造业在 15 个城市的排名，呈现出非常高的重叠性(表 7-10)，其中通用设备、纺织业、化学原料及化学制品、电器机械及器材的重叠最为明显，这也进一步说明了长三角区域制造业存在较为明显的同构现象。

表 7-10　2005 年长三角区域制造业增加值前 10 位在各城市的排名

制造业细分行业	上海	苏州	无锡	常州	南京	镇江	南通	扬州	泰州	杭州	嘉兴	湖州	宁波	舟山	绍兴
通用设备	2	7	6	4	8	5	4	2	4	3	4	10	1	5	2
纺织业	14	2	3	2	17	9	1	5	7	2	1	1	4	3	1
化学原料及化学制品	5	5	4	1	2	1	3	4	3	6	5	7	12	12	3
电气机械及器材	6	4	5	5	7	3	5	1	2	4	10	3	2	11	7

① 对于长三角区域产业结构究竟是否趋同，同构的范围、程度、发生机理，对区域经济发展的影响以及未来产业结构变化趋势等问题，至今仍存在着严重的分歧(刘传江、吕力，2005)。

在长三角产业结构是否趋同的问题，部分研究认为，长三角内各地区制造业结构存在着严重的雷同(劳苑，1993；朱海就，2005)。唐国产(2002)在此基础上发现，长三角城市间的产业结构相似程度还具有明显的地域性，凡是在地域空间上相邻的城市，其相似系数都非常大，如苏州、无锡和常州两两之间的平均相似系数高达 0.97。然而，一些学者(靖学者，2004；陈建军，2004；赵丽、夏永祥，2004；王洪庆、朱荣林)通过深入研究长三角区域的细分产业结构，提出长三角的产业结构主要在宏观层面上表现出趋同，但在微观产品层面上的同构趋势并不明显。靖学者(2004)通过比较长三角区域的上海、南京、杭州、无锡和苏州五城市制造业内部的结构相似系数与三次产业结构相似系数，发现前者普遍小于后者。范剑勇(2004)以上海、江苏和浙江三省市为研究对象，考察了它们的地区专业化指数，但结论却与刘传江等人(2005)的不同。其结论是上海的劳动密集型、一般资本密集型制造业行业将向周边地区转移，上海市只保留极少数技术资本密集型、港口型、都市信息型等制造业行业。

续　表

制造业细分行业	上海	苏州	无锡	常州	南京	镇江	南通	扬州	泰州	杭州	嘉兴	湖州	宁波	舟山	绍兴
纺织服装、鞋、帽	12	6	12	9	10	11	2	7	13	12	2	6	6	13	4
交通运输设备制造业	4	16	9	8	5	6	10	3	6	7	18	25	5	2	12
通信、计算机及电子	1	1	2	6	1	16	7	10	17	1	6	19	9	28	17
金属制品业	7	15	7	10	12	2	6	9	5	13	11	11	10	15	16
非金属矿物	11	14	13	11	9	7	9	15	12	9	7	2	16	6	9
黑色金属冶炼及加工	3	3	1	3	3	12	17	11	8	8	16	8	20	24	18

7.8　本章小结

就产业部类而言，上海的生产性服务业具有非常明显的优势，南京、舟山的服务业均具有其他服务业相对优势地位，但舟山的优势地位与其自身独特的地理条件、旅游城市特色有关；长江沿线城市成为资本密集型产业集群的主要区域；杭嘉湖平原的劳动密集型制造业的优势突出，绍兴属于该类制造业优势地位最为突出的地区；苏州、无锡在技术密集型、资本密集型制造业方面占有较大的份额；南通、泰州和扬州在建筑业、农副食品加工业方面具有明显的优势地位。另外，区域制造业产业同构现象较为突出，可以将其归为全球化进程中核心城市外围一般城市的非结构化现象。

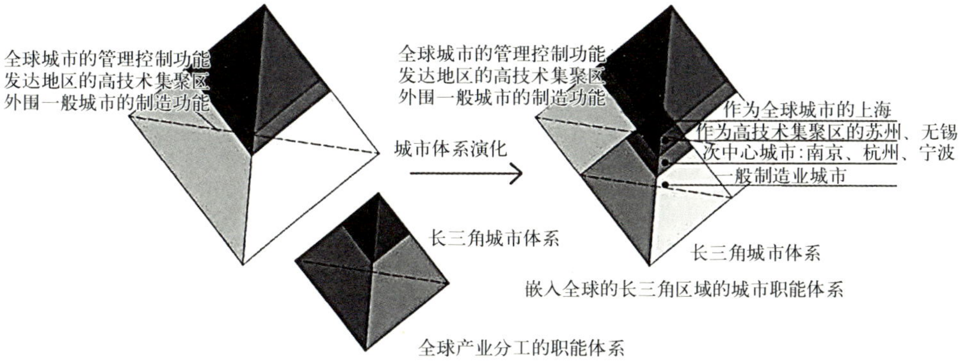

图 7－9　长三角区域城市体系的产业分工演变

结合第4、第5章内容可以得知，长三角区域生产性服务业通过跨国公司链接全球网络，制造业则通过外资、外贸嵌入全球产业分工体系，并可以进一步总结：随着全球化的流动性日益强化，长三角区域的产业模式符合莎森“全球化战略的区域空间内化于国家领土、形成全球城市和‘硅谷’的判断”，也与卡斯特勒和霍尔等学者的研究结论一致，城市体系的产业部类演化呈现出核心生产性服务业城市—新兴工业化的技术密集型制造业区域—边缘化外围区域的基本格局，具体体现在：

上海属于长三角区域中产业附加值最高的全球城市，服务业尤其是生产性服务业的优势地位最为明显；

苏州、无锡属于高附加值制造业最为集中的地区，在区域中与核心城市上海一道组成了高附加值的、连绵型全球城市区域；

南京、杭州、宁波是区域中具有生产性服务业优势地位的其余次中心城市，且资本密集型制造业地位也相对突出；

其余9个城市是外围的一般制造业城市，产业价值区段较低，且全球连通性较弱，是处于依附地位的一般外围制造业城市。

第8章 网络关联的时空演化

8.1 引　　言

随着全球化的不断深入，跨国交易的飞速发展导致了区域边界的限定作用不断弱化，一些学者据此认为：城市网络交互作用在区域空间组织方面起着越来越重要的作用。按照Castells(1996)的观点，区域空间相互作用的主导模式正由传统的“场所空间”迈向“流动空间”。针对这一现象，目前西方学者在该领域展开了大量以揭示区域网络复杂性为目的的研究，以探索城市如何在区域中保持或者加强其社会经济的控制力(Alderson、Beckfield，2004；Beaverstock 等，1999,2000；Carroll，2007；Taylor，2000,2004)。Scott 也认为，随着经济全球化的不断加速，全球城市区域内部的网络联系将进一步增强。

随着全球流动性的不断增强，区域空间的演化也成为当前西方相关领域的主要关注点。Scott(2001)针对经济全球化的深化提出了全球城市区域的概念，他认为全球城市区域是在高度全球化下、以经济联系为基础，由全球城市及其腹地内经济实力较雄厚的二级大中城市扩展联合而形成的独特空间现象。Scott还将区域空间结构的演化划分为三个阶段：单中心、多中心和网络化阶段。

值得指出的是，网络化模式与区域的多核心息息相关，目前，多核心城市区域已经在西方城市规划、经济地理等领域引起了高度关注①。因此，鉴于长三角区域作为崛起中的全球城市区域，除了应分析其在全球范围内的产业分工网络

① Hall、Pain、Castells、Taylor 等学者均对其作了大量研究和论述。其中，Hall 等学者总结认为，多核心城市区域的形成机制源自 Castells 所说的“流的空间”这一逻辑，并指出，地域之间的网络连接与社会经济活动的组织有着非常重要的关系，城市的网络联系意味着城市之间的高度分工，而多核心城市区域的功效即在于借重彼此之间的网络分工以提升整个城市体系的集合能效。

联系外，分析区域内部的城市/地区之间的网络联系也是重要的研究内容。

目前，实证的城市网络研究以 Taylor 为代表，主要是采用企业分支机构空间分布的方法来测度城市之间的联系强度，另外还有从理论演绎的角度来分析城市之间的联系，典型的如关于经济总量或人口规模为基础的断裂点划分，这实际上属于城市空间相互作用引力模型的理论应用。

从已有的研究成果来看，国内目前已经有了城市间网络的应用性研究①，尽管这些研究从各个角度对城市之间的空间关联作用进行了分析，但在城市网络研究方面，类似于 Taylor 那样从城市之间公司数据的角度来进行城市关联网络的实证研究，目前尚不多见，主要原因是很难获得地点型的企业关联数据。

8.2 网络关联研究的基础

8.2.1 网络关联研究的基本前提

本书借鉴世界城市网络的分析方法，以跨地域的公司分支机构、办事处为分析对象②来测定城市间的联系强度。在本书中，考虑到长三角区域地域范围较小、不宜从航空运输角度进行网络分析，而在交通方面如铁路客运、汽车长途和水运，目前均无法获取准确的、点对点的流量数据，故无法进行交通流的实证分析。另外，城市引力模型是建立在理论化的假设上，而非从实证的角度来度量区域内城市之间的网络联系，并且相关指数的权重难以确定。因此本书采用了城市间的企业数据的关联网络来进行实证的分析。

8.2.2 网络关联研究的计算模型

定义 $T_{i,j}$ 为被联系的 j 城市其目标联系地在 i 城市的流量数据，在企业流的数据中，则表示母公司在 i 地、分支机构在 j 地的企业总数，并以($T_{i,j}+T_{j,i}$)代表 i、j 城市在区域空间相互作用过程中的企业数量，并将其定义为 i、j 城市的流量。

---

① 如周一星、金凤君(2005)等人关于中国航空网络的城市网络研究；杨兴柱、顾朝林(2006)分析了南京市域的旅游客流的网络；吴威等人(2006)分析了长三角区域的公路网；李国平(2009)分析了杭州市域交通流的分布；王德等人(2001)也从交流圈的角度分析了长三角区域的交通可达性；信息流方面，汪明峰、宁越敏(2006)对五大骨干网络的空间结构和节点可达性进行了分析。

② 需要指出的是，研究也曾尝试采用地域间的新闻报道数量作为城市间的信息联系，结果与企业网络非常相似，相应成果发表在 GaWC 的论文网站上。

另外为了描述网络中节点的层级，以 N_i 表征区域节点 i 城市在城市体系网络中对其他城市的影响地位，并作如下定义：

$$N_i = \sum T_{i,j} + \sum T_{j,i} \quad i, j = 1, \cdots, n \tag{1}$$

在计算出城市体系中具有最大影响力的 N_i 值的 N_{max} 后，可以进一步计算该城市体系中任意一个城市的相对影响度，采用百分制予以计分，则城市体系中该值大小在 0—100 内变动：

$$P_a = (N_i / N_{max}) \times 100 \tag{2}$$

在数据选取方面，以公司及其分支机构的跨地域分布进行模型构建，通过分析注册地所在城市与母公司所在城市之间的数量关系，来分析区域城市网络的流向关系和节点关系。研究利用了万方企业数据库，选取长三角区域 15 个城市包含了母公司以及分公司、办事处注册地信息的企业，截止年份为 2007 年。

8.3　城市关联网络的流量

以万方企业数据库①为数据来源，按前述计算公式，分别计算各地区之间的企业网络关联的变量 $T_{i,j}$ 和 $T_{i,j}$ 的加和(表 8 - 1)。可以观察到，长三角区域各城市之间的企业联系最大的为上海、苏州之间的企业分支机构数量，总共有 628 对跨地域的企业联系，其后为上海与杭州、上海与宁波之间的企业联系，跨地域的分别为 552、433。样本数据中，在舟山设立办事处或主要业务联系点的企业联系最少，该城市与其余 14 个城市的企业业务联系有 7 对为 0。江苏、浙江省内城市之间的企业联系明显高于跨省区之间的联系，而经济实力相对较弱的地区之间联系则更弱，例如表中江苏的镇江、南通、扬州、泰州与浙江的嘉兴、湖州、绍兴、舟山的 14 对跨省域联系中有 13 对为零。

将上述数据以 SPSS 进行层级划分，划分为高联系度、中高联系度、中低联系度和低联系度 4 种联系强度，绘制成相应的地域间网络流量数据分布如图 8 - 1所示，属于高联系度的地区间网络流量为上海—苏州、上海—杭州、上海—无

① 《中国企业、公司及产品数据库》始建于 1988 年，由万方数据与国内近百家信息机构共同开发，该数据库已收录我国 96 个行业的近 20 万家企业信息。本书采纳的数据收集方式是：先以通信地址搜索相关的企业，再以企业分支机构或主要业务联系地进行关联搜索。

锡、上海—南京、上海—宁波，这一类的联系特征反映了长三角中心城上海与其他经济实力较强的5个城市之间的紧密联系；第二、三类（中高联系度、中低联系度）的城市之间的网络联系中，上海、南京和杭州依旧具有非常高的相对连接度，其中杭州—宁波、杭州—绍兴、南京—苏州、南京—无锡的联系均属于中高联系度，此外，除了舟山、湖州以外，上海与其余12个城市的连接均属于相对较高的连接度。

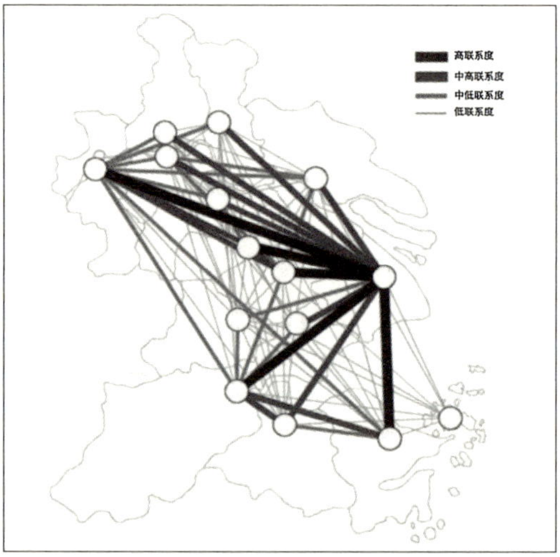

图8-1　长三角区域地区间的企业联系

从企业联系的首位网络联系度分布来看（表8-2），在14组首位联系度中，有10组包含了上海，除上海外具有首位联系度的城市为杭州和南京。这说明在企业分支机构的空间分布中，长三角区域企业网络分布格局是：以上海为主要核心城市，南京和杭州为次要核心城市。将次要联系度也纳入分析，则可以发现，南京、杭州两个城市也具有较高的网络联系度，这两个城市各自均具有省内网络联系度突出的特征：首位或次要网络联系对象为南京的地区包括江苏省内的苏州、无锡、常州、镇江和扬州；首位或次要联系对象为杭州的城市包括浙江省内的嘉兴、湖州、绍兴和宁波。这说明，无论在江苏省还是浙江省内，绝大部分城市与区域核心城市（上海）和省会城市（南京或杭州）的网络关联度明显地高于省内的其他城市。

另外，值得关注的是，在长三角区域的高强度联系中，一些城市（如苏州、无锡、宁波）与区域核心城市上海之间的联系不再通过省会城市，这种跨越省域中心城市的联系也从一个侧面说明了区域的网络化趋势。

表 8－1　长三角区域内各城市之间母公司、分支机构联系的分布($T_{i,j}+T_{j,i}$)

	上海	苏州	无锡	常州	南京	镇江	南通	扬州	泰州	杭州	宁波	嘉兴	湖州	绍兴	舟山
上海		628	314	115	395	37	189	64	43	552	433	126	50	71	38
苏州			87	35	142	13	50	16	13	39	24	8	1	5	0
无锡				48	109	7	17	8	15	30	22	0	4	0	0
常州					57	18	8	5	8	7	5	3	2	0	0
南京						58	47	68	35	60	22	4	3	1	2
镇江							5	10	4	7	1	0	0	0	0
南通								8	7	3	5	2	3	0	1
扬州									38	1	0	0	0	0	0
泰州										3	1	0	0	0	0
杭州											297	126	84	88	17
宁波												24	8	36	33
嘉兴													13	4	0
湖州														1	2
绍兴															1
舟山															

表 8－2　各地区的首位联系地和次位联系地

地　区	首位联系地	次位联系地
上　海	苏　州	杭　州
南　京	上　海	苏　州
杭　州	上　海	宁　波
宁　波	上　海	杭　州
苏　州	上　海	南　京
无　锡	上　海	南　京
南　通	上　海	苏　州

续 表

地 区	首位联系地	次位联系地
嘉兴※	上 海	杭 州
湖 州	杭 州	上 海
常 州	上 海	南 京
扬 州	南 京	上 海
绍 兴	杭 州	上 海
舟 山	上 海	宁 波
镇 江	南 京	上 海
泰 州	上 海	扬 州

※注：嘉兴的首位联系地中，上海—嘉兴的联系度、杭州—嘉兴的联系度相等。

8.4 城市关联网络的节点

进一步分析城市网络的节点等级，通过样本数据计算各地区的企业总部数(O_i)和企业分支机构数(D_i)，并进行相应的排序，可以发现长三角区域内的节点呈现出明显的极化特征，按照位序—规模法则，以对数模型分别对 O_i、D_i 进行数值与位序的线性估计。可以看出，各地区的位序线型均呈向右下方倾斜的直线(斜率 Slope 分别为－1.297、－1.132)。

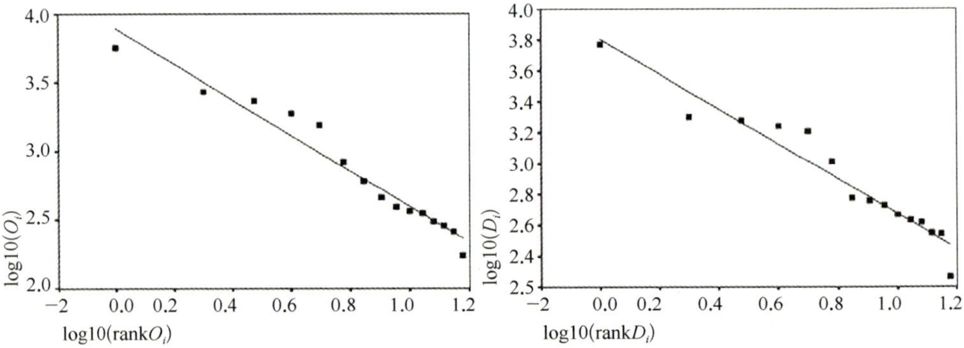

图 8－2 $\sum O_i$、$\sum D_i$ 的对数位序分布

再计算各城市在区域当中的相对影响度 P_a（表 8－3），并进行相应的排序，可以发现，上海的 P_a 值（区域最大值，即 100）处于绝对优势地位，领先其后的南京 P_a 值（39.57）过 2 倍。以城市体系中常用的首位城市占区域比重进行衡量的话，长三角区域核心城市上海占区域比重非常高，达到了 0.310，超过了 2005 年上海在经济总量方面占长三角区域的比重（0.287）。

表 8－3　2007 年各城市的 P_a 值和 2005 年的地区生产总值

城　市	P_a 值	GDP(万元)
上　海	100	91 541 800
南　京	39.57	24 111 100
杭　州	37.42	29 426 519
宁　波	30.13	24 493 100
苏　州	28.51	40 265 200
无　锡	16.12	28 046 800
南　通	10.32	14 720 800
嘉　兴	8.95	11 596 600
湖　州	7.75	6 442 499
常　州	7.06	13 033 600
扬　州	6.96	9 220 200
绍　兴	6.35	14 404 800
舟　山	5.51	2 801 600
镇　江	4.58	8 716 700
泰　州	3.84	8 222 600

资料来源：根据企业数据库和各地统计年鉴计算、整理。

分析长三角区域 15 个城市的节点等级分布状况，并绘制成图分析其空间分布状况，可以发现空间极化的等级现象非常明显，上海处于最顶端，南京、杭州其次，苏州、无锡、宁波也是节点能级相对突出的地区，而舟山、泰州、镇江均属于节点能级最弱的地区。

值得讨论的是，有学者认为，在全球化背景下，城市之间是一种网络型的

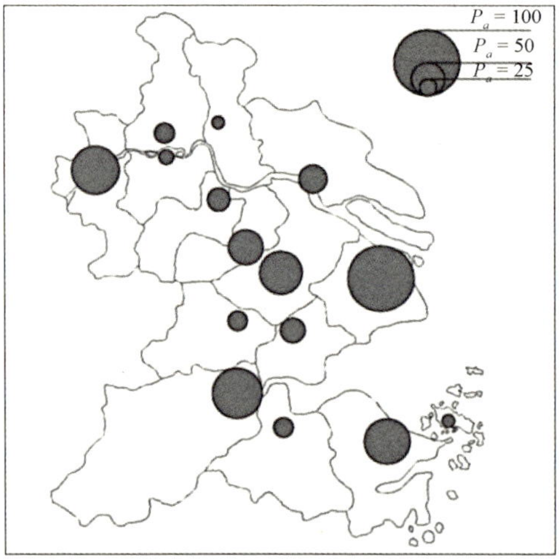

图 8-3　长三角区域网络的节点分布

关系，特别是对外经济的流动性增强，物理空间的阻碍作用对生产要素（资本、技术）的限制趋于弱化。但从长三角区域跨地域企业联系的特征来看，核心城市上海为主导的层级现象还比较明显。探究这一现象的原因，主要在于：上海作为全球城市网络的节点，具有企业服务、关联的控制功能，而其他地区在经济全球化中主要担负了制造业全球分工的职能，因此在区域内部网络关系中层级关系仍然比较突出。

事实上，由于经济全球化的因素，使得上海作为长三角区域唯一的顶级核心城市，在全球城市网络中具有承上启下的网络联系作用，尤其是在生产性服务业方面，各城市通过在上海的外资企业管理机构和研发中心而参与全球产业分工，这也是生产性服务业与制造业分工的关键所在，前者在区域中以空间相对集中的方式，因而具有突出的极核地位以发挥全球节点的作用；而后者的全球分散化的产业模式使得传统的等级模式分工模式逐渐瓦解，各地区直接通过外来直接投资和外贸参与制造业分工。

8.5　城市关联网络的时空演化

本次研究在利用 2007 年 11 月万方商务信息库的基础上，再利用 2001 年、2004 年的企业名录数据进行比较。由于名录数据本身信息字段的有限，无法获取主要业务联系地或分支机构情况，故以企业名称、通信地址包含的不同城市地名作为企业业务联系的跨地域表征，从而可分析 2001 年、2004 年、2007 年 3 个时间截面区域经济的变化情况。

从 2001 年、2004 年、2007 年反映各城市连接影响度 P_a 值来看，以上海当年 P_a 值为 100，除了南京、舟山以外，则各城市的连接度均有增加，P_a 值的变异系数具有下降的趋势（表 8-4），这说明在经济全球化过程中，大部分城市在区域网络中地位有所上升，同时各地区影响度的差距有所减小（图 8-4）。

表 8-4　上海 P_a 值占长三角区域比重变化情况

	2001 年	2004 年	2007 年
上海连接度 P_a 值占区域比重	0.35	0.32	0.29
标准差	25.02	25.16	23.70
平均值	18.97	20.95	23.21
变异系数	1.32	1.20	1.02

值得注意的是，在城市网络不断深化的演化中、多核心现象逐渐成为城市区域主要特征之一，“流”的空间模式使得被服务的区域对象不再局限于指向单一的中心地。根据图 8-4 可以判断：长三角区域的经济全球化进程与网络格局的多核心化、扩散化趋势具有时间序列上的对应性(表 8-4)。因此，尽管上海在区域中的单核地位依旧十分强大，但是长三角区域多核心趋势也是较为明显(图 8-4)。

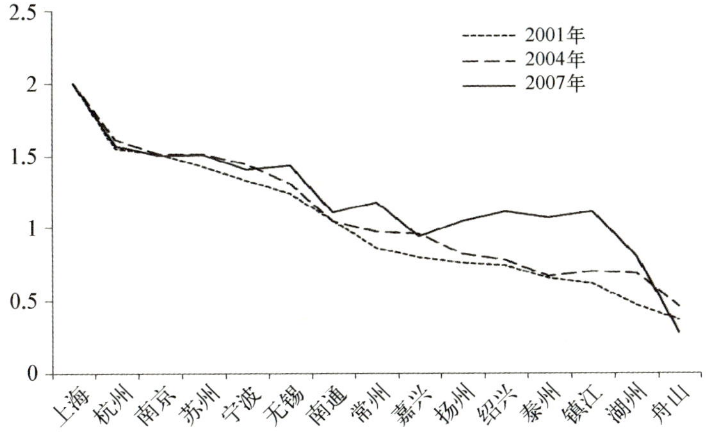

图 8-4　2001 年、2004 年、2007 年长三角区域各城市 P_a 值的对数分布
(各年份最大值上海的 P_a 值均为 100)

另外，在区域企业网络联系中，上海 P_a 值占区域比重具有下降的趋势，这一趋势与 2000 年以后上海在长三角区域经济总量中占区域比重下降趋势基本一致。由于网络连接数据的可得性，无法获取 2001 年以前的企业数据，但是根据图 8-5 可以大致判断，上海在长三角区域的地位经历了一个先升后降的历程，而这一历程恰恰与长三角区域经济全球化的趋势相反。

这也表明，在经济全球化加速进程中，长三角区域各城市之间的相互联系程度更为紧密，单向辐射的、以上海为核心的网络正转向于多向的网络，验证了长

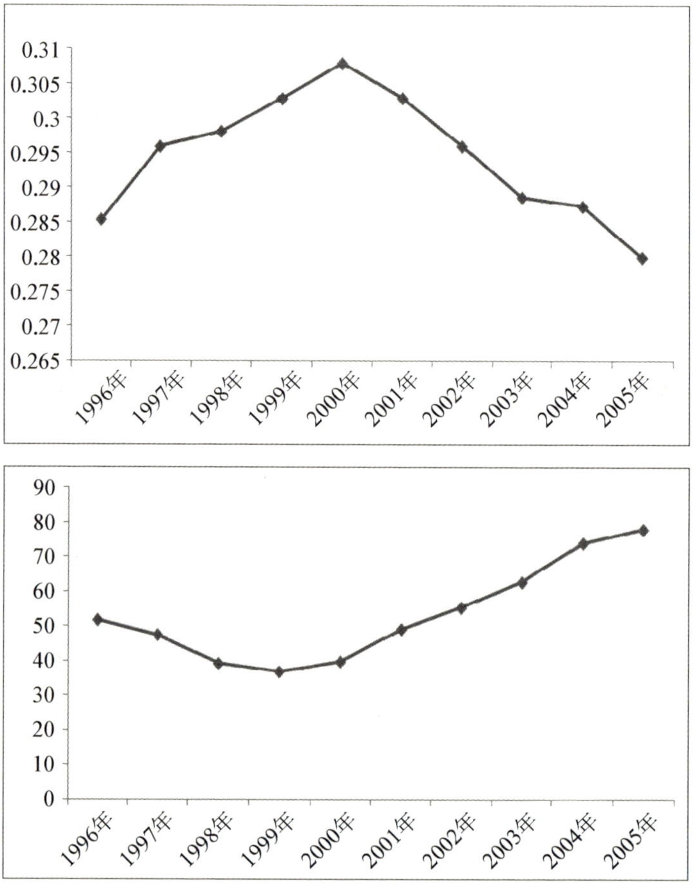

图 8-5　1996—2005 年上海经济总量占长三角区域比重的变化趋势(上)、区域经济全球化指数的变化趋势(下)

三角区域作为全球城市区域，其空间结构的演化正呈现出从单中心向多中心、网络化演化的格局。

8.6　本 章 小 结

通过分析企业以其分支机构分布为表征的城市间关联网络，可以发现“关联流量”具有很大的指向性，上海作为区域核心城市，与区域主要城市之间的网络关联度明显地高于区域一般城市，表明区域内核心城市和主要城市之间具有较高的经济联系程度。另外，无论在江苏省还是浙江省内，绝大部分城市与区域核心城市(上海)和省会城市(南京或杭州)的网络关联度明显地高于省内的其他城市。

与此同时,随着近年上海经济总量在区域中的比重处于下降趋势,上海作为核心城市其结节性的强度有所下降,体现在区域空间结构方面,随着全球化进程中产业的不断扩散,意味着在经济全球化加速进程中,长三角区域各城市之间的相互联系程度更为紧密,区域的网络化结构有一定程度的多核心化趋势。

进一步地,结合第 3、第 4、第 5 章的研究内容,对照本章节的研究,可以基本总结出长三角区域的网络化发展模式(图 8－6): 即上海作为长三角区域的核心城市,已经成为全球经济网络中的重要"节点",发挥着向外连接全球网络和向内辐射区域腹地的"两个扇面"作用,而区域自身作为经济全球化快速深入的地区,其空间结构正呈现出从单中心向多中心演化的趋势。

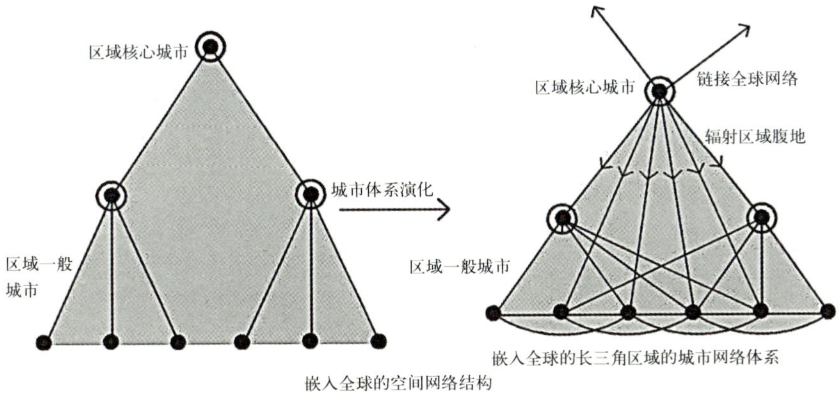

图 8－6　长三角区域城市关联网络演化的模式

第四部分

因果机制解析

第9章 经济全球化对城市体系演化的作用机制

9.1 引　　言

9.1.1 机制解析方法的确定

本书中从实证描述到机制解析的转换，即属于从回答“是什么”到回答“为什么”的转换。一般而言，解释性的研究包括了预测解释、因果解释、结构性解释、诠释性解释等不同的方式（纽曼，2006）。在本书中，采用因果机制解析的经典方法。

需要指出的是，对于严格意义上的因果解释，包括相对苛刻的条件：一是作为“因”的事件先于“果”的事件发生，二是因果之间存在相关性的关联，三是没有其他第三个变量作为因果事件的共同变量。按照这三个条件，对照长三角区域经济全球化与城市体系之间的实际复杂情况，因果机制的分析是无法完全满足上述条件的，而只能从概率上说，经济全球化的进程在较大程度上对城市体系产生了影响。

另外还需要说明的是，现象特征的解析不等于证明，证明意味着严格意义上的终结，而区域的演化在不同的阶段具有不同的特征，因此，对于未知世界的探索性研究不能依靠一个时间片断的研究来简单地判定区域的未来演化形式。

对于本书的实证性描述内容来说，长三角区域经济全球化的进程实际上主要是全球价值链在该区域组织全球产业分工的一个过程，而区域城市体系的演化实际上是不同维度的因素促使区域产业重组和空间重构的一个过程。对于这一系列多维度的“因”“果”过程来说，采用合适的解析框架是完善因果解释形式的重要内容，因为从逻辑的角度来说，合适的组织形式能有助于判断因果机制是否成立。

一般意义上的因果机制解析包括两种形式，其一是通则式的因果解释，其二是相对具体的案例式因果解释。对于本书的经济全球化现象来说，通则式的因果解释有助于从整体上把握全球价值链对区域城市体系演化的作用机制，而案例式的解释有助于更加生动具体地理解全球价值链在地区产业发展的态势。本书的因果机制采用了这两种形式的组合，其中前者主要从竞争力理论出发，对长三角区域城市体系的演化进行演绎型的因果解释，也就是本章节的主要内容；后者主要是从跨国公司的全球价值链出发，对各类产业部类跨国公司案例进行详细分析，对全球价值链的作用形式进行归纳性的因果解释，也就是下一章的主要内容。

1. 通则性解释

在通则性解释方面，尽管城市体系的内容非常庞大和复杂，涉及的因素也很多，但地区之间的相互关系是最核心的内容，因为没有相对差异和互动关系的存在，区域内的城市之间规模大小、职能分工、网络形式和空间结构的形式也就失去了存在的意义。

从波特的竞争力理论来看，城市和区域主导产业的演化过程可以理解为城市竞争力的此消彼长过程，其钻石模型体系所包含的各种要素包含了地区自身条件与外部环境（经济全球化）的耦合关系，将其放到全球竞争中的长三角区域发展这一语境，可以观察到，一方面，钻石模型的多维因素包含了经济全球化对城市体系的直接影响，如外部需求市场带动了本地产业的飞速发展、外来投资则作为生产要素促进了产业总量和生产技术的进步；另一方面，钻石模型也包含了经济全球化的间接影响，如地区竞争力的提升离不开本地各类生产要素的组织、离不开地方政府对特定产业的扶持。

因此，本书采用波特的完整钻石模型来解析城市体系的演化原因，而全球价值链则是通过钻石模型各个维度产生影响而在一定程度上影响了城市体系的演化。

然而，必须强调指出的是，尽管扩展的完整钻石模型包括了影响区域产业发展的主要方面，仍然有相当的原因无法纳入其中，如区域纺织产业的历史传统因素、特定地域内台资企业相对集中的文化因素。尽管如此，本书在承认可能的缺陷前提下，仍然认为采用钻石模型是相对较优的理论解释框架，以此模型的变量与全球价值链的关系来分析全球化对城市体系演化的因果机制。毕竟，社会系统总是处于一个开放的环境之中，对城市、区域这种社会系统的研究永远无法排除其他因素的影响。

从钻石模型的组成来看，6 个维度并不是都能全面地采用通则式的分析，例如在扩展模型中的“机会”维度和“企业战略”维度分别涉及具体的产业机遇和企业行为，只能在案例的描述中得以体现。因此，在通则式分析中，对扩展钻石模型的 6 个维度进行有针对性、有重点地描述，这些则是本章节通则式因果机制研究中的 6 类基本的“因”事件系列。

按照因果解释的基本原则，分析长三角区域城市体系的演化与经济全球化之间的关系，必须要将其他变量所起的作用尽可能地概括完整，才能最大限度地确认全球价值链的变量在其中的作用程度。因此，对于扩展钻石模型的 6 个维度，需要尽可能地理清各个维度变量对区域城市体系演化的作用，从而能相对独立地分析全球价值链在其中的作用。

另外，按照因果解释的链条关系，事件 A 的发生导致事件 B 的发生，事件 B 导致事件 C 的发生，则意味着事件 A 的发生导致事件 C 的发生。因此，本书的因果解析中，不仅要分析全球价值链对区域城市体系演化的直接作用，还要分析全球价值链通过扩展钻石模型 6 个维度的作用而间接作用于城市体系的演化。

2. 案例式解释

对于案例式解释，主要是对通则式的因果解释提供补充。跨国公司作为整合全球范围内空间资源的行为主体，在不同区位配置相应价值区段的企业活动成为盈利的关键。通过案例的解释能更为生动、具体地体现跨国公司如何把握外在机遇、制定企业战略、优化要素组合的过程。

9.1.2　扩展钻石模型中的经济全球化因素

“钻石模型”是由美国哈佛商学院著名的战略管理学家迈克尔·波特①提出的。波特的钻石模型用于分析一个国家某种产业为什么会在国际上有较强的竞争力。波特认为，决定一个国家的某种产业竞争力的有四个因素：生产要素，需求条件，相关产业和支持产业的表现，企业的战略、结构、竞争对手的表现。

波特认为在四大要素之外还存在两大变数：即政府与机会。

1. 生产要素

波特将生产要素划分为初级生产要素和高级生产要素，初级生产要素是指天然资源、气候、地理位置、非技术工人、资金等，高级生产要素则是指现代通信、信息、交通等基础设施，受过高等教育的人力、研究机构等。波特认为，初级生产

① 在扩展钻石模型中的经济全球化因素中，除特别标注外，这部分关于钻石模型的所有内容均由波特的著作引用而来，特此声明。

要素重要性越来越低，因为对它的需求在减少，而跨国公司可以通过全球的市场网络来取得。

2. 国内需求市场

国内需求市场是产业发展的动力。国内市场与国际市场的不同之处在于企业可以及时发现国内市场的客户需求，因此波特认为全球性的竞争并没有减少国内市场的重要性。

波特指出，本地客户的本质非常重要，特别是内行而挑剔的客户会激发出该国企业的竞争优势。另一个重要方面是预期性需求。如果本地的顾客需求领先于其他国家，这也可以成为本地企业的一种优势，因为先进的产品需要前卫的需求来支持。

3. 相关和支持产业(产业集群)

对形成国家竞争优势而言，相关和支持性产业与优势产业是一种休戚与共的关系。波特的研究中着重分析了“产业集群”这种现象，就是一个优势产业不是单独存在的，它一定是同国内相关强势产业一同崛起。

按照波特的研究，产业集群是一组在地理上靠近的相互联系的公司和关联的机构，且共同属于或者关联于一个特定的产业领域，由于具有共性和互补性而联系在一起。

从社会网络的角度来看，鉴于特定地域范围内企业和人才之间的不断流动，使得企业集群得以在一个相对集中的空间范围内成型，这也正说明了马歇尔的外部性导致了集群内部企业集聚的外溢效应，也形成了克鲁格曼关于城市发展的所谓规模报酬递增效用。

4. 企业战略与企业结构

波特指出，推进企业走向国际化竞争的动力很重要。这种动力可能来自国际需求的拉力，也可能来自本地竞争者的压力或市场的推力。创造与持续产业竞争优势的最大关联因素是国内市场强有力的竞争对手。在国际竞争中，成功的产业必然先经过国内市场的搏斗，迫使其进行改进和创新，海外市场则是竞争力的延伸。而在政府的保护和补贴下，在国内处于垄断地位的大型企业通常并不具有国际竞争能力。

因此，从波特的观点引申来看，一定地域范围内的产业同构实际上在客观方面加强了产业的竞争力，并因此而获得一定的国际竞争力。

5. 政府作为

波特极力强调政府对四个组成部分中的任何一个方面都可以产生积极或消

极的影响：政府行业补贴、资金市场政策、教育政策等影响到该国资源与才能要素；通过制订国内产品标准以及规范和影响购买者需求的法规，政府可以培育和塑造国内需求及其性质；通过政策和法令，政府可以影响某个行业的关联和辅助性行业；通过资金市场法规、税收政策和反托拉斯法等手段，可以影响行业企业之间的竞争。

(1) 政府不仅要承担一些基本、公用事业的职责（例如初、中级教育、基础设施建设、全民医疗保健等，政府应根据国力，逐年加大对它们的投资），同时还应特别注重对国内专门要素的培育，这里的专门要素是指那些高级且与特定产业关联，并对形成竞争优势有特殊意义的那些生产要素，如一些专门性高级技工、与新兴工业直接接轨的科研机构等。

(2) 政府要致力于营造一个市场化的宏观环境，要让生产要素市场和金融市场健康有序地运行，那些以种种理由故意压低生产要素价格和本国货币汇率，甚至冠之以各种名目的政府补贴，试图以此来提高本国产品在国际市场竞争力的政策，最终往往是事与愿违。

(3) 政府要强制实施产品质量、安全与环境标准，促使企业技术创新及产品质量创新，更好地满足顾客和全社会的需要。相关措施应当赶超国际标准，从而使得本国企业有可能在国际竞争中捷足先登处于有利地位。

(4) 政府要制定并有效实施反垄断法，防止国内同产业的企业间的超出一定限度的横向联合或合谋垄断。在观念上必须抛弃“合并、兼并必然有益”的理念，认识到垄断可能严重损害企业活力。甚至在鼓励国内大企业之间搞合作研究开发这类问题上，政府也要谨慎，因为企业独立的研究开发有利于增强企业技术和产品的独特性，促进企业发挥创造力。

(5) 政府要放宽对于国际贸易的管制，贸易政策的重点，是促进贸易各国相互开放市场，而不是相互设立配额和提高关税。

6. 外部机会

波特指出，机会是可遇而不可求的，机会可以影响四大要素发生变化。对企业发展而言，形成机会的可能情况大致有几种：基础科技的发明创造、传统技术出现断层、外因导致生产成本突然提高（如石油危机）、金融市场或汇率的重大变化、市场需求的剧增、政府的重大决策、突发性的战争。机会其实是双向的，它往往在新的竞争者获得优势的同时，使原有的竞争者优势丧失，只有能满足新需求的厂商才能有发展“机遇”。

需要指出的是，外来直接投资、国外市场需求也应该纳入这一维度，对于地区竞争力来说，外来直接投资带来了生产要素中相对紧缺的要素——资本，尽管资本的流动具有趋利性，但是正是这种舍此取彼的流动方式使得特定的地方具有特定的竞争力，当然也不乏外来资本流出致使地区衰败的例子；而国外市场的进口需求则直接地带动了地区产业的飞速发展，并且市场需求的品质提升反过来促进了生产者的技术水平，从而致使地区产业价值区段的提升。

9.1.3 经济全球化与城市体系演化间的基本关系

从本质上说，本书中经济全球化进程中城市体系的演化，实质上是对莎森"全球城市"，卡斯特勒"流动空间"，霍尔和卡斯特勒"高技术产业集聚带"理论假说的检验，但是经济全球化这一"流动"现象对区域空间的影响离不开地方的自身特征，正是地方化的各种因素才导致了区域各地区按照全球价值链进行主导产业的空间组织，进而影响了区域的空间结构。全球化作为外生变量，通过地方本土的要素塑造空间，也正是长三角区域城市体系演化的主要原因。

根据本次研究中长三角区域城市体系演化的情况，需要解释的经济全球化对长三角区域城市体系演化的内容包括：

(1) 在经济全球化与地区产业重组的关系中，需要解释的是，经济全球化的影响与长三角区域各地区产业部类价值区段提升之间的相互关系。

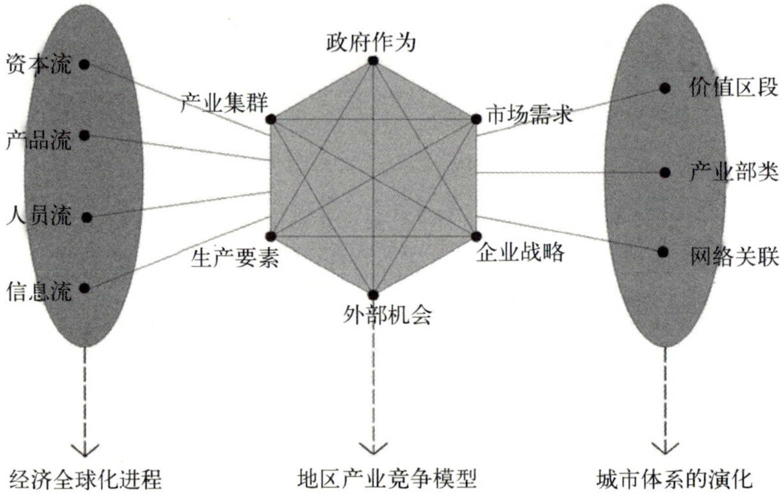

图 9-1 竞争模型作为经济全球化对城市体系演化作用机制的因果链

(2) 在经济全球化与地区间产业部类分工中，需要解释的是：其一，经济全球化促进特定产业在特定地区的集聚，从而强化该项产业的地区职能强度的原因;其二,经济全球化导致核心城市上海生产性服务业加速集聚而外围邻近地域制造业同构的原因。

(3) 在经济全球化与地区内部网络之间的关系方面,需要解释的是,日益扩散化的地区内部网络联系中全球化的作用机制。

9.2　经济全球化与地区竞争力不同维度的耦合

9.2.1　经济全球化与生产要素的耦合

一般而言,资本总是趋利的,总会流动到能够带来最大收益的地方,也就是一国最有比较优势的行业。但是,流向哪里、在何处集聚却与地方自身的生产要素组合有着密切的联系。

经济全球化的一个重要影响是使得企业在全球范围内进行产业空间组织的能力大大增强,跨国公司是国际产业转移的主导力量。跨国公司在全球范围内寻找最有优势的生产资源进行生产,全球生产和经营网络的一体化,自然就缩短了国际产业转移的时间。在国际贸易的发展趋势中,生产要素不仅仅是比较成本所说的劳动,也不仅仅是生产要素禀赋理论所说的劳动、资本和土地,技术、人力资本、研究与开发、信息以及管理等都是生产要素,这些“新”要素对于国际贸易和分工格局都有重要作用(波特,2002;何慧爽,2006)。邓宁(1995)也指出,随着经济全球化的迅速发展,外商直接投资的区位选择不仅要考虑传统的要素及其成本,还要考虑聚集经济和交易成本,动态外在经济性。

因此,概括地来说,经济全球化对于生产要素来说,其作用主要体现在两个方面:一是全球化使得要素包括的范围更广,二是全球化使得企业在全球范围内组织生产的能力大大加强。

相应地,对各类生产要素在城市体系中的消长来说,要素范围的扩大使得一些核心城市特别是具有技术、人力资本、研究与开发、信息以及管理等优势要素的地区,具有相对强烈的竞争力。定性的来说,上海作为长三角区域主要的科研机构、管理枢纽集中地,其生产性服务业的加速集聚从一定程度上来看,也正是这种高技术含量、高信息含量的生产要素高度集聚的原因。

1. *初级生产要素*

长三角区域历来就是劳动力资源比较丰富的区域,从 2005 年长三角区域农业人口的空间分布来看,除了 15 个主要城市市区和近郊区以外的绝大部分县市，农业人口比例均在0.5以上，这说明长三角区域充沛的劳动力资源是地区参与国际产业尤其是制造业产业分工最重要的生产要素之一。从农业人口比重较高的县市区分布来看，基本上与劳动密集型制造业职能特征的地区分布一致，如南通、泰州、扬州和绍兴、嘉兴、湖州等地，当然从空间分布状况也看出，宁波和杭州地区的城市职能分工不与其劳动力资源丰富完全相关，这说明在一定程度上，劳动力作为生产要素的比较优势只是产业全球分工的部分影响因素，在经济全球化进程中，传统要素的组合在区域产业集聚中具有一定的吸引力（图9－2）。

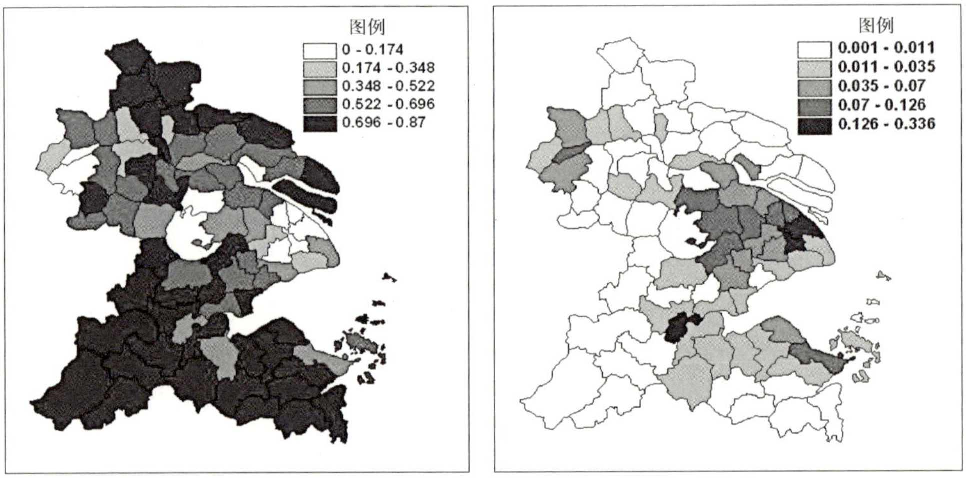

图9－2　2005年长三角区域县市区农业人口比例、外来人口比例的空间分布

另外，基于区域经济收入的不平衡性，长三角区域还吸引了大量区域以外的流动人口进入本地，内陆丰沛的人口优势使得长三角区域成为我国吸引外来人口最显著的区域之一。

将2005年15个地区经济全球化指数与外来人口比例进行Pearson相关分析，可以发现，两者之间的相关系数达到了0.732，双尾检验的误差水平为0.002，说明经济全球化程度与外来人口比例之间具有明显的正相关关系。因此可以基本判断，从全球化与地域劳动分工的关系来说，劳动力的流动性很大程度上弥补了老龄化较高、出生率较低的地区劳动力不足的缺陷，因此全球化程度较高的区域也是人口流入较明显的地区，全球化与工业化进程的同步性使得长三角区域资本流入与人口迁入完整地结合在一起。

从长三角区域土地资源的情况来看，按照国土资源部公布的工业用地基准

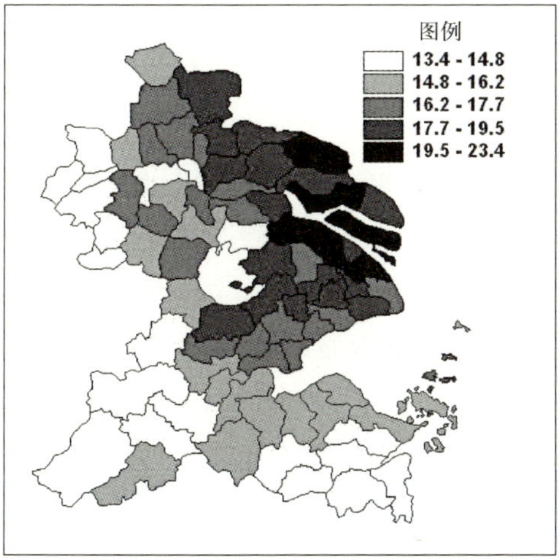

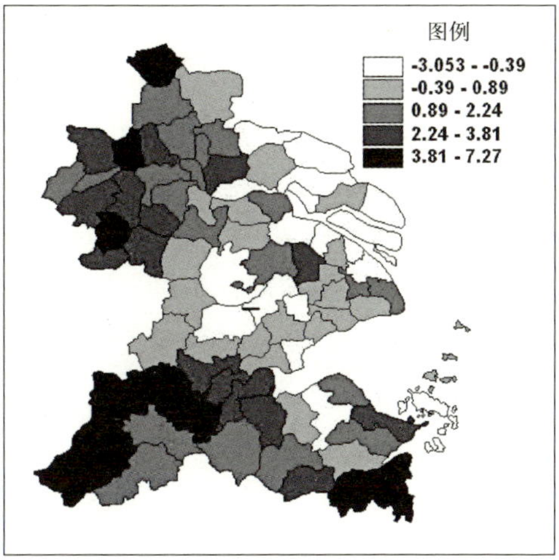

图 9－3　2005 年长三角区域县市区老龄人口百分比(%)、人口自然增长率(‰)的空间分布

地价分布，将其按照倒数计算绘制成图可以发现，上海、南京、苏州、无锡、杭州和宁波等市区是土地价格较高的区域，而长三角相对外围的地区如苏中的北部边缘、杭州地区的西部边缘、宁波地区的南部边缘以及南京地区南部部分县市均属于工业地价相对较低的地区，但这些边缘地区也是交通可达性相对较差的地域。按照土地利用的竞租曲线，资本回报率高的产业集中在地租相对较高的地区，而外围地租最低的广大地域其产业的资金回报率一般最低(图 9－4)。

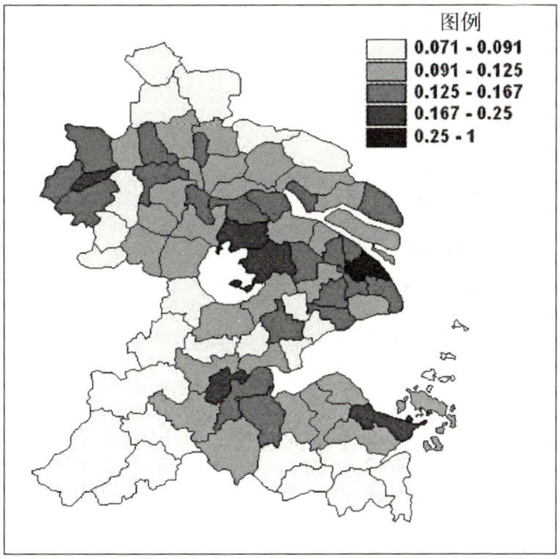

图 9－4　2006 年长三角区域土地等级分布

从 1999 年到 2006 年，长三角设市城市的城市人口有了急剧增长，15 个城市中(包括下辖的县级市但不包括市辖县，本节下同)的城市人口(根据统计资料，这一统计口径的城市人口包括了外来人口和享受城市基础设施的城市郊区人口)快速增长，由 1999 年的 3 415.54 万增加到 2006 年的 7 324.00 万，增长幅度达到了 114%。联系到上海、南京等特大城市其人口自然增长缓慢甚至负增长的事实，可以判断在经济全球化的过程中，长三角地区本地农村人口转移、外地人口迁入两大原因，使得长三角地区的城市化进程呈明显加快的趋势，而城市人口的快速增长为城市空间拓展、增加建成环境容量提供了充足的外因动力。

与人口快速增长趋势对应，长三角地区城市建设用地中居住用地面积的快速增长，根据中国城市统计年鉴资料（主要是2000年度、2007年度的中国城市统计年鉴）进行计算，15个地区居住用地面积由1999年的900.27平方公里增加到2006年的1 675.64平方公里。值得注意的是，建设用地中增加数量较大的第二位为工业用地，由1999年的638.22平方公里增加到2006年的1 375.02平方公里，增加的绝对数量（736.80平方公里）相对居住用地（增加的绝对数量775.37平方公里）来说几乎不相上下。从目前经济全球化的机制来看，外资、出口是拉动地区制造业发展的最重要动力，因此，工业用地的迅速增长则反映了全球化与工业化的耦合关系。从10类建设用地增长幅度来看，道路广场用地、工业用地和公共设施用地增加的幅度最大，分别达到了150.66%、115.45%和103.13%，这也反映了全球化与工业化的耦合关系，即全球化过程中城市基础设施和公共服务得到较大改善的事实，而这些基础设施也是地方承接全球产业转移的重要条件。需要指出的是，随着经济的全球化，市场投资主体将呈现多样化格局，对土地的需求亦出现多样化。

2. 高级生产要素

从波特关于生产要素促使产业升级、提高地区竞争力的观点来看，初级的生产要素并不能完全满足产业发展所需要的全球性竞争力，而掌握较高技术能力的人力资源才是地区不断产业经济发展的重要动力。长三角区域高等院校云集，上海是我国除北京以外高等院校最密集的区域，其余城市如南京、杭州也是高校数量较高的地区，2001年长三角区域15个地区包括了556所高等学校（上海数据包括高校合并前的数量）、504所专业技术学校。从长三角区域15个地区人力资源素质来看，10年间有很大的提升，自1998年中国实行教育改革、高校扩招以来，每年培养的工程师数也在快速增长之中。数量众多的高等学校、快速增长的专业技术人才和毕业生，极大地提升了长三角区域对外资的吸引力（表9-1）。

表9-1　2001年长三角区域各地高等学校和专业技术学校数量分布

地　区	普通高等教育	成人高等教育	中等专业学校	技工学校	总　计
上　海	90	206	149	52	497
南　京	32	45	30	11	118

续　表

地　区	普通高等教育	成人高等教育	中等专业学校	技工学校	总　计
杭　州	20	22	23	20	85
南　通	9	10	11	21	51
宁　波	9	13	17	11	50
常　州	7	15	18	9	49
无　锡	4	8	19	13	44
苏　州	6	10	11	11	38
镇　江	5	4	11	10	30
泰　州	2	9	8	8	27
扬　州	2	10	7	6	25
绍　兴	5	2	10	2	19
嘉　兴	3	8	3	4	18
湖　州	2	3	3	2	10
舟　山	1	4	3	1	9

注：高校数量包括高校合并前的数量；根据企业名录数据计算整理。

根据波特的观点，高级生产要素对竞争优势具有举足轻重的重要性，而高级生产要素不如初级生产要素普遍，原因在于技术优势需要先在人力和资本上大量而持续地投资。作为培养高级生产要素的研究所或教育计划，本身就需要更精致的人力资源和技术。因此，即使在信息、资本、人力等资源充分流动的经济全球化背景下，跨国公司想由国际市场或海外子公司取得高级生产要素也很困难。

长三角区域技术优势地域分布非常不均，从 2005 年各地区万人专利数来看，上海、苏州、无锡、南京、常州、镇江等沪宁线上的 5 个地区居于前 5 位，这也与这些地区产业部类价值区段较高息息相关，其中上海在 15 个地区中具有绝对的优势，万人专利数达到了 8.82 项/万人，远高于排在第二位的苏州，并且上海在专利数量的优势远远高于其研发企业数量和研发企业从业人数的优势，说明上海在长三角地区不但在企业和从业人数具有技术服务优势，而且在技术成果方面具有更为明显的优势。在研发企业及其从业人数方面，上海、南京和杭州的优势最为突出，其次是苏州、无锡和宁波，与这些地区产业部类较高的价值区段息息相关。

值得关注的是，在研发企业和从业人数的百分比来看，苏州、无锡、宁波的优势则几乎全部消失，仅为区域的平均水平，这主要是这些地区经济相对发达、企业和就业人口基数较大，从而使得这些城市相应比例较低(表 9－2)。

表 9－2 长三角区域各地区研发实力比较

地 区	2005 年万人专利数	2004 年研发企业数	2004 年研发企业从业人数	2004 年研发企业比例	2004 年研发企业从业人数比例
上 海	8.82	6 287	164 652	3.62%	6.66%
苏 州	1.86	598	10 768	1.05%	0.78%
无 锡	1.73	527	10 962	1.13%	1.42%
南 京	1.54	1 516	37 006	4.23%	7.57%
常 州	0.99	274	4 262	1.44%	1.10%
镇 江	0.9	254	5 795	2.60%	2.47%
湖 州	0.78	228	4 309	2.44%	1.61%
杭 州	0.76	2 565	43 261	4.87%	5.34%
嘉 兴	0.75	373	7 169	2.05%	1.40%
南 通	0.66	417	7 257	0.91%	0.94%
绍 兴	0.63	271	4 389	0.20%	0.13%
宁 波	0.61	645	10 992	1.15%	1.25%
扬 州	0.51	223	4 589	2.21%	1.66%
泰 州	0.39	190	3 366	2.10%	1.20%
舟 山	0.11	76	1 386	2.27%	2.49%

资料来源：2005 年万人专利数根据万方专利数据库收集、计算整理，2004 年研发企业及从业人数根据企业名录计算整理。

9.2.2 经济全球化与需求市场的耦合

需求动因不仅已成为诱导发达国家所主导的全球价值链分工体系产生的一个内在原因，而且成为决定一国(地区)依赖于自主创新能力和产业持续升级动力的国家竞争力形成的关键内生要素。

根据刘志彪等学者的总结，全球经济一体化和生产非一体化已成为不可逆转的趋势，一国的需求市场发生了复杂的变化。从消费者的角度来看，既可消费国内本土企业生产的产品，也可消费在本土的外国合资或独资企业生产的产品，甚至消费国外企业在国外生产的进口产品；从生产企业的角度来看，既可以本土市场为销售市场，也可以具有相似需求特征的区域国际市场为销售市场，乃至以全球市场特别是具有高端消费需求的发达国家市场作为销售市场。这种需求因素的全球化和复杂化趋势，彻底打破了在一个封闭经济体中需求因素对其技术创新活动和产业结构动态调整能力的内生作用机制（张杰、刘志彪，2004）。

经济全球化促进了区域经济发展，而外资、出口的增长再加上区域的人口增长，直接促进了需求市场的发育。这种对产业需求的影响既有能源、矿物等上游生产资料的需求变化，也会对居民生活消费同时带来影响。另外，经济全球化的深化还带来了对全球公共物品的需求。

在原材料、能源等生产资料方面，国际市场的需求往往直接对国内相关产业产生较大的影响，例如在 2001 年国家机械工业局的分析材料中，就提到："随着经济全球化和贸易自由化进程的加快，特别是我国加入世界贸易组织，国际煤炭市场对国内市场的需求的影响越来越明显……尽管煤炭在能源消费的比重呈逐年减少趋势，但由于国内能源资源赋存条件和国际能源市场变化……我国以煤为主的能源消费结构将不会发生大的改变。"

在生活消费品方面，全球化也将产生较大的冲击。《每日中央及省部委政策要闻》在我国加入 WTO 前夕的分析材料中指出："经济全球化对城乡居民消费需求和消费品市场将产生影响（节选）：① 缓解国内消费品供求矛盾，增加有效供给，释放中高收入群体消费购买力存量，促进消费品高价格体系的解体。② 加剧国内消费品市场在品种、质量、价格、服务、信誉等方面的竞争，促进消费品市场供求结构的'开门调整'。③ 在经济全球化的要求下，消费国际化将进一步显现，消费品市场和居民生活将从半封闭转向全面开放。④ 由于我国东中西部地区存在的收入消费差距，入世后，有可能加剧消费品由东向西的'挤压传递效应'，又如，根据中国木地板行业的预测，中国……年新增长人口 1 100 万人至 1 200 万人，新增购买力 630 亿元至 650 亿元，富裕高消费人群增加，中国处于城镇化水平提高最快的时期，房地产业已成为三大支柱产业之一，木地板在大城市平均普及率将大大加快并极具增长空间……"（消费日报，2006）。

另外，全球性公共物品是 20 世纪 90 年代以来在国际政治经济关系中备受关注的问题之一，它是公共物品理论在解决全球性经济危机、自然灾害、传染性疾病等问题中的推广与应用。有学者针对 SARS 的公共物品需求提出:“经济全球化日益把全人类连到了一起,各国之间的广泛交往,使 SARS 病毒在极短的时间就扩展到全球……极大地影响了全球经济活动。因此,提供全球性公共物品,成为保证人类整体稳步向前迈进的迫切需求”(蔡秀云,2003)。

9.2.3 经济全球化与产业集群的耦合

1. 产业集群的基本特征

随着经济全球化的不断深入,在各地区外部宏观条件相似的情况下,其内部产业集群所带来的集聚或规模效应成为外商直接投资区位选择的重要影响因素。因此,下面将解析外商直接投资和国际贸易分工对产业集群发育的作用机制,但需要指出的是,定性的解释难以直观地细述其中的因果关系,具体的过程性因果关系需要在后一章的跨国公司案例得以体现。

19 世纪 90 年代,马歇尔就指出了这种集聚效应对工业区位选择的重要性。在马歇尔看来,集聚产生的经济效益对一个厂商而言是外在的,对一个特定区域而言则是内在的。事实上,在马歇尔之后的经济学家已经认识到“集聚效应”对于厂商区位选择的重要性。自 2000 年以来,以克鲁格曼为代表的新经济地理学认为集聚效应产生的原因主要在于:第一,厂商间的知识外溢;第二,特定要素市场深化提供的优势;第三,消费者和供给厂商间的前向联系或后向联系范围。如果这些条件存在,厂商会因为与其他厂商靠近而增加效率,从而产生了特定产业的集聚效应(Barry、Gorg、Strobl, 2001)。

2. 跨国公司投资与产业集群的关系

在生产要素中,资本是其中最重要的可流动性要素,因此,跨国公司的投资可以直接地诱使地方产业集群的成形,由此而带动地区产业的发展。

一些学者也利用新经济地理学的分析框架,从实证的角度研究了集聚外部性对于跨国公司 FDI 流动行为(FDI flow behavior)的影响。例如 Venables(1996)通过建立一个两国经济模型,从理论上分析了集聚经济对于跨国公司区位布局的影响,其基本结论是:由于供需关系和中间产品的贸易成本,公司愿意将其生产区位布局在靠近上游供给商或下游买者的地方,上游和下游厂商的相互靠近的区位优势将吸引该行业的所有公司集中在一地或几个地方。Ray Barrell 和 Nigel Pain(1999)利用美国部分行业跨国公司的对外直接投资的面板数据,考察了东道国的制度条件对于 FDI 的影响,结论认为在欧洲大陆形成的经济“集聚中心”是影响美国对外直接投资的区位决策的重要因素(王黎明、赵德峄,2008)。

因此有学者总结指出,影响跨国公司国际直接投资区位决策的集聚效应体现在以下四个方面:城市化集聚效应、特定产业集聚效应、特定投资国或地区的集聚效应以及由集聚效应引致的 FDI 示范效应(喻春娇,2004)。

3. 国际贸易对产业集群的促进作用

全球化加快了国际范围内的资金、知识技术等流动资源的高效率配置,受其影响,区域也不断拓展与区外特别是国外的交流与合作,增加进出口。在这一过程中,对外的知识交流和国内外组织结构之间的合作,使得本地的知识存量有所增加。国际贸易量越大,将更有机会与更多的人进行交流,从而在信息知识交换过程中获得新的知识、观点和启示。进口产品的数量越多,本地的研究人员越可以发现新知识,或模仿创新,或进行增值创新。而产品出口时,国外客商会对产品样式乃至生产过程提出更好的改进方法,这些好的建议也是产品创新中非常有价值的投入,从而进一步扩大产品的出口数量,提高区域经济发展的绩效(冯德连、张兴云,2004)。

对于产业集群来说,由于本地社会网络的存在,进出口贸易对一家企业带来的技术革新能很快地在地方的集群中扩散开来,从而使得整个产业集群得以收益。当然,进出口贸易量的持续发生,能直接地带动集群的企业业务量,使得区域的企业扩充生产量,并因此而形成累积循环的正向促进,促使产业集群的发育壮大。

9.2.4　经济全球化与地方政府的耦合

1. 经济全球化中的政府角色

一些学者普遍认为,在经济全球化进程中,政府在经济中的角色有了新的含义。政府的最佳角色从市场经济的“裁判员”,过渡到了综合竞争中的“运动员”(杜创国,2006)。更有学者认为,全球化使得每一个地方政府都成为全球市场中的一个“企业”,面临着全球范围内的资源、技术、人才、信息等投资条件方面的竞争,还包括社会治安、公共设施、法律制度等投资环境方面的竞争考验。这个超级性的“企业”既要与国际社会、国际市场上的竞争对手展开“面对面”的竞争,又要与同一个国家内部的同级地方政府展开竞争(麻宝斌,2008)。

在经济全球化背景下,政府保护和干预产业发展的目的是要使产业得到发展并获得国际竞争力,从而使本国可以与其他国家分享全球利润。波特认为一国特定产业的国际竞争力高低取决于六个要素,其中政府行为就是要素之一。各国为了在全球化潮流中趋利避害,则千方百计地持续提高本国国际竞争力,最大限度地增加本国公民的福利。

因此,在经济全球化进程中,世界各主要工业生产国的政府已越来越深地卷入了世界范围的经济竞争,战略性贸易政策已成为政府支持本国企业抢夺世界市场的重要手段,各国政府之间就贸易政策和市场准入问题进行的“讨价还价”已成了国家竞争的组成部分。政府不仅在世界经济舞台上大显身手,而且在提升本国经济国际竞争力方面也发挥着越来越重要的作用。1988年,美国国会通过《综合贸易法》,规定美国政府可以阻止外国投资者在美国公司中取得控制性的股权,以防止国外投资者对美国重要产业的控制;1993年,美国国会通过《国家竞争力法案》,旨在加强美国在国际市场上的竞争力,反映了美国对国家利益的重视程度(王三星、姚昌平,2001)。

克鲁格曼研究了高新技术产业后指出,在不完全竞争条件下由政府实行保护和扶持,帮助本国企业在一定时期内造就技术和市场的垄断优势,则可以使国家在这些领域保持或获得决定性优势。这一理论强调了政府在高新技术产业发展中的作用。因此,各国政府都积极实施战略性贸易政策,扶持和保护高技术产业。

2. 地方政府通过开发区建设参与全球竞争

典型的,对于长三角区域来说,各地政府竞相设立开发区体现了地方政府在应对经济全球化中的作用。

按照国土资源部公布的长三角区域各类国家级、省级开发区、高科技园区、保税区、工业区、大学园区,将其按照各个县市区面积比例来衡量的话,可以发现,分县市的各类开发区的面积比例仍然具有一定的规律性,即一般近郊的开发区比例相对较高,说明在经济全球化进程中,地方政府既要考虑开发区靠近市区公共服务又要在土地租金上有一定的可行性;从开发区面积比例的分布来看,这一空间特征又与经济全球化的指数有着一定的关联(图9-5)。

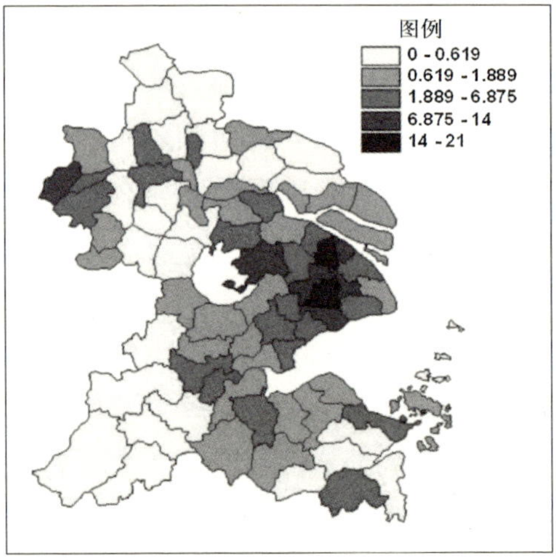

图9-5　2006年开发区面积占辖区面积比例(%)

在事权方面,开发区在政策方面的一定程度的自主权保证了开发区对外资、外贸企业具有较强的吸引力,例如《萧山经济技术开发区条例》中第十五条规定“开发区经批准可以设立外贸企业，开发区外的外贸企业可以在开发区内设立分支机构，按国家有关规定经营进出口贸易”。第十六条规定“经国家有关部门批准，可以在开发区设立外资银行、中外合资银行和其他金融机构”。

在优惠政策方面，开发区往往体现了政府对产业部类的偏好，例如《宁波经济技术开发区条例》规定“开发区内的生产性外商投资企业减按15%的税率缴纳企业所得税。开发区内的生产性外商投资企业经营期在10年以上的，经开发区税务机关批准，可以自获利年度起2年内免缴企业所得税，第三年至第五年减按7.5%的税率缴纳企业所得税。”

对照2004年各个县市区非公有制经济从业人数比例，可以发现与开发区面积比例具有一定的相关性，这在一定程度上可以说明，地方政府为应对经济全球化、推行开放政策而竞相设立开发区，并提供各种优惠政策，对于本地的市场化程度具有正向的促进作用。

3. 地方政府通过基础设施建设参与全球竞争

基础设施对外来直接投资具有非常重要的吸引力，因此政府通过对本地基础设施的建设能有效地在全球产业竞争中占得先机。这些基础设施的建设包括对港口、高速公路、机场、城市道路甚至公共设施的投资。即便是2008年开始的“拉动内需”政策，客观上对改善长期投资环境、培育本地企业具有非常重要的正面影响。在长三角区域，对地区参与全球竞争具有明显促进作用的重大基础设施项目有如下案例：

上海港。上海国际航运中心的建设作为国家战略……得到中央政府的大力支持，航运中心的建设也已列入上海市四大首要发展目标之一，良好的政策环境为上港集团的发展提供了有力的保障，洋山港经国务院批准，成为我国第一个保税港，在洋山港内，国外货物入港保税，国内货物入港退税，港内加工产品不征收增值税，港内货物自由流通并不征收增值税和消费税……（另外，在政府的推动下）上港集团已经参股甚至控股了长江沿线的多家港口（生活周刊，2006）。

杭州湾大桥。2008年5月1日，世界最长的跨海大桥杭州湾跨海大桥试运行通车，沪杭甬之间形成“两小时交通圈”（第一财经日报，2009）……上海到宁波的距离缩短了120多公里，实现一日可返（中国交通报，2008）。

宁杭高速公路。全长48公里、工程总概算22.52亿元的宁杭高速公路无锡段贯通……宁杭高速公路是上海至云南瑞丽国道主干线的组成部分，无锡段全长48公里，起于宜兴市与溧阳市交界处的西墟村，止于江苏省与浙江省界父子岭。该段为全封闭全立交、六车道高速公路，设计时速为120公里……（国际金

融报，2004）

4. 地方政府参与全球竞争的实例

随着经济全球化的不断深入，长三角区域的地方政府正越来越多地卷入其中，例如下述4个例子则生动地说明了地方政府是如何扶持本地企业从事全球产业竞争的：

江苏省某领导在讲话中明确提出“……政府所要做的，是为大企业的发展创造环境，提供服务……要强化服务观念，积极为大型企业集团发展办实事、办好事。围绕企业所需、所急、所盼，重点搞好市场服务、技术服务、人才服务、资金服务以及政策信息服务……”（新华日报，2002）

据《解放日报》的报道，上海“高新技术成果转化服务中心公布了2008年度高新技术成果转化项目的转化实施情况报告……转化项目体现出和本市产业布局的高度契合……新材料领域的项目数量和销售总额均排名第一，30.1%的项目量合计实现销售额301.6亿元。接下来依次是先进制造、电子信息、交通运输、新能源与高效节能。这五个领域的转化项目实现销售额占总量八成以上……”（解放日报，2009）

在激烈的全球竞争中，一些地方政府甚至直接参与全球产业竞争，例如无锡2005年提出“建设全球纺织服装产业中心的四大战略”：战略一：斥100亿巨资在无锡新区打造4平方公里纺织服装产业园；战略二：斥200亿巨资进行产业集群升级，大手笔整合5大纺织服装产品集群；战略三：每年一度举办中国（无锡）国际纺织服装交易会，聚集全球产业眼光；战略四：以市场化机制引进深圳新世界集团投资40亿元兴建130万平方米全球第一大纺织服装城、建设全球交易平台……（纺织信息周刊，2005）

另外一些具有争议性的地方政策也被提出议事日程，例如为面对金融危机，有地方人大代表建议：“……政府可以对中国企业（笔者注：具体指家电企业）在海外市场投放广告资源进行扶持，由企业和政府各承担50%……”（第一财经日报，2009）

9.3 经济全球化与产业价值区段的关联检验

一般而言，产业结构调整的原则是生产要素从低生产率部门向高生产率部门的转移，从而平衡要素在不同部门生产率来达到提高全社会平均生产率水平，从而实现地方的产业价值区段相对于全球范围内的攀升。这样，本地某一产业的生产率的提高将会导致本地区的生产要素向这一部门流动，由于产业经济活动的乘数效应，生产要素的流入使得本地区的相应产业规模得以扩大，甚至导致本地主导产业发生变化。主导产业的资本集约化、技术集约化是产业结构升级的重要表现，这也是地方产业部类在全球竞争中处于高价值区段的重要源泉之一（波特，2002；朱华晟，2004）。

尽管全球化与产业结构的关系理论已经比较成熟，但是在实证层面，关于经济全球化促进产业提升的观点上存在分歧。例如李文溥指出，我国近 20 年来产业结构的演变与各相应时期的政府产业结构政策之间，不存在密切的因果关系，而开放市场经济中的全球化市场力量具有更大的影响（李文溥，2008）；而米运生则通过实证分析认为，经济全球化进程中，我国三大城市群外贸和 FDI 增长方式的外延和粗放、较低的金融市场的国际化程度，制约了区域层面要素生产率的增长（米运生，2008）。

为了进一步厘清经济全球化对产业价值区段提升的因果关系，研究将 1996 年、2000 年、2005 年 3 个年份的经济全球化指数同相应的产业价值区段指数进行关联分析。检验研究中，首先用 SPSS 对变量关系进行线性估计（回归分析中的一种），通过线性估计的直线倾斜方向来判定变量之间的正向（回归方程直线右上方倾斜）或负向（回归方程直线右下方倾斜）关系。需要指出的是，相关性并不意味着因果关系的建立，但是在本书中已经对经济全球化的作用机制作了定性的基本分析，因此相关性在一定程度上可以支持变量间的因果关系。

通过曲线估计可以发现，3 个年份的价值区段指数与经济全球化指数之间的回归线均呈现出往右上方倾斜的，因此可以直观地判断：经济全球化与产业价值区段可能存在一定的因果关联性（图 9－6）。再通过皮尔逊相关分析可以发现，3 个年份对应的经济全球化指数与产业价值区段指数均具有较高的正相关性（相关系数均高于 0.7），支持了关于经济全球化促进地区产业部类结构提升的观点（表 9－3）。

表 9－3　1996 年、2000 年、2005 年经济全球化指数与产业价值区段的相关系数

年　　份	1996 年	2000 年	2005 年
Pearson 相关系数	0.731	0.709	0.721
显著性水平（双尾检验）	0.002	0.003	0.002

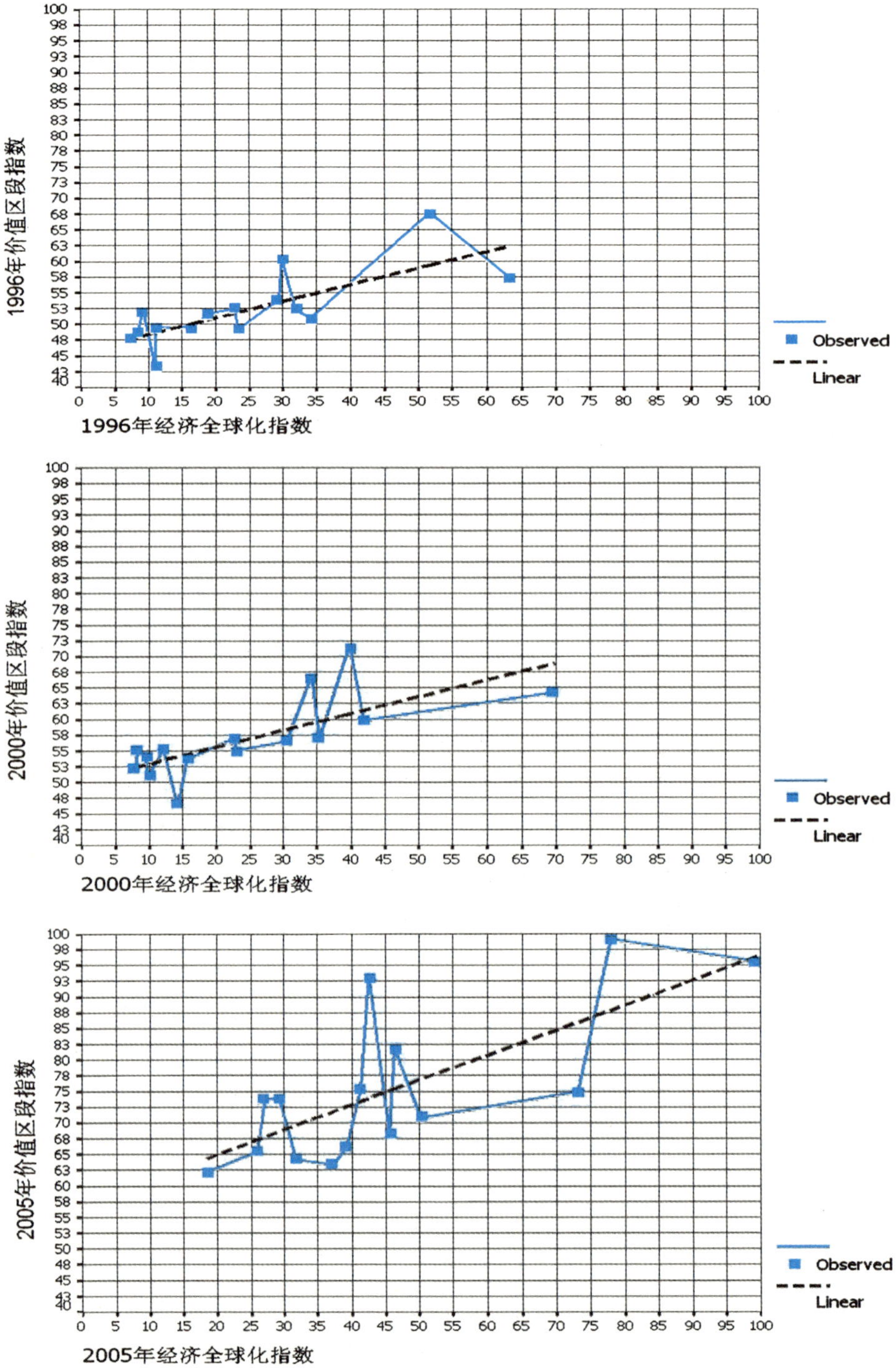

图 9－6　1996 年、2000 年、2005 年经济全球化指数与价值区段指数的关系

具体的，从 3 个年份的皮尔逊相关系数来看，均大于 0.7，相关性比较明显，说明在我国加入世界贸易组织后，长三角区域作为参与全球产业分工最主要的地区之一，外来直接投资和对外贸易的增加有力地提升了地区产业部类结构，从而提升了地区的产业价值区段。

从发达国家的经济发展来看，这种产业结构变化会表现出一定的规律性，即随着经济的发展，产业结构的不断升级是经济发展的必然过程。而在外来直接投资和对外贸易不断增长的背景下，经济全球化必然对地区经济发展产生明显的促进作用，这是因为在经济全球化和区域化过程中发生的产业转移，使发达国家将一些产业以及相关的技术转移给发展中国家，这种国与国之间的产业转移客观上为发展中国家产业水平的提升起了很强的推动作用(安应民，2002)，尤其在传统产业的改造方面，产业水平的提高又将推动产业结构的合理化，使整个产业协调发展。因此，长三角区域产业部类结构的演进特征更清晰地反映了全球化对区域产业的影响程度。

9.4　FDI 与产业集聚(产业部类)的关联检验

9.4.1　FDI 与产业区位商的关系

在对 FDI 与各细分部类进行相关分析之前，先对各产业部类的区位商与 FDI 的关系进行一般意义上的描述，以直观地观察各大产业与外来直接投资之间的基本关系。

本书中采用的是单位从业人数，因此无法准确统计非单位的农业和建筑业(这两项产业部类的从业人员不一定在工商注册的单位就业)从业人数，故在这里仅对 8 大产业部类的 6 大部类进行检验。在进行基本的关联描述中，为了避免规模因素造成的虚假相关性(一般而言，各项指标的总量数值往往均具有非常强的相关性，而不一定反映特定变量之间的因果关联)，因此采用外资构成比例和区位商指标，以消除产业规模对变量间的“虚假”关联影响。

在数据处理的基础上，利用 SPSS 进行曲线估计，通过变量之间的基本线性估计判断 FDI 比例对区位商的变化趋势。对 15 个地区、6 大产业部类的变量进行 SPSS 曲线估计可以发现，6 大产业部类的 FDI 构成比例与区位商的线性估计均呈现出往右上方倾斜的直线。需要指出的是，由于采用的各个产业部类的合计指标，且变量均是消除了总量规模因素的比例型变量，因此这种正向促进的变量关系(全部为往右上的直线)已经算是具有较高的关联度了。

虽然曲线估计不能直接说明变量的因果关系,但是从一定程度上能说明这一事实:FDI 对各地区的产业部类区位商具有明显的正向促进作用。进一步地,从因果关系的角度来看,经济全球化进程中,FDI 作为资本投入对地区产业竞争力具有一定的促进作用。当然从严格意义上来说,资本的投入并非意味着当期的产出,也不等于当期的就业岗位,但是从定性研究的一般规律来看,FDI 的进入与地方相应产业的竞争力往往具有较大的提升,结合长三角区域当地合适的生产要素条件、地方政府的产业指向政策,在产业竞争中带动上下游相关企业的生产,从而有利于产业集群的发育,并在一定程度上提高相应产业方面的地区部类。

曲线估计从整体上估计了 FDI 对不同产业部类区位商的关联影响,但还有必要进一步分析细分行业区位商与 FDI 比例构成之间的情况。考虑到目前 FDI 主要集中在第二产业,且限于篇幅,这里仅检验 FDI 比例与工业中细分产业部类间的相关关系。从因果解释的逻辑要求来说,相关性不是因果关系的充分条件,但却是因果关联的必要条件。

9.4.2 FDI 与制造业产业集群的相关性检验

一般来说,全球价值链中各个价值环节在空间上离散性地分布各地,但是各个价值区段都具有高度的地理集聚特征。正是各个价值环节的地理集聚特性使得很多地方产业集群成了全球产业价值链条中的一个从属部分(江青虎,2007)。因此,在本书中,分析经济全球化背景下制造业的空间分布,有必要从产业集群的角度来看待产业的空间集聚现象。

在分析外资对制造业产业集群的影响程度,先要分析制造业产业集群的区域分布。参照吕文栋、张辉(2002)等人对产业集群竞争力的计算方法,本部分分析以 15 个地区制造业分行业从业人数的区位商作为产业集群竞争力的度量方法,其中 2004 年的区位商在城市职能部分已经得出了计算结果。通过 15 个地区外资企业在各产业的构成比例数据与产业集群的区位商进行相关分析,检验在经济全球化中,分析各产业的外资构成对城市职能的影响程度。

从技术密集型制造业构成比例与区位商的相关系数来看,显著性水平 $P<0.01$、相关系数大于 0.6 的行业有电子及通信设备制造业、医药制造业,另外仪器仪表及文化、办公用机械制造业显著性水平 $P<0.05$、相关系数也达到了 0.521(表 9-4),虽然相关系数并不等于逻辑上的因果关系,但结合有关全球化

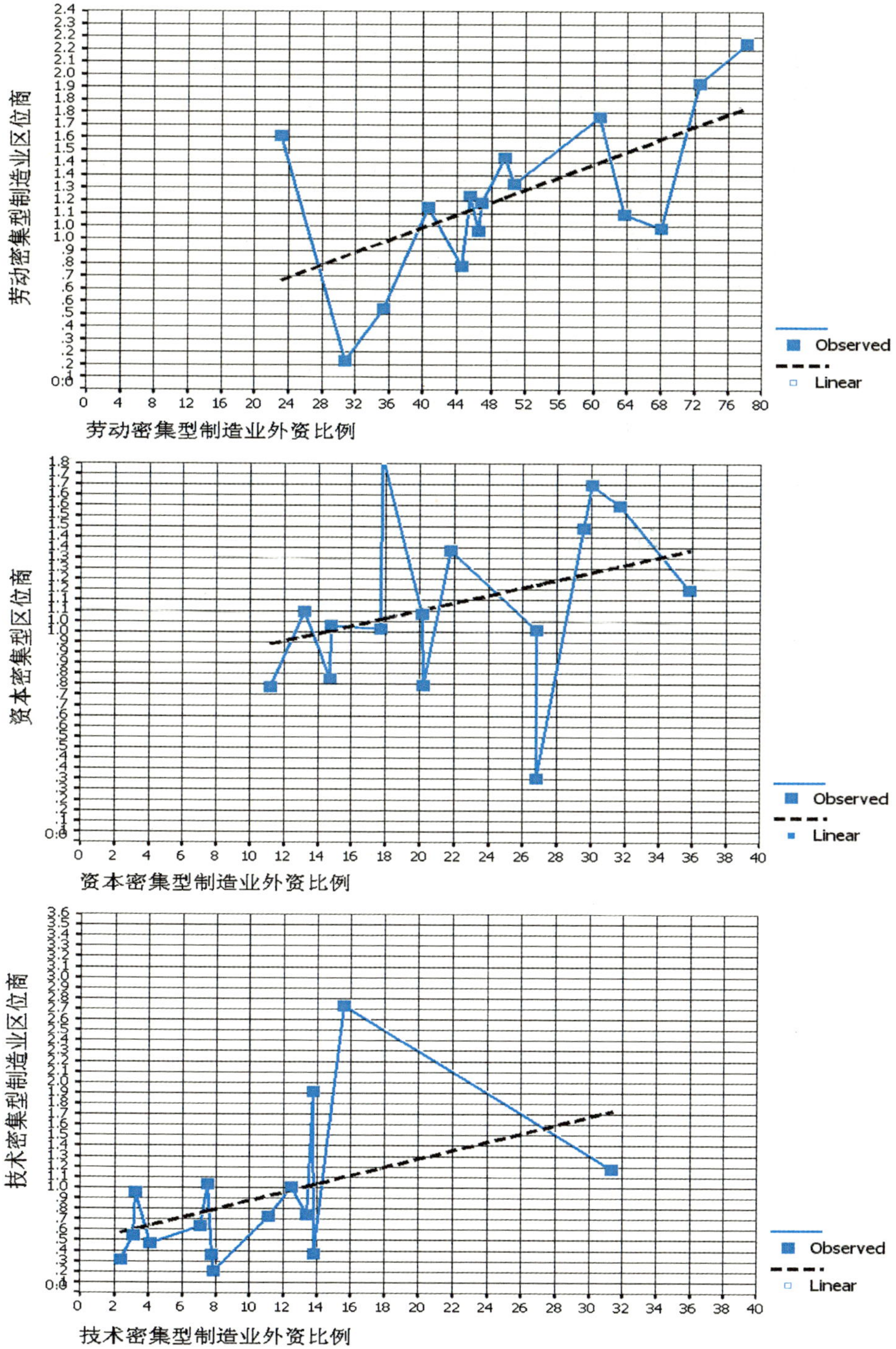

图 9－7　劳动密集型、资本密集型、技术密集型制造业外资比例与区位商的关系

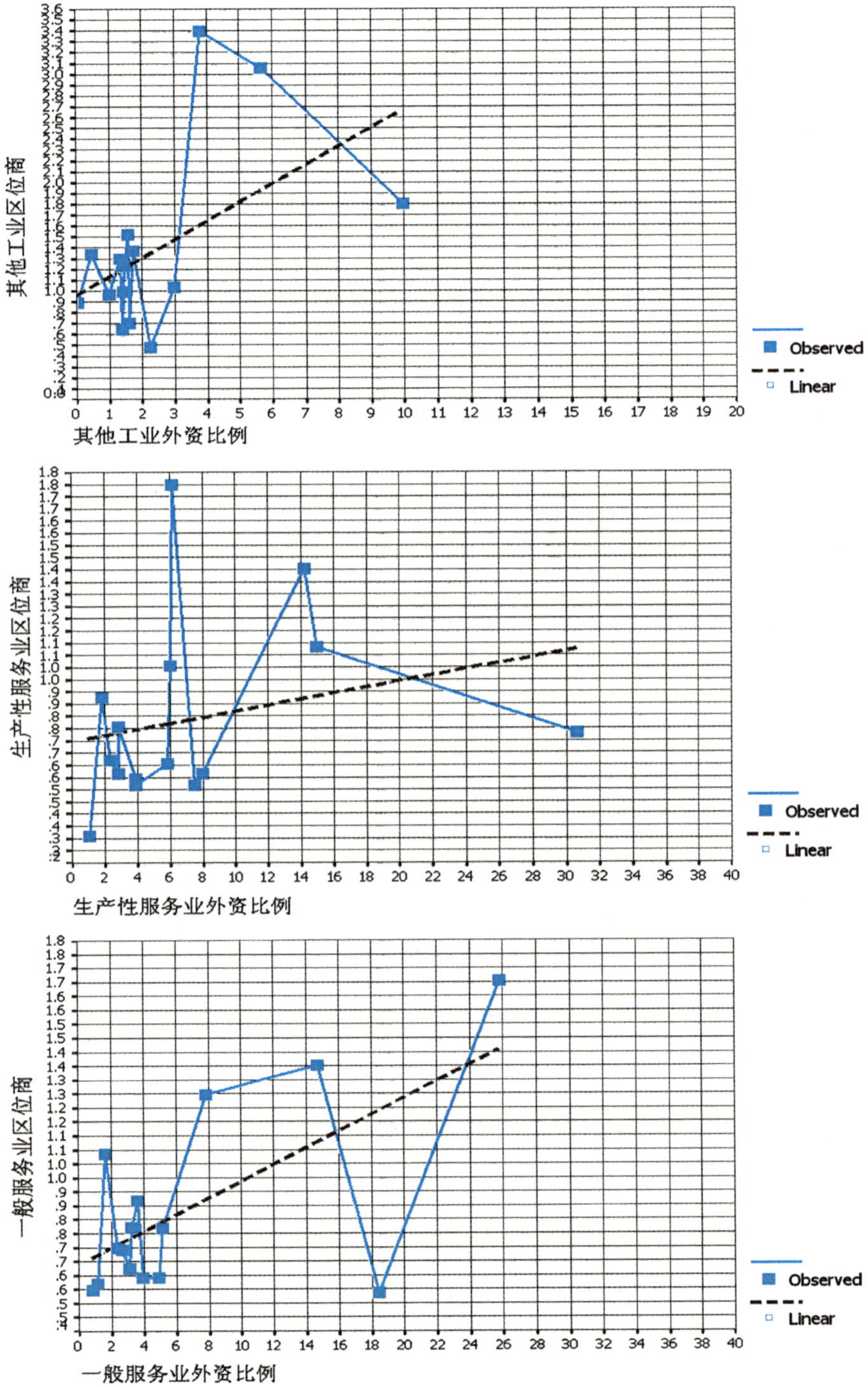

图 9-8 其他工业、生产性服务业、一般服务业外资比例与区位商的关系

与制造业产业升级的相关理论，可以定性的得出结论：长三角区域技术密集型制造业的产业集群优势与外来资本的进入具有明显的关联。

表 9-4　技术密集型制造业外资构成比例与产业集群区位商的相关系数

行　业	相关系数	显著性水平
电子及通信设备制造业	0.671	0.006
医药制造业	0.968	0.000
仪器仪表及文化、办公用机械制造业	0.521	0.046

注：深灰色表示显著性水平 $P < 0.01$，浅灰色表示显著性水平 $P < 0.05$。

相对于技术密集型制造业的情况，资本密集型制造业的外资企业构成比例与产业集群区位商的相关性较弱，10 项产业中显著性水平 $P < 0.01$、相关系数大于 0.6 的行业仅有黑色金属冶炼及压延加工业、交通运输设备制造业、专用设备制造业 3 类，另外化学原料及化学制品制造业、石油加工炼焦及核燃料加工业显著性水平 $P < 0.05$、相关系数也分别达到了 0.561、0.618，其余 5 类产业区位商与外资构成比例均没有明显的相关性，说明长三角区域资本密集型制造业的产业集群竞争力只有黑色金属、交通运输设备、化学与原料及化学制品制造业、石油加工与外来资本的进入具有明显的关联。值得指出的是，从业人员份额较高的电气机械及器材制造业（达到了 7.18%）与外资企业构成比例虽然并没有明显的相关性，但是浙江、江苏这一产业的出口贸易竞争优势均较高，因此也是属于经济全球化影响非常明显的产业。

从劳动密集型制造业构成比例与产业集群区位商的相关系数来看，显著性水平 $P < 0.01$、相关系数大于 0.6 的行业有纺织服装制造业、纺织业、家具制造业、金属制品业、木材加工及制品业、农副食品加工业、塑料制品业、橡胶制品业，另外显著性水平 $P < 0.05$ 的行业还有非金属矿物制品业、皮革及其制品业和文教体育用品制造业，从相关系数数据本身可以基本判断：这些劳动密集型行业的外资对相应的产业集群竞争力可能具有明显的促进作用，而不具有相关性的行业主要是面向本地的一些消费行业如食品制造业、印刷业和记录媒介的复制、造纸及纸制品业，说明经济全球化对劳动密集型产业集群具有促进作用的行业基本都是面向全球市场的行业（表 9-5）。

总结三大产业部类制造业外资分行业从业人数与全部从业人数之间的关系，可以发现一个比较明显的规律，即外资构成比例与绝大部分外向型的产业具有较强的相关性，说明经济全球化的过程中，外来资本在长三角区域更多地集中在具有全球贸易分工特征的产业，而外资、外贸相结合的产业特征也是长三角区域制造业产业集群以“两头在外”的形式参与全球产业分工的主要特征。

表 9-5 资本密集型制造业外资构成比例与产业集群区位商的相关系数

行　　业	相关系数	显著性水平
电气机械及器材制造业	0.150	0.595
黑色金属冶炼及压延加工业	0.796	0.000
化学纤维制造业	−0.047	0.869
化学原料及化学制品制造业	0.561	0.030
交通运输设备制造业	0.811	0.000
石油加工、炼焦及核燃料加工业	0.618	0.014
烟草制品业	0.221	0.428
饮料制造业	0.063	0.823
有色金属冶炼及压延加工业	0.277	0.318
专用设备制造业	0.766	0.001

注：深灰色表示显著性水平 $P<0.01$，浅灰色表示显著性水平 $P<0.05$。

表 9-6 劳动密集型制造业外资构成比例与产业集群区位商的相关系数

行　　业	相关系数	显著性水平
纺织服装制造业	0.742	0.002
纺 织 业	0.887	0.000
非金属矿物制品业	0.565	0.028
家具制造业	0.683	0.005
金属制品业	0.829	0.000
木材加工及制品业	0.960	0.000
农副食品加工业	0.984	0.000
皮革及其制品业	0.621	0.013
食品制造业	0.322	0.241
塑料制品业	0.638	0.010

续　表

行　　业	相关系数	显著性水平
文教体育用品制造业	0.624	0.013
橡胶制品业	0.813	0.000
印刷业和记录媒介的复制	0.272	0.326
造纸及纸制品业	0.446	0.096

注：深灰色表示显著性水平 $P<0.01$，浅灰色表示显著性水平 $P<0.05$。

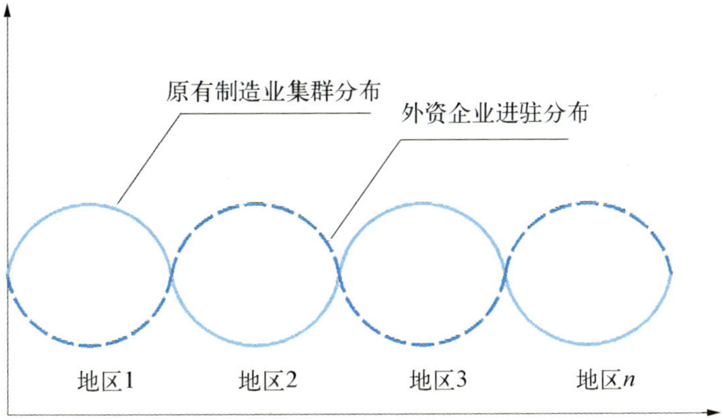

图 9 - 9　主要面向本地市场的外资产业空间分布模式

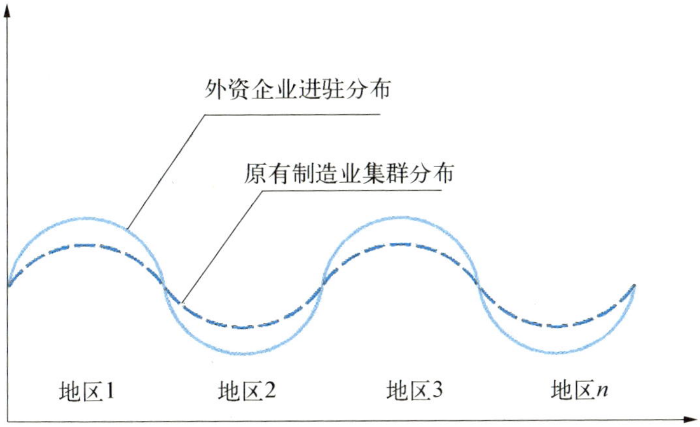

图 9 - 10　主要面向全球市场的外资产业空间分布模式

再结合这三大制造业产业部类的空间集聚现象，可以发现，资本密集型制造业的烟草加工业、饮料制造业，劳动密集型制造业的印刷业和记录媒介的复制、食品制造业均属于主要为本地服务的行业，这类产业集群属于市场主导型的外资企业(表 9－7)，所以外资企业是在本地服务不足的情况进入本地市场，从而与相应地区的这些制造业没有明显的相关性。

表 9－7　2005 年江苏省出口商品分类统计表

类　　别	出口值(万美元)	比重
初级产品	157 683	1.28%
食品及活动物	72 218	0.59%
饮料及烟类	814	0.01%
非食用原料	52 379	0.43%
矿物燃料、润滑油及有关原料	29 710	0.24%
动植物油、脂及蜡	2 561	0.02%
工业制成品	12 140 532	98.72%
化学成品及有关产品	657 343	5.35%
按原料分类的制成品	1 805 190	14.68%
机械及运输设备	7 014 182	57.03%
其他制成品	2 663 817	21.66%
总　　计	12 298 215	100.00%

资料来源：根据江苏省 2006 年统计年鉴整理。

其余参与全球产业分工程度较深的制造业，外资企业的空间分布更多地依赖于本地制造业集群的相对规模，产业群集成为特定区域吸引跨国公司投资的重要因素，因此在数量关系上呈现出与相应区位商之间相关系数较高的特征，且外资构成比例集聚程度高于全部企业相应行业的特征则说明在区位选址过程中，对于面向全球市场的产业，外资企业的进驻强化了长三角地区的制造业产业集聚特征。

当然也有例外的情况，如苏州的技术密集型制造业属于群体迁入的类型，该城市的原有技术密集型产业基础并不强，但是考虑到上海与苏州的同城效应，实际上上海本身的科技实力和产业基础也是外资前往苏州投资技术密集型的重要原因，并与上海的张江、漕河泾等地一起成为全球城市紧邻地带的高技术产业密集区域。

简言之，对于参与全球贸易分工明显的产业，各地区制造业产业集群的相对规模(或职能优势)与外来资本的进入具有较为一定的吸附作用，并在一定程度上加强了地区该类制造业产业集群的竞争优势；对于面向长三角区域本地服务的产业，外来资本则根据消费市场选址的原则进行产业布局，尽量在已有市场覆盖区的盲区进行选址布局。

9.5　经济全球化与区域关联网络的关联检验

从动态的角度来看长三角区域的产业格局，则整个区域呈现集聚与扩散共存的复杂现象，各地区的经济全球化进程与上海作为全球城市的形成过程也呈现出了两个层面网络空间均处于重构过程的现象：

一方面按照弗里德曼、莎森、Taylor 等人的假说，结合本书的研究结果，长三角区域各城市中只有上海具有全球城市的特征，其余城市在跨国公司生产性服务业网络中均处于很弱的地位。其原因在于：全球化过程中跨国公司在长三角区域内控制、管理其他低价值区段生产活动的需要，跨国公司的生产性服务业呈现出相对集中的趋势。

另一方面，苏州、无锡和宁波等次一级城市参与全球产业分工呈现出明显加速的趋势，个别城市如苏州的经济全球化指数甚至超过了区域核心城市上海。但是，作为一个复杂的城市系统，区域的集聚、扩散并不是单一的过程，上海作为链接全球城市网络的门户城市其地位在区域中是毋庸置疑的，这在生产性服务业尤其是外资服务类企业的空间集聚中得到了鲜明的体现，但从区域内部的网络联系来看，城市之间的关联出现了扩散的趋势(详见附录中关于区域网络交互作用的分析)，次一级核心城市也得到了较快的发展。

这一现象的产生实际上与以上海为核心的长三角区域在全球城市网络的产业分工有关：跨国公司从利益最大化的角度出发，从土地、劳动力等成本要素考虑，将附加值较低的产业区段转移至上海以外的其他地区，使得长三角区域出现了一定程度的多核心化趋势，典型的例子是 2005 年《北京商报》的报道，在浙江省中小企业局的调研报告中，浙商驻沪的企业总部或办事处迁出上海的首要原因是商务成本偏高、租金价格居高不下，这实际上反映了核心城市规模不经济的一方面。与此同时，生产性服务业自身具有在特定地域范围内集中分布的内在要求，以最大限度地降低交易成本、获取更大的技术、信息等外部性利益。简而言之，低价值产业区段(主要是劳动密集型制造业)在区域范围内的扩散可以进一步降低拥堵成本，而高附加值产业区段(主要是参与全球分工的生产性服务业)在区域范围中的集聚主要是为了降低交易成本。

由于本次研究需要对经济全球化对区域内部联系的影响进行分析，从而在更深层次的度量经济全球化对长三角区域内部的网络关系的影响。需要指出的是，随着经济的发展，长三角内部跨地区的企业分公司/办事处的绝对数量增长很快，2004 年跨地区的这类分支机构数量达到了 6 859 家，是 1995 年的 34.64 倍，但是本书研究的重点并不是关注绝对数量的增加情况，而是相对于全球化进程中企业联系的密切程度相对于全球企业生产联系的相对变化趋势。为此，这里利用企业数据的开业年份信息作为探索性数据，以经济全球化中外资、外贸企业的相对比例作为考察因素，一方面分析历年长三角本地区域的跨地域分支机构中的外资企业比重来衡量外资企业对区域本地联系的影响程度；另一方面分析本地区域的跨地域分支机构数量与外贸业务企业数量的比值来比较本地产业联系与全球产业联系的消长。

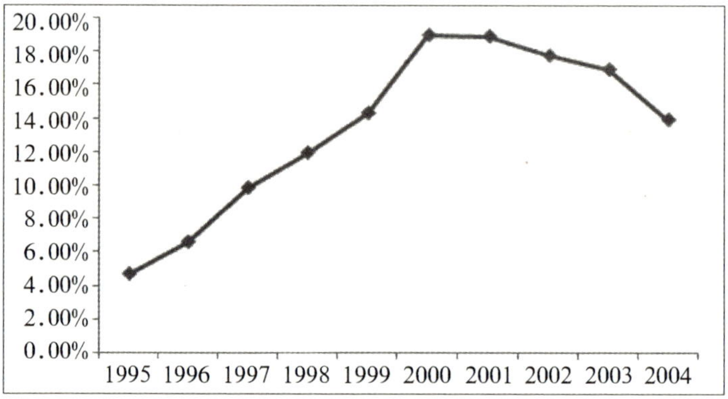

图 9-11　1995—2004 年长三角区域内部跨地区企业分支机构中外资企业的比例变化

首先从长三角内部跨地域企业分支机构的企业类型来看，1995—2004 年外资企业对地域间联系的贡献呈现出先升后降的趋势。2000 年以前，反映区域内部联系的企业分支机构数中，外资企业所占比例一直处于上升阶段，在 2000 年达到峰值(19.00%)，之后逐年下降，结合 1999 年以后长三角区域全球化指数快速增长的趋势，说明经济全球化对长三角区域内部地域间联系的影响出现了新的变化。外资企业设立分支机构的趋向相对较低；另一方面，对于长三角区域本土的企业来说，由于企业自身实力不强的原因尚不足以在全球范围内组织产业，更多地表现为依托区域主要城市设立企业分支机构，因此本土企业在分支机构

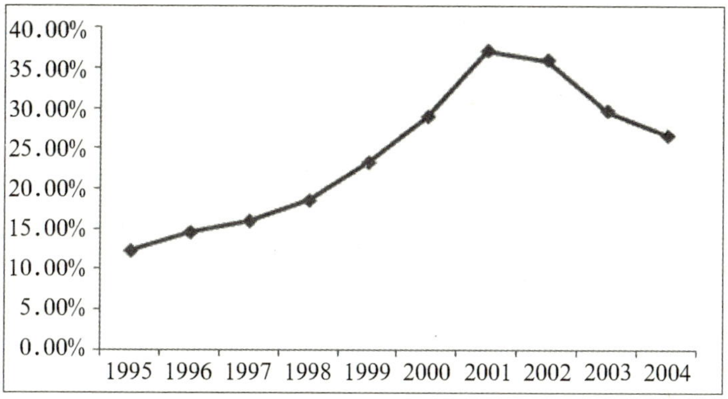

图 9-12　1995—2004 年长三角区域外贸企业数量与内部跨地区企业的比值变化

的地域间联系方面，所占比重在经济全球化加速后呈现出上升的趋势。

同样地，进一步分析原外经贸部的长三角区域外贸企业数量与企业分支机构的比例，可以发现，从 1995 年到 2004 年这 10 年间，长三角区域的内部跨地域分支机构数量一直小于外贸企业的数量，在相对值变化方面，出现了先升后降的局面，即在 2001 年以前，内部跨地域分支机构数量增长速度快于外贸机构数量的增长速度，但在 2001 年达到峰值后，区域内部跨地域企业联系的分支机构数量相对于外贸机构数量的数量呈现出逐年下降的趋势，这说明在 2001 年中国加入 WTO 后，随着经济全球化的进一步加深，区域经济的内部联系尽管仍处于增长中，但呈现出更加明显的全球垂直贸易分工趋势，区域内部跨地域的网络间横向分工相对而言要弱于参与全球的产业分工。从一个侧面来说，区域内部分支机构企业所占比例的增多在一个程度上推进了区域网络联系的多核心过程。

总体上来看，一方面，我国加入世界贸易组织以后，外资企业更多地着眼于全球产业布局，而对在长三角区域内设立地域间分支机构、在区域内进行产业交流的需求在减弱，从而对长三角内地域间联系的推动作用有所减弱；另一方面，加入世界贸易组织以后长三角区域通过对外贸易分工加速融入了全球生产网络，尽管各个城市在区域内的本地化网络联系明显增加，但是相对于更为明显的经济外向性特征，这种区域内部网络联系的增加程度弱于各地区各自参与全球产业分工网络的增加程度。当然，从这一变化的起因来看，毕竟参与全球生产网络是直接动因，而区域内的地区间网络关联之所以增加，其部分原因在于经济全球化过程中各地经济活动增加以及产业的乘数效应，产生了对区域内部联系的推动，也就是说参与全球贸易分工间接推动了区域内部的网络联系。

从经济全球化与地域间经济联系的相互关系来看，加入世界贸易组织后，随着长三角区域对外开放程度的不断加深，外来投资对地域间经济联系的直接作用正处于不断下降的趋势，而区域内各地区参与全球贸易分工网络的增长也要快于区域内部地域间联系的增长，因此可以基本判断出，随着经济全球化的不断加深，长三角区域网络关系正从区域内部的横向联系向全球范围的垂直联系发展，也就是说，从相对水平来说，地域间的横向联系逐步让位于各地区直接与全球市场的垂直联系。

9.6 本章小结

在本部分的研究分析中，首先对因果机制解释的内容和方法作了基本的界定，并用定性和定量相结合的方法进行了通则式的解释。在定性分析中，以波特的竞争力模型为框架，总结相关案例，可以说明经济全球化属于城市体系演化的外部因素，并可以初步判定：经济全球化作用于地区产业发展条件而对城市体系产生影响，具体地，经济全球化通过对地区产业竞争力的作用而对城市体系产生影响。

其次，在定量分析中，研究发现经济全球化对地区产业经济重组和地区网络空间重构的关联作用。研究中发现，全球化对地区产业价值区段、产业部类分工、地域关联网络等方面的演化均产生了一定影响，也就是说，经济全球化对地区产业经济重组和地区网络空间重构具有明显的因果作用。

第10章

跨国公司全球生产网络的价值链案例[①]

在经济全球化背景下，基于不同区位在全球价值链中的比较优势，空间成为提高经济效益、获取利润的重要因素之一。跨国公司作为整合全球范围内空间资源的行为主体，在不同区位配置相应价值区段的企业活动成为盈利的关键，这一部分的案例将要通过归纳的方法揭示：跨国公司在特定产业、特定地区进行全球价值链分工的方式，从而进一步理解经济全球化背景下长三角城市体系发生演化的原因。

需要指出的是，本书出发点主要是从价值区段的角度来看待长三角城市在全球产业分工网络中的地位，引用典型跨国公司的案例也主要是为了定性地说明各城市参与全球劳动分工的具体形式。严格意义上来说，依照产业价值链的利润分配来分析特定城市在跨国公司网络的定位，需要详尽地分析：总部如何起到控制的作用，研发中心的区位对产业价值的贡献，销售地所发生的利润在总利润中的比重，制造和原材料的全球分工合作以及利润分配是怎样进行的，但是要做到这一点需要非常详尽的一手数据，并且不可避免地会涉及相关企业的商业秘密，因此，本书仅以定性描述为主，而不再进行定量的案例企业全球网络分析。实际上，如能从空间的角度厘清这些不同环节在产业价值链的相对位置，则可以判断大致相应城市的价值区段，并为本书第二、第三部分中的关于产业价值区段的定量研究部分提供佐证。

---

① 本章节案例部分摘引自课题组成员黄毅翎、刘昆轶、连兴、邹玉、王志凌、李璨的硕士论文，并做了改写，特此声明。

10.1 引　　言

10.1.1 全球生产网络的主要特征

在经济全球化背景下，基于全球范围内不同区位的比较优势方面，空间成为提高经济效益的因素之一，但从距离和市场分割方面来说空间也是一种约束（Rodrigue，2006）。全球生产网络便是在全球化背景下出现的新的组织形式，是一种以关系契约为治理基础的组织形式。

在当前竞争激烈的国际环境中，仅仅依靠某一类型的资源并不足以使企业建立起可持续的竞争优势，而其他企业所拥有的非完全流动性的、不可替代的异质性资源又不能通过市场交易获得。在这种情况下，为了与其他企业共享或交换有价值的资源，那些拥有核心能力和关键资源（如先进的技术和管理、知名品牌及销售渠道等）的跨国公司在全球范围内寻找合作伙伴，并建立起以自己为主导的全球生产网络；那些没有或较少拥有核心能力和关键资源的企业为了提高自己的竞争力也主动或被动地融入这一生产网络中（李国学，2008）。

10.1.2 全球城市的网络控制作用

卡斯特勒、博尔哈认为，全球化网络打破了地方、国家范式的管理体系，网络使得城市直接参与全球的系统得以加强，不同地区的利益认同得以不断强化，而这是传统国际规则无法实现的。卡斯特勒还认为，城市或地区在参与国家化空间建设过程中，往往采取逻辑网络模式而不是金字塔形结构，并且网络的重叠性使得区域空间关系更为复杂。

邓肯认为，即使在全球化的世界里，经济活动在空间上也是地方化的，在生产网络的空间性中，集中和分散趋势都存在。在地域特征上，邓肯将经济全球化过程中的发达地区视为极化的区域经济体系，每个区域经济体系由一个大都市中心和周围的腹地（范围不确定）组成，其中大都市核心是专业化而又互补的经济活动的错综复杂的网络所在地，拥有大规模的、多类型的地方劳动力市场，每个地区中心也具有强大的聚集经济和报酬规模递增效应。尽管许多学者认为应从分权、多极化等视角来看待城市区域，并且有些学者还从实证的角度分析了欧洲典型的多核心城市区域特征，但毋庸置疑的是，以跨国公司生产性服务业来衡量的话，全球城市在世界范围内的分布还是具有非常明显的集聚现象。

随着全球流动性的不断增强，原有的一些以单个城市或者以单个国家为据点的大型企业纷纷被全球化所抛弃，只有那些能够突破地理空间的可达性限制并进行全球性战略布局的企业，才能满足日益国际化的重要客户的需求并获得超额利润。这类公司全球竞争战略的主要目的是以实现要素资源的全球性最优配置为目的，并形成全球价值链的纵向深度分工。在这一过程中，跨国公司不再遵循产业转移的常规，而是将国际贸易领域中传统的产业间竞争发展成为产业内竞争，将价值链中的非核心部分整体搬迁、转移到欠发达国家，以利用欠发达国家低廉的生产要素与资源成本来提高竞争优势。

10.1.3　全球生产网络对地域差异的作用

依照网络视野，全球化具有两个基本特征。第一，全球化具有选择性，全球经济并未涵盖地球上的所有经济过程，并未包含所有领域，在运作上也没有涵盖全部人口，全球化在国家、地区的人群之间具有选择性，这个选择的标准是依照网络的价值观。一方面，有价值的领域和人口区段连接上全球网络；另一方面，以网络里的价值为标准，没有价值或不再有价值的一切事物和人口便脱离了网络（汪明峰，2007）。第二，全球化具有不平衡性，构成全球化各个节点与网络联系的情况不一样，在网络中的地位不一样，全球化的价值因素分散在全球的各个地方，但并不是平均分散在全球各地，而是根据一定的当地条件作为分布的基础，这类活动的上层集中于少数几个国家的接点中心，最高层次的功能集中于某些主要都会地区，在这些地方形成了财富、信息和权力的中心，而另外的地方则处在网络的边缘地带（陶文昭，2007）。

从 Taylor（2004）的研究成果来看，如果以全球生产性服务业的节点距离来衡量的话，全球服务业的枢纽城市是趋于中心分布的，基本按照“中心—边缘”的形式排列。这一研究成果也表明，全球网络的节点分布本身就是不均匀的一种空间集聚状态，具有明显的地域差异性。

这意味着，任何一个城市只有成为全球网络的节点，才在全球化之中具有竞争力，如果不与全球网络相联系，就与全球化脱钩。当今世界上仍然有相当的地区和人群与全球网络处于断裂状态，而这种断裂是全球网络中资本逐利的内在逻辑的结果，在全球化时代，资本流动的空间得到了前所未有的扩大，基本上可以在全球范围内畅通无阻地流向它愿意流去的任何地方，然而，资本的本质是追逐利润，资本流动的规律是：资本总是流到利润较高的地方，而资本流入相对较少的地方就可能被逐渐边缘化，并与全球化断裂（陶文昭，2007）。

经济全球化通过企业网络对地域空间结构产生实际影响，不同的企业空间形式具有不同的空间效应，虚拟企业和跨国公司是两种典型的代表。企业网络通过对企业管理费用、交易费用和不对称信息状态的具体影响而产生重组地域空间结构的力量(曾菊新，2002)。在本书中，以企业网络为视角，分别分析了全球网络与区域内部网络，这种实证性的描述实质上反映了经济全球化对长三角区域空间结构的影响，并且区域经济的发展日益与全球经济重构的网络化过程紧密相连。

具体而言，全球经济重构产生了新的国际劳动分工，首先是生产性服务业向核心城市集聚，产生了所谓的“世界/全球城市”现象；其次，制造业的转移也为发展中国家提供了发展机会，一部分国家和地区凭借这个机遇迅速崛起，如长三角和珠三角的崛起，即代表了全球城市以外的一般城市也处于加速融入经济全球化的进程中；另外，与全球产业分工相对脱离的地区则成为边缘化的地区，这也是全球化对地区之间空间差异的源头之一。

10.2 跨国公司的属性特征

10.2.1 跨国公司的定义

在经济全球化过程中，对外直接投资呈现出大规模增长，而且投资的来源与目的地也更加多样化。但是，FDI 只是衡量跨国公司(简称 TNC)活动的一个方面。因为 FDI 的数据是建立在资产产权基础之上的，它不能体现企业越来越多通过各种协作投资或其他模式实现跨国经营的复杂性。

狭义上来说，雷蒙德·弗农(Reymond Vernon)领导下跨国公司项目研究小组认为，跨国公司是那些在海外 6 个以上国家拥有生产制造子公司，并且拥有子公司 25%以上股权的国际企业。

广泛意义来说，联合国经济及社会理事会知名人士小组认为，跨国公司是指“凡是在两个或更多国家拥有和控制工厂、矿山、销售机构以及其他资产的所有企业”。

邓肯对跨国公司采用了一个更为广泛的定义：跨国公司是一个能够对在一个国家以上的经营活动进行协调和控制的企业，即使它不拥有这些经营活动。

从跨国公司的实际运作来看，采用邓肯的定义更为合适，例如对于我国大多数外资企业而言，非独资的外资企业尽管外方不一定拥有企业的多数股份，但是其高知名度的品牌效应往往使得国内投资方依附于跨国公司而成为贴牌生产商。在经济全球化的背景下，跨国公司正对全球产业分工特别是价值链的分工产生了重大的影响。

邓肯在其《全球性转变》一书中认为，大多数全球经济的地理变化是由跨国公司通过它们对投资的决策，尤其是投资区位的决策而塑造的。同时，也是被各个空间分散经营活动之间的流——原材料、零部件、成品、技术和组织经验——所塑造的。通过这些不同的方式，它们可以对空间分散的生产网络中的交易进行协调和控制。

10.2.2　跨国公司的网络化生产模式

邓肯对跨国公司的全球性分布做了非常翔实的分析，他认为跨国公司的多样化不仅体现在规模、空间尺度上，还体现在它们的经营方式上。邓肯还通过跨国公司构造企业内部生产网络，并观察跨国公司四种非常重要的职能来阐述这些过程：

- 公司和地区总部机构；
- 研究与开发结构；
- 生产部门，如制造业；
- 生产网络中的其他单元，如市场、销售、分配和服务部门。

1. 公司总部与地区总部

公司总部是整个跨国公司的总体控制中心，负责所有影响和指导企业运行的主要战略投资和撤资决策，其中最重要的环节就是企业所依赖的生产性服务业活动（金融、会计、律师、广告）以及国内外主要政府部门。区域性总部机构在公司组织结构中处于一个中间层次，其影响的空间范围可以包括几个国家，其基本的责任是协调整合母公司在一个区域内的行动（Dicken，2000）。

在全球层次，大部分跨国公司总部和区域中心只集中在非常少的几个城市。这些全球城市有时被称为全球经济的地理“控制点”。另外，规模较大的城市比较容易满足跨国公司总部与地区总部对区位的要求，这意味着跨国公司总部在任何一个特定国家里趋向于布局在一个较小的范围内。例如，在英国绝大部分企业总部或跨国公司的地区性总部布局在伦敦和英格兰东南部区域（Dicken，2000）。

2. 研发机构

研发部门是跨国公司在全球范围保持竞争力和利益的重要机构。跨国公司研发活动的国际化主要体现为两大趋势。一方面，跨国公司具有把高水平研发活动留在母国的偏好；另一方面，跨国公司研发活动的空间分散程度具有逐步提高的趋势(Dicken，2000)。

邓肯认为，研发部门具有鲜明的集聚特征，不但大多集中在跨国公司的母国，而且国内的空间分布也非常不均衡，大规模的研发活动具有特殊的区位倾向。由于对高技能的科学家、工程师和技术人员的大量需求，这些机构只能布局在大城市综合体内。这些地区通常也是企业公司总部的区位所在。另外一个影响研发部门区位的因素是机构中的研究人员对“生活质量”的要求：例如人文气息浓厚、气候条件良好、具备休闲活动设施的环境。

事实上，这也是卡斯特勒、霍尔的研究结论之一，即高技术产业往往密集地分布于全球城市的近邻地带。

3. 生产单元

与公司总部和研发机构相比，跨国公司的生产单元越来越地理分散。但对于所有活动，无论在全球范围还是单个国家内部，其分散趋势和模式都比较复杂，邓肯归纳了四种：

生产的全球集中：所有生产都集中在一个地理区位(或至少在一个国家)，产品通过跨国公司市场和销售网络出口到全球市场。

东道国市场生产：生产布局在一个特定的东道国市场，在市场方面与企业的母国市场非常相似，这种生产方式实际上属于进口替代方式，这种生产因为靠近市场而能够对东道国的消费需求、品位和偏好迅速做出反应，另外避开关税壁垒也是这类生产方式的目的(Dicken，2000)。

针对全球或区域市场的产品专业化：生产布局属于一种作为服务于全球和大型区域市场(如欧盟和北美自由贸易区)的合理化产品和过程战略一部分的生产空间组织方式。巨型内部市场的存在，以及不同成员国之间要素禀赋的差异，都促进了跨国公司建立非常大的、专业化生产单元，来服务于整个区域市场而非单体国家市场(Dicken，2000)。

基于空间交通运输成本的布局：主要的区位考虑包括以下要素之间的“权衡”：与一个或者少数大型企业所形成的大规模产业区域的空间距离；企业生产的原材料或零配件的交通成本，将最终产品运往区域市场的交通成本(Dicken，2000)。

4. 其他单元

邓肯认为，生产网络中的其他单元，如市场、销售、分配和服务部门的布局形式将因企业的市场空间分布而做出相应的区位选择。在许多经济单元，地方市场的形态正在逐步变得越来越重要。

事实上，对于我国沿海地区大多数的外向型企业来说，市场前景往往是决定其发展状态的最重要因素，尤其是已经处于价值链中制造、生产部分这一区段的企业，全球市场的价格波动、需求波动直接影响到企业的盈利状况。

10.2.3　跨国公司价值链

跨国公司全球价值链分工是利用不同国家和地区在资源与市场等方面的差异，将价值链的各个环节设立在投入产出比最高的国家和地区，实现全球范围的资源与市场整合。

在经济全球化背景下，跨国公司根据各区域竞争优势，通过内部分工体系将位于不同国家的子公司和合作伙伴的经济活动进行分工和有机结合，使分布于不同国家和区域的生产过程之间建立了高度依存的关系，在全球范围内建立起一个以价值增值链为纽带的国际生产网络（陈文慧，2007）。

20 世纪 90 年代以来，技术进步对跨国公司的价值链分工产生了巨大影响，跨国公司全力抢占产业中的高技术与高附加价值的价值活动环节，而将低技术与低附加价值活动环节转移到其他国家。在全球的价值链分工体系中，以发达国家为主体，由生产环节向研发设计和品牌营销环节转移；以发展中国家为主体，在生产环节中由下游生产环节向上游生产环节转移，国际劳动分工已从产业层次深入产品层次和产品生产工序上的分工（宁越敏，2004；戴宏伟，2007）。在此期间，跨国公司在全球范围内的网络化生产布局成为新型产业分工的重要特征。跨国公司的运作发展使全球在某种程度被整合为一体，区域生产协作和国际生产分工成为世界经济的主导（朱介鸣，2002）。

与传统的国际分工比较，跨国公司价值链分工具有不同的特征："传统的国际分工是以最终产品表现出来的行业间与行业内的分工，其全部价值活动环节在一国范围内完成，而跨国公司的价值链分工，是在全球范围按照价值链上不同价值活动环节进行的国际分工，在这种分工体系下，单从原产地或出口商品中制成品的比例已经无法判断一国在国际分工中的位置与所获利益，一国关注的重点是其在跨国公司价值链分工中承担的角色与功能的重要程度以及能否通过分工角色与功能的转换来实现在价值链中的地位升级。"（转引自：http://www.ttzyw.com）。

10.2.4　跨国公司价值链对区域的影响

正是由于跨国公司在全球范围内进行不同价值区段的产业分工，使得全球范围内的处于主导地位的全球城市与被控制、处于从属地位的其他一般城市之间的网络关系超越了地理边界，而传统的地域分工理论则不再适用于外向性经济不断增强的各个城市，区域内部的网络空间结构因而产生重构现象。

但从另一个角度来看，虽然全球化的加深使得区域中各地区的经济外向性增强，但本地增加的经济活动由于规模效应或上下游联动效用，也会使本地的区域网络关系进一步增强。从长三角区域的实际情况来看，经济全球化促进了各地区经济的快速发展，并使得在长三角区域内的网络关联日趋紧密，这实际上就是由于经济全球化进程中各城市外向性经济实力增强反过来又由于产业集聚经济的外部性促进了区域内各城市之间的相互联系。

当然，我国加入世界贸易组织以后，长三角区域由于通过对外贸易分工加速融入了全球生产网络，尽管各个城市在区域内的本地化网络联系明显增加，但是相对于更为明显的经济外向性特征，这种区域内部之间的网络联系变化实际上是弱于各地区各自参与全球产业分工的外部网络联系变化。从起因来看，毕竟参与全球生产网络是直接动因，而区域内的地区间网络关联增加部分原因在于经济全球化过程中产生的外部性推动，也就是说参与全球贸易分工间接推动了区域内部的网络联系。

根据张二震(2006)的研究，长三角地区跨国公司主导型产业集聚的出现与该地区显著的区位优势密切相关。长三角地区有大量低成本和高素质的劳动力、良好的产业基础、越来越成熟的产业配套环境、对外资企业的优惠政策、高效率的政府服务及巨大的市场容量，这些优势与跨国公司的优势要素相结合，必然能够显著提高跨国公司的竞争力。正是这些因素的共同作用，吸引了跨国公司的大量涌入，使这一地区内跨国公司主导型产业产生集聚现象。

10.3 生产性服务业的跨国公司案例——上海花旗银行

10.3.1 金融业的全球产业分工特征

金融业是最基本的生产性服务业部门之一，如图 10-1 所示，按照邓肯的观点，金融业嵌在生产网络中，对生产链的各个要素都具有重要意义。所有的经济活动，不管是制造产品还是服务，都必须在生产的各个阶段筹集资金。如果没有货币系统并行以及信用的支持，经济发展就只能停留在最原始组织形式和受地

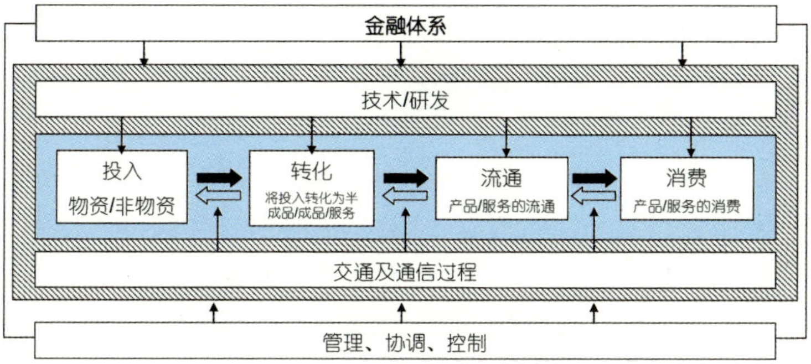

图 10-1　生产网络中金融系统

资料来源：[英] 彼得·邓肯著，刘卫东等译. 全球性转变——重塑 21 世纪的全球经济地图. 北京：商务出版社，2007 年 6 月.

理限制的阶段。当前全球交易大部分是通过金融交易得以完成，可见，围绕着资本运作的金融业是现代服务业的核心产业，是经济系统中各个环节运作的基础。

金融服务业既是流通的服务业，自身也是一种商品，它同大多数制造产品一样以同样的方式生产和销售。在金融市场继续履行传统供求功能时，在主要金融市场上广泛发展起来了另一类金融活动，即对金融工具高度投机性买卖，以及尝试使用新的金融工具。金融市场在规模、复杂性及其范围方面都有发展，其特点是支持一大批特定的公司进行大规模的交易，以及越来越多的高级金融工具的创新能力。金融业较大的附加值来源于金融机构的技术与资本密集型的金融活动：市场开拓、承销、产品开发、购并、风险管理等。从金融业产业增加值以及其中 IT 功能在价值链中的位置来说，金融服务是处于最顶层的，特别是因为衍生产品交易的发展以及为开展有效竞争所需的复杂的金融软件产品和后备系统。

随着商品贸易和投资的全球化进程，金融服务也开始呈现出全球化的趋势。世界贸易组织关于金融服务贸易的协定也大大加速了全球金融服务贸易的自由化进程。跨国银行纷纷在外国开设分支机构或兼并收购当地银行，开发和争夺当地银行业务市场，巩固和提高自己在世界市场中的地位。于是，无论在发达国家还是在发展中国家，外资银行的数目越来越多。在世界范围来看，发达国家金融业的开放程度和竞争力要远远高于发展中国家，这也使得金融业在生产和销售上高度集中在少数几个发达国家的国际金融中心。

实际上，"全球化"可以认为就是"资本全球化流动"的缩写，资本的全球化流动是全球化最重要的内容（张庭伟，2003）。代表货币和资本全球流动的金融全球化是更加本质的经济全球化。

10.3.2 金融业内部的产业价值链

金融业也具备自身的产业价值链。金融业的价值链包括决策信息、产品研发、业务经营(吸存放贷、交易、清算、结算)、品牌营销等环节。金融业价值链加上机构和活动的作用,使其不仅有物质的投入产出流,而且有企业等行为主体之间的知识与信息流,从而形成促进创新的地方金融产业集群,即金融中心。金融业务外包不可避免,如果外包企业集聚在核心企业周围,就会逐渐使金融产业集聚于某一区域,从而形成区域性金融中心和腹地。全国性甚至世界性的金融中心往往只抓住价值链中的研发、信息、品牌营销等核心环节,而其业务经营可以较为分散,分布在较远的区域。从长三角区域来看,不同城市的金融业处于整个产业价值链的不同环节,上海无疑成为处在价值区段相对高位的区域型中心(图10-2)。

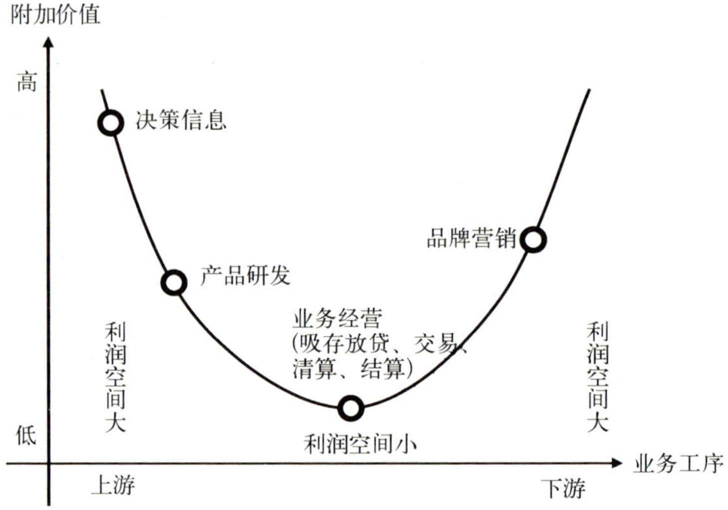

图 10-2 金融业价值链"微笑曲线"示意图

银行业价值链也可分为决策信息、产品研发、业务经营(吸存放贷、交易、清算、结算)、品牌营销等环节。决策信息、产品研发、品牌营销等环节一般集中在中心城市,因而这些城市拥有强大的银行职能,起着控制或主导其他城市银行的作用。微观层面上,主要是银行机构总部担负了决策信息、研发、品牌营销等重要职能。在银行分支机构中,高一级别的分支机构承担了部分重要职能,具有相对较大的权力,而级别较低的银行分支机构则具有业务经营(吸存放贷、交易、清算、结算)等较少的权力。

10.3.3　上海——花旗银行的全球网络节点

在全球近千家跨国银行中,花旗银行不论是发展历史、资产规模,还是在网络布局、国际声誉等方面都名列前茅。因此,本节将以花旗银行为例,通过研究其在全球网络布局情况,来分析作为花旗银行重要网络节点——上海市的银行业在全球化进程中的发展状况和趋势。

成立于 1812 年的美国花旗银行,历经近两个世纪的潜心开拓,在全球金融危机之前的 2007 年已经成为全球规模最大、声誉最响的全能金融服务机构,资产达 1 兆美元,于全球雇有 30 万名雇员,并拥有 4 000 多个分支机构,为逾一百多个国家与地区约 2 亿消费者、企业、政府及机构提供品种繁多的金融产品及服务,包括消费者银行和信贷、企业和投资银行、保险、证券经纪及资产管理服务。

10.3.4　花旗银行的组织架构体系

美国花旗银行是世界上最大的全球化和全方位发展银行,也是银行业中最早采用最具代表性的矩阵式管理的机构。近年来全球市场的动态变化,使花旗银行认识到:产品线概念和全球地域业务之间的协调和有效控制是未来银行成功的关键,因为它将确保产品在每一地区对每一客户群都是第一流的,同时也可以使股东更彻底地了解银行的全球业务。据此,花旗银行在 2002 年 6 月明确宣布采用新的矩阵式结构对银行重组。

矩阵式结构的纵横轴由产品、地域组成,轴心则是客户群(图 10－3)。这表明其组织结构的中心内容是进一步围绕客户寻求产品—地域之间的平衡。矩阵式目标是向客户提供能够反映花旗专长、规模和范围的全球化产品,同时又能更加突出花旗在各区域的经销方法特征,确保花旗在各区域市场上的特长得到充分体现和利用。

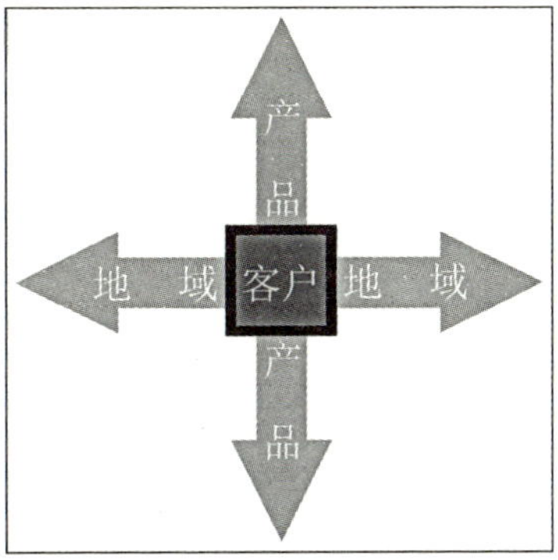

图 10－3　花旗银行的矩阵式结构模式图

客户在该组织结构中处在中心地位,而产品只是服务客户群的手段。据此,该银行将其 9 大业务线按 4 个客户群安排:全球消费者:包括个人和小企业;全球公司和投资银行业:包括公司、机构、政府和投资者;私人客户服务:包括富有个人、公司和非营利机构;全球财富管理:包括投资者机构和个人。并将以上业务进一步划分到全球的6大区域:北美、墨西哥、日本、亚洲、拉美、EMEA(欧洲、中东和非洲)。

花旗组织结构的另一个特征是在上述4大集团的基础上又设立了第5个集团:花旗国际,花旗国际本身没有业务和产品,它的业务是从地域的角度管理其4个集团9大产品线在美国以外市场上的业务,协助集团的全球化业务在各地发展,确保全球战略和各地市场特征结合。将集团的全球化产品在各地加以贯彻,作为客户和产品与地域之间的连接,实现全球定位和地方落实的一体化,体现了银行业产品开发标准化和市场开发、经销和客户服务多元化、地方化趋势。

花旗矩阵式管理的主要特征是"一仆二主"——地区分行业务和职能部门主管必须同时向当地/集团国际主管和集团相应部门/业务线主管报告并负责。花旗矩阵模式具有一般跨国公司矩阵式的优点:条块结合,确保全行业务战略、业务/产品线在各地得到贯彻;同时兼顾各区域当地市场的特征,使全行业务/产品符合各地要求。产品业务方面集中于集团标准化品牌产品的提供,而地域方面则集中于根据各市场特征从事多元化分销。同时花旗在管理中还根据具体内容在地方和总行之间有所倾斜。例如,花旗在业务方面更多向总行倾斜——给予总行业务和产品线更多决策权,在地方和总行发生冲突时,由总行决策;而在法规、客户市场等方面则适当向地方倾斜,在发生冲突时,由地方做主。但在大的问题上,则坚持地方服从总行的原则——总体战略始终是最高规则(陆晓明,2005)。

花旗的全球化组织结构的另一个特征是业务(地区)总部分散化。正是凭借其"总行—地区总部—城市分行"的扁平化组织结构,花旗银行实现了精简或完全取消传统金字塔组织结构中的许多中间管理层次(图10-4),形成一个一级管理、多级经营的扁平式体系。

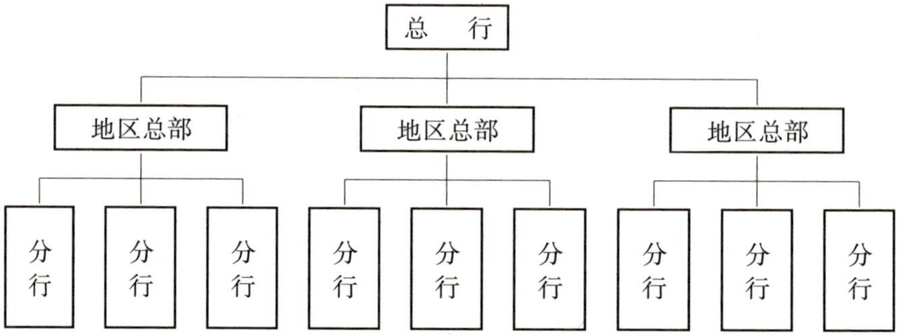

图10-4　花旗银行扁平化管理模式(外部组织)

10.3.5　花旗银行的全球空间网络体系

在 2008 年全球金融危机之前，花旗集团（Citigroup）是全球资产规模最大、利润最多、全球连锁性最高、业务门类最齐全的金融集团，主体由花旗公司与旅行者集团于 1998 年合并而成。以红色雨伞为标志的花旗集团旗下的主要品牌包括：花旗银行、旅行家集团、所罗门美邦、CitiFinancial 及 Primerica 金融服务公司。2005 年花旗集团年报显示，截至 2005 年 12 月 31 日，集团一级资本已达 778 亿美元、总资产 14 940 亿美元、净利润 245.9 亿美元，在全球主要的 100 多个国家建立了庞大的分支体系，客户超过 2 亿，美国境内和境外分别拥有员工 148 000 和 159 000 名，是唯一在国外有大量零售业务的美国金融集团（图 10－5、图 10－6）。

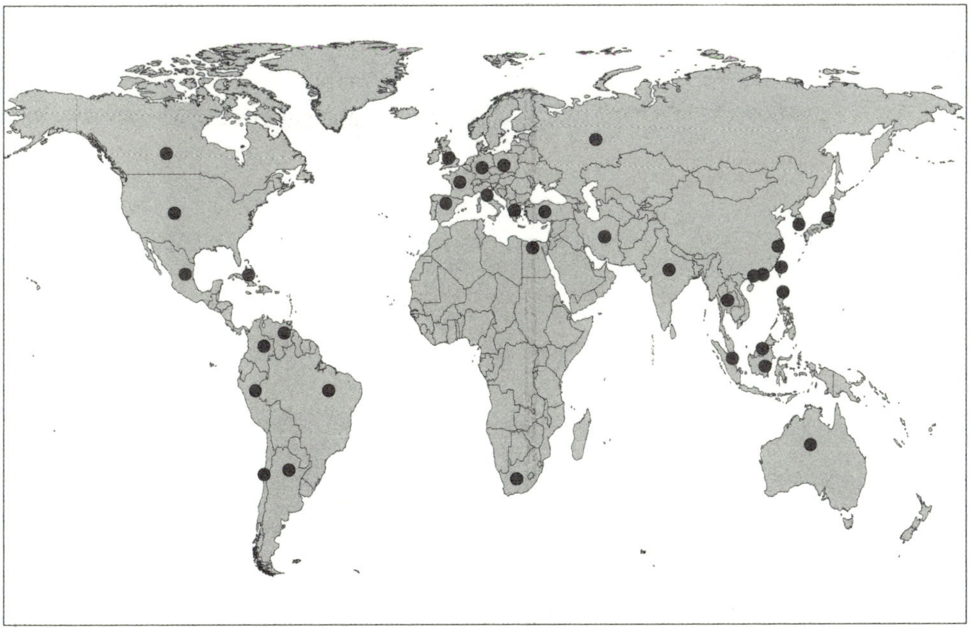

图 10－5　花旗集团机构全球分布

资料来源：根据花旗集团网站资料整理。

花旗集团业务的近一半在国外，大多数地区的零售业务都不少于 50%，这与其他主要跨国银行形成鲜明对比。美国是国内零售金融创新的最重要发源地，花旗将其母国市场发展起来的技术、经验等竞争优势以较低的边际成本通过全球网络输出到海外，以赢得更多的获利机会。在全球客户业务中，东道国的市

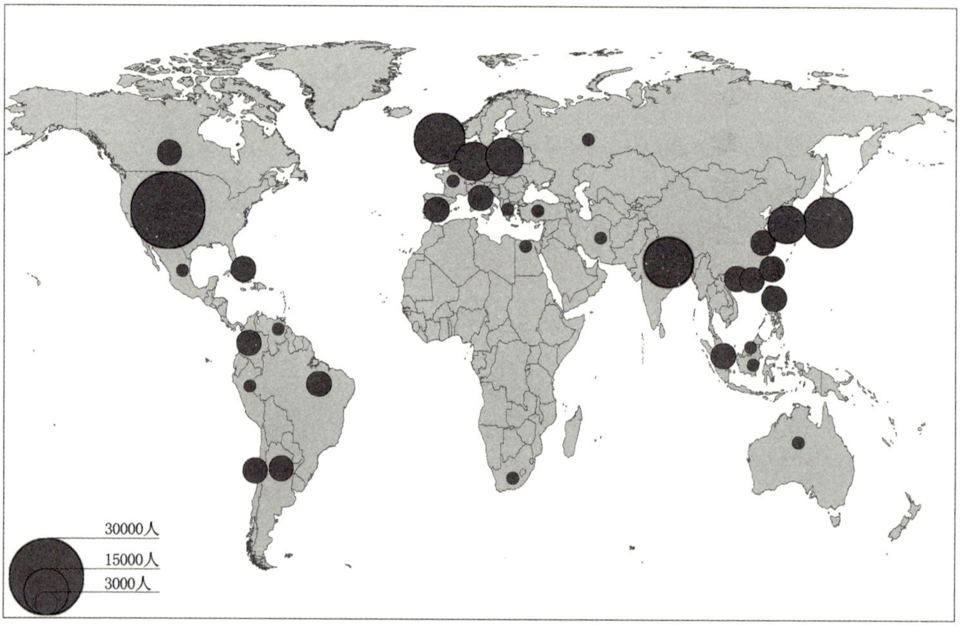

图 10－6　花旗集团员工全球分布示意图

资料来源：根据花旗集团网站资料整理。

场潜力是最重要的因素。不断增长的经济、较大的人口基数、不断扩大的中产阶级都是花旗确立重点市场的依据。

10.3.6　花旗银行在中国的战略发展和网络节点——上海

花旗银行是在中国开办业务的第一家美国银行。1902 年 5 月 15 日，花旗银行的前身之一“国际银行公司”(International Banking Corporation)在上海开设分行，这也是花旗银行在亚洲的第一家机构。如今，花旗集团已成为中国领先的外资银行，为客户提供最广泛的金融产品。

包括中国在内的大多数亚洲国家都对金融市场进行限制，或者对进入市场后的实际经营活动进行限制，但花旗在这一地区一直进行业务扩张，其主营策略之一是市场抢先战略，即一旦有机会就会抢在其他竞争者之前首先进入该市场，并迅速进行业务扩张。即使所在国家出现了经济衰退甚至经济危机，也决不轻易撤出，而是从危机中努力寻找商机。花旗银行的市场开发战略还针对不同国家的不同发展阶段而有所区别，其提供服务的完备程度与当地市场发达程度、经济发展水平成正比。正是由于其在亚洲市场上战略实施的成功，花旗的亚洲业务发展最为迅猛，2004 年赢利达到 26.39 亿美元，比 2003 年大幅增长了 50%。

花旗银行在中国采取全面经营战略，紧跟中国金融开放的步伐，只要中国政府履行入世承诺，开放地域限制、服务对象限制或是开放经营业务限制，花旗几乎都是在第一时间有所动作。近年来花旗在中国创造了多项第一：1993 年花旗成为首家在上海设立中国区总部的外资银行，也是首家获得在上海、深圳经营人民币业务执照的美资银行；1998 年底，花旗银行成为第一家与上海银行卡网络服务中心签约的外资银行，正式加入上海 ATM 网络。2000 年花旗银行资产排名跃升为国内外资银行第一名，人民币存款和贷款占外资银行人民币存贷总额的 1/5。同期，花旗在中国设立了保险代表处，这被看作是花旗金融超市战略全面布局中国的一个开端。2002 年，花旗成为首家外资银行在后 WTO 时代进入零售银行业务；同年，花旗又抢在汇丰等外资银行前，首先获得了开展中国居民和国内企业的全面外汇业务许可。花旗也是上海证券市场 B 股美元清算唯一外资银行以及中国外汇交易中心美元清算主要银行（王晓嘉，2005）。

目前花旗集团已在中国北京、上海、广州、深圳、天津和成都等 6 个城市设有 6 家企业与投资银行分行和 14 家个人零售银行网点，在厦门设有办事处。花旗集团还在积极拓展在华业务，其在银行、保险、投行——花旗的一站式金融服务都有了各个分支的支撑。虽然目前中国分业环境还不允许这个金融巨头充分施展，但越来越清晰的集团业务框架逐渐显现（王晓嘉，2005）。从花旗银行在中国大陆地区的分支机构设立情况来看，上海成为其在大陆地区银行事务的重要门户，这一地位与上海作为长三角区域对外连接全球城市网络、对内辐射区域腹地的功能完全一致。

10.4　技术密集型制造业的跨国公司案例——苏州三星电子

10.4.1　电子、半导体产业的全球产业分工特征

邓肯将电子和半导体工业称作第一个被贴上“全球化工厂”标签的产业，因为它较早地应用了离岸装配。正是在半导体工业中，一种全球范围内的生产空间等级第一次凸显出来，生产过程的不同阶段存在着明显的地理分层。最初，生

产线组装部分转移到了一些发展中国家。一般地说，高层次的设计、研发组织和生产中更为复杂的阶段，似乎更倾向于在母公司所在国家或者拥有必需的劳动力技能和设施更齐备的发达国家，但最近30年来这种空间组织模式正在发生改变。

根据邓肯的研究，在全球半导体工业激烈竞争的环境中，削减生产成本是一个极其重要的问题。这一产业的资本密集程度越来越高，同时生产链上部分环节也保持了相当程度的劳动力密度，缩减生产成本不仅反映在性质上和技术变化上的快速发展，也反映在不同空间领域上的生产地理转移。

电子和半导体产业生产的组装阶段可以很容易地在全球任何一个劳动力成本低的地方重建。总的来说，电子产品制造是资本高度集中、研究密集型的产业，但是，在生产序列中，存在一些显著的断点。正是这些被生产者利用的断点，创造了一个复杂的全球生产地理分布网络。这种生产过程特殊组合的结果是，在高级技工和熟练工人以及低技术生产工人之间形成了一个明显的分界线。

10.4.2 全球化对苏州电子产业集群的影响

苏州电子产业集群是在政府主导下，以昆山经济开发区、苏州新区、吴江经济开发区、苏州工业园四大开发区为载体，围绕跨国公司，大量IT制造企业共生共长而形成产业集群(邢华，2004)。

苏州政府通过广泛引资，着力引进龙头企业(集群发展初期是三星、飞利浦等世界一流企业在苏州建立了分公司)，通过这些龙头企业在业界的知名度和影响力，引发了苏州当地原有的或新的上下游配套企业投资本地，从而逐步扩大产业规模，增强集聚效应，形成了苏州电子产业集群。苏州的电子产业集群属于外资企业“群体迁入型”的产业集群，这类集群有着较强的内部联系，不过与本地的技术和经济联系很弱。外资电子企业群体自成系统，形成了庞大的电子产业集群，并由此产生较高的区域知名度，但是与苏州本地的产业联系十分有限，本地企业很难进入外资企业的生产网络，或者仅仅位于产业链的低端环节，获得的外溢知识量较少。

苏州的电子产业集群已经纳入了全球IT价值网络中，但是处于整个价值链的低端，以加工和装配为主，苏州电子产业集群有必要进一步提高集群内分工配套协作能力，优化产业链，提升在价值链中的位置，同时加强区域合作，完善产业服务体系，发展科技中介组织，建立技术检测等服务机构和信息平台，还要努力营造创新环境，构筑创新体系，建立自己的研发中心等硬件条件。

10.4.3　三星电子的全球投资网络

苏州外资电子企业产品涵盖了从敷铜板等基础材料生产，到彩色显像管、主板等零部件加工，再到计算机的整机制造在内几乎所有的电子行业的产品，形成了电脑整机、电脑零配件、电脑外设、集成电路四大完整的产品群。

从 1999 年至今，先后有 100 多家世界 500 强在苏州投资，其中韩国三星集团陆续开办了 5 个项目(其中三星电子投资了 4 个项目)，因此这里选取三星电子作为投资苏州的 500 强企业的典型案例，分析其在全球投资的网络体系，验证苏州所在全球价值链中的地位。

10.4.4　三星电子发展战略

作为三星集团核心企业的三星电子公司已经有近 30 年的历史，是一家集半导体、信息通信、计算机及家电的综合性电子企业，也是韩国三大家用电器商和世界七大电子公司之一。三星电子 2007 年在“世界 500 强”排名中列第 46 位。根据邓肯的资料，三星公司在 20 世纪 70 年代中期进入半导体市场之前，没有任何一家韩国电子公司涉足半导体工业。最初，韩国完全依靠美国和日本提供的半导体技术，集中生产低端的、已经被美国和日本淘汰的半导体类型。20 世纪 70 年代中期，刚进入的三星公司和当时整个半导体行业标准之间的技术鸿沟差距近 30 年，而到今天，这一差距早已消失。

三星公司的成功，要归功于集团制订并实施了一套基于微笑曲线规律的“双游攻略”。在取得中游部分产品生产制造的足够经验后，三星电子逐步沿着曲线向两端升级，紧紧抓住上游的研发与下游的营销两大环节，最终实现了对日美电子企业的超越。

1970 年代，三星公司还是一个为日本家电巨人打工、制造 57 英寸黑白电视机的三流公司。20 世纪 80 年代末至 90 年代初，三星公司在李秉哲及其子李健熙的领导下，以日本索尼公司为赶超对象，拟订了沿微笑曲线向左延伸的上游攻略。他们利用日本 1990 年代初“金融泡沫”“房地产泡沫”“高科技泡沫”的几次危机，不惜重金网罗日本失业下岗的科技人员，执行了一套行之有效的收编与收购战略，逐步掌握了日本公司的核心技术。其基本经验是：加大研发投入，保持核心技术始终领先；不惜代价引进顶尖技术人才，加大培养力度，完善各种配套激励制度；以市场需求带动应用技术的研发；强化工业设计力量，以人性化的产品设计打动顾客；研发活动全球化。

三星还在群供求范围内实施以体育营销为特征的战略。1999 年，以任命美国人埃里克·金(Eric Kim)为全球市场运营部副总裁为标志，重点是以广告宣传、体育营销为主的"整体品牌经营"策略。为了树立三星产品是全球一流高档品牌的形象，公司领导团队瞄准了体育营销的全球制高点——国际奥委会的全球赞助商计划，即 TOP 计划(The Olympic Plan，其准确的含义为"全球赞助商计划")，三星公司参与 TOP 计划，使其有机会与西方百年大公司如柯达、可口可乐等同台表演，从而使三星跻身于世界一流品牌之列。

三星还提出了"比竞争对手提前半年上市"的营销原则。三星认为，电子产品犹如生鱼片一样，要趁着还新鲜的时候赶快卖出去，否则等到它变成干鱼片，再想卖出去就会很困难了。这在三星内部被称为"生鱼片"理论。因而，三星总是以比业界平均水平快 1 至 2 倍的速度来推出新品，以便保持对竞争对手的压力。究其原因，三星的市场营销人员从技术开发的起始阶段直到最后，一直参与整个过程，这无疑加快了产品的商品化过程。

图 10-7　三星集团全球总部分布图

10.4.5　三星电子全球研发网络

三星电子将全球分为 8 大片区(表 10－1),除了在韩国首尔设立的全球性总部之外,其他八大片区各设立了一个总部,并在中国设立区域性总部。

表 10－1　三星电子公司总部全球布点

全球总部	首尔	
区域总部	北美洲	Ridgefield Park,新泽西
	南美洲	圣保罗
	欧　洲	Chertsey, Surrey
	东南亚	新加坡
	中　国	北　京
	独联体	莫斯科
	中东和非洲	迪　拜
	南　亚	新德里

资料来源:三星电子公司 2006 年年报,http://www.samsung.com/cn。

跨国公司的全球战略的目标最终指向的是全球的市场和全球的资源,这意味着公司的经营活动的空间拓展以追逐全球范围内的市场为目标之一,因此市场是公司进行布点的重要依据。对于三星来说,中国庞大的市场无疑是全球战略中最诱人的一块蛋糕,为在中国市场占有一席之位,三星更强调"以市场需求带动应用技术的研发"的战略。

从三星的全球研发基地来看(图 10－8),三星的研发网络集中在亚洲和北美。10 个研发基地中,亚洲地区占有 6 个,其中有 3 个设在中国。中国的 3 个研发基地分别是:针对中国市场移动通信标准化和商业化的北京三星通信技术研究有限公司,针对中国市场开发软件、数字电视以及 MP3 播放器的南京三星电子(中国)研发中心,以及唯一面向全球进行半导体封装技术研究的西安三星半导体(中国)研究开发有限公司。在三家研发机构,两家是针对中国市场的技术改良,可见三星在中国市场已经走出了本地化发展的第一步。

从三星的全球研发网络(表 10－2)来看,三星的研发基地可以分为三个层面:首先是最核心的技术以及战略性部件的开发,主要是集中在三星信息系统美国有限公司、美国达拉斯电信实验室以及日本横滨这三大基地进行,第二个层

图 10－8　三星集团全球研发网络分布图

面是针对组件或者软件以及配套系统的开发，分布在韩国本部、印度、莫斯科、以色列以及中国西安的试验基地，第三个层面的研发基地就是针对本地市场的改良性技术研发，就是指在中国南京和北京的试验基地。

表 10－2　三星研发中心的研发领域分布

中心名称	研发领域
三星信息系统美国有限公司（SISA，Samsung Information Systems America，Inc.）	战略性零部件及组件，核心技术
达拉斯电信实验室（DTL，Dallas Telecom Laboratory）	下一代无线通信系统技术和产品
三星电子研究院（SERI，Samsung Electronics Research Institute）	手机以及数字电视软件
莫斯科三星研究中心（SRC，Moscow Samsung Research Center）	光纤、软件算法以及其他新技术
三星电子印度软件中心（SISO，Samsung Electronics India Software Operations）	数字产品系统软件，用于有线/无线网络以及手持机的协议
三星通信以色列研究中心（STRI，Samsung Telecom Research Israel）	用于手机的 Hebrew 软件

续　表

中心名称	研发领域
北京三星通信技术研究有限公司(BST)	中国市场移动通信标准化和商业化
西安三星半导体(中国)研究开发有限公司(SSCR)	半导体封装与解决方案
南京三星电子(中国)研发中心(SCRC)	为中国市场开发软件，数字电视以及 MP3 播放器
三星横滨研究院(Samsung Yokohama Research Institute)	下一代核心部件及组件，数字技术

资料来源：三星电子公司 2006 年年报，http://www.samsung.com/cn。

10.4.6　三星电子全球生产网络

从图 10-9 可以看出，三星电子在全球共有 36 个生产厂家，集中分布在亚洲东部，其中中国的三星电子产品生产厂家达到了 14 个，占三星生产网络的 38.89%。可以说中国已经是三星电子重要的生产基地。

图 10-9　三星全球生产网络的空间分布图

而从中国国内三星厂家的分布情况来看(表 10-4)，天津有 4 个厂家，主要生产数码多媒体产品，而苏州也有 4 个厂家，涉及的领域包括数码多媒体、家电、半导体和LCD等领域。

表10-3　三星在全球的生产基地分布

大　洲	国　家	生产基地数量	比　重
亚　洲	韩　国	8	22.22%
	中　国	14	38.89%
	印　度	2	5.56%
	印度尼西亚	3	8.33%
	菲律宾	1	2.78%
	泰　国	1	2.78%
	越　南	1	2.78%
欧　洲	匈牙利	1	2.78%
	斯洛伐克	1	2.78%
南/北美洲	巴　西	1	2.78%
	墨西哥	2	5.56%
	美　国	1	2.78%

资料来源：三星电子公司2006年年报，http：//www.samsung.com/cn。

表10-4　三星中国生产厂家一览表

主要产品	企　业
数码多媒体	天津通广三星电子有限公司
	天津三星电子显示器有限公司
	天津三星电子有限公司
	山东三星通信设备有限公司
	惠州三星电子有限公司
	苏州三星电子电脑有限公司
信息通信	天津三星通信技术有限公司
	上海贝尔三星移动通信有限公司
	三星(海南)光通信技术有限公司
	杭州三星东信网络技术有限公司
	深圳三星科健移动通信技术有限公司

续　表

主要产品	企　业
家　电	苏州三星电子有限公司
半导体	三星(苏州)半导体有限公司
LCD	苏州三星电子液晶显示器有限公司

资料来源：三星电子公司 2006 年年报，http://www.samsung.com/cn。

因此，从三星的全球生产网络来看，中国是三星电子全球主要的生产基地，其中苏州是三星电子在中国投资最集中的地区，也是以生产装配电子产品为主。三星在苏州地区的投资，还是主要集中在价值链中的生产和装配环节，处于三星电子全球价值链的低端。

10.4.7　三星电子全球销售网络

由图 10-10 可知，截至 2005 年，三星在全球共有 61 个销售和服务网点，遍布各大洲。其中，亚太地区和欧洲的销售和服务网点最多，分别为 17 个和 14 个，占全球销售和服务网点总数的一半以上。其中，中国有 7 个销售网点分别在北京、上海、沈阳、成都、广州、香港、台湾。

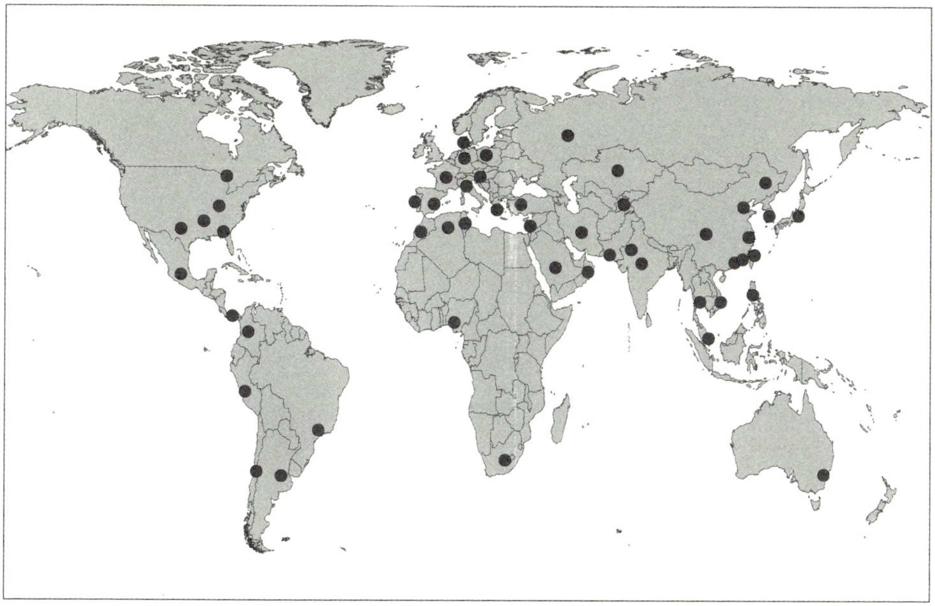

图 10-10　三星全球销售网络的空间分布图

从全球销售网络来看，三星主要抢占的是亚洲以及欧洲市场，其次是美国以及南美市场。三星在增加销售网点的同时，将研发与销售结合起来，三星的市场营销人员从技术开发的起始阶段直到最后，一直参与整个过程，这无疑加快了产品的商品化过程，为三星电子抢占市场赢得了时间。

从上述三星集团全球垂直专业化分工的空间布局可知，位于价值链最高端的研发环节——即掌握最核心技术的研发中心，在空间上的分布非常清晰，即集中在美国和日本。此外，同样处于价值链高端的销售和服务环节主要位于欧洲和亚洲，总比重达到 50.82%，其中中国大陆的比重仅为 9.84%，而处于价值链低端的生产和制造环节则主要分布于亚洲，占全球生产基地总数的比重达到 83.3%，其中中国的比重为 38.89%，在中国的 14 个生产基地中仅苏州地区就有 4 个生产厂家。因此，苏州的电子产业集群仍然处于全球价值链的最低端，从三星电子的全球垂直专业化分工的空间布局中也可以得到验证，即苏州地区的三星电子仅仅从事生产和制造环节，处于三星电子全球价值链的底层。

10.5　资本密集型制造业的跨国公司案例——杭州达能集团

10.5.1　饮料行业的全球产业分工特征

根据李艳秋 2004 年的《中国软饮料行业市场报告》，饮料产业主要有以下特点：

首先，软饮料行业的进入门槛较低。目前，我国对外资企业的进入允许采取独资企业的形式，地区性的进入壁垒也较低，经过 10 多年的运作，饮料行业已经成为高度市场化的行业，碳酸饮料方面可向“国际两乐”学习，茶饮料可向台资企业“统一”“康师傅”借鉴。

其次，在产业布局方面，软饮料行业的产业布局主要是由销地市场决定。一些布局合理的企业越发显出在生产和销售，特别是市场掌控上的优势。如可口可乐有 24 个工厂，百事可乐有 14 个工厂，娃哈哈有 14 个工厂。布局合理的合资企业也已经成为产业布局的主要趋势，如可口可乐采取的是两次合资在不同销售区域内设厂，娃哈哈也是采取与达能合资在各地收购工厂的方式迅速建立了自己的区域生产基地。

10.5.2　达能集团的全球行业地位

达能集团的总部设立于法国巴黎，全球拥有近 9 万员工，是世界著名的食品和饮料集团之一。达能集团历史悠久，实力强大，2006 年位于世界 500 强第 412 位。业务遍及全世界 120 多个国家。鲜乳制品、饼干和饮料作为达能的 3 大主要产品，在全球市场销量排名均名列前茅。

达能集团创建于 1966 年，从 20 世纪 90 年代起开始走出欧洲，实施积极的业务国际化战略，在短短 40 年的时间成为世界食品行业的巨人，并拥有多个国际品牌，例如：DANONE（达能）、LU 和 EVIAN（依云）等（转引自：http://danonechina.51job.com，2007）。达能集团在纽约和巴黎证券交易市场上市。

2006 年达能年营业收入超过 140 亿欧元，位列全球食品饮料行业第 5 位。聚焦酸奶、矿泉水、饼干三大业务，10 年间，达能在西欧以外的业务比重从 1996 年的 8%增长到 2006 年的 41%。其中最快的增长来自包括中国、印度尼西亚、俄罗斯、墨西哥和美国等国家。到 2005 年，达能的业务构成发生了根本性的变化，业务集中在酸奶、饮料和饼干等三个主营业务内，其中 56%是酸奶，饮料将近 28%，饼干差不多是 16%。达能的乳制品业务和瓶装水业务是全球第一，饼干业务位列全球第二（Danone，2006）。

10.5.3　达能集团全球价值链

达能全球扩张的战略主要是采用并购的方式，在世界各地的市场上广泛并购当地优秀品牌——往往是当地行业的第一，实行包容性的本土化和多品牌战略，达能集团把自己定位为一家全球化公司，与每个地区的本土品牌密切合作，和其他跨国企业竞争。达能集团也并购位于第二位或者第三位的企业，其目的是这个第二和第三位能够成为争取第一位的平台。

达能集团自 20 世纪 80 年代末进入中国市场，在中国投资设厂，广泛开展其生产和业务。至 2006 年，达能先后与数十个饮料、乳业行业的中国企业合作。2006 年，达能集团在中国拥有超过 2.7 万员工，全球达能产品销售的 40 个国家中，中国的销售额排名第三，并在持续强劲发展。2004 年到 2006 年，达能在中国的销售额增长了 30%。2006 年，达能在中国的净销售额超过了 14 亿欧元，占集团全球总销售额的 10%以上（转引自：http：//www.qdpt.com.cn，2007）。目前，达能集团在中国的业务主要有酸奶、饼干及饮料等，在中国拥有近 70 家工厂（包括达能饼干、乐百氏、娃哈哈、益力等），分别位于上海、广州、深圳、江门等地，从事相关产品的生产。其产品除内销外，还出口到世界各国。随着中国加入 WTO 和近年来中国业务市场的迅速发展，达能于 2006 年 4 月将亚太地区总部迁至上海，藉此契机进一步加大对中国市场的投资。

在中国，并购仍是达能实现其全球战略布局、进而寻求产业整合的最佳手段。达能先后同中国目前最大的食品饮料生产企业娃哈哈、2000 年中国市场饮用水销售第一的乐百氏、2006 年中国乳品行业销售全国第二、果汁行业第一名汇源果汁等企业合资(转引自：http：//food. bbspace. cn，2007)。

达能集团在杭州的投资主要在饮料行业与娃哈哈集团成立合资公司。1996 年，公司以部分固定资产作投入与法国达能、香港百富勤合资成立五家合资公司，引进外资 4 500 余万美元，随后又追加投资 2 620 万美元，先后从德国、美国、意大利等引进大量具有 20 世纪 90 年代世界先进水平的生产流水线，投资建设了 39 家合资公司，娃哈哈步入高速发展的快车道。

表 10－5　达能集团在中国的发展

1987 年	成立广州达能酸奶公司
1994 年	与光明先后合资建立上海酸奶及保鲜乳项目，达能占 45.2%的股份
1996 年	收购武汉东西湖啤酒 54.2%的股权 与娃哈哈成立 5 家合资公司，获得 41%的股权，亚洲金融风暴后，拿到 51%股权 收购深圳益力食品公司 54.2%股权
2000 年	达能收购乐百氏 92%的股权
2001 年	达能亚洲有限公司参股光明，比例为 5%
2004 年	收购梅林正广和饮用水有限公司 50%股份
2006 年	增持光明股权达 20.01%，成为该公司第三大股东
2006 年	达能以持股 22.18%的比例成为中国汇源集团的第二大股东
2006 年	达能与蒙牛组建合资公司，达能持股 49%，致力于酸奶等产品的生产、研发与销售
2007 年	转让达能亚洲持有的所有光明的股份

杭州娃哈哈集团目前为中国最大的食品饮料生产企业，全球第 5 大饮料生产企业。在全国 26 个省市建有 100 余家合资控股、参股公司，总资产达 121 亿元。公司主要从事食品饮料的开发、生产和销售，主要生产含乳饮料、瓶装水、碳酸饮料、茶饮料等八大类的产品，其中瓶装水、含乳饮料、八宝粥罐头多年来产销量一直位居全国第一。2006 年，娃哈哈公司实现营业收入 187 亿元，娃哈哈在资产规模、产量、销售收入、利润、利税等指标上已连续 9 年位居中国饮料行业首位(转引自：http：//www. wahaha. com. cn，2007)。

饮料行业的价值链分布基本上符合微笑曲线理论。食品饮料制造业，由于产品单位价值量低，成品长途运输不经济，因此进出口量小，主要在消费市场当地生产。对于食品行业来说，最重要的是获取因产品的研发营销而带来的尽可能多的价值。因此食品饮料行业的跨国企业非常在意维持品牌的价值并通过保护知识产权来阻止仿冒，它们的强势市场地位来自全球品牌和对区域市场开发的品牌的总和(深圳商报，2004)。

图 10－11　达能集团分行业研发人员和研发中心全球布局

资料来源：根据达能集团网站资料整理。

从达能集团的全球研发人员和研发中心分布可以看出，虽然中国有 130 名研发人员，仅次于法国巴黎的研发中心，但中国却不是达能集团全球四个研发中心基地之一。达能集团从 1996 年开始向西欧以外的市场扩张。亚太地区和东欧的销售额占总额的比重上升最快。

达能集团近年来对于欧洲以外市场，特别是中国市场的扩张，把众多国内品牌以及他们旗下的产品纳入自己的全球价值链网络中。从 2005 年开始，中国成为达能继法国、西班牙及加那利群岛之后的第 3 大销售市场(决策与信息，2007)。通过达能全球的研发机构布局可以看出，并没有把其核心技术带到中国，反而通过对中国本地品牌的并购，以及通过合资获得了当地饮料行业已有的成熟的营销网络，使得中国的饮料行业迅速成为达能集团价值链中的一环，并且抢占了中国饮料行业中价值链高端的品牌服务和营销，并逐步垄断中国市场(奉灵芝，2007)。

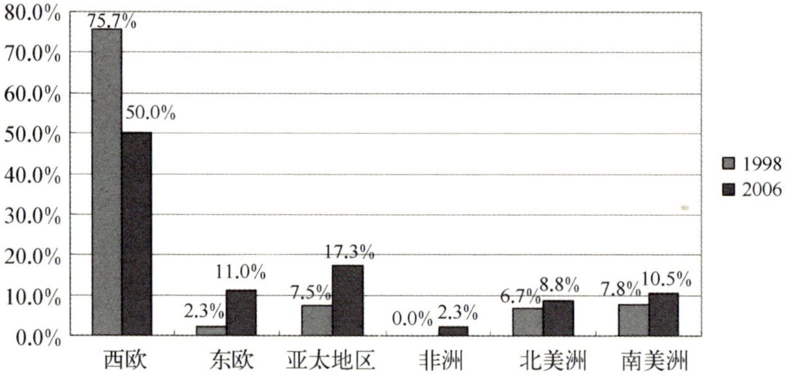

图 10-12 达能集团 1998 年和 2006 年分地区销售额占总额的百分比

资料来源：根据达能集团年报整理。

综上可见，达能集团通过投资杭州娃哈哈集团，建立合资公司，并以此在饮料行业价值链高端的品牌价值和销售网络中树立了自己的地位，从而把杭州娃哈哈集团纳入其全球价值链体系中，使得达能集团获得高额利润，而杭州的娃哈哈集团更多地处于生产环节，沦为价值链的低端。

10.6 资本密集型制造业的跨国公司案例——南京 BASF 集团

10.6.1 石化行业的全球产业分工特征

根据汪发元、张昌斌(2007)等人的研究，石油石化产业的业务是由上游的油气开采部分、中游的油气炼化部分、下游的油气销售部分和处于辅助支持部分的服务系统所组成。各部分既相互支持又形成统一的价值链，每个部分的活动既相对独立，又分别与每项具体的主体活动有着密切的联系。在纵向一体化中，每个环节均可以利用集团公司统一的资源，创造各环节的价值。

王育宝、吕璞(2005)等人经过研究后认为，石油石化企业的生产经营呈现出鲜明的纵向一体化特征，如原埃克森石油公司(未与美孚合并以前)就下设勘探、上游开发、化工、研究与工程以及煤炭和矿业等分支机构；与美孚合并后，埃克森美孚石油公司依然按照专业设置全球性分公司。在上游业务领域，它设立了勘探、开发、生产、天然气销售和上游研究 5 个分公司，在下游则设置了炼油与供应、燃料销售、润滑油与特殊油品、研究与工程 4 个分公司，此外还设置了化工、电力、矿物等分公司。意大利埃尼公司的经营范围也包括石油上游、下游、化工及石油工程技术服务等业务。

因此，从石化行业的行业内垂直分工中可以明显地看到产业价值链的存在，按照克鲁格曼的理论，这种价值链的全球范围内组织生产、研发、销售的格局使得这一行业体现出明显的价值链切割特征。

10.6.2　BASF 集团简介

BASF 是全球最大的化工公司，其总部位于德国路德维希港，在 39 个国家设有 350 多个分厂和公司。2006 年 BASF 以 660.07 亿美元的营业额和 40.34 亿美元的利润额位于 2007 年《财富》杂志评选的全球 500 强中的第 81 位。BASF 别具特色的联合体战略①是公司的优势所在。它使巴斯夫实现了低成本优势，从而保证了极大竞争优势。公司的主营业务包括：化学品、塑料及纤维，石油及天然气，植保剂和医药等保健及营养品，染料及整理剂。2006 年，巴斯夫在全球有 95 000 多名员工，销售额为 526 亿欧元。巴斯夫的股票在法兰克福(BAS)、伦敦(BFA)、纽约(BF)、巴黎(BA)和苏黎世(BAS)证券交易所上市。

10.6.3　BASF 集团全球价值链体系

从 BASF 全球战略布局形式上可以判断，其产业全球的分布体系较为明确，除全球总部位于德国路德维希港外，欧洲是 BASF 的全球价值链核心区，包括各类研发营销及策划总部，同时基本形成以欧洲、亚洲及大洋洲、北美及加勒比海、南美洲、非洲五大板块为平台构筑相对完整的产业链，形成自原油采集直至产品销售的独立网络体系。在各板块内部，又会在重点的国家或地区形成自身的一种或多种产品的产业链或价值链体系，如大中国区(Greater China)已逐渐成为 BASF 全球战略的重点。

(a) 全球总部职能

BASF 全球总部职能位于德国路德维希港，此外路德维希港的部分总部职能还在全球其他城市设有分部，如负责集团远景战略制定的 BASF Future Business GmbH 还分别在中国香港和美国的新泽西州设有分部；负责集团信息

---

① 即德语中的“Verbund”，是指将染料的研究与生产一体化地进行。每个生产设施都与其他的装置相连，以便于把一台装置的产品和剩余的材料供给下一台装置作为原材料使用。时至今日，最初位于德国路德维希港的生产基地已经成为世界上最大规模的综合性化工设施，总共 350 台装置之间至少有一种产品或工艺流程是相互连接的。这种一体化装置所形成的网络不但具有经济意义，更具有环保效益。

技术支持的 BASF IT Service GmbH 则分别在欧洲的 9 个国家设有 29 个分部，其中德国有 9 个分部。负责集团投资决策的 BASF Venture Capital GmbH 分别在中国香港和美国的 Fremont 设有分部。

(b) 全球研发职能

BASF 研发方面在全球拥有密集的研发网络，全球研发中心位于德国的路德维希港，包括特殊化学品研究中心、聚合体研究中心、化学药品研究和工程中心，以及植物工艺研究中心，此外在美国还有三处研发中心，分别为塑胶开发中心、涂料研究中心和植物保护研究中心。

(c) 全球生产职能

在生产方面根据 BASF 的联合体战略，其在全球重点的城市先后建立了六大联合体及八大制造基地作为"全球工厂"，六大联合体按建造时间顺序分别位于德国的路德维希港、比利时的安特卫普、美国的 Freeport 和 Geismar、马来西亚的 Kuantan 和中国南京；八大制造基地分别位于德国的 Schwarzheide、西班牙的 Tarragona、美国的 Port Arthur、墨西哥的 Altamira、巴西的 Guaratinguetá、中国上海、日本的 Yokkaichi 和韩国的蔚山。

图 10－13　BASF 全球价值链网络布点

10.6.4　BASF 集团亚太区价值链体系

BASF 逐步将其战略重点向亚洲及大洋洲转移，到 2004 年其在亚洲及大洋洲地区的代表处数目已达到 372 个。在 15 个国家有着约 100 处工厂，雇员超过 12 800 人。BASF 亚太地区级机构主要承担总部、服务和研发等价值链高端职能，并未设立地区级制造中心。

香港是 BASF 东亚地区的总部，而新加坡则作为其东南亚地区的总部；BASF 亚太区服务中心位于马来西亚的首都吉隆坡。BASF 亚洲技术中心位于中国上海，下属 8 个专业实验室，负责组织和管理亚洲区的主要研发业务。

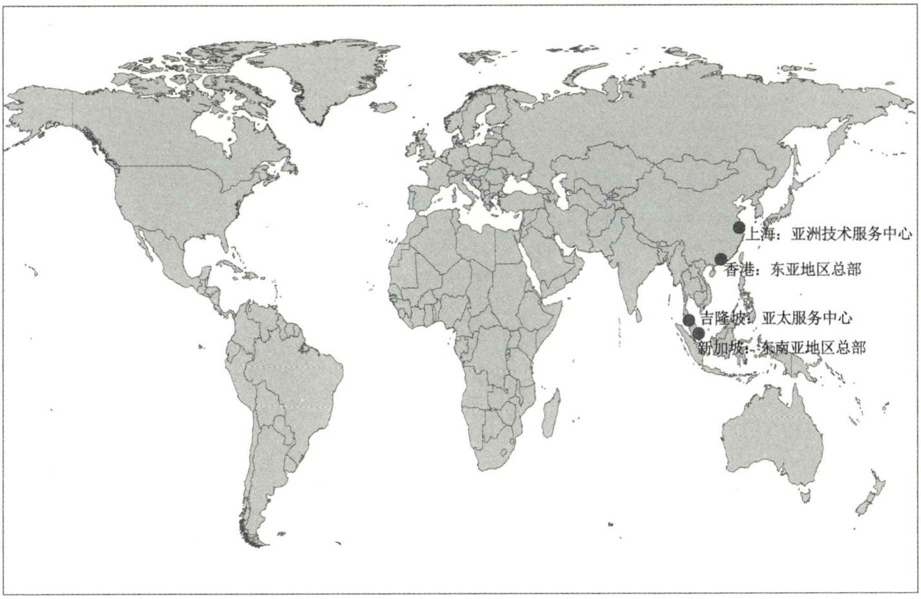

图 10－14　BASF 亚太区价值链网络布点

10.6.5　BASF 集团大中国区价值链体系

BASF 在大中国区层级设置的机构主要包括三级：地区总部、地区分部（即办事处）和制造基地，BASF 在大中国区共设有 7 个公司或办事处，其中香港公司作为大中国区的总部，此外在南京、北京、上海、广州、青岛和台北都设有分公司。BASF 在国内生产机构的分布情况及建成时间见表 10－6。

表 10－6　BASF 大中国区生产机构分布情况

年　份	企　业	地　区
1988 年	上海高桥 BASF 有限公司	上　海
1994 年	BASF 辅助化学制品有限公司	

续　表

年　份	企　业	地　区
1995 年	BASF 上海涂料有限公司	上　海
2002 年	BASF 化学品有限公司	
2003 年	上海 BASF 聚亚安酯	
	上海联恒异氰酸盐有限公司	
1994 年	扬子巴斯夫有限公司	南　京
2000 年	扬-巴一体化有限公司	
1998 年	BASF 聚亚安酯中国有限公司	广　州
1988 年	BASF 聚亚安酯台湾有限公司	台湾新竹
1995 年	BASF 吉化新戊基有限公司	吉　林
1995 年	BASF 维他命有限公司	沈　阳

资料来源：BASF 中文官网：BASF. cn。

由上述 BASF 集团的全球垂直专业化分工的空间布局可知，BASF 的全球总部位于德国，亚太区总部分别位于香港和新加坡，大中国区总部位于香港。同样处于价值链最高端的研发环节——即掌握最核心技术的全球研发中心位于德国本土和美国，亚太地区的研发中心则位于长三角的核心城市上海，亚太地区的服务中心位于马来西亚首都吉隆坡。BASF 在中国大陆的机构主要为地区代理处和制造基地，南京在 BASF 全球垂直分工中主要承担三种职能：全球制造中心、地区代理处和地区生产基地。因此，从 BASF 的全球垂直专业化分工的空间布局中，可以得到验证，BASF 南京的投资项目，仅仅从事生产和制造环节，处于 BASF 全球价值链的底层。

10.7　劳动密集型制造业的跨国公司案例——绍兴、南通的伊藤忠

10.7.1　纺织、服装行业的全球产业分工特征

根据邓肯的研究资料，纺织与服装业是最早实现全球化的制造业，更是在所有行业中、无论在发达国家还是在发展中国家，在地理上最分散的行业。尽管新

技术的应用、企业合理化和新兴厂商的竞争使这两个行业发生了变革，但它们一直是发达国家的重要就业来源。另外与其他许多行业相比，纺织业的资本要求相对较低。原材料供应虽然有利于纺织业的发展，但即使在缺乏原材料的区域，也会出现纺织与服装业高度发展的情况。

纺织与服装业是庞大生产链的一部分。在该生产链中，每个环节都有独特的技术和组织特点，以及特殊的地理格局。纺织业本身包含两个主要的制造过程：纺纱和织布。这两个过程可以在规模不等的工厂中完成，小到家庭作坊，大到跨国公司的大型工厂。然而，纺织制造业的普遍发展趋势是资本密集程度越来越高，大型企业的地位越来越重要。

目前纺织品与服装生产的地理转移趋势呈现了一个明显的模式：发达国家的生产持续相对下降(在某些地区绝对下降)，生产转移到一些发展中国家/地区，东亚地区最为突出，其次还有墨西哥、加勒比海地区、东欧和地中海沿岸某些地区。

邓肯进一步分析认为，在纺织与服装生产中，劳动力成本是最重要的生产要素。纺织与服装业是现代经济中劳动力最密集的行业，而劳动力成本是生产成本中最具地理差异性的要素。与发达国家相比，即使考虑到生产力水平差异，发展中国家具有巨大劳动力成本优势，尤其是服装生产。劳动成本较低的生产商的主要优势在于，依靠低价大量销售标准化服装，而不是注重式样的时尚服装。这两者的主要差别之一是产品周转率，时尚服装的产品周转率很高，反映了特定顾客群的喜好。劳动力特征和工作条件是女性员工的比例比较高，80%的服装工人和超过 50%的纺织工人都是女性，其中大部分都是无熟练技能，或是有半熟练技能但缺乏可转换技能的工人。

10.7.2　伊藤忠商事株式会社的全球战略

伊藤忠商事株式会社(Itochu)成立于 1858 年。总部位于日本东京，共有 150 家分公司，其中日本国内 17 家，占 11.33%，海外 133 家，占 88.67%。公司共有员工 4 122 人(包括在海外工作的当地员工)。目前公司在东京、名古屋、大阪、福冈、新加坡五地上市。

伊藤忠历经一个半世纪的发展，现已成为一个集纺织、机械、信息、通信相关业务、金属、石油等能源相关业务、生活材料用品、化工品、粮食、食品等各种商品的进出口及国外贸易，以及保险代理业务、金融业务、建设业务、房地产买卖、仓库业务以及此相关联的各种附带业务和事业进行多方位投资的企业。在 2005 年“世界 500 强”的排名中位列第 348 位。

10.7.3 伊藤忠商事株式会社的全球价值链

类似地，通过伊藤忠商事株式会社的全球垂直分工体系的空间分布特征，来解析南通、绍兴纺织和服装制造业在伊藤忠商事株式会社的服装业务价值链中所处的价值区段。在全球的纺织公司及业务情况如下（南通、绍兴为合资公司）：

1. 伊藤忠服装业务的全球研发中心

伊藤忠服装业务的全球唯一的研发中心位于日本。主要从事时装产业的设计和信息咨询业务（图 10－15、表 10－7）。

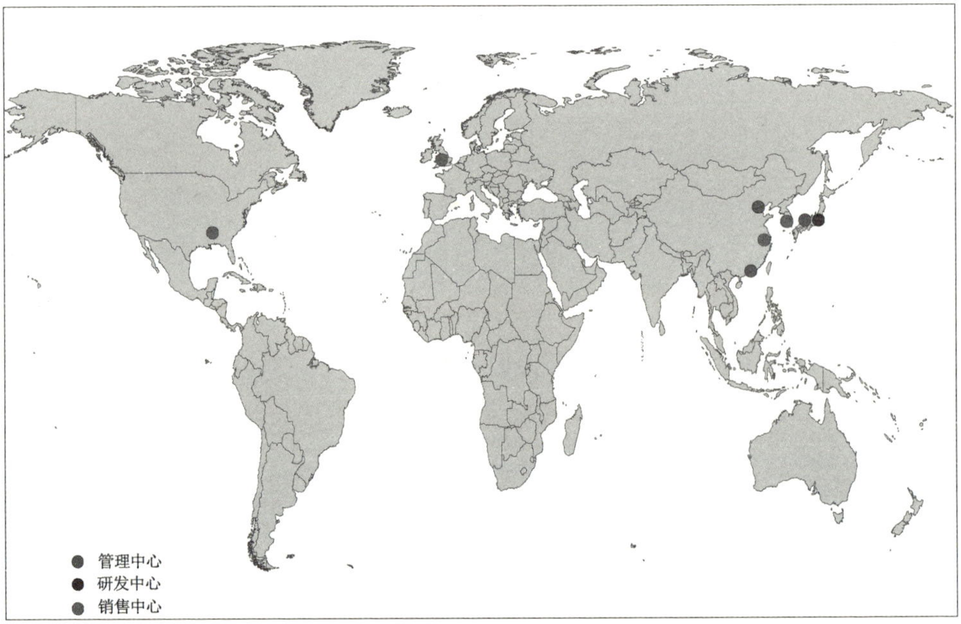

图 10－15 伊藤忠服装管理中心和研发中心的空间分布

资料来源：ITOCHU Corporation Annual Report 2007。

表 10－7 伊藤忠纺织业务在日本本国主要公司的情况

公司名称	所在地	主要业务
ITOCHU Fashion System Co.，Ltd.	日　本	设计咨询公司
TOMMY HILFIGER JAPAN，CORPORATION	日　本	销售（品牌专卖）
ORIZZONTI CO.，LTD.	日　本	销售（品牌专卖）
Richard-Ginori Japan Corporation	日　本	销售（品牌专卖）

续　表

公　司　名　称	所在地	主 要 业 务
BALLY JAPAN LTD.	日　本	销售(品牌专卖)
Hunting World Japan Co.，Ltd.	日　本	销售(品牌专卖)
CI Shopping Service Co.，Ltd.	日　本	销售
CI GARMENT SERVICE CO.，LTD.	日　本	销售
JOI'X CORPORATION	日　本	销售
CORONET CORPORATION	日　本	制造、进口和批发纺织品
SAKASE ADTECH CO.，LTD.	日　本	制造和批发纺织品
Roy-ne Co.，Ltd.	日　本	制造和批发纺织品
UNICO Corporation	日　本	制造和批发纺织品
RAIKA CO.，LTD.	日　本	制造和批发纺织品
ITOCHU Home Fashion Corporation	日　本	制造和批发纺织品
Liond'or Co.，Ltd.	日　本	制造和批发纺织品
ITOCHU Modepal Co.，Ltd.	日　本	制造和批发纺织品
CI Fabric Ltd.	日　本	制造和批发纺织品
Ayaha Corporation	日　本	头饰制造

资料来源：ITOCHU Corperation Annual Report 2007。

2. 伊藤忠服装业务的全球管理中心

由于伊藤忠纺织业务的生产基地主要位于亚洲，其中，中国又是其生产基地最为集中的国家，因此其两个生产管理和控制中心均在亚洲，分别位于中国的北京和香港(图 10－15、表 10－7、表 10－8)。

3. 伊藤忠服装业务的销售网络

由表 10－7 可知，伊藤忠纺织业务的生产管理和控制中心以及本土的一些制造基地也会从事纺织品的批发和零售业务。需要指出的是，全球纯粹的销售公司共有 12 个(表 10－8、图 10－15)。其中，有 8 个全球销售的网点分布在日本，其比重达到 66.67%，此外韩国、英国、美国和中国各拥有 1 个全球销售网点。

表 10-8 伊藤忠商事株式会社在海外的主要分支机构

公 司 名 称	国家/地区	主 要 业 务
ITOCHU WOOL LTD.	澳大利亚	购买和批发原料
UNIMAX SAIGON CO., LTD.	越 南	服装制造
Thai Shikibo Co., Ltd.	泰 国	制造棉纱
BULGARI KOREA LTD.	韩 国	销售(品牌专卖)
Prominent (Europe) Ltd.	英 国	纺织品的进出口和销售
PROMINENT USA LLC.	美 国	纺织品的进出口和销售
Qingdao Tri-Gents Clothing Co., Ltd.	青 岛	服装制造
ITOCHU TEXTILE (CHINA) CO., LTD.	北 京	生产管理以及批发
BEIJING ITOCHU-HUATANG COMPREHENSIVE PROCESSING CO., LTD.	北 京	纺织品的进出口和本国销售
ITOCHU Textile Materials (Asia) Ltd.	香 港	批发纺织原料
HANGZHOU FUJITOMI SILK GARMENTS CO., LTD.	杭 州	制造、出口和批发纺织产品
Prominent Apparel Ltd.	香 港	生产管理以及批发纺织和服饰产品
Tianjin Huada Garment Co., Ltd.	天 津	服装制造
南通船富时装有限公司	南 通	生产高档针织服装
南通儿玉时装有限公司	南 通	生产时装
南通佐藤时装有限公司	南 通	生产针织时装
嵊州雅戈尔色织科技有限公司	绍 兴	生产领带

资料来源：根据 ITOCHU Corporation Annual Report 2007，王志乐《2005 跨国公司在中国报告》整理。

4. 伊藤忠的全球制造与原材料基地

伊藤忠纺织业务的原材料主要来源于澳大利亚和泰国。其中，澳大利亚主要提供羊毛和其他动物毛发等纺织原料，而泰国主要提供棉纱。虽然，伊藤忠在日本也有不少纺织品的制造企业，但这些企业并不能算成纯粹的制造基地，而中国青岛、天津、绍兴、南通、越南则是真正意义上的生产制造基地(图 10-17)。

图 10－16　伊藤忠服装业务销售网络的空间分布(图中数字代表所在国的销售公司数量)

资料来源：ITOCHU Corporation Annual Report 2007。

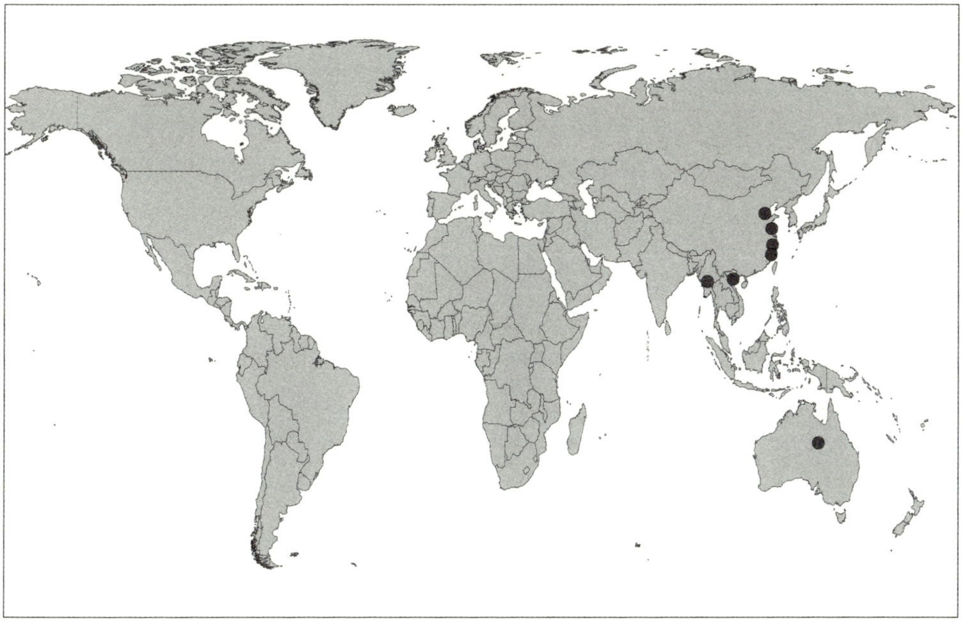

图 10－17　伊藤忠生产和原材料基地的空间分布(中国包含了在绍兴、南通合资的企业)

资料来源：ITOCHU Corporation Annual Report 2007。

表 10－9　伊藤忠全球销售网络的国家分布情况

国　家	日　本	韩　国	英　国	美　国	中　国	合　计
数量(个)	8	1	1	1	1	12
比重	66.67%	8.33%	8.33%	8.33%	8.33%	100%

表 10－10　伊藤忠全球制造和原材料基地的国家分布情况

国　家	中　国	越　南	泰　国	澳大利亚	合　计
数量(个)	2	1	1	1	5
比重	40%	20%	20%	20%	100%

注：此表中中国的数字不包含另外两个在绍兴、南通合资的企业。
资料来源：ITOCHU Corporation Annual Report 2007。

10.7.4　伊藤忠大中国区价值链体系

伊藤忠纺织公司早在 20 世纪 90 年代初就进入中国，在其跨国发展战略中具有重要地位，发展至今，已形成地区总部、生产和销售等完善的产业链。其中地区总部位于上海，下辖 8 个销售部门和 4 个子公司(青岛、大连、宁波、广州)，负责在华企业的管理和销售工作。主要生产基地 4 个，分别位于上海、宁波、天津、大连。

2006 年，伊藤忠纺织公司与雅戈尔集团股份有限公司合资创建绍兴嵊州雅戈尔色织科技有限公司，从事领带等服装产品的生产及销售。嵊州原来就具有强大的服装产业集群，是中国领带之城，具有完善的原料供应体系及销售渠道，这是吸引伊藤忠纺织公司落户的主要原因，嵊州基地在其全球生产环节中，由于只是以生产制造为主要功能，因此处于其全球价值链的低端。

结合上述伊藤忠纺织业务的全球垂直专业化分工的空间布局可知，位于价值链最高端的设计研发业务在空间上非常集中，位于日本。而生产管理业务在空间上也较为集中，且靠近其主要的生产基地。此外，同样处于价值链高端的销售业务也主要位于日本，其销售网点的数量占全球的比重达到 66.67%，而中国销售网点的数量比重仅为 8.33%。但处于价值链低端的制造和原材料供应业务则主要分布于日本以外的亚洲地区，其占全球制造和原材料供应基地总数的比重达到 80%，其中中国的比重为 40%，分别位于南通、绍兴、天津和青岛，且均为制造基地。因此，中国在伊藤忠的全球垂直专业化分工的空间布局中，主要从事生产和制造环节，处于伊藤忠全球价值链的底层。

第五部分

结　论

第11章 结　论

11.1 引　　言

我国的城市化进程正在越来越紧密地与全球经济网络相关联，本论文正是在这样一个国际国内新的背景下展开的研究，旨在探索经济全球化进程中城市产业结构重组与其在区域城市体系中的职能演化之间的关系。

研究的核心内容在于：提出命题假设、描述作为背景的现象条件、分析现象背景中空间实体的演化，并利用相关理论对命题作出检验以解析现象条件作用于实体空间的机制，具体则包括：一是对经济全球化和城市体系演化的基本关系提出研究命题，二是对经济全球化这一现象进行了翔实的描述，三是对城市体系在经济全球化这一现象作用下的演化做了基本分析，四是对经济全球化与城市体系演化的相互关系进行解析。

11.2 经济全球化进程

长三角区域经济全球化的进程主要包括三方面，即以资本、产品、人员和信息为表征的全球流通性迅速发展，上海作为跨国公司生产性服务业的全球门户城市，整个区域制造业通过外资和外贸积极参与全球产业分工，其具体的时空演化格局为：

首先，以资本、产品、人员和信息的全球流通为表征，长江三角洲区域的经济全球化进程在1996—2005年期间经历了停滞徘徊、快速上升和收敛发展三个阶段。与此同时，经济全球化进程的空间格局也发生了显著变化，既呈现出空间扩散的趋势，又显示出与港口类区域性交通基础设施的空间关联性。

其次，从全球城市网络的分析结果来看，上海作为长三角区域的核心城市，已经成为全球经济网络中的重要“节点”，发挥着向外连接全球网络和向内辐射区域腹地的“两个扇面”作用。无论是面向全球还是辐射腹地的关联网络都显示出明确的层级特征。生产性服务业的跨国公司以上海作为“门户城市”，为长三角区域作为世界级制造业基地提供必需的生产性服务，并在一些区域主要城市设置次级分支机构，提供更为直接的地方服务。

再次，长三角区域作为发展中地区，其制造业在全球产业分工中具有突出的地位，虽然传统劳动密集型制造业仍然占有相当突出的地位，但是参与全球流动的外向型产品已经由初级产品转向了技术、资本等要素含量较高的制成品，对外贸易的产业部类也从劳动密集型制造业逐渐转向技术密集型制造业。

11.3 城市体系演化

经济全球化促进了长三角区域网络关系极化与扩散并存的复杂现象。在经济快速发展的进程中，随着生产活动的片段化、碎化现象，企业的生产正趋于以价值区段为导向的分工模式，产业的分工合作呈现出明显的行业内分工模式。另外，长三角区域的地区分工联系越来越深地融入以产业价值链为模式的全球分工网络。具体包括：

首先，在全球产业分工中，长三角区域的产业仍然处于全球价值链中低附加值的制造业区段；但另一方面，从外资进入的产业部类结构、外贸产品的构成来看，长三角区域在经济全球化过程中，产业部类出现了由低附加值区段产业（农业、劳动密集型制造业）趋向高附加值区段产业（技术密集型、资本密集型制造业、生产性服务业）的趋势，更重要的是，长三角区域的城市体系正在转变成为以价值区段为特征的空间经济结构。

其次，经济全球化使得城市职能为表征的产业部类日益嵌入全球产业分工。在生产性服务业功能方面，上海具有非常明显的核心地位，并成为全球网络的重要节点；而在制造业方面，随着全球化的深入，区域出现了高技术产业集聚的特征，制造业的同构性明显。这也意味着，在经济全球化的作用下，世界不再只是国家的组合，更是城市相互联系构成的体系：上海担负着部分协调控制整个体系的功能，被称为全球城市，一定程度上南京、杭州也开始具有这种职能；苏州等

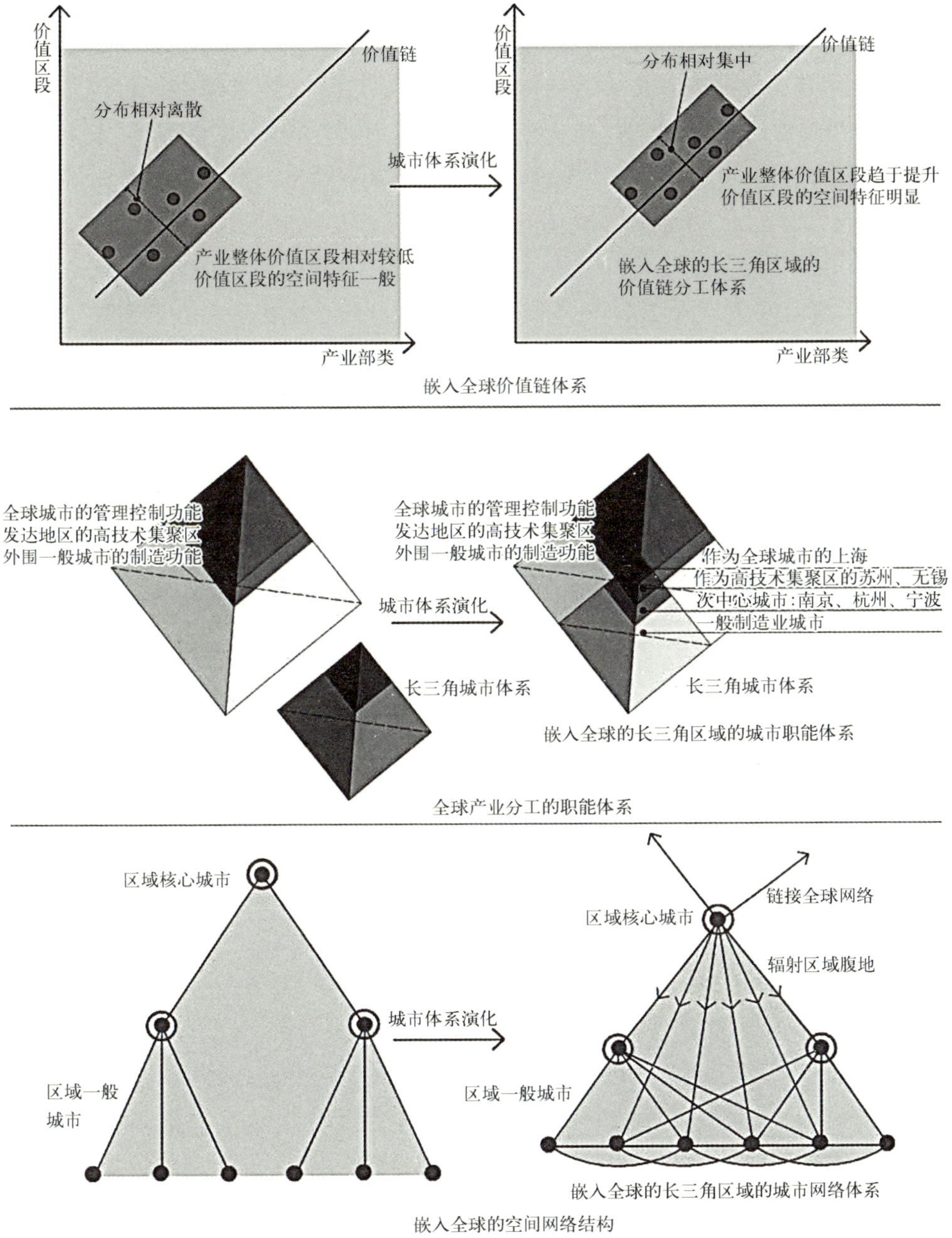

图 11－1　经济全球化进程中长三角区域城市体系的演化模式

成为明显的高技术集聚区域，而长三角区域其余的大部分城市是从事生产装配的工业城市，在世界城市体系中地位相对较低。

上海作为长三角区域的“门户城市”，发挥向外连接全球网络和向内辐射区域腹地的“两个扇面”作用；长三角区域内部的城市之间关联网络具有层级和地域的双重属性，企业是城市之间关联网络的“作用者”。在此基础上，城市网络使得区域空间结构的类型发生了变化，即在经济全球化加速进程中，长三角区域各城市之间的相互联系程度更为紧密。

需要强调的是，长三角区域嵌入全球产业体系具有其鲜明的自身特色：上海作为区域内的全球性城市，连同其他主要核心城市，在区域内的价值分工体系中处于顶端；而一些产业附加值相对较低、交通条件相对不便的城市和地区则处于价值链低端。这样，长三角区域作为整体嵌入全球产业网络体系。回顾相关理论，可以大致判断：长三角区域的产业价值分工也具有国际劳动空间分异的特征：一部分地区快速崛起成为控制性、支配性的全球城市区域，一部分地区则因价值区段相对较低而处于被支配的从属地位（尽管全球化也给这部分城市带来了经济的快速增长）。

11.4 因果作用机制

在因果作用机制方面，研究采用定性和定量相结合并补充案例的方法进行解释。

首先，在定性分析中，研究通过以波特的竞争力模型为框架，总结相关案例，可以说明经济全球化属于城市体系演化的外部因素，并可以初步判定：经济全球化作用于地区产业发展条件而对城市体系产生影响，具体地，经济全球化通过对地区产业竞争力的作用而对城市体系产生影响。

其次，在定量分析中，研究发现经济全球化对地区产业经济重组和地区网络空间重构的关联作用。研究中发现，全球化对产业部类价值区段、城市产业分工、城市关联网络的演化均产生了一定影响，也就是说，经济全球化对城市体系演化具有明显的因果作用机制。

另外，通过案例剖析，分析跨国公司在全球网络中的产业组织形式，并结合在长三角特定城市选址的价值分工情况，进一步确证了长三角区域空间经济结构正在转变成为以“价值链”为特征的空间经济结构。

11.5 研究的不足之处

本书最大的不足之处来自数据资料的制约。课题研究的数据资料来源主要是各个城市历年的统计年鉴，由于每个城市资料的完备程度不同，或是其中某项指标地域间划分标准的差异，再是不同年份某项指标统计标准变迁，都使研究中必须有所舍弃，以保证数据时间上的连续性和地域上的统一性。这样的数据处理在某种程度上也影响其中一些结论的全面性和准确性。主要包括以下几方面：

(1) 在全球化分析中，对长三角区域的全球化进程进行时间序列的分析，考虑到时间序列分析对数据的连贯性要求较高，所以只选择了15个地区对外贸易、外商直接投资、互联网用户数和接待境外游客数这四个方面的数据作为全球化测度指标体系的四个构成要素。虽然这四个方面的数据能在一定程度上反映城市的经济全球化水平，但仍显得不够全面。同样的原因，在产业分析中，由于受数据统计口径的制约，因此在确定生产性服务业部类的行业构成时进行了必要的筛选，剔除了一些原本属于生产性服务业但无法得到数据的细分行业，最终只选取了金融业、房地产业和科学研究、技术服务和地质勘查业、商务信息咨询业等行业作为生产性服务业的研究对象，虽然这些行业均是生产性服务业的核心行业，但在研究数据的完整性方面上仍略显不足。

(2) 政府职能在城市的全球化进程中也扮演了重要的角色，对城市对外经济活动的强度、城市产业结构的重组和城市在区域中的职能定位等方面都具有一定的影响，但由于基础资料和时间精力的限制，本书未对这些问题展开讨论，后续研究中这些方面的影响机制和影响程度需要进行更细致的研究。

(3) 本书仅从经济全球化对城市产业、部类以及行业的演化趋势和作用机制等方面进行了分析，但对经济全球化进程中跨国公司的钻石模型案例研究仍然不够深入，没有将跨国公司的企业战略与地区的产业集群因素很好地结合起来，所选公司产业链中不同价值区段在全球的地理空间分布，还需要进一步收集资料、论证其如此分布的原因，因此在机制解析部分还没有回答地域网络关联与全球网络关联的相互关系问题。

(4) 限于研究的阶段性目标与任务，研究虽然重点是对全球化作用下产业价值区段的空间分离进行分析，但是论文正文中仅以地级市以上的地区为分析单元，未能细化到县市区层面。当然，研究已经关注到了这一点，并在附录中列出了部分县区层面的研究成果。

11.6 有待深化的问题

本书虽然告一段落，但仍有以下问题需要在未来进行更深入的研究，第一是从理论方面对城市与区域的集聚、扩散机制的探讨，来对长三角区域再做深化研究，第二是从实践方面对空间资源配置的绩效性的探讨。

本书的研究在理论构建方面仍然存在不足，研究中基于描述型的实证研究相对较多，而对一些前沿性的学科理论仍然没有作深入的分析，例如在经济全球化的背景下，区域中城市之间的网络互动日趋频繁，传统的核心腹地型的中心地理论已经面临着挑战，本书在这方面的网络关系分析仍然存在不足，并因此制约了对长三角区域空间逻辑关系的深入研究。附录中虽然对中心地模式、网络化模式进行了趋势演变分析，但是仍然缺乏足够的证据说明经济空间模式的演化，这一领域也是未来探索性研究的重要方向之一。

从实践的角度来看，资源的绩效配置一直是城市、区域研究的关注点之一，但是在不同的空间层面应有相应的策略。事实上，长三角区域中各个地区内部的空间重构有其自身的特点，而不能仅仅从 15 个地区的层面来考察。随着经济全球化的进程，中心城区与郊区之间、地区与地区之间区域联动，使得产业结构转型在不同的空间尺度呈现出不同的特征。因此，宜结合政府在城市竞争中的角色，采用更细致的空间单元、细致的产业类别进行产业空间重组的分析，以期对区域不同空间层面的资源绩效配置进行实证研究并提出相应策略，也是有待进一步开展的研究方向。

参考文献

英文文献

[1] Ahrens H. Introduction to multivariate analysis[M]. London and New York: Chapman & Hall, 1980.

[2] Alderson A S, Beckfield J. Power and position in the world city system[J]. American Journal of sociology, 2004, 109(4): 811 - 851.

[3] Allen J. Powerful city networks: More than connections, less than domination and control[J]. Urban Studies, 2010, 47(13): 2895 - 2911.

[4] Alleyne-Dettmers P T. Black kings: Aesthetic representation in carnival in Trinidad and London[J]. Black Music Research Journal, 2002, 22(2): 241 - 258.

[5] Amin A, Thrift N. Globalization, institutions, and regional development in Europe [M]. Oxford university press, 1995.

[6] Appadurai A. Modernity at large: Cultural dimensions of globalization[M]. New Delhi: Oxford University Press, 1997.

[7] Audet D. Globalization in the clothing industry[J]. Globalization of Industry: Overview and Sector Reports, 1996.

[8] Audet D. Market Access in the automobile Sector[J]. Organisation for Economic Cooperation and Development. The OECD Observer, 1997 (209): 25.

[9] Aumayr C M. European region types in EU-25[J]. The European Journal of Comparative economics, 2007, 4(2): 109.

[10] Badie B. La fin des territoires: essai sur le d? aesordre international et sur l'utilit?ae sociale du respect[M]. Paris: Fayard, 1995.

[11] Balassa B. Trade liberalisation and "revealed" comparative advantage[J]. The Manchester School, 1965, 33(2): 99 - 123.

[12] Baldwin R E, Martin P. Two waves of globalisation: superficial similarities, fundamental differences[R]. National Bureau of Economic Research, 1999.

[13] Barrell R, Pain N. Domestic institutions, agglomerations and foreign direct investment in Europe[J]. European Economic Review, 1999, 43(4): 925 - 934.

[14] Barry F, G?rg H, Strobl E. Foreign direct investment and wages in domestic firms in Ireland: Productivity spillovers versus labour-market crowding out[J]. International Journal of the Economics of Business, 2005, 12(1): 67 - 84.

[15] Batten D F. Network cities: creative urban agglomerations for the 21st century[J]. Urban studies, 1995, 32(2): 313 - 327.

[16] Beaverstock J V, Smith R G, Taylor P J. The global capacity of a world city: a relational study of London[J]. Globalization: Theory and practice, 2003: 223 - 236.

[17] Beaverstock J V, Smith R G, Taylor P J. World - City Network: A New Metageography? [J]. Annals of the association of American geographers, 2000, 90 (1): 123 - 134.

[18] Beaverstock J V, Hoyler M, Pain K, et al. Comparing London and Frankfurt as World Cities: A Relational Study of Contempory Urban Change [M]. London: Anglo - German Foundation for the Study of Industrial Society, 2001.

[19] Bhagwati J. In defense of globalization: With a new afterword[M]. Oxford University Press, 2004.

[20] Boivin J, Ng S. Are more data always better for factor analysis? [J]. Journal of Econometrics, 2006, 132(1): 169 - 194.

[21] Brenner N. Globalisation as reterritorialisation: the re-scaling of urban governance in the European Union[J]. Urban studies, 1999, 36(3): 431 - 451.

[22] Camagni R P. From city hierarchy to city network: reflections about an emerging paradigm[M]//Structure and change in the space economy. Springer Berlin Heidelberg, 1993: 66 - 87.

[23] Carroll W K. Global cities in the global corporate network[J]. Environment and Planning A, 2007, 39(10): 2297 - 2323.

[24] Castells M. Local and global: cities in the network society[J]. Tijdschrift voor economische en sociale geografie, 2002, 93(5): 548 - 558.

[25] Castells M. Technopoles of the world: The making of 21st century industrial complexes[M]. Routledge, 1994.

[26] Castells M. The network society[M]. Oxford: Blackwell, 1996.

[27] Choi J H, Barnett G A, CHON B U M S O O. Comparing world city networks: a network analysis of Internet backbone and air transport intercity linkages[J]. Global Networks, 2006, 6(1): 81 - 99.

[28] Christaller. W. (translated by Baskin, C. W.) Central Places in Southern Germany

[M]. New Jersey : Prentice Hall, Engle wood cliffs, 1960.

[29] Danone economic and social report[R], 2006.

[30] David L, Halbert L. World-class cities: hubs of globalization and high finance[J]. Cities: Steering Towards Sustainability, 2010: 37 - 50.

[31] De Goei B, Burger M J, Van Oort F G, et al. Functional polycentrism and urban network development in the Greater South East, United Kingdom: Evidence from commuting patterns, 1981 - 2001[J]. Regional Studies, 2010, 44(9): 1149 - 1170.

[32] Derek Gregory, Ron Johnston, Geraldine Pratt et al. The dictionary of human geography[M]. Oxford: Wiley Blackwell, 2009.

[33] Dicken P, Kelly P F, Olds K, et al. Chains and networks, territories and scales: towards a relational framework for analysing the global economy[J]. Global networks, 2001, 1(2): 89 - 112.

[34] Dicken P. Global shift-Transforming the World Econom[M]. New York: Paul Chapman Publishing Ltd, 2000.

[35] Dickinson, R. E. City and Region[M]. Ageographical Interpretation, 1964.

[36] Eade J, O'Byrne D J. Global ethics and civil society[M]. Ashgate: Gower Publishing, Ltd., 2005.

[37] Ernst D. Inter-organizational knowledge outsourcing: What permits small Taiwanese firms to compete in the computer industry? [J]. Asia Pacific Journal of Management, 2000, 17(2): 223 - 255.

[38] Esparza A X, Krmenec A J. The spatial markets of cities organized in a hierarchical system[J]. The Professional Geographer, 1996, 48(4): 367 - 378.

[39] Federation of Spanish Footwear Industries (FSFI)[R]. Footwear Annual Report Spain 2003. Madrid, 2003.

[40] Feenstra R C. Integration of trade and disintegration of production in the global economy[J]. The journal of economic perspectives, 1998, 12(4): 31 - 50.

[41] Fistola R, La Rocca R A. The virtualization of urban functions[J]. NETCOM "Geocyberspace: building territories in geographical space on the 21st century, 2001, 15.

[42] Frank A G. ReORIENT: Global economy in the Asian age[M]. University of California Press, 1998.

[43] Friedman T L. The dell theory of conflict prevention[J]. Boston: Bedford, St. Martins, 2008, 49.

[44] Fujita M, Hu D. Regional disparity in China 1985 - 1994: the effects of globalization and economic liberalization[J]. The Annals of Regional Science, 2001, 35(1): 3 - 37.

[45] Fujita M, Krugman P R, Venables A J, et al. The spatial economy: cities, regions and international trade[M]. Cambridge, MA: MIT press, 1999.

[46] Fujita M, Thisse J F. Economics of Agglomeration[J]. Journal of the Japanese and International Economies, 1996, (10): 339 - 378.

[47] Fulong W, Hongyang W. Analysis of International Trend of Urban Agglomeration Development. Complied by Urban Planning Society of China: 50 - year Planning China [M]. Building Industry Press: Beijing, 2006: 122 - 129.

[48] Galvin P, Morkel A. The effect of product modularity on industry structure: the case of the world bicycle industry[J]. Industry and Innovation, 2001, 8(1): 31 - 47.

[49] Gereffi G, Memedovic O. The global apparel value chain: What prospects for upgrading by developing countries[M]. Vienna: United Nations Industrial Development Organization, 2003.

[50] Gereffi G. The new offshoring of jobs and global development[M]. International labour organization, 2006.

[51] Giddens, A. The consequences of modernity[M]. Cambrige: Polity, 1990.

[52] Gottman, J. Megalopolis: The urbanized Northeastern seaboardof the United States [M]. New York: Kraus, 1961.

[53] Gourevitch P, Bohn R, McKendrick D. Globalization of production: insights from the hard disk drive industry[J]. World development, 2000, 28(2): 301 - 317.

[54] Graham S, Marvin S. Telecommunications and the City[M]. London: Routledge, 1996.

[55] Hall P. Megacities, world cities and global cities[M]. Stichting Megacities 2000, 1997.

[56] Hansen W. G. How accessibility shapes land use. Journal of the American Institute of Planners[J]. 1959, 25(2): 73 - 76.

[57] Hanson G H. Localization economies, vertical organization and trade[R]. National Bureau of Economic Research, 1994.

[58] Harvey D. The condition of postmodernity[M]. Oxford: Blackwell, 1989.

[59] Held D, McGrew A, Goldblatt D, et al. Global Transformations: Politics, Economics and Culture [M]. Palgrave Macmillan UK: Polity and Stanford University Press, 1999.

[60] Henderson J V. The sizes and types of cities[J]. The American Economic Review, 1974, 64(4): 640 - 656.

[61] Henderson J V. Ways to think about urban concentration: neoclassical urban systems versus the new economic geography[J]. International Regional Science Review, 1996,

19(1－2)：31－36.

[62] Hirst P, Thompson G. Globalization in question: the international economy and the possibilities of governance[M]. Cambrige: Polity, 1996.

[63] Hummels D, Ishii J, Yi K M. The nature and growth of vertical specialization in world trade[J]. Journal of international Economics, 2001, 54(1): 75－96.

[64] Humphrey, Schmitz J, Humphrey, et al. Governance and up-grading: Linking industrial cluster and global value chain research[R]. IDS Working Paper, 2000.

[65] Ieva Kage, Niko LipLanen etl. HelLinki, Turku, Riga, Tartu: Urban networkl in Baltic lea region. [EB/OL]. [2008－12－13]. http://www.helLinki.fi/jarj/mao/baltic/networkL/indeT.html.

[66] Isard W. Location theory and trade theory: Short-run analysis[J]. Quarterly Journal of Economics, 1954, 68: 305－322.

[67] ITOCHU Corperation annual report 2007[R].

[68] Jagdish N. In defense of globalization[M]. Oxford: Oxford University Press, 2004.

[69] John M. Hobson. The eastern origins of Western civilisation[M]. Cambridge: Cambridge University Press, 2004.

[70] John Rennie Short. Global metropolitan: Globalizing cities in a capitalist world [R]. 2004.

[71] Kaplinsky R, Morris M. A handbook for value chain research[M]. Ottawa: IDRC, 2001.

[72] Karina Pallagst & Emmanuele Cunningham-Sabot, Patterns of urban shrinkage-a global comparison[C]. WPSC 2006 Pre-Organized Paper Session.

[73] Keeling D J. Transport and the world city paradigm[J]. World cities in a world-system, 1995: 115－131.

[74] Kenichi Miyamoto. Globalization and urban policy[R]. http://www.ps.ritsumei.ac.jp/assoc/policy_science.

[75] Krugman P. Increasing returns and economic geography[J]. Journal of political economy, 1991, 99(3): 483－499.

[76] Krugman P. Development, geography, and economic theory[M]. CambridgE: Massachusetts Institute of Technology, 1995.

[77] Kuchiki A. Agglomeration and exporting firm in industrial zones in Northern Vietnam: Players and institutions[J]. Industrial Agglomeration and New Technologies: A Global Perspective, 2006: 97.

[78] Kunzmann K R. World city regions in Europe: structural change and future challenges, in globalization and the world of large cities, (Edited by F-c. Lo and Y-m.

Yeung)[M]，Tokyo：United Nations University Press，1998：37－75.

[79] Lansing J B，Liu J C，Suits D B. An analysis of interurban air travel[J]. The Quarterly Journal of Economics，1961：87－95.

[80] Lipshitz G，Raveh A. Socio-economic differences among localities：a new method of multivariate analysis[J]. Regional Studies，1998，32(8)：747－757.

[81] Lynch T M. Leaving home：three decades of internationalization by American automobile firms[M]. Cambridge：MIT Industrial Performance Center，1998.

[82] Marcuse P. Migration and urban spatial structure in a globalizing world：A comparative look[C]//paper for Conference on African Migration in Comparative Perspective，Johannesburg，2003.

[83] Marshall A. Principles of economics：Abridged edition[M]. Cosimo，Inc.，2006.

[84] Matthiessen C W，Schwarz A W，Find S. Global research centres：An analysis based on bibliometric indicators[J]. Knowledge Cities，2006：31－41.

[85] McGee T G. The emergence of desakota regions in Asia：expanding a hypothesis[J]. The extended metropolis：Settlement transition in Asia，1991：3－25.

[86] Meijers E. Stein's' Regional City'concept revisited：Critical mass and complementarity in contemporary urban networks[J]. Town Planning Review，2008，79(5)：485－506.

[87] Neal Z P. The space of what flows? Rethinking connections and connectivity in city networks[R]. GaWC Research Bulletin 281，2008.

[88] Nishikimi K，Hamaguchi N. Urbanization and agglomeration[J]. Development Economics，2003：75－92.

[89] Ohmae K. Putting global logic first[J]. Harvard Business Review，1995，73(1)：119－124.

[90] Ohmae K. The borderless world[M]. London and New York：Collins，1990.

[91] Parnreiter C，Fisher K，Imhof K. The missing link between global commodity chains and global cities：Financial services in Mexico City and Santiago de Chile[J]. Eure Revista Latinoamericana De Estudios Urbano Regionales，2007，33(100)：135－148.

[92] Porter M E. Clusters and competition：new agendas for companies，governments，and institutions[M]. Harvard Business School Press，1998.

[93] Puga D，Venables A J. The spread of industry：Spatial agglomeration in economic development[J]. Journal of the Japanese & International Economies，1996，10(4)：440－464.

[94] Reilly W J. The law of retail gravitation[M]. New York：WJ Reilly，1960.

[95] Renkow M，Hoover D. Commuting，Migration，and Rural - Urban Population Dynamics[J]. Journal of regional science，2000，40(2)：261－287.

[96] Riley T. Year 12 Economics[M]. Tim Riley Publications, 2005.

[97] Rimmer P J. Transport and telecommunications among world cities. In Globalization and the World of Large Cities, (Edited by F-c. Lo and Y-m. Yeung)[M]. Tokyo: United Nations University Press, 1998: 433 - 70.

[98] Rodrigue J P. Transportation and the geographical and functional integration of global production networks[J]. Growth and Change, 2006, 37(4): 510 - 525.

[99] Rosenau J. Along the domestic-foreign frontier[M]. Cambridge: Cambridge University Press, 1997.

[100] Ruei-Suei Sun. Exploring critical approaches to global cities studies[J]. Critical Planning, 2001(Summer): 108 - 112.

[101] Rypkema D D. Globalization, urban heritage, and the 21st century economy[J]. Global Urban Development, 2005, 1(1): 1 - 8.

[102] Sassen S. Local actors in global politics[J]. Current sociology, 2004, 52(4): 649 - 670.

[103] Sassen S. The global city: New York, London, Tokyo, Princeton[J]. NJ: Princeton, 1991.

[104] Sato K. Investment Climate in northern region in China[R]. Monthly Report of Shinkin-Chukin, Shinkin Central Bank Monthly Review, 2003.

[105] Schwarz A W. Scientific centres in Europe: an analysis of research strength and patterns of specialisation based on bibliometric indicators[J]. Urban Studies, 1999, 36(3): 453 - 477.

[106] Schwarz A, Schwarz S, Tijssen R. Research and research impact of a technical university — A bibliometric study[J]. Scientometrics, 1998, 41(3): 371 - 388.

[107] Scott A J. Globalization and the rise of city-regions[J]. European Planning Studies, 2001, 9(7): 813 - 826.

[108] Scott A J. Regions and the World Economy[M], Oxford: Oxford university press, 1998.

[109] Smith D A, Timberlake M. World city networks and hierarchies, 1977 - 1997: An empirical analysis of global air travel links[J]. American Behavioral Scientist, 2001, 44(10): 1656 - 1678.

[110] Smith D A, Timberlake M. Hierarchies of dominance among world cities: a network approach[J]. Global networks, linked cities, 2002: 117 - 141.

[111] Smith D A, Timberlake M. World cities: A political economy/global network approach[J]. Research in Urban Sociology, 1993, 3: 181 - 207.

[112] Smith R G. Networking the city[J]. Geography, 2005, 90(2): 172 - 176.

[113] Smith R G. Place as network[J]. Companion Encyclopedia of Geography, 2006, 2: 57 - 69.

[114] Sokol M, Van Egeraat C, Williams B. Revisiting the "informational city": space of flows, polycentricity and the geography of knowledge-intensive business services in the emerging global city-region of Dublin[J]. Regional Studies, 2008, 42(8): 1133 - 1146.

[115] Stewart J Q. Demographic gravitation: evidence and applications[J]. Sociometry, 1948, 11(1/2): 31 - 58.

[116] Taaffee E J, Gauthier H L, O'Kelly. Geography M E of Transportation[M]. New York: Prentice Hall, 1996.

[117] Taylor P J, Walker D R F, Catalano G, et al. Diversity and power in the world city network[J]. Cities, 2002, 19(4): 231 - 241.

[118] Taylor P J. Shanghai, Hong Kong, Taipei and Beijing within the world city network: positions, trends and prospects[M]. Leicestershire, UK: Loughborough University, 2006.

[119] Taylor P J. Specification of the world city network[J]. Geographical analysis, 2001, 33(2): 181 - 194.

[120] Taylor P J. World city network: a global urban analysis[M]. Psychology Press, 2004.

[121] Thompson G. Between Hierarchies and Markets: The Logic and Limits of Networked Forms of organization[M]. Oxford: Oxford University Press, 2003.

[122] Wichmann Matthiessen C, Winkel Schwarz A, Find S. The top-level global research system, 1997 - 1999: Centres, networks and nodality. An analysis based on bibliometric indicators[J]. Urban Studies, 2002, 39(5 - 6): 903 - 927.

[123] Yamada K, Kuchiki A. Lessons from Japan: Industrial policy approach and the East Asian trial[J]. Economic and Social Development into the XXI Century, 1997: 359 - 393.

[124] Yeates V M. Winged victory[M]. London: Jonathan Cape, 1962.

[125] Zhang Y. Vertical specialization of firms: Evidence from China's manufacturing sector [R]. Working paper, 2004.

中文文献

[1] 安应民. 论经济全球化的多重影响[J]. 兰州大学学报：社会科学版，2002，30(3)：91 - 99.

[2] 白永秀，任保平. 城市经济、区域经济[M]. 北京：高等教育出版社，2008.

[3] 蔡秀云. SARS危机与全球公共物品需求[N]. 中国税务报,2003-6-20.
[4] 曾菊新,罗静. 经济全球化的空间效应——论基于企业网络的地域空间结构重组[J]. 经济地理,2002,22(3):257-261.
[5] 曾菊新. 空间经济:系统与结构[M]. 武汉:武汉出版社,1996.
[6] 陈文慧,申靖. 产业的国际分工与区域聚集同时加强的经济学解释——基于跨国公司视角[J]. 桂海论丛,2007,23(4):16-18.
[7] 陈彦光,王义民,靳军. 城市空间网络:标度,对称,复杂与优化——城市体系空间网络分形结构研究的理论总结报告[J]. 信阳师范学院学报:自然科学版,2004,17(3):311-316.
[8] 陈振光,姚士媒(姚士谋). 全球经济一体化与城市体系发展趋势[J]. 城市规划汇刊,2001 (1):14-17.
[9] 陈支农. 花旗银行如何在亚太"做市场"? [J]. 现代商业银行,2004,7:35-36.
[10] 成思危. 经济全球化与中国的应对[J]. 港口经济,2001,17(4):8-12.
[11] 大风. 跨国公司"中国阴谋"的达能式标本[J]. 决策与信息:财经观察,2007(6):18-21.
[12] 戴宏伟. 国际产业转移的新趋势及对我国的启示[J]. 国际贸易,2007(2):45-49.
[13] 当代上海研究所. 长江三角洲发展报告 2005——经济增长与城市化进程[M]. 上海人民出版社,2006.
[14] 德拉德赫萨. 全球化博弈[M]. 北京:北京大学出版社,2009.
[15] 董斌. 长江三角洲地区城市体系的结构研究[J]. 现代经济探讨,2006(4):79-83.
[16] 杜创国. 全球化进程中的政府职能[J]. 理论与现代化,2006(5):89-93.
[17] 杜丹青,周禄君. 多元统计分析及应用研究[M]. 成都:西南财经大学出版社,1994.
[18] 杜云. 长三角大都市圈产业结构现状及产业整合研究[D]. 上海:复旦大学,2004.
[19] 冯德连、张兴云. 经济全球化下产业集群化趋势及我国的对策[J]. 宁波职业技术学院学报,2004,8(1):1-5.
[20] 奉灵芝. 达能并购的机会主义者[J]. 中国对外贸易,2007(5):50-54.
[21] 葛莹,姚士谋,蒲英霞. 试论城市体系的微观经济分析[J]. 南京社会科学,2005(3):40-46.
[22] 龚三乐. 产业升级、全球价值链地位与企业竞争力[J]. 北方经济:学术版,2006(5):67-68.
[23] 顾朝林,徐海贤. 改革开放二十年来中国城市地理学研究进展[J]. 地理科学,1999,19(4):320-331.
[24] 顾朝林. 中国城镇体系等级规模分布模型及其结构预测[J]. 经济地理,1990(3):54-56.
[25] 顾朝林. 中国城镇体系——历史·现状·展望[M]. 北京:商务印书馆,1992.

[26] 郭文杰. 改革开放以来 FDI、城市化对服务业的影响研究[J]. 财贸经济，2007(4)：91－95.
[27] 哈维. 地理学中的解释[M]. 北京：商务印书馆，1969.
[28] 韩延星，张珂，朱竑. 城市职能研究述评[J]. 规划师，2005，21(8)：68－70.
[29] 杭州湾跨海大桥效益快速显现[N]. 中国交通报，2008－5－9.
[30] 何慧爽，刘东勋. 要素禀赋论与国际产业转移的刚性及其突破[J]. 国际经贸探索，2006，22(3)：19－23.
[31] 洪银兴，刘志彪. 长江三角洲地区经济发展的模式和机制[M]. 北京：清华大学出版社，2003.
[32] 黄毅翎. 经济全球化进程中城市产业结构重组及其在区域城市体系中的职能演化：苏州、无锡、常州案例研究[D]. 上海：同济大学，2008.
[33] 霍尔. 长江范例[J]. 城市规划，2002，12：6－17.
[34] 江苏省无锡市政府 4 大战略打造全球轻纺产业中心[N]. 纺织信息周刊，2005－10－3.
[35] 江苏省政府召开培育发展大型企业集团座谈会[N]. 新华日报，2002－5－5.
[36] 金煜，陈钊，陆铭. 中国的地区工业集聚：经济地理、新经济地理与经济政策[J]. 经济研究，2006(4)：79－89.
[37] 卡洛斯·马格利尼奥斯. 本地工业嵌入全球价值链和生产网络[N]. 深圳商报，2004－5.
[38] 克鲁格曼，茅瑞斯·奥伯斯法尔德. 国际经济学[M]. 北京：中国人民大学出版社，1993.
[39] 李璨. 经济全球化进程中城市产业结构重组及其在区域城市体系中的职能演化：南京、镇江案例研究[D]. 上海：同济大学，2008.
[40] 李国学，何帆. 全球生产网络的性质[J]. 财经问题研究，2008(9)：3－9.
[41] 李健，宁越敏，汪明峰. 计算机产业全球生产网络分析——兼论其在中国大陆的发展[J]. 地理学报，2008，63(4)：437－448.
[42] 李文溥，陈永杰. 经济全球化下的产业结构演进趋势与政策[J]. 经济学家，2003(1)：50－56.
[43] 李小建. 跨国公司对区域经济发展影响的理论研究[J]. 地理研究，1997，16(3)：101－111.
[44] 李耀新. 生产要素密集型产业论[M]. 北京：中国计划出版社，1995.
[45] 李玉红. 全球价值链视角下的国际外包[J]. 商场现代化，2006(13)：37－38.
[46] 连兴. 经济全球化进程中城市产业结构重组及其在区域城市体系中的职能演化：南通、扬州、泰州案例研究[D]. 上海：同济大学，2008.
[47] 梁进社. 逆序的 Beckmann 城镇等级——规模模式及其对位序——规模法则的解释[J]. 北京师范大学学报：自然科学版，1999，35(1)：132－135.

[48] 梁琦.中国制造业分工、地方专业化及其国际比较[J].世界经济,2004(12):32-40.
[49] 梁琦.产业集聚论[M].北京:商务印书馆,2004.
[50] 林娟娟.我国 FDI 与产业结构的 panel data 实证分析[J].江苏商论,2007(21):50-52.
[51] 林先扬,陈忠暖,蔡国田.国内外城市群研究的回顾与展望[J].热带地理,2003,23(1):44-49.
[52] 林先扬,陈忠暖.城市群经济发展系统形成与整合机制探讨——以大珠江三角洲城市群为例[J].云南地理环境研究,2004,16(1):42-46.
[53] 林毅夫,刘明兴.经济发展战略与中国的工业化[J].经济研究,2004(7):48-58.
[54] 凌怡莹,徐建华.长江三角洲地区城市职能分类研究[J].规划师,2003,19(2):77-79.
[55] 刘尔思.关于产业链理论的再探索[J].云南财经大学学报,2006,22(3):66-69.
[56] 刘昆轶.经济全球化进程中城市产业结构重组及其在区域城市体系中职能演化[D].上海:同济大学,2008.
[57] 刘斯瑶.从产业视角看 FDI 对我国经济影响的实证研究[J].北方经贸,2007(4):84-86.
[58] 刘婷,薛求知.服务业跨国公司战略动机选择:以价值链为分析工具[J].上海经济研究,2006(4):57-63.
[59] 刘志彪,吴福象.全球化经济中的生产非一体化——基于江苏投入产出表的实证研究[J].中国工业经济,2005(7):12-19.
[60] 陆大道.大都市区的发展及其规划[J].经济地理,2009,29(10):1585-1587.
[61] 陆大道.区域发展及其空间结构[M].北京:科学出版社,1995.
[62] 陆晓明.与全球战略相匹配——跨国银行组织结构和管理模式的调整与发展[J].国际贸易,2005(4):54-57.
[63] 吕文栋,张辉.全球价值链下的地方产业集群战略研究[J].中国软科学,2005(2):119-124.
[64] 麻宝斌,郭蕊.全球化时代的地方政府治理模式[J].学海,2008(4):72-77.
[65] 马丽,刘毅.经济全球化下的区域经济空间结构演化研究评述[J].地球科学进展,2003,18(2):270-276.
[66] 米运生,易秋霖.全球化,全要素生产率与区域发展差异—基于珠三角,长三角和环渤海的面板数据分析[J].国际贸易问题,2008 (5):17-22.
[67] 迈克尔·波特.竞争优势(中译本)[M].北京:华夏出版社,1997.
[68] 毛新雅,王桂新.FDI 区位决策中的产业集聚因素——基于长江三角洲(16 城市)的实证研究[J].财经科学,2005,2005(5):105-111.
[69] 孟庆民,李国平.新国际劳动分工研究动态[J].世界地理研究,2000,9(2):31-38.
[70] 米运生,易秋霖.全球化、全要素生产率与区域发展差异——基于珠三角、长三角和环

渤海的面板数据分析[J]. 国际贸易问题,2008,305(5): 17-22.
[71] 倪义芳,吴晓波. 世界制造业全球化的现状与趋势及我国的对策[J]. 中国软科学,2001(10): 24-28.
[72] 宁杭高速公路无锡段贯通全长 48 公里设计时速 120 公里[N]. 国际金融报,2004-3-22.
[73] 宁越敏,李健. 上海城市功能的转型: 从全球生产系统角度的透视[J]. 世界地理研究,2007,16(4): 47-54.
[74] 宁越敏. 国外大都市区规划体系评述[J]. 世界地理研究,2003,12(1): 36-43.
[75] 牛凤瑞,盛广耀. 三大都市密集区: 中国现代化的引擎[M]. 北京: 社会科学文献出版社,2006.
[76] 纽曼. 社会研究方法[M]. 北京: 中国人民大学出版社,2006.
[77] 潘悦. 国际产业转移的四次浪潮及其影响[J]. 现代国际关系,2006(4): 23-27.
[78] 皮埃尔. 城市,发展改变轨迹(看地球 2010)[M]. 北京: 社会文献科学出版社,2010.
[79] 入世对中国消费需求的五大影响[N]. 每日中央及省部委政策要闻,2001-8-27.
[80] 萨米尔·阿明. 不平等的发展——论外围资本主义的社会形态. 北京: 商务印书馆,1990.
[81] 上海上港集团打造全球第一港[N]. 生活周刊,2006-11-6.
[82] 上海政府投入 1 元产出 24 元利润[N]. 解放日报,2009-4-9.
[83] 申玉铭. 经济全球化,知识化对全球可持续发展的影响[J]. 经济地理,1999(3): 13-18.
[84] 沈金箴,周一星. 世界城市的涵义及其对中国城市发展的启示[J]. 城市问题,2003(3): 13-16.
[85] 沈志渔,罗仲伟. 经济全球化对国际产业分工的影响[J]. 新视野,2006(6): 23-26.
[86] 石崧,宁越敏. 劳动力空间分工理论评述[J]. 经济学动态,2006(2): 101-105.
[87] 宋林飞. 2006 年: 长三角可持续的率先发展[M]. 北京: 社会科学文献出版社,2006.
[88] 唐子来,赵渺希. 长三角区域的经济全球化进程的时空演化格局[J]. 城市规划学刊,2009(1): 42-49.
[89] 唐子来,陈琳. 经济全球化时代的城市营销策略: 观察和思考[J]. 城市规划学刊,2006(6): 45-53.
[90] 唐子来. 西方城市空间结构研究的理论和方法[J]. 城市规划学刊,1997(6): 1-11.
[91] 陶文昭. 全球化的网络结构[J]. 江淮论坛,2007,221(1): 5-10.
[92] 万斌. 2005 年: 中国长三角区域发展报告[M]. 北京: 社会科学文献出版社,2005.
[93] 万晓光. 发展经济学[M]. 北京: 中国展望出版社,1987.
[94] 汪斌,侯茂章. 浙江地方产业集群嵌入全球价值链的若干问题研究—以杭州典型地方产业集群为例[J]. 浙江学刊,2006(4): 212-216.

[95] 汪发元，张昌斌. 中国石油企业纵向一体化战略解析[J]. 区域经济评论，2007(8)：14－15.

[96] 汪明峰，宁越敏. 城市的网络优势——中国互联网骨干网络结构与节点可达性分析[J]. 地理研究，2006，25(2)：193－203.

[97] 汪明峰. 城市网络空间的生产与消费[M]. 北京：科学出版社，2007.

[98] 王德，赵锦华. 城镇势力圈划分计算机系统的开发研究与应用——兼论势力圈的空间结构特征[J]. 城市规划，2000(12)：37－41.

[99] 王德，郭洁. 沪宁杭地区城市影响腹地的划分及其动态变化研究[J]. 城市规划学刊，2003(6)：6－11.

[100] 王德，赵锦华. 城镇体系分析系统的升级开发与研究[J]. 城市规划，2002，26(8)：60－64.

[101] 王建军，许学强. 城市职能演变的回顾与展望[J]. 人文地理，2004，19(3)：12－16.

[102] 王乜. 城镇体系规划理论简介[J]. 贵州师范大学学报：自然科学版，1990(1)：69－73.

[103] 王黎明，赵德峰. 利用 FDI 促进产业集群发展研究综述[J]. 生产力研究，2008 (20)：168－169.

[104] 王润亮. 经济全球化条件下的生产力空间分布研究[D]. 上海：复旦大学，2005.

[105] 王三星，姚昌平. 试论政府在经济全球化过程中的作用[J]. 经济师，2001(3)：18－19.

[106] 王兴. 长江三角洲经济开放度研究[D]. 上海：上海海事大学，2004.

[107] 王亚飞，吴潇航. 区域产业集群优势与 FDI 区位选择[J]. 地域研究与开发，2007，26(3)：11－15.

[108] 王育宝，吕璞. 中国石油石化产业国际竞争力分析[J]. 资源科学，2005，27(6)：2－10.

[109] 王珍. 地方企业集群与全球价值链发展格局[J]. 浙江经济，2006(12)：57－58.

[110] 王志华，陈圻. 长三角制造业结构高级化与同构的关系分析[J]. 工业技术经济，2006，25(1)：94－97.

[111] 王志华. 长江三角洲地区制造业同构若干问题研究[D]. 南京：南京航空航天大学，2006.

[112] 王志凌. 经济全球化进程中城市产业结构重组及其在区域城市体系中的职能演化——宁波、绍兴和舟山州案例研究[D]. 上海：同济大学，2008.

[113] 王中昭. 产业内贸易与中国工业化进程的动因分析[J]. 统计研究，2004 (15)：21－25.

[114] 魏后凯. 大都市区新型产业分工与冲突管理——基于产业链分工的视角[J]. 中国工业经济，2007(2)：30－36.

[115] 魏后凯. 现代区域经济学[M]. 北京：经济管理出版社，2006.

[116] 邬义钧，邱钧. 产业经济学[M]. 北京：中国统计出版社，1996.

[117] 吴福象.经济全球化中制造业垂直分离的研究[J].财经科学,2005(3):113-120.
[118] 谢守红.经济全球化与世界城市的形成[J].国外社会科学,2003(3):18-21.
[119] 邢华,姜琴.苏州IT制造业集聚情况调查[J].经济理论与经济管理,2003,(6):70-74.
[120] 熊世伟.经济全球化、跨国公司及其对上海城市发展的影响[J].城市规划学刊,1999(2):21-24.
[121] 许学强,叶嘉安,张蓉.我国经济的全球化及其对城镇体系的影响[J].地理研究,1995,14(3):1-13.
[122] 许学强,叶嘉安.数量地理学在生产布局中的应用[M].北京:科学出版社,1988.
[123] 许学强.城市地理学[M].北京:高等教育出版社,1997.
[124] 亚当·斯密.国民财富的性质和原因的研究[M].北京:商务印书馆,1972.
[125] 闫鸿鹂.论国际分工、产业转移与我国产业发展战略[J].北方经济:综合版,2009(22):35-36.
[126] 阎小培.信息产业与世界城市体系[J].经济地理,1995(3):18-24.
[127] 杨荣斌,陈超,佚名.世界城市文化发展趋向——以纽约、伦敦、新加坡、香港为例[M]// 2004年:中国文化产业发展报告.社会科学文献出版社,2004:295-305.
[128] 杨闩柱.经济全球化视角下地方集群的困境[J].浙江经济,2003(19):50-51.
[129] 杨吾扬.杨吾扬论文选集:地理学的理论与实践[M].北京:商务印书馆,2005.
[130] 杨小凯.经济学:新兴古典与新古典框架[M].北京:中国社会科学文献出版社,2003.
[131] 杨祖国,李秋实.中国情报学期刊论文篇名词统计与分析[J].情报科学,2000,18(9):820-821.
[132] 易千枫,张京祥.全球城市区域及其发展策略[J].国际城市规划,2007,22(5):65-69.
[133] 于洪俊,宁越敏.城市地理学概论[M].合肥:安徽科技出版社,1983.
[134] 于涛方,吴志强.1990年代以来长三角地区"世界500强"投资研究[J].城市规划学刊,2005(2):13-20.
[135] 虞蔚.我国重要城市间信息作用的系统分析[J].地理学报,1988(2):141-149.
[136] 喻春娇,杨佳.集聚效应对跨国公司国际直接投资区位选择的影响及其启示[J].湖北行政学院学报,2004(6):38-42.
[137] 原小能.国际产业转移规律和趋势分析[J].上海经济研究,2004(2):29-33.
[138] 曾菊新,罗静.经济全球化的空间效应[J].经济地理,2002,22(3):257-261.
[139] 张二震,安礼伟.长江三角洲地区跨国公司发展态势研究[J].南京师大学报(社会科学版),2006(5):37-42.
[140] 张杰,刘志彪.需求因素与全球价值链形成——兼论发展中国家的"结构封锁型"障碍

与突破[J]. 财贸研究,2007,18(6): 1 - 10.
[141] 张京祥. 全球化视野中长江三角洲区域发展的博弈与再思考[J]. 规划师,2005,21(4): 14 - 16.
[142] 张庭伟. 对全球化的误解以及经营城市的误区[J]. 城市规划,2003,27(8): 6 - 14.
[143] 张为付,张二震. FDI 与长江三角洲制造业发展的实证研究[J]. 世界经济与政治论坛,2005(5): 54 - 58.
[144] 张小蒂,孙景蔚. 基于垂直专业化分工的中国产业国际竞争力分析[J]. 世界经济,2006(5): 12 - 21.
[145] 张滢. 外资银行在华发展战略研究[D]. 上海: 东华大学,2006.
[146] 张占仓. 国外产业集群研究走势[J]. 经济地理,2006,26(5): 737 - 741.
[147] 张自如,胡晖. 国际产业转移的演变及其对世界经济的影响[J]. 生产力研究,2007(13): 92 - 93.
[148] 章云泉. 长江三角洲城市群空间结构与协调发展[C]// 首届长三角科技论坛,2004.
[149] 赵辉. FDI 集中化对长三角区域产业发展的影响[J]. 对外经贸实务,2006(2): 53 - 56.
[150] 浙江基础建设将形成新一轮高潮[N]. 第一财经日报,2009 - 3 - 18.
[151] 甄峰,顾朝林. 信息时代空间结构研究新进展[J]. 地理研究,2002,21(2): 316 - 321.
[152] 郑伯红. 现代世界城市网络化模式研究[M]. 长沙: 湖南人民出版社,2005.
[153] 中国家电企业海外投放广告政府应补贴一半[N]. 第一财经日报,2009 - 3 - 4.
[154] 中国木地板业需求持续强劲[N]. 消费日报,2006 - 12 - 20.
[155] 周一星,陈彦光. 城市与城市地理[M]. 北京: 人民教育出版社,2003.
[156] 周一星. 城市地理学[M]. 北京: 商务印书馆,1999.
[157] 周一星,孙则昕. 再论中国城市的职能分类[J]. 地理研究,1997,16(1): 11 - 22.
[158] 周振华. 全球城市区域: 全球城市发展的地域空间基础[J]. 天津社会科学,2007(1): 67 - 71.
[159] 朱传耿. 跨国公司与城市体系的空间组织辨析[J]. 经济师,2004(11): 7 - 8.
[160] 朱介鸣. 物流服务、全球化制造业及城市结构的变化——新加坡案例[J]. 城市规划学刊,2002(3): 14 - 19.
[161] 邹玉. 经济全球化进程中城市产业结构重组及其在区域城市系中的职能演化: 杭州、嘉兴、湖州案例研究[D]. 上海: 同济大学,2008.

主要网站

[1] http://danonechina.51job.com/group_01.php
[2] http://food.bbspace.cn/html/news/20070514/77207.html
[3] http://wiki.mbalib.com/wiki

[4] http://www.dss.gov.cn/Article_Print.asp
[5] http://www.qdpt.com.cn/2007/4-7/09593317326.html
[6] http://www.samsung.com/cn
[7] http://www.ttzyw.com/Department/jingji/mao/200904/50473.html
[8] http://www.wahaha.com.cn/aboutus/today/
[9] http://www.lboro.ac.uk/gawc/
[10] http://www.ttzyw.com

附录 A　相关的中间成果

A1　区域产业区位竞争力的演化

A1.1　区位产业竞争力的基本模型

“Shift-Share Analysis”，称为偏离—份额分析法，又称为双 S 分析方法，该方法由美国学者 Dunn 和 Perloff 等人提出，在国外区域与城市经济结构分析中应用相当广泛，它可以评价一个区域或城市产业的增长和竞争优势，还可以确定未来产业发展的主导方向。

偏离—份额分析法是把一个区域或城市经济的变化看作一个动态过程，以其所在区域或整个国家的经济发展作为参照系，将区域或城市自身经济总量在某一个时期的变动 G 分解为份额分量 N 和偏离分量 S，偏离分量 S 由结构偏离分量 P 和竞争力偏离分量 D 组成，以此来说明区域或城市经济发展或衰退的原因，评价区域或城市具有相对竞争优势的产业部门，进而确定城市各产业的竞争力（陈伟、张文忠，2005），基本原理是：

区域经济增长总量＝份额分量＋结构偏离分量＋竞争力偏离分量，其表达方式为：

$$G = N + P + D$$

份额分量 N 是在一定期间内，特定地区如果与标准区域的国内生产总值同比例增长，到期末应增加的量；

结构偏离分量 P 是指各地区的经济部门在假定按区域相同部门的相同比例增长的情况下所能达到的产量，与相应的经济按标准区域经济整体相同比例增长的情况下所能达到的总量之差；

竞争力偏离分量 D 指地区期末实际达到的经济量，与该地区经济在假定按区域相应经济的相同比例增长的情况下所能达到的总量之差。

A1.2 产业偏离份额的计算

1. 参照系的选定

确定产业分析的时间范围以及产业参照系。本次研究中偏离—份额分析法首先确定 1996—2005 年区域产业经济的变化。产业参照系的选择确定长三角区域包含了 15 个地区的区域作为背景和参照系，分析区域经济结构的变化。

2. 分析表的计算

通过数学软件 MATHCAD 和 EXCEL，对长三角区域 2 个年份、15 个地区、8 个产业部类建立包含 $2\times15\times8$ 的数据库，建立长三角区域 15 个地区的 Shift-share 分析表(表 A1)。根据所研究问题的性质和深度要求，考虑统计资料的可能性，按照前述价值区段的分类，把长三角 15 个地区的增加值划分为 8 个产业部类，建立 Shift-share 分析表。限于篇幅，仅列出 P、D、N3 项指标的偏离量。

A1.3 产业部类结构和区位竞争力的分析

由于产业结构偏离变量 P 值的正负属于区域层面的变量，因此分析 15 个地区 8 个产业部类变量在表 A1 中的正负情况分布，即可判断其在长三角区域范围内的研究时序中所处的增长阶段。从表 A1 来看，建筑业、农业、劳动密集型制造业 P 值小于 0，属于发展相对迟缓的产业，而附加值较高的产业部类：生产性服务业、其他工业、技术密集型制造业、资本密集型制造业、一般服务业均属于 P 值大于 0 的产业部类，联系前述价值区段的分析，这说明长三角区域整体的产业价值区段处于上升的态势。

另外需要说明的是，双 S 分析方法计算的竞争力是针对产业增速的，因此在结果上不同于区位熵，区位熵仅为某个时间断面的竞争力，而不反映区域发展的态势。

从经济增加值的总和来看，以 P 值、D 值的正负变化可以将其分为 4 类(表 A2)：

第 1 类是两项总和均为正值，包括上海、南京两个城市，这两个城市不但整体的增速高于长三角区域平均水平，而且按照权重计算的相应产业部类增速整体上也高于区域相应产业的增长。说明上海、南京两个城市的产业效益基础较好、竞争力突出。

第 2 类是 P 值大于 0 而 D 值小于 0 的城市，包括了无锡、常州、杭州等 3 个城市，这些城市产业结构偏离总量的正值表明了在区域产业发展中，具有相对明显的整体增长优势，效益基础明显优越，但是在具体的产业部类竞争力方面则尚有不足，D 值小于 0 说明在占该类城市比重较大的产业部类增速相对较慢。

第 3 类是 P 值小于 0 而 D 值大于 0 的城市，包括了苏州、南通、嘉兴和舟山等 4 个城市，这说明该类城市的经济增长相对慢于区域平均水平，但是按照产业部类相应增长量来说，具有明显的竞争优势，也就是说在比重较大的主导产业增速明显快于区域平均水平，使得这些地区的城市职能得以明显的体现。

第 4 类是两项总和均为负值的城市，包括了镇江、扬州、泰州、湖州、绍兴、宁波等 6 个城市。两项均为负值说明这些城市不但在产业总体发展中低于区域平均水平，而且在比重较高的主导产业方面增速也慢于区域平均水平。

1. 上海市产业部类

分析上海 1996 年至 2005 年产业变化，可以发现：上海的技术密集型制造业、其他工业、一般服务业均具有较好的产业效益基础，并且属于经济竞争力较强的产业部类；而劳动密集型制造业、建筑业和农业属于效益相对较差、产业区位竞争力较弱的产业部类；另外资本密集型制造业、生产性服务业，属于产业基础效益较好但是增速相对较慢的产业部类(表 A1)。

2. 苏锡常地区产业部类

对苏州 1996 年到 2005 年的产业进行分析，可以发现技术密集型制造业、一般服务业和其他工业的偏离份额比例均大于 0，其中技术密集型制造业中的电子产品是苏州承接经济全球化、提升产业部类价值区段的核心行业；农业、劳动密集型制造业均小于 0，属于相对衰退的行业；另外苏州的资本密集型制造业、生产性服务业属于产业基础较好但是区位竞争力较弱的产业部类，而建筑业则属于具有一定区位竞争力但产业基础较弱的部类(表 A1)。

分析无锡的产业部类，可以发现无锡资本密集型制造业的产业基础和竞争力均较强，其余较高附加值的产业部类(生产性服务业、技术密集型制造业、其他工业)区位竞争力均较弱(D 值小于 0)，但仍属于产业基础发展良好的部类；农业、劳动密集型制造业和建筑业与苏州非常相似。其中前两者处于相对衰弱阶段，建筑业产业结构分量处于弱化阶段(表 A1)。

表 A1　1996—2005 年长三角区域按地区 8 项产业部类 Shift-share 分析表

N 值	农　业	劳动密集型	资本密集型	技术密集型	其他工业	建筑业	生产性服务业	一般服务业
上　海	158.51	702.20	1 465.81	227.82	68.03	317.45	1 131.86	1 631.96
苏　州	195.22	671.00	535.81	60.19	10.95	131.32	242.75	660.74
无　锡	99.23	435.25	481.65	74.00	63.10	66.28	166.64	522.17
常　州	100.86	176.38	248.06	36.01	34.75	50.65	78.02	230.00
南　京	98.67	128.61	386.69	83.82	30.61	130.72	188.80	437.08
镇　江	80.60	153.77	148.02	13.41	47.59	52.18	24.87	221.59
南　通	273.23	175.02	101.16	14.90	27.98	90.48	122.33	235.92
扬　州	127.88	92.20	148.30	7.81	27.05	52.18	86.72	201.12
泰　州	136.28	51.93	132.81	11.61	3.50	32.54	61.33	160.30
杭　州	186.00	342.05	439.46	97.53	59.89	118.71	200.66	563.28
嘉　兴	136.04	279.26	104.20	14.57	46.68	43.45	59.00	162.02
湖　州	103.49	160.45	84.91	4.32	31.28	47.36	20.28	141.18
绍　兴	144.78	210.48	208.73	21.59	37.34	206.33	75.79	232.52
宁　波	205.85	381.42	375.04	55.00	70.15	115.82	165.12	393.94
舟　山	61.07	29.16	11.17	1.42	3.42	12.16	11.95	52.52

续 表

P值	农 业	劳动密集型	资本密集型	技术密集型	其他工业	建筑业	生产性服务业	一般服务业
上 海	−132.77	−200.82	13.94	509.69	34.19	−80.80	19.99	358.56
苏 州	−163.53	−191.89	5.10	134.67	5.51	−33.42	4.29	145.17
无 锡	−83.12	−124.47	4.58	165.56	31.71	−16.87	2.94	114.73
常 州	−84.49	−50.44	2.36	80.57	17.47	−12.89	1.38	50.53
南 京	−82.65	−36.78	3.68	187.53	15.39	−33.27	3.33	96.03
镇 江	−67.52	−43.98	1.41	30.01	23.92	−13.28	0.44	48.69
南 通	−228.87	−50.05	0.96	33.33	14.06	−23.03	2.16	51.84
扬 州	−107.11	−26.37	1.41	17.48	13.60	−13.28	1.53	44.19
泰 州	−114.15	−14.85	1.26	25.97	1.76	−8.28	1.08	35.22
杭 州	−155.81	−97.82	4.18	218.22	30.10	−30.21	3.54	123.76
嘉 兴	−113.95	−79.86	0.99	32.61	23.46	−11.06	1.04	35.60
湖 州	−86.69	−45.89	0.81	9.67	15.72	−12.05	0.36	31.02
绍 兴	−121.27	−60.19	1.99	48.31	18.76	−52.52	1.34	51.09
宁 波	−172.43	−109.08	3.57	123.06	35.26	−29.48	2.92	86.55
舟 山	−51.15	−8.34	0.11	3.19	1.72	−3.09	0.21	11.54

续 表

D值	农 业	劳动密集型	资本密集型	技术密集型	其他工业	建筑业	生产性服务业	一般服务业
上 海	−16.97	−7.64	−220.30	33.23	179.36	−56.61	−98.84	329.27
苏 州	−31.19	−134.80	−31.37	544.69	26.41	36.84	−51.93	121.42
无 锡	−12.73	−68.72	181.93	−51.28	−81.57	28.88	−51.76	−5.24
常 州	−5.36	18.72	47.45	−66.50	−51.22	18.26	−22.65	−25.70
南 京	19.46	−13.24	58.72	−66.92	−19.31	0.63	52.61	70.30
镇 江	−10.80	24.03	6.52	−32.55	−59.14	−11.15	5.44	−107.51
南 通	−7.72	81.96	47.34	−6.50	−32.03	43.02	−55.40	−32.43
扬 州	10.78	−0.60	−23.97	−9.28	10.34	5.26	−60.45	−89.54
泰 州	6.22	29.43	−7.62	9.34	−3.36	36.10	−31.76	−70.55
杭 州	34.02	9.36	−79.68	−164.94	47.23	25.24	111.21	−49.95
嘉 兴	0.93	−0.02	−27.53	−19.83	33.76	20.79	10.04	25.76
湖 州	−0.54	−28.36	−46.26	7.07	−7.53	−16.49	32.52	−70.29
绍 兴	5.67	167.07	−9.71	−46.47	−26.29	−155.66	46.72	−79.61
宁 波	5.88	−85.27	93.33	−125.92	−26.13	14.28	107.91	−33.33
舟 山	2.35	8.09	11.15	−4.13	9.47	10.63	6.36	17.38

表 A2　1996—2005 年长三角区域按地区经济总量 Shift-share 分析表

地　区	*G* 值	*N* 值	*P* 值	*D* 值
上　海	6 367.12	5 703.63	521.99	141.49
苏　州	2 893.93	2 507.98	−94.11	480.06
无　锡	1 942.90	1 908.32	95.06	−60.48
常　州	872.20	954.74	4.48	−87.02
南　京	1 740.50	1 484.99	153.26	102.25
镇　江	536.57	742.04	−20.31	−185.16
南　通	879.66	1 041.02	−199.60	38.24
扬　州	517.24	743.25	−68.56	−157.45
泰　州	486.12	590.30	−71.99	−32.19
杭　州	2 036.04	2 007.59	95.96	−67.51
嘉　兴	777.95	845.22	−111.17	43.90
湖　州	376.33	593.27	−87.06	−129.88
绍　兴	926.77	1 137.55	−112.50	−98.28
宁　波	1 653.45	1 762.34	−59.63	−49.26
舟　山	198.34	182.87	−45.83	61.30

对于常州来说，处于第一象限的产业部类仅有资本密集型制造业，其余高附加值的产业部类虽然产业结构上处于相对增长阶段，但均不具有区位竞争力（*D* 值小于 0）；建筑业和劳动密集型制造业虽然在区域产业结构调整中处于下降的阶段，但是在长三角区域仍然具有一定的区位竞争力（*D* 值小于 0）；从农业的偏离份额比例来看则属于相对衰退的产业。回顾常州在这期间的产业发展，“铁本事件”的发生事实上是当时民间资本盲目投资于钢铁行业等资本密集行业的一个极端例子（表 A1）。

3. 宁镇地区产业部类

从南京产业部类特征来看，从 1996 年到 2005 年，南京的高附加值产业在结构上得到了质的发展，当然从这些高附加值的区位竞争力来看，主要特征是服务业和资本密集型制造业的竞争力非常突出；另外农业、建筑业属于产业结构上相对衰退，但是在长三角区域仍然具有一定的竞争力，这说明南京地区不同于苏南地区产业结构的全面转型，一些县市在农业发展方面仍有一定竞争力；劳动力密集型制造业与农业分属不同的正负 D 值区间，则进一步佐证了这一观点，即南京地区的产业发展对农村劳动力的转移作用不如苏南地区那么明显（表 A1）。

从镇江的产业部类特征来看，生产性服务业和资本密集型制造业属于竞争力较强的优势产业部类；一般服务业、其他工业，技术密集型制造业则属于竞争力相对较弱的产业部类；另外镇江的劳动力密集型制造业仍然属于具有区位竞争力的产业（表 A1）。

4. 通泰扬地区产业部类

分析南通的产业部类，可以发现具有较强优势（P、D 值均大于 0）的只有资本密集型制造业，说明南通的产业结构总体上较低，结合前述的价值区段指数，2005 年南通地区的产业价值区段指数在 15 个地区中仅列第 14 位，因此总的来说，南通地区的产业结构水平整体较低；如果从南通、泰州、扬州等苏中三市的整体情况来看，实际上 3 个地区 P、D 值均大于 0 的均只有一个高附加值的产业部类，且产业附加值区段指数排名均相对靠后，这说明苏中三市在产业部类方面具有强烈的地域性特征。南通地区的建筑业和劳动密集型制造业均具有一定的区域竞争优势（表 A1）。

从扬州地区的产业部类特征来看，仅有其他工业 P、D 值均大于 0，另外农业和建筑业的区域竞争优势较为明显；其余的产业部类均不具有产业的区域竞争优势，只有技术密集型制造业 P 值大于 0、产业基础发育较好（表 A1）。

从泰州地区的产业部类特征来看，也仅有技术密集型制造业处于相对优势的地位，其余较高附加值的产业部类均不具备区位竞争优势；但是 3 项附加值较低的产业类型劳动密集型制造业、农业、建筑业 D 值均大于 0，说明泰州还是以初级要素为其主要的区域竞争力来源（表 A1）。

5. 杭嘉湖地区产业部类

分析杭州的产业部类可以发现，杭州的产业均具有较强的区位竞争力，其中前者包括生产性服务业和其他工业（这也是附加值最高的两个产业部类），后者则包括全部的 3 项传统产业：建筑业、劳动密集型制造业、农业，这 3 项的区位竞争力也是有一定基础的，例如其利用天然水质的优势而发展的饮料业在长三角区域具有相对较高品牌优势，当然这也与自然禀赋的生产要素分不开；另外一般服务业虽然其 D 值为负，但仍属于产业效益基础较好的行业（表 A1）。

从嘉兴的产业部类特征来看，生产性服务业、其他工业和一般服务业具有较高的区位竞争优势；另外两项高附加值的制造业中，技术密集型制造业属于区位竞争力较弱但其产业基础较好；嘉兴的 3 项传统型产业建筑业、农业和劳动密集型制造业均有一定的竞争优势，这也体现了嘉兴作为浙江离上海最近的地区其承接上海产业转移的特征（表 A1）。

从湖州的产业部类特征来看，8 项产业部类仅有生产性服务业、技术密集型制造业 D 值大于 0，由于湖州位于太湖西南侧、交通相对不便，实际上其略高的生产性服务业 P 值或许只能说明其相对自成体系的产业特征，故其服务业的比例相对较高，这也与舟山的情况类似；因此总体上来说，湖州属于整体产业区域竞争力较弱的地区（表 A1）。

6. 宁绍舟地区产业部类

从宁波地区的产业部类特征来看，生产性服务业、资本密集型制造业的竞争优势明显，宁波依靠其良好的港口条件，大力发展石油化工等资本密集型制造业，体现了其在经济全球化进程中依托硬件设施发展高附加值区段产业的特征；农业、建筑业也仍然具有一定的区域竞争优势（表 A1）。

分析绍兴地区的产业部类，可以发现绍兴的生产性服务业发展较为迅速，具有一定的优势；另外农业和劳动密集型制造业也属于非常明显的优势产业，联系到绍兴地区纺织、服装业的发展情况，事实上是该地区利用经济全球化的有利时机，大力发展该类产业的出口贸易，当然这些行业的整体附加值本身较低，如何向价值链上游攀升是地区产业发展的主要问题之一；另外建筑业属于绝对衰退的行业，9 年间该项产业部类也是 15 个地区、8 个产业部类的统计数据中唯一出现绝对值下降的产业部类（表 A1）。

从舟山地区的产业部类特征来看，该地区的特征在 15 个地区中最为明显，主要是 8 项产业部类除了技术密集型制造业以外其余 7 项产业均具有较强的竞争力，这一特征与舟山特殊的地理位置有很大的关系，由于交通条件的不便，舟山与其他地区的产业分工呈现出相对独特的现象（表 A1）。

A1.4　小结

从产业部类结构的变化来看，价值区段较高的产业在 1996 年到 2005 年的偏离份额中处于相对上升的趋势，而传统产业尤其是劳动密集型制造业、农业等行业出现了相对减小的趋势；在产业的区位竞争力方面，上海、苏州、南京、杭州、宁波等城市高附加值区段产业的增加明显，而长江以北的通泰扬地区、湖州、绍兴等地的产业部类呈现出传统产业占据区域优势地位的特征。

A2 制造业异同性的分析

A2.1 制造业异同性的测度方法

由克鲁格曼(2000)在《地理与贸易》中首先提出了用专业化指数来考察地区之间的结构差异性程度的方法,其表达式为:

$$S_{jk}=\sum_{i=1}^{n}\left|\frac{q_{ij}}{q_j}-\frac{q_{ik}}{q_k}\right|$$

式中,下标 j 和 k 表示区域,i 表示产业;q_{ij} 和 q_{ik} 分别表示 j 和 k 两地区的 i 产业的产值;q_j 和 q_k 是两地区各自的总的工业产值。

如果区域 j 和区域 k 有完全相同的产业结构,也就是说,对所有的 i,产值份额都是一样的,那么,这个指数当然为 0;如果两个区域的产业结构毫不相关,这个指数将为 2(因为每个地区的所有产业的份额都加总了)。因此,这个指数可以大致定量地衡量经济结构差异,并进而衡量区域分工的程度(克鲁格曼,2000)。

相对于其他测度方法而言,克鲁格曼的专业化指数的计算方法简洁明了。因此,本书将采用克鲁格曼的专业化指数来衡量长三角地区的产业部类联系程度,对地区间的产业结构的差异性或同构性进行定量测度。

本书参照克鲁格曼研究方法,以企业名录中细分行业的从业人数字段为基础数据,并在前一章节中生产性服务业的产业功能化指数的基础上,结合城市职能分析的结果,进而考察 1996—2004 年间城市产业的互动情况。

A2.2 制造业的异同性比较

根据博尔哈、卡斯特勒的研究结果,在全球城市体系的外围地区,将呈现出非结构化的现象,具体到产业而言则意味着地域间的同构现象将比较明显。由于 15 个城市存在 105 对相互关系,在本次研究中重点关注的是城市间克鲁格曼专业化指数较小的那部分,也即城市产业同质性较强的城市关系对,研究中取 GSI 指数值小于区域平均值 1 倍标准差的关系对为高同质性产业关系,并以此作为考察对象(表 A3)。当然,目前关于长三角区域制造业同构性并没有取得一致的意见,本书仅从产业价值链的角度探讨产业异同性是否出现了同构的

表 A3 长三角区域 1996 年、2004 年专门化分工指数

1996	上海	苏州	无锡	常州	南京	镇江	南通	泰州	扬州	杭州	嘉兴	湖州	宁波	绍兴	舟山
上 海		0.44	0.48	0.39	0.31	0.39	0.66	0.50	0.38	0.58	0.74	0.91	0.43	0.81	1.00
苏 州	0.44		0.31	0.49	0.53	0.50	0.42	0.59	0.54	0.60	0.55	0.65	0.60	0.52	1.10
无 锡	0.48	0.31		0.32	0.49	0.43	0.47	0.48	0.54	0.65	0.60	0.66	0.66	0.54	1.03
常 州	0.39	0.49	0.32		0.35	0.37	0.64	0.37	0.39	0.64	0.73	0.85	0.51	0.73	0.94
南 京	0.31	0.53	0.49	0.35		0.33	0.67	0.53	0.50	0.63	0.76	0.86	0.61	0.86	1.05
镇 江	0.39	0.50	0.43	0.37	0.33		0.50	0.46	0.41	0.59	0.55	0.70	0.58	0.74	1.04
南 通	0.66	0.42	0.47	0.64	0.67	0.50		0.64	0.57	0.74	0.42	0.44	0.73	0.30	1.11
泰 州	0.50	0.59	0.48	0.37	0.53	0.46	0.64		0.46	0.67	0.77	0.83	0.52	0.77	0.90
扬 州	0.38	0.54	0.54	0.39	0.50	0.41	0.57	0.46		0.60	0.59	0.85	0.47	0.71	0.94
杭 州	0.58	0.60	0.65	0.64	0.63	0.59	0.74	0.67	0.60		0.77	0.89	0.76	0.80	1.04
嘉 兴	0.74	0.55	0.60	0.73	0.76	0.55	0.42	0.77	0.59	0.77		0.57	0.68	0.60	1.20
湖 州	0.91	0.65	0.66	0.85	0.86	0.70	0.44	0.83	0.85	0.89	0.57		1.04	0.58	1.23
宁 波	0.43	0.60	0.66	0.51	0.61	0.58	0.73	0.52	0.47	0.76	0.68	1.04		0.81	1.12
绍 兴	0.81	0.52	0.54	0.73	0.86	0.74	0.30	0.77	0.71	0.80	0.60	0.58	0.81		1.16
舟 山	1.00	1.10	1.03	0.94	1.05	1.04	1.11	0.90	0.94	1.04	1.20	1.23	1.12	1.16	

续 表

2004	上海	苏州	无锡	常州	南京	镇江	南通	泰州	扬州	杭州	嘉兴	湖州	宁波	绍兴	舟山
上 海		0.55	0.44	0.38	0.34	0.33	0.69	0.43	0.37	0.49	0.85	0.82	0.40	0.86	0.92
苏 州	0.55		0.42	0.44	0.57	0.50	0.46	0.61	0.60	0.44	0.50	0.45	0.61	0.59	1.06
无 锡	0.44	0.42		0.27	0.50	0.40	0.51	0.39	0.54	0.50	0.68	0.62	0.60	0.64	0.93
常 州	0.38	0.44	0.27		0.40	0.38	0.59	0.34	0.42	0.39	0.76	0.72	0.49	0.72	0.92
南 京	0.34	0.57	0.50	0.40		0.30	0.66	0.49	0.46	0.49	0.83	0.78	0.60	0.88	0.92
镇 江	0.33	0.50	0.40	0.38	0.30		0.59	0.36	0.35	0.44	0.70	0.64	0.50	0.82	0.95
南 通	0.69	0.46	0.51	0.59	0.66	0.59		0.61	0.54	0.57	0.36	0.39	0.67	0.30	1.02
泰 州	0.43	0.61	0.39	0.34	0.49	0.36	0.61		0.46	0.56	0.86	0.80	0.46	0.78	0.84
扬 州	0.37	0.60	0.54	0.42	0.46	0.35	0.54	0.46		0.51	0.68	0.63	0.46	0.74	0.87
杭 州	0.49	0.44	0.50	0.39	0.49	0.44	0.57	0.56	0.51		0.67	0.62	0.63	0.70	0.96
嘉 兴	0.85	0.50	0.68	0.76	0.83	0.70	0.36	0.86	0.68	0.67		0.18	0.82	0.50	1.15
湖 州	0.82	0.45	0.62	0.72	0.78	0.64	0.39	0.80	0.63	0.62	0.18		0.76	0.51	1.09
宁 波	0.40	0.61	0.60	0.49	0.60	0.50	0.67	0.46	0.46	0.63	0.82	0.76		0.78	1.03
绍 兴	0.86	0.59	0.64	0.72	0.88	0.82	0.30	0.78	0.74	0.70	0.50	0.51	0.78		1.09
舟 山	0.92	1.06	0.93	0.92	0.92	0.95	1.02	0.84	0.87	0.96	1.15	1.09	1.03	1.09	

注：灰色填充部分为产业联系低于平均值1倍STD。

现象①。

从 1996 年的城市间制造业专业化指数来看，江苏省内沿江部分地区的城市间专业化指数小于平均值超过了 1 倍 STD，省内的高同质性城市主要是长江以南的苏锡常地区和宁镇地区、长江以北的通泰扬地区，其中长江以南地区也是资本密集型、技术密集型制造业空间集聚最为突出的地区，浙江省内仅有嘉兴—湖州同质性较高。跨省级行政单位的高同质性主要为上海—南京、上海—常州、上海—扬州、南通—绍兴、南通—嘉兴，其中上海、南京属于服务业相对突出的城市，而南通、绍兴、湖州均为劳动密集型产业相对突出的城市。

到 2004 年，制造业专门化指数低于区域平均值超过 1 倍 STD 的城市对与 1996 年相比，在省内的同质性方面，主要是江苏省内同质性的制造业更加集中长江两侧的南京—镇江—常州—无锡—扬州—泰州地域，在空间上表现为高同质性的制造业更加集中；在跨省的产业异同性方面，上海—宁波、南通—湖州具有制造业高同质性特征。

总体上，从长三角地区产业功能的异同性关系来看，1996 年、2004 年的产业同质性仍然以沿江地域邻近性为主要特征，在表 A3 中，两个时间截面的制造业同构关系对(灰色)大多数属于邻近性地域，其中无锡—常州—镇江—南京、南通—泰州—扬州即为明显的制造业高度同构区域。

A2.3 制造业同构的空间格局

由于 15 个城市存在 107 对相互关系，在本次研究中重点关注的是城市间克鲁格曼专业化指数较大的那部分，也即城市产业互补性较强的城市关系对，研究中取了其中指数值较大的前 25％城市指数关系对作为考察对象(图 A1)。

从 1996 年的城市间专业化指数来看，上海和浙江城市舟山、绍兴、宁波、嘉

① 对于长三角地区产业结构究竟是否趋同，同构的范围、程度、发生机理，对区域经济发展的影响以及未来产业结构变化趋势等问题，至今仍存在着严重的分歧(刘传江、吕力，2005)。

在长三角产业结构是否趋同的问题，部分研究认为，长三角内各地区制造业结构存在着严重的雷同(劳苑，1993；朱海就，2005)。唐国产(2002)在此基础上发现，长三角城市间的产业结构相似程度还具有明显的地域性，凡是在地域空间上相邻的城市，其相似系数都非常大，如苏州、无锡和常州两两之间的平均相似系数高达 0.97。然而，一些学者(靖学者，2004；陈建军，2004；赵丽、夏永祥，2004；王洪庆、朱荣林)通过深入研究长三角地区的细分产业结构，提出长三角的产业结构主要在宏观层面上表现出趋同，但在微观产品层面上的同构趋势并不明显。靖学者(2004)通过比较长三角地区的上海、南京、杭州、无锡和苏州五城市制造业内部的结构相似系数与三次产业结构相似系数，发现前者普遍小于后者。范剑勇(2004)以上海、江苏和浙江三省市为研究对象，考察了它们的地区专业化指数，但结论却与刘传江等人(2005)的不同。其结论是上海的劳动密集型、一般资本密集型制造业行业将向周边地区转移，上海市只保留极少数技术资本密集型、港口型、都市信息型等制造业行业。

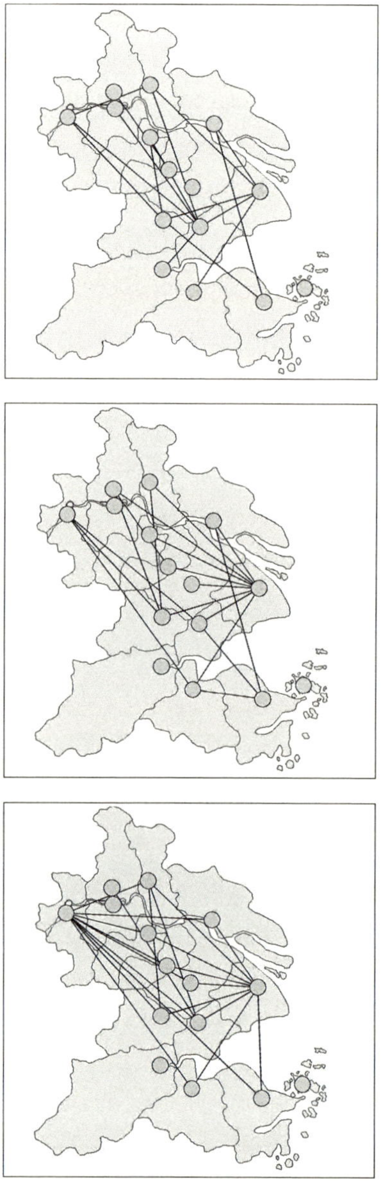

图 A1　1996 年、2000 年、2004 年剔出舟山后长三角地区城市间专业化指数数值前 25%的区域分布

兴与长三角地区各城市具有较为明显的城市间专业化指数。若把舟山剔出，上海—绍兴、南京—绍兴、宁波—湖州的城市间专业化分工最为突出。这说明，从 1996 年长三角地区各城市之间产业的分工来看，浙江的部分城市在整个区域中产业分工较为明显，与其余城市具有较高的城市间专业化指数。

到 2000 年，上海和其余城市之间的专业化指数增长明显，南京、泰州、扬州与其余城市间的专业化指数也有所增加，浙江城市绍兴、宁波、嘉兴与长三角地区各城市间专业化指数下降明显。若把舟山剔出，上海—绍兴、上海—湖州、南京—绍兴的城市间专业化分工最为突出。这说明，2000 年上海的职能开始在整个区域网络中产业分工较为明显。

到 2004 年，绝大部分产业互动明显的城市经济联系为上海、南京以及特殊城市舟山与其余各城市之间的产业互动联系，在表中灰色填充的 26 城市指数关系对中，其余 12 个城市之间、66 对城市指数关系对中仅有 2 对（分别为泰州—嘉兴、泰州—湖州间的专业化指数）属于数值较大的城市对，这也说明了在 2004 年产业互动关系网络中，上海、南京和舟山与其余城市具有非常明显的产业互补功能，而其余城市之间的产业异同性方面同构性相对较强、互补性较弱。同样若把舟山剔出，上海—绍兴、南京—嘉兴、南京—绍兴的城市间专业化分工最为突出。

从长三角地区产业功能互动的关系来看，1996 年、2000 年、2004 年间的产业网络互动关系逐渐明朗。将特例城市舟山剔出，将其余城市间专业化指数值的前 25%位数值绘成图，可以发现，1996 年时较强的产业互动关系在区域空间分布较为零散，到了 2000 年则相应的有所集聚，2004 年则上海、南京已经非常明显地成为区域产业功能互动关系的核心城市。

A2.4 产业间功能的专业化

将 15 个城市分成 3 组（上海和南京为生产性服务业城市组，舟山为特例城市，其余 12 个城市作为制造业职能城市组）进行 1996—2004 年城市间专业化指数变化幅度的比较，可以发现：在组内专业化指数变化方面，上海、南京两城市间专业化指数增加了 0.026，制造业职能突出的 12 个城市间专业化指数组内减少了 1.125；在组间专业化指数变化方面，上海、南京两城市与其余两组城市专业化指数均有增加趋势，12 个制造业职能明显的城市与舟山专业化指数也有所增加（表 A4、表 A5）。

表 A4 1996—2004 年长三角地区 3 组城市间专业化指数变化

	生产性服务业城市	制造业职能城市	特 例 城 市
生产性服务业城市		2.841	0.019
制造业职能城市			0.228
特例城市			

表 A5 1996—2004 年长三角地区 3 组城市内部专业化指数变化

	组内指数变化
生产性服务业城市	0.026
制造业职能城市	−1.13
特例城市	—

将上海、南京、舟山 3 个服务业比重较大的城市分离出来，考察其余 12 个制造业从业人员比重相对较大城市，可以发现从 1996 年到 2004 年，在 66 对城市指数关系对的增长变化中，有 40 对为负数，这说明这 12 个制造业城市存在同构现象明显的趋势，意味着这 12 个城市产业的横向联系在减弱。

另外，继续考察这 12 个城市之间横向联系减弱的区域分布，相邻地域具有更为明显的横向联系减弱现象：苏州、无锡、常州和镇江制造业连绵地区，6 对城市间专业化指数中有 4 对出现了下降；南通、扬州和泰州 3 对城市间专业化指数中有 2 对出现了下降；而浙江除去舟山的 5 个城市中，12 对城市间专业化指数中有 11 对出现了下降（表 A6）。这种现象，也说明了在一定地域范围内，长三角区域的制造业产业集群特征在强化。

表 A6　1996—2004 年长三角地区 12 个制造业职能城市间专业化指数变化

	苏州	无锡	常州	镇江	南通	泰州	扬州	杭州	嘉兴	湖州	宁波	绍兴
苏州		0.04	−0.03	0.11	0.06	0.11	0.14	0.00	0.00	−0.10	0.05	0.03
无锡			−0.05	−0.01	−0.03	−0.07	−0.01	−0.08	0.07	−0.08	−0.05	0.00
常州				−0.03	−0.03	−0.03	0.01	−0.12	−0.05	−0.03	−0.06	−0.01
镇江					0.03	−0.08	0.01	−0.02	0.06	0.00	−0.05	−0.01
南通						0.00	−0.05	−0.06	−0.09	0.10	−0.08	0.02
泰州							−0.08	−0.03	0.01	0.11	−0.04	0.09
扬州								0.02	0.04	0.10	0.01	−0.04
杭州									−0.02	−0.03	−0.02	−0.08
嘉兴										−0.31	0.11	−0.19
湖州											−0.16	−0.04
宁波												−0.09
绍兴												

注：灰色填充格表示该项值为负值，反映城市横向联系的产业互动具有相对弱化的趋势。

在韦伯、杜能的工业区位理论中，运输费用是具有决定意义的变量，因此一般意义上，相邻地域范围内的城市间产业互补才具有最小运费，而这 12 个制造业职能特征城市中相邻地域(例如通泰扬地区和无锡、常州组成的区域，杭嘉湖宁绍区域)城市产业互动相对较弱，则反映了在经济全球化背景中，传统的区域内部水平横向制造业联系趋于瓦解，而更大程度地代之以垂直的全球产业产业联系。事实上，从经济全球化程度的增速来看，这 12 个制造业职能特征城市其外贸依存度增加幅度的平均值远高于生产性服务业城市上海、南京和特例城市舟山(表 A7)，这也佐证了在经济全球化背景下，长三角地区制造业职能特征

表 A7　1995—2005 年长三角地区分组城市外贸依存度的变化幅度

	外贸依存度
制造业职能城市	234.8%
生产性服务业城市	97.21%
特例城市	73.23%

注：12 个城市中扬州、泰州采用的是 1996 年的数据。

城市的产业互动之所以相对减弱，原因在于其中间产品的消耗与最终产品的销售越来越依赖国际市场。

A3　长三角区域的网络交互作用与空间结构演化

A3.1　引论

1. 从中心地到网络化的地域模式

二战以后，克里斯泰勒和廖什的中心地理论一直被看作区域和城市体系的基础理论。按照这一理论，城市体系由不同等级的中心地组成，中心城市为周边的从属区域提供服务，并以确定的腹地边界作为中心地服务范围(Derudder，2007)，因此每一个中心城市与其腹地中的从属城市都构成了一个自上而下的、自成体系的系统。概括而言，中心地模式以向心型的垂直联系为表征(李国平，2009)。

随着全球化的不断深入，跨国交易的飞速发展导致了区域边界的限定作用不断弱化，一些学者据此认为：区域的空间组织模式正从传统的中心地模式向网络化模式转化，城市网络交互作用在区域空间组织方面起着越来越重要的作用。按照 Castells(1996)的观点，区域空间相互作用的模式正由传统的“场所空间”迈向“流动空间”。针对这一现象，目前西方学者在该领域展开了大量以揭示区域网络复杂性为目的的研究，以探索城市如何在区域中保持或者加强其社会经济的控制力(Alderson、Beckfield，2004；Beaverstock 等，1999，2000；Carroll，2007；Taylor，2000，2004)。

在中心地模式和网络化模式这两个框架中，都包含了场所(place)和流(flow)的概念，只不过在中心地理论中，区位场所的等级分布决定了流的分布；而在网络化模式中，则是流的分布决定了区位场所的等级(Taylor，2007)。Parr(2002)指出，与中心地模式相比，网络化的城市区域的空间组织在中心地分布上更为均衡；Batten(1995)则对两者之间的区别进行了总结，中心地系统更加强调空间组织的向心性(Centerality)，强调自上而下的单向垂直联系，而网络化模式则强调节点性(Nodality)，强调水平联系和中心之间的多向联系。Taylor(2007、2008)还以 Town-ness 和 City-ness 的概念分别描述了中心地模式和网络化模式这两种区域空间作用的区别。概括而言，网络化模式以跨越腹地边界的多向联系为表征。

2. 网络化的区域空间结构

随着全球流动性的不断增强，区域空间的演化也成为当前西方相关领域的主要关注点。Scott(2001)针对经济全球化的深化提出了全球城市区域的概念，他认为全球城市区域是在高度全球化下、以经济联系为基础，由全球城市及其腹地内经济实力较雄厚的二级大中城市扩展联合而形成的独特空间现象。Scott还将区域空间结构的演化划分为三个阶段：单中心(中心城市为主导的阶段)、多中心(中心城市和郊区相互竞争阶段)和网络化阶段(复杂的相互依赖和相互竞争关系)。一些学者也认为，全球城市区域是由多核心的城市扩展联合的空间结构，而非单一核心的城市区域(周振华，2007)。

因此，随着人员、信息流、技术等流动性的不断加强，全球化进程中的区域空间结构将发生本质性变化，并可能由非均衡的核心——外围式格局向均衡的网络——节点式格局转变，正如吴缚龙(2006)指出的，各个城市在区域中成为网络型城市体系，并通过这种多中心都市区域以产生协同效应，从而形成城市体系的整体竞争优势。

简而言之，按照上述理论，随着经济全球化而不断强化，相对于中心地模式主导的、自成体系的向心型空间结构，网络化模式主导的空间作用将逐渐增强，并有助于塑造均衡、开放的区域空间。

A3.2 技术路线

1. 研究目的

从已有的研究成果来看，国内目前已经有了城市间网络的应用性研究，如金凤君(2005)等人关于中国航空网络的城市网络研究；杨兴柱、顾朝林(2006)分析了南京市域的旅游客流的网络；吴威等人(2006)分析了长三角区域的公路网路；李国平(2009)分析了杭州市域交通流的分布。

但需要指出的是，鉴于区域流动性的不断增强，从地域间联系强度、流向的角度对地域网络关系进行深入分析的研究相对较少，因此，对网络交互作用下的空间结构演化趋势进行分析，厘清中心地模式与网络化模式在特定区域内的作用机制有一定理论意义，并能为区域协调发展提供一定的研究价值。

2. 研究对象

经过近30年的跨越式发展，长三角区域社会经济经历了快速的发展。根据2007年公布的统计数据：仅有15个地区(包括上海、南京、苏州、无锡、常州、南通、扬州、镇江、泰州、杭州、宁波、嘉兴、湖州、绍兴、舟山)的长三角区域虽然仅占1.05%的国土面积和仅有6.66%的人口，但却能创造18.2%的中国国内生产总值，24.0%的财政收入，35.0%的外贸收入和44.8%的中国外资利用量。在经济全球化方面，唐子来(2009)通过以资本、产品、人员和信息的全球流通为表征，考察和分析了 1996—2005 年期间长三角经济全球化进程的时空演化格局，研究结果表明，该区域经济全球化进程经历了停滞徘徊、快速上升和收敛发展三个阶段。

在具体的空间单元方面，本书研究的是长三角区域 15 个地区，每个地区又包括了若干县市区，本书将县市区作为研究的空间单元，属于市区的区合并作为中心城区。因此，细分单元包括了 15 个中心城区、74 个县市区，总共 89 个空间单元。

3. 研究内容

本书的内容主要包括三个方面：

首先，以企业联系为分析对象研究区域的网络联系演化，根据中心地模式以向心型的垂直联系为表征、网络化模式以跨越腹地边界的横向联系为表征的原则，以 15 个地区中心城为基点，依据是否跨域地级以上的行政区划界限为标准，分析了不同强度、不同方向的网络“流量”变化趋势，并检验了区域多核心趋势下的网络交互作用；

其次，选择社会经济变量，通过主因子分析对长三角区域中心城、非中心城空间单元的地域类型进行划分，分析区域空间结构的演化趋势；

最后，通过对网络交互作用与地域类型的比较印证，来验证长三角区域多核网络化趋势下的空间结构演化模式，即中心地模式与网络化模式的趋势演化。

4. 网络的分析方法

地域网络的研究方面，传统上主要侧重于人员流动便捷性，或者居住人口流动对城镇体系演化的影响，然而随着全球跨国公司的不断增加，越来越多的学者认为，鉴于企业在跨地域的分支机构空间布局方面会着重考虑市场潜力、技术资源、基础设施、业务分包便捷性等因素，故城市网络构成了企业综合评价这些因素的空间要素(Pred, 1977)。因此，本书研究借鉴了 Taylor、Hall、Pain 等人的分析方法，以 1999 年、2004 年企业名录数据为基础，计算长三角地区内部 intra-urban 层面的地域间公司联系。在数据处理中，以 ACCESS 软件中的 SQL 语句筛选出其母公司来自长三角区域 15 个中心城的企业，再利用企业数据库中的邮编信息进行前 4 位代码的截取①，以获得县市区层面注册地的空间信息。

研究中将地域之间的母公司——分支机构数量视作网络联系的强弱，并扣

① 邮编代码的前 4 位在空间单元上即对应于行政区划意义上的县市区，长三角区域 15 个地区仅有绍兴市、绍兴县由于历史上行政区划的原因导致邮编的前 4 位相同，采用插值法将其拆分为两个空间单元。

除母公司和分公司同一个空间单元的数据：

$$N_i = \sum T_{i,j} + \sum T_{j,i}, (i \neq j), j = 1, \cdots, n \qquad \text{(A1)}$$

上式中，$T_{i,j}$表示母公司在 i 地、分公司驻地在 j 地的地域联系，$T_{j,i}$表示母公司在 j 地、分公司驻地在 i 地的地域联系，N_i表示 i 空间单元的结节性。

另外，鉴于母公司绝大部分集中在 15 个中心城区，而源自非中心城区的样本数量很少，因此研究中略去了非中心城区为母公司的数据。当然，这一做法简化了运算量，但减小了非中心城区空间单元的结节性，从而降低了研究结果的可信度，但由于研究关注的是区域网络流量的趋势演化，因此认为这一缺陷是可以接受的。

在计算出城市体系中具有最大影响力的 N_i值 N_{max}后，可以进一步计算该城市体系中任意一个空间单元的相对影响度，采用百分制予以计分，则城市体系中该值大小在 0—100 内变动：

$$P_{a_i} = (N_i / N_{max}) \times 100 \qquad \text{(A2)}$$

由于 1999 年、2004 年的数据均是样本数据，无法直接比较网络联系绝对值的大小，采取相对联系强度的计算方法：先选取截面年份中地域网络联系中最大的那一对 $T_{ij\,max}$，然后计算各地域间分公司联系与相应年份最大值的比值 R_{ij}，

$$R_{ij} = T_{ij} / T_{ij\,max} \qquad \text{(A3)}$$

在此基础上进一步计算 R_{ij} 大于一定阈值（如 5%、10%、20%等）的地域间联系总数，来分析区域网络联系强度。

$$L_k = \text{count}\{R_{ij} \mid R_{ij} > k\} \qquad \text{(A4)}$$

网络的流向方面，在以 15 个中心城区为母公司的企业联系中，将网络联系分为 3 类（图 A2）：A 类：中心城区到中心城区的企业联系；B 类：中心城区到地区内空间单元的企业联系；C 类：中心城区到地区外空间单元的企业联系。理论上企业联系的总数为 15×88 对联系。

5. 地域类型的分析方法

鉴于多变量分析技术能有效地对区域进行类型划分（Lipshitz，1998），本书采用了这一分析技术。近年来，Christine（2007）等人采用这一定量分析技术对欧洲区域空间结构做了深入研究，本书借鉴这些学者对地域类型的分析方法，采用主因子分析和层次聚类的分析方法，对 89 个空间单元的地域类别的特征进行描述。

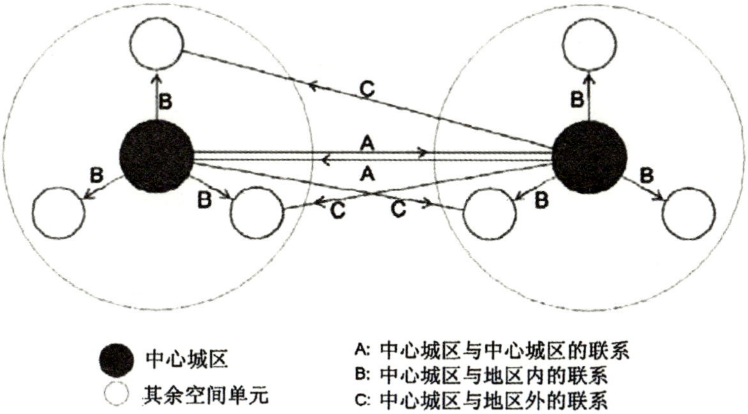

图 A2 研究中的 3 类地域网络联系

需要指出的是,研究中因子分析主要是用来进行空间单元聚类用的,而因子分析的结果反映的是变量之间的相对关系,因此如果将 1999 年、2005 年的两套变量指标分别进行主因子分析,其结果均是当年年份的变量缩减后的相对值,而并不具有严格意义上的可比较性。为此,将两个年份的 89 个空间单元作为89×2 即 178 个样本,对变量进行主因子分析,这样保证了各个空间单元不但可以相互比较,而且还具有时间序列上严格意义的可比性。

A3.3 区域网络交互作用的演化

1. 区域网络联系强度的空间变化

研究首先分析了网络联系强度的空间分布变化。分别选取比值为 5%、10%、20%的网络联系作为阀值联系强度,通过比较 1999 年、2004 年中大于 5%、大于 10%、大于 20%的地域间企业联系 P_{a_i} 值的变化,来分析区域网络联系强度的层级的变化。并分别将 1999 年、2004 年相对联系度 P_{a_i} 值大于 5%、10%、20%的网络联系绘制成图,可以发现 5 年间,长三角区域企业分支机构的网络联系呈现出明显扩散趋势,其中 R_{ij} 值大于 5%的企业联系 $L_{0.05}$ 由 1999 年的 97 增加到 2004 年的 144,R_{ij} 值大于 10%的 $L_{0.10}$ 由 1999 年的 60 增加到 2004 年的 91,R_{ij} 值大于 20%的企业联系 $L_{0.20}$ 数量由 1999 年的 51 增加到 2004 年的 61。也就是说,以 $L_{0.05}$、$L_{0.10}$、$L_{0.20}$ 来衡量长三角区域的网络联系演化,区域网络有了非常明显的扩散趋势,整个区域的一体化进程处于加强的趋势(表 A8、图 A3)。

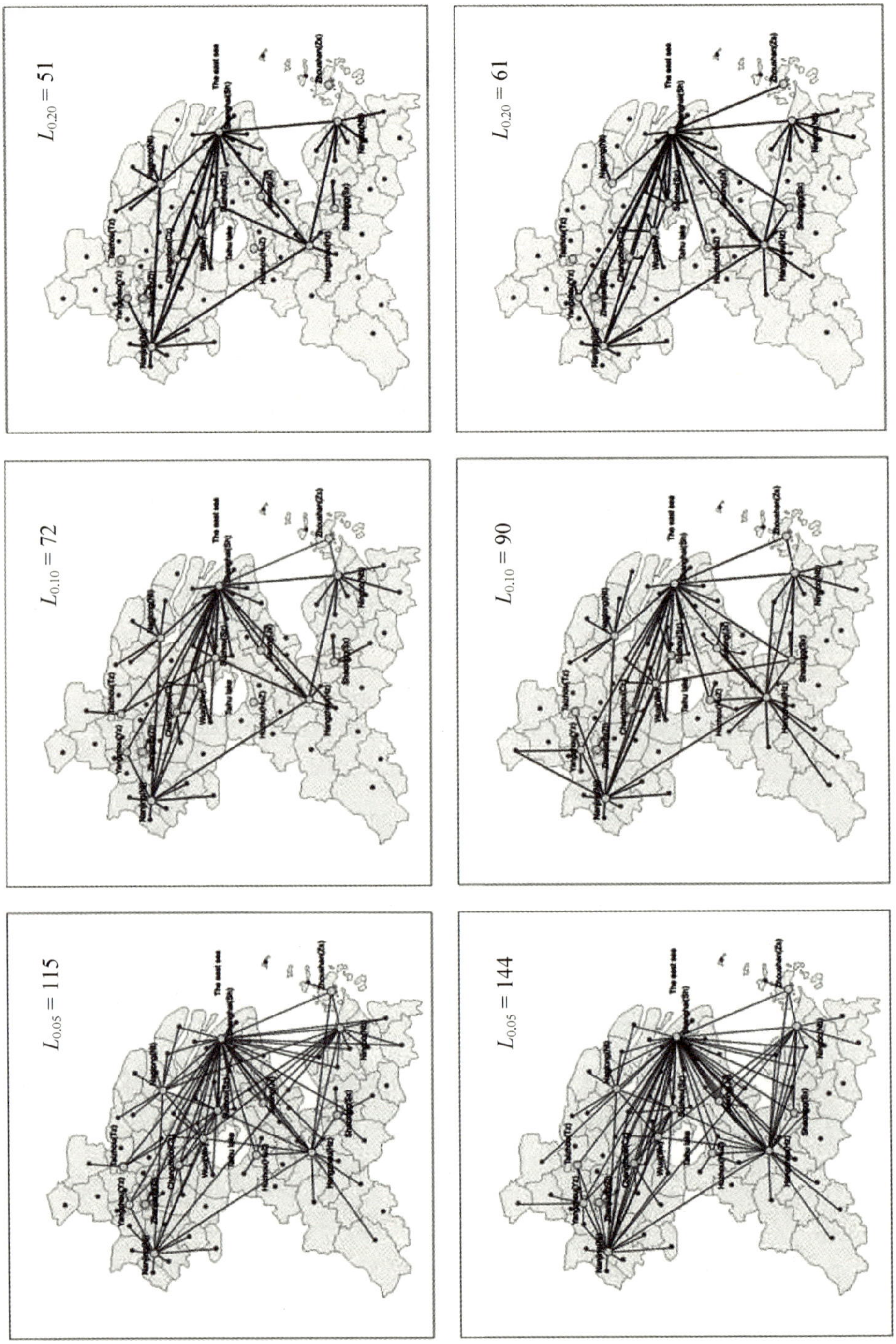

图 A3　1999 年（上侧图片）、2004 年（下侧图片）的 L_k 网络联系分布图谱

表 A8　1999 年、2004 年高于 5%、10%、20%的网络联系数量

	$L_{0.05}$	$L_{0.10}$	$L_{0.20}$
1999 年	115	72	51
2004 年	144	90	61

2. 区域网络的模式变化

研究进一步分析了网络的流向分布，3 类地域联系的流向模式详见图 A2。可以发现，从 15 个地区的中心城区之间的网络流量（A 类）占区域网络的比重来看，1999 年到 2004 年变化不大，但长三角区域的核心城区上海、南京、杭州 3 个中心城区均出现了下降，其余中心城区相互之间的网络联系有所增加，说明区域中心城区之间的网络联系有扩散的趋势。从中心城区与各自下辖空间单元的网络联系（B 类）比重来看，1999 年到 2004 年下降明显，15 个中心城区有 12 个中心城区与其当地的下辖郊区县的单元网络联系比重下降，说明在城市区域的演化过程中，基于地区内部本地联系的 Town-ness 模式特征正趋于弱化。从中心城区与各自行政辖区外空间单元的网络联系（C 类）比重来看，1999 年到 2004 年上升非常明显，15 个中心城区与各自辖区外空间单元的网络联系全部出现了上升的趋势，说明在长三角区域的各个中心城已不再局限于本地的地域服务，而明显地出现了向外扩散的相互交织趋势，传统的中心地特征越来越弱。总体说来，这一时期内，以企业分支机构衡量的地区联系，虽然总体上地区内部的联系仍然占据着主导地位，但是地区之间的网络联系已经日益增强，跨地域的经济交流不断强化，自成体系的中心地模式具有弱化的趋势。

表 A9　1999 年、2004 年 A、B、C 等 3 类网络联系的比重变化

	Link A		Link B		Link C	
	1999	2004	1999	2004	1999	2004
上海中心城区	70.0%	65.0%	24.7%	24.5%	5.3%	10.5%
嘉兴中心城区	68.4%	70.0%	28.9%	22.7%	2.6%	7.3%
绍兴中心城区	67.9%	51.0%	25.0%	27.0%	7.1%	22.0%
杭州中心城区	65.1%	45.3%	30.6%	37.1%	4.2%	17.6%

续 表

	Link A		Link B		Link C	
	1999	2004	1999	2004	1999	2004
南通中心城区	61.7%	53.2%	33.6%	30.7%	4.7%	16.1%
湖州中心城区	55.6%	61.4%	44.4%	28.4%	0.0%	10.2%
扬州中心城区	32.6%	39.9%	47.8%	28.0%	19.6%	32.2%
南京中心城区	52.0%	49.0%	38.9%	33.9%	9.1%	17.1%
泰州中心城区	50.0%	36.4%	45.8%	43.2%	4.2%	20.5%
苏州中心城区	48.2%	59.6%	47.4%	30.6%	4.4%	9.8%
镇江中心城区	47.1%	44.9%	41.2%	43.6%	11.8%	11.5%
舟山中心城区	46.7%	34.5%	46.7%	58.6%	6.7%	6.9%
宁波中心城区	46.6%	65.1%	47.8%	28.2%	5.6%	6.7%
无锡中心城区	42.7%	64.2%	49.3%	26.2%	8.0%	9.6%
常州中心城区	38.5%	42.9%	46.2%	39.8%	15.4%	17.2%
长三角区域平均值	52.6%	52.1%	40.1%	33.5%	7.3%	14.4%

注：各年度 A、B、C 网络联系比重之和为 100%。

3. 区域网络的节点

另外，研究还从节点等级来分析多核心或单核心的变化。从网络联系的空间分布来看，上海—南京、上海—杭州的地区中，网络联系的强度明显高于其他区域。15 个中心城区中，上海中心城区一直是区域网络联系的极核，而南京和杭州中心城区的网络联系度也相对较高，到 2005 年更为明显。为度量 15 个中心城区的结节性分布，将最大核心上海中心城区作为 100，求出其余各个中心城区与上海中心城区相比的数值，最后统一取对数，比较 15 个中心城区的网络结节性。可以发现，在以上海为 100 计算各中心城区的相对值，1999 年到 2004 年，上海以外的 14 个中心城区除了舟山以外均有明显的增加，说明在 15 个中心城区中，上海的单极地位有所下降，长三角区域在一定程度上出现了多核心趋势。因此，可以大致判断，长三角区域具有向多核心城市区域(polycentric urban-region)演进的趋势(图 A4)。

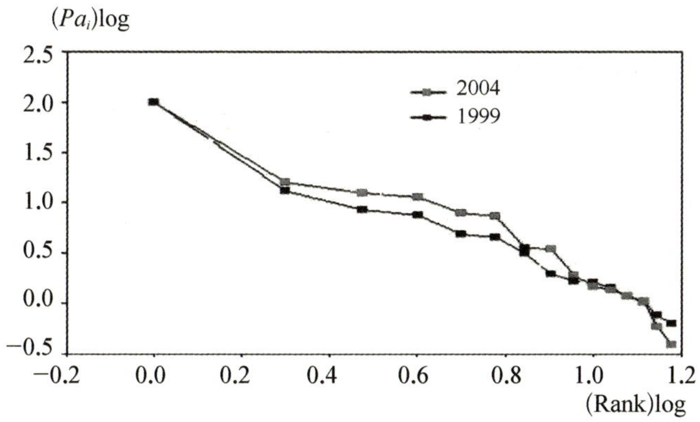

图 A4　1999 年、2004 年 P_{a_i} 值及位序的对数分布图

A3.4　地域类型分析

1. 地域类型的初始变量

在这一部分研究中，要进一步通过地域类型分析确证长三角区域向多核心的城市区域模式的演进。研究选取了 14 项变量，分别从社会经活动强度、城市化水平、产业结构等方面反映了长三角 89 个空间单元（15 个中心城区单元和 74 个县市区单元）的主要社会经济概况，是本次区域空间类型划分的基础数据。

依主因子模型构建情况，将选用的 14 项变量指标数据应用数理统计软件 SPSS 进行运算。因子分析中，反映了长三角区域社会经济发展的 14 个变量可以归为 3 个主因子，特征值均大于 1，3 个主因子其累计方差贡献率为 80.987%。通过这 3 个主因子的得分即可概括描述 1999 年、2005 年长三角区域县市区层面的区域空间结构（表 A10、表 A11）。

表 A10　主因子的特征值及方差贡献率

因子	初　始　矩　阵			旋　转　矩　阵		
	特征值	贡献率	累积贡献率	特征值	贡献率	累积贡献率
1	7.798	55.702%	55.702%	4.714	33.669%	33.669%
2	2.072	14.799%	70.500%	3.344	23.887%	57.556%
3	1.468	10.487%	80.987%	3.280	23.431%	80.987%
4	0.785	5.604%	86.591%			
5	0.484	3.458%	90.049%			

续 表

因子	初始矩阵			旋转矩阵		
	特征值	贡献率	累积贡献率	特征值	贡献率	累积贡献率
6	0.347	2.477%	92.526%			
7	0.293	2.094%	94.620%			
8	0.230	1.643%	96.263%			
9	0.187	1.334%	97.596%			
10	0.141	1.006%	98.603%			
11	0.103	0.737%	99.340%			
12	0.075	0.535%	99.875%			
13	0.011	0.081%	99.956%			
14	0.006	0.044%	100.000%			

表 A11 旋转后的主因子矩阵

	1	2	3
地均财政收入	0.948		
地均生产总值	0.941		
地均固定资产投资	0.812		
人口密度	0.786		
外资密度	0.672		
人均公共图书馆图书藏量	0.659		0.550
第二产业增加值比例		0.864	
第一产业增加值比例		−0.849	
人均生产总值		0.685	
人均社会消费品零售总额		0.665	
人均储蓄存款		0.619	
第三产业增加值比例			0.870
人均医疗机构床位数			0.786
非农业人口比例			0.738

2. 区域空间类型的聚类分析

在本部分研究中，应用层次聚类法，对 3 个主因子进行层次聚类，分成 8 类。为了进一步明确每一类型的基本特征，以各类单元初始变量值的平均值高于或低于总体均值的标准差倍数来衡量各类空间单元的特征。一般而言，若一类型空间单元的变量值高于或低于总体均值的 0.5 倍标准差(0.50 STD)，则说明该变量可以作为衡量这类统计单元的特征(表 A12)。

表 A12 1999 年、2005 年长三角区域 8 类空间单元偏离变量的标准差倍数(STD)

	1	2	3	4	5	6	7	8
人口密度	7.931	0.351	−0.081	−0.303	3.180	−0.332	0.659	1.899
非农业人口比例	2.574	1.291	0.215	−0.531	2.210	−0.553	1.672	1.342
地均生产总值	11.169	0.118	0.102	−0.317	2.522	−0.252	0.144	1.810
地均财政收入	12.286	0.127	0.089	−0.213	1.226	−0.195	−0.212	2.574
外资密度	5.920	0.610	0.199	−0.454	2.019	−0.339	0.316	6.805
人均储蓄存款	4.476	0.939	1.013	−0.689	1.959	−0.472	0.361	2.626
地均固定资产投资	7.587	0.467	0.347	−0.393	2.538	−0.314	−0.407	5.702
人均社会消费零售	2.510	1.018	0.888	−0.806	2.628	−0.439	0.401	2.531
人均公共图书馆图书	7.519	0.214	−0.088	−0.344	2.934	−0.304	1.169	0.349
人均医疗机构床位数	1.862	0.951	−0.038	−0.403	2.121	−0.498	2.111	2.144
人均生产总值	4.021	0.359	1.418	−0.878	1.850	−0.299	0.036	1.903
第三产业增加值比例	2.924	0.514	−0.519	0.345	2.104	−0.490	1.934	−1.321
第二产业增加值比例	−0.906	0.283	1.143	−1.674	−0.414	0.315	−0.486	2.124
第一产业增加值比例	−1.283	−0.713	−0.854	1.575	−1.186	0.035	−0.974	−1.309

注：深灰色表示该类空间单元在相应变量方面高于平均值超过 1.0 STD，浅灰色表示低于平均值超过 0.5 STD。

总体上，1、5、7、8 类地域属于社会经济高度集聚的城区，2、3 类属于工业化水平相对突出的地域，4、6 类属于外围地域，其中第 4 类是典型的边缘型农业地域，并可将 1、5、7、8 类视作地区性的核心功能区(FUAs)，而 2、3 类则属于紧邻核心功能区的、相对发达的制造业区域(表 A12)。

3. 区域空间类型的演化

将聚类结果链接进 GIS 并生成相应的区域社会经济类型划分图(图 A5)，分析 1999 年、2005 年间长三角区域各类中心城区地域、工业化地域、外围地域的空间演化趋势，可以看出：

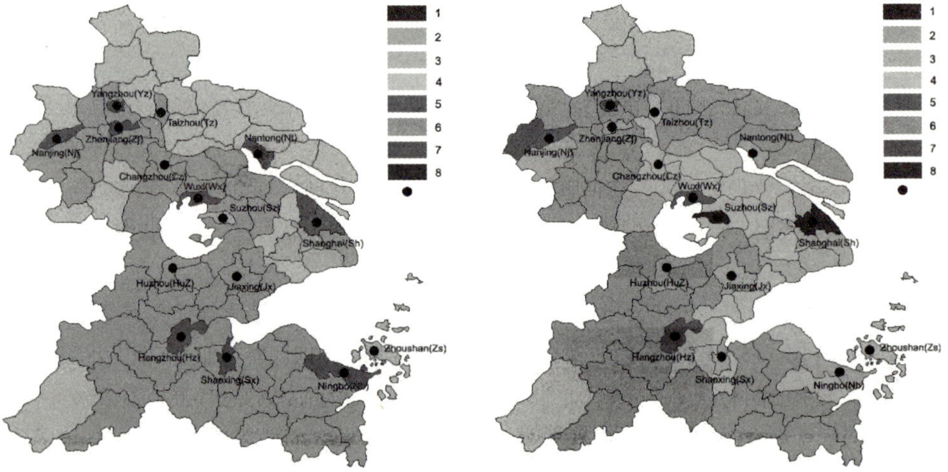

图 A5　1999 年(左)、2005 年(右)长三角区域空间结构

在外围区域的 4、6 类中，第 4 类地域 1999 年主要分布在长江以北的扬州地区、泰州地区和舟山地区，杭州地区西部、南京地区外围，上海地区南部金山和崇明岛也是这一类型，但到了 2005 年这一类地域大为减少，仅剩下扬州、泰州地区的北部和杭州地区的西部，显示出长三角区域经济整体提升后农业边缘性地域的发展。第 6 类地域 1999 年、2005 年均是分布最广的地域类型，主要的变化在于 2005 年该类地域有所减少，苏南地区和杭州湾地区的第 6 类成为第 3 类，说明在长三角区域经济发展中，一般外围区域也出现了产业提升。

继续考察空间结构的演化趋势。首先，绝大部分中心城区的功能提升比较明显，具有多核心区域空间格局的演化趋势，上海、南京、杭州、无锡、扬州的中心城区在产业集聚密度、产业结构方面均得到了明显的增强。其次，将 1999 年、2005 年进行比较可以发现，如果将核心功能区及其紧邻的制造业发达地域(1、2、3、5、8 地域)视为长三角城市区域的全球城市区域，则长三角出现了城市区域连绵化的趋势，空间分布上以上海中心城区为核心，向南北两翼展开，其中北翼主要为苏南地区，南翼主要为杭州湾沿线的杭州地区、嘉兴地区和宁波地区。另外，农业型地域出现了减少的趋势。

总而言之，长三角区域在社会经济整体提升的同时，一部分区域得以快速发展并在空间上呈现出连绵发展的格局，另有一部分农业型边缘地区也得以提升使得该类地域相对减少，在空间结构方面出现了整体梯度性增强的趋势。

A3.5 网络联系与地域类型的关联

本部分在网络联系分析基础上，继续对区域地域类型的模式演化进行深度分析。

可以发现，1999 年 15 个地区除了上海、舟山以外，有 13 个地区呈现出各自单独成体系的核心—边缘的格局(图 A5)，这些地区的县市区均以各行政区划的中心城为集聚核。到了 2005 年，随着长三角区域整体的网络化发展，整个区域范围内的产业梯度格局，开始呈现出网络化的多核心格局，形成了以服务业为主的多核心形成联合扩展的全球城市区域，并取代原有各地区自成体系的单中心模式，制造业则形成了上海郊区、苏南地区和杭州湾地区的连绵型集聚区域，地域类型的发育呈现出城市区域化的格局。也就是说，各地区内部自上而下的中心地模式明显弱化，并且随着长三角区域经济全球化的进程，核心城市产业向紧邻县市区扩散，并使得区域的发展呈现出了城市区域化的趋势，也即 Sccot 所说的全球城市区域在长三角逐渐浮现。

另外，为了分析特定类型地域范围内的网络联系，对地域分类中 2005 年的第 1、2、3、5、8 类地域的连绵区进行深入分析。这一连绵区属于长三角区域的经济发达地域，包括了苏南地区和杭州湾北部区域，涉及苏州、无锡、常州、上海、嘉兴、杭州和绍兴 7 个地区(图 A6)。

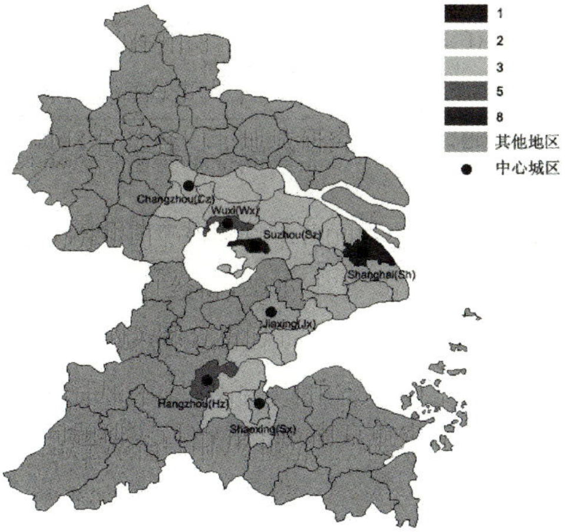

图 A6 2005 年连绵型城市区域的分布

研究比较了 7 个中心城对连绵型城市区域的网络连接的变化。鉴于上海中心城的特殊地位，将这些地区的 7 个中心城又细分为 6 个中心城和上海中心城两组(表 A13)，分别计算 2005 年连绵型城市区域与这些中心城的联系占该类中心城所有联系的比例。可以发现，无论是上海中心城还是其余 6 个中心城，对连绵型城市区域的联系比重都处于上升的趋势，前者对这一城市区域的比例由 70.59%略微增加到 71.20%，而后者的比例则非常明显地由 40.10%增加到 49.04%。联系到网络联系中所有中心城对辖区内县市区联系比重下降的现实,可以确证,长三角区域经济发达的连绵地域中,跨区域的网络联系相应地日趋紧密,具有多核心城区共同作用于全球城市区域的趋势(图 A5、图 A7)。

表 A13　中心城与城市区域网络连接占该类中心城所有连接的比例

中　心　城	1999 年	2004 年	变　化
上海中心城	70.59%	71.20%	0.61%
苏州、无锡、常州、嘉兴、杭州和绍兴 6 个中心城	40.10%	49.03%	8.93%

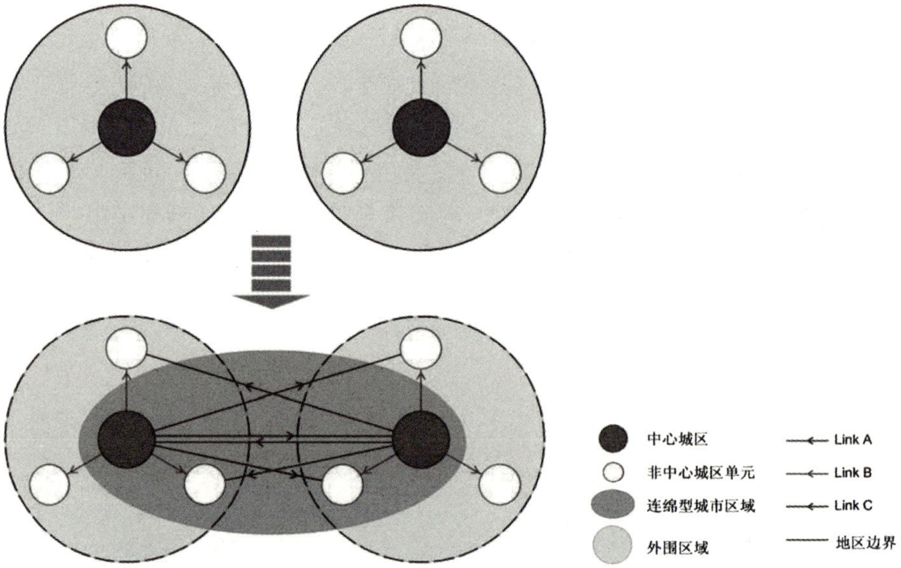

图 A7　长三角区域中心地模式与网络化模式的空间结构演化

A3.6　小结

通过网络连通性的分析,长三角区域 15 个地区向心型的、自成体系的、核心—边缘型中心地模式逐渐式微,而区域整体的多核心、多向性的网络化格局逐渐成形。在地域空间结构方面,原本匀质的基质区域出现了明显的分化,呈现出多核心联合的区域结构,与多核心毗邻地域如苏南地域、上海周边和杭州湾地区正崛起成为社会经济相对发达的地域,而交通不便的苏中县市和舟山等地则出现了边缘化的趋势。

研究证实了 Castells、Taylor、Parr、Batten 关于区域空间模式由中心地模式转向网络化模式的理论,Hall、Pain 关于全球城市区域多核心结构的观点,Sccot

关于全球化背景下的城市区域化理论。在区域空间结构方面，随着全球化进程中产业的不断扩散，长三角区域作为经济全球化快速深入的区域，城市发展呈现出了区域化趋势，已开始形成多核心城市扩展联合的地域结构，全球城市区域开始逐渐成形；空间作用方面，传统的向心型中心地模式空间结构正趋于式微，开放型的网络化模式的空间作用有所增强。

附录B 附　表

表 B1　1996—2005 年长三角区域各地区常驻总人口(万)

地　区	1996 年	1997 年	1998 年	1999 年	2000 年	2001 年	2002 年	2003 年	2004 年	2005 年
上　海	1 419.00	1 457.00	1 464.00	1 474.00	1 641.00	1 614.00	1 625.00	1 711.00	1 742.00	1 778.42
苏　州	574.12	574.99	575.35	576.23	578.17	580.53	583.86	590.97	598.85	607.31
无　锡	430.82	432.29	432.21	433.40	434.61	435.90	438.58	442.54	447.19	452.84
常　州	337.54	339.23	340.75	339.71	341.48	341.52	343.24	346.22	348.96	351.63
南　通	785.24	786.30	787.49	785.99	784.53	782.46	780.26	777.62	773.79	770.86
扬　州	444.82	446.14	446.59	447.39	450.62	451.59	452.22	453.61	454.29	456.31
泰　州	496.28	496.83	498.56	501.26	501.52	503.10	504.00	503.38	502.77	502.05
南　京	525.43	529.82	532.31	537.44	544.89	553.04	563.28	572.23	583.60	595.80
镇　江	264.80	265.41	265.64	266.17	266.67	266.58	267.13	267.19	267.21	267.61
绍　兴	426.84	428.94	430.04	431.70	432.69	433.27	433.59	433.84	434.72	435.09
宁　波	530.08	533.31	535.27	538.41	540.94	543.34	546.19	549.07	552.69	556.70
舟　山	98.47	98.58	98.54	98.42	98.41	98.10	97.76	97.12	96.91	96.73
杭　州	603.22	607.96	611.64	616.05	621.58	629.14	636.81	642.78	651.68	660.45
嘉　兴	328.06	329.29	329.91	330.19	331.26	331.93	332.38	332.96	333.94	334.33
湖　州	254.56	254.58	254.81	255.07	255.79	256.49	257.05	256.78	257.21	257.58

表 B2 1996—2005 年长三角区域各地区 GDP(亿元)

地 区	1996 年	1997 年	1998 年	1999 年	2000 年	2001 年	2002 年	2003 年	2004 年	2005 年
上 海	2 957.55	3 438.79	3 801.09	4 188.73	4 771.17	5 210.12	5 741.03	6 694.23	8 072.83	9 154.18
苏 州	1 002.14	1 132.59	1 250.01	1 358.43	1 540.68	1 760.28	2 080.37	2 801.56	3 450.00	4 026.52
无 锡	861.78	947.84	1 038.27	1 120.55	1 176.54	1 328.65	1 534.13	1 833.45	2 250.64	2 804.68
常 州	431.15	470.11	504.60	538.72	600.66	672.90	760.60	901.42	1 100.61	1 303.36
南 通	530.42	577.47	624.49	670.44	736.44	809.30	887.33	1 006.71	1 226.06	1 472.08
扬 州	351.15	376.67	401.59	426.97	472.12	505.46	558.93	647.22	760.33	922.02
泰 州	284.17	305.90	334.24	362.32	399.08	443.87	498.70	574.05	699.17	822.26
南 京	682.78	733.78	850.24	937.89	1 073.54	1 218.51	1 385.14	1 690.77	2 067.18	2 411.11
镇 江	355.11	360.54	390.56	416.51	452.03	502.66	560.90	641.05	724.78	871.67
绍 兴	513.71	594.55	651.26	705.06	779.76	823.00	928.77	1 088.39	1 313.87	1 440.48
宁 波	784.07	879.10	952.79	1 017.08	1 144.57	1 278.75	1 453.34	1 749.27	2 109.45	2 449.31
舟 山	83.82	91.29	97.27	106.15	121.57	134.38	157.30	186.62	231.27	280.16
杭 州	906.61	1 036.33	1 134.89	1 225.28	1 382.56	1 568.01	1 781.83	2 099.77	2 543.18	2 942.65
嘉 兴	369.96	408.83	433.39	460.31	524.03	586.73	677.65	823.54	1 002.41	1 159.66
湖 州	249.44	269.88	290.20	300.05	325.23	362.95	397.07	459.54	550.49	644.25

表 B3 1996—2005 年长三角区域各地区 FDI(万美元)

地 区	1996 年	1997 年	1998 年	1999 年	2000 年	2001 年	2002 年	2003 年	2004 年	2005 年
上 海	47.16	48.08	36.38	30.48	31.60	43.92	50.30	58.50	65.41	68.50
苏 州	22.57	24.47	28.42	28.56	28.83	30.22	48.14	68.05	50.33	51.16
无 锡	9.15	8.72	9.11	9.08	10.82	13.57	17.40	27.01	32.58	20.07
常 州	5.18	5.66	5.57	6.26	7.00	6.22	5.61	8.55	5.80	7.31
南 通	4.05	6.08	3.78	2.83	1.43	1.75	2.38	7.31	11.04	17.48
扬 州	1.00	0.74	0.68	0.39	0.67	1.00	2.56	4.81	8.14	5.26
泰 州	0.84	0.96	0.98	0.75	1.02	1.21	1.81	3.03	4.17	4.91
南 京	4.93	7.42	8.36	8.72	9.87	8.46	15.54	22.10	25.66	20.09
镇 江	2.40	4.66	7.57	5.08	2.93	3.26	5.01	8.06	5.60	5.96
绍 兴	3.22	0.75	1.29	1.23	1.66	2.88	8.02	15.01	16.71	20.21
宁 波	8.78	4.58	5.12	6.57	9.52	19.55	32.00	34.44	41.36	42.10
舟 山	0.13	0.08	0.24	0.27	0.27	0.30	0.27	0.51	0.62	0.69
杭 州	5.37	4.12	3.84	4.20	4.31	5.03	5.22	10.09	14.10	17.13
嘉 兴	1.22	1.48	1.21	1.23	1.53	2.71	4.81	7.98	10.22	11.57
湖 州	0.55	0.60	0.50	0.60	0.82	2.10	3.59	5.37	6.11	6.51

表 B4 1996—2005 年长三角区域各地区进出口总额(万美元)

地 区	1996 年	1997 年	1998 年	1999 年	2000 年	2001 年	2002 年	2003 年	2004 年	2005 年
上 海	222.63	247.64	313.44	386.04	547.10	608.98	726.64	1 123.97	1 600.26	1 863.65
苏 州	68.82	86.36	96.49	125.55	200.70	236.62	363.90	656.63	1 032.01	1 405.89
无 锡	24.10	33.20	43.28	43.42	59.83	66.67	97.41	143.81	218.46	291.91
常 州	13.55	16.84	15.94	19.27	28.22	32.59	39.18	52.51	69.06	83.34
南 通	20.02	21.57	21.84	24.12	31.56	32.33	38.96	51.64	67.93	85.20
扬 州	5.14	6.48	8.33	7.95	11.18	12.32	15.14	20.23	24.18	27.90
泰 州	2.70	3.44	3.74	3.56	4.48	5.32	5.73	8.81	12.56	19.28
南 京	48.22	52.38	54.33	67.26	91.02	95.88	100.94	147.12	206.39	270.90
镇 江	6.60	8.88	15.09	5.01	14.61	14.54	20.98	26.70	34.79	39.65
绍 兴	8.09	7.98	9.10	9.80	16.62	24.71	38.70	59.61	86.62	104.85
宁 波	41.86	46.09	42.12	50.09	75.41	88.92	122.73	188.10	261.12	334.94
舟 山	2.79	3.56	3.23	3.17	4.67	4.59	4.97	6.82	11.79	15.05
杭 州	43.52	48.83	59.73	73.40	104.76	112.98	131.07	182.38	244.96	298.70
嘉 兴	7.95	10.82	13.69	17.83	27.28	32.69	36.96	57.12	79.25	99.22
湖 州	3.14	3.07	2.84	3.62	6.93	7.49	8.87	12.18	16.98	22.71

表 B5 1996—2005 年长三角区域各地区境外访客数(万人次)

地区	1996 年	1997 年	1998 年	1999 年	2000 年	2001 年	2002 年	2003 年	2004 年	2005 年
上海	143.19	165.35	152.71	165.68	181.40	204.26	272.53	319.87	491.92	571.35
苏州	35.36	41.58	44.02	60.69	71.41	63.50	89.10	81.57	130.16	156.02
无锡	19.42	21.78	22.60	25.86	32.76	39.54	47.69	43.80	53.95	65.87
常州	2.05	2.39	3.40	2.80	3.31	4.74	8.10	11.07	14.32	18.20
南通	5.50	7.58	6.13	3.95	4.81	4.81	5.31	6.37	9.38	13.09
扬州	5.26	6.15	6.67	7.23	8.55	10.08	12.13	12.91	18.80	22.76
泰州	0.78	0.48	0.47	0.69	0.91	1.09	1.23	2.14	2.54	2.92
南京	24.51	29.51	30.52	37.89	41.90	46.98	56.13	51.51	71.97	86.73
镇江	5.36	6.58	8.34	7.27	10.49	11.46	14.96	15.70	25.43	30.65
绍兴	3.21	3.47	3.61	3.95	4.80	5.96	10.07	8.68	15.34	20.00
宁波	8.85	10.05	10.00	11.20	12.36	16.09	20.54	22.16	32.24	43.83
舟山	4.65	5.27	4.73	5.56	6.12	7.20	8.46	5.51	11.65	14.00
杭州	27.35	28.89	26.14	32.46	40.09	44.77	63.16	48.21	79.16	102.08
嘉兴	2.01	2.32	2.23	2.58	2.95	9.62	22.43	18.93	34.01	44.25
湖州	0.70	0.95	0.96	0.97	1.25	2.01	4.14	4.76	7.05	10.21

表 B6 1996 年长三角区域各地区 8 大产业部类增加值(亿元)

地　区	GDP	农林牧渔业	劳动密集型制造业	资本密集型制造业	技术密集型制造业	其他工业	建筑业	生产性服务业	其他服务业
上　海	2 902.20	71.58	317.11	661.95	102.88	30.72	143.36	511.14	736.98
苏　州	1 132.59	88.16	303.02	241.97	27.18	4.95	59.30	109.62	298.38
无　锡	861.78	44.81	196.56	217.51	33.42	28.50	29.93	75.25	235.81
常　州	431.15	45.55	79.65	112.02	16.26	15.69	22.87	35.23	103.87
南　京	670.61	44.56	58.08	174.63	37.85	13.82	59.03	85.26	197.38
镇　江	335.10	36.40	69.44	66.85	6.06	21.49	23.56	11.23	100.07
南　通	530.42	123.39	79.04	45.68	6.73	12.64	40.86	55.24	106.54
扬　州	376.67	57.75	41.64	66.97	3.53	12.22	23.56	39.16	90.82
泰　州	293.65	61.54	23.45	59.98	5.24	1.58	14.70	27.70	72.39
杭　州	906.61	84.00	154.47	198.46	44.05	27.05	53.61	90.62	254.37
嘉　兴	381.70	61.43	126.11	47.06	6.58	21.08	19.62	26.65	73.17
湖　州	267.92	46.74	72.46	38.35	1.95	14.12	21.39	9.16	63.75
绍　兴	513.71	65.38	95.05	94.26	9.75	16.86	93.18	34.23	105.00
宁　波	795.86	92.96	172.25	169.37	24.84	31.68	52.30	74.57	177.90
舟　山	82.58	27.58	13.17	5.05	0.64	1.54	5.49	5.40	23.72

表 B7　2000 年长三角区域各地区 8 大产业部类增加值(亿元)

地　区	GDP	农林牧渔业	劳动密集型制造业	资本密集型制造业	技术密集型制造业	其他工业	建筑业	生产性服务业	其他服务业
上　海	4 551.15	83.20	436.87	933.84	239.99	189.17	207.02	1 008.71	1 295.56
苏　州	1 540.68	90.96	325.77	283.81	144.99	36.26	79.27	152.80	426.82
无　锡	1 176.54	48.08	206.35	285.31	63.00	51.13	53.76	86.22	382.70
常　州	600.66	45.14	103.25	155.67	26.50	16.57	34.70	48.30	170.54
南　京	1 021.30	55.01	84.79	214.09	85.42	27.73	82.05	145.98	326.23
镇　江	452.03	32.20	109.07	75.06	8.01	19.57	38.63	19.41	150.09
南　通	736.44	129.76	89.11	56.16	12.86	25.86	45.00	68.82	183.79
扬　州	472.12	63.02	45.68	77.74	4.44	32.78	25.18	41.62	136.12
泰　州	405.25	66.19	27.53	71.97	11.26	4.62	31.58	37.28	110.58
杭　州	1 382.56	103.96	193.42	282.56	97.68	34.80	100.85	122.92	446.36
嘉　兴	541.02	60.23	164.13	69.67	14.87	37.69	31.29	31.24	131.90
湖　州	377.88	52.29	105.97	41.67	16.35	26.39	23.03	12.51	99.66
绍　兴	779.76	78.03	225.11	161.60	20.73	20.86	44.40	36.43	192.60
宁　波	1 175.75	95.77	210.50	270.16	37.81	81.96	58.43	85.01	336.11
舟　山	114.90	33.03	11.67	9.84	3.30	4.84	7.19	8.35	36.69

表 B8 2005 年长三角区域各地区 8 大产业部类增加值(亿元)

地区	GDP	农林牧渔业	劳动密集型制造业	资本密集型制造业	技术密集型制造业	其他工业	建筑业	生产性服务业	其他服务业
上海	9 154.18	80.34	810.86	1 921.41	873.62	312.29	323.40	1 564.15	3 056.77
苏州	1 472.08	160.03	285.97	195.14	48.45	22.65	151.33	124.33	361.87
无锡	922.02	89.29	106.87	192.71	19.53	63.21	67.72	66.96	246.60
常州	822.26	89.89	89.96	186.44	52.16	3.48	75.06	58.35	197.37
南京	2 411.11	80.04	136.67	623.71	242.29	40.51	157.10	330.76	800.03
镇江	871.67	38.69	203.26	222.80	16.93	33.86	51.31	41.99	262.83
南通	4 026.52	88.66	647.32	751.50	766.74	47.82	194.04	304.73	1 225.71
扬州	2 804.68	48.19	438.61	885.68	221.70	41.74	108.22	193.07	867.47
泰州	1 303.36	56.56	224.31	409.89	66.34	16.69	78.89	91.97	358.71
杭州	2 942.65	148.21	408.06	562.41	194.86	164.28	167.34	406.04	891.46
嘉兴	1 159.65	84.45	325.48	124.72	33.94	124.98	72.80	96.73	296.55
湖州	644.25	63.00	158.66	77.80	23.01	53.59	40.21	62.32	165.66
绍兴	1 440.48	94.56	412.41	295.26	33.18	46.67	91.33	158.08	309.00
宁波	2 449.31	132.26	359.31	641.30	76.98	110.96	152.91	350.51	625.07
舟山	280.16	39.84	42.08	27.47	1.12	16.14	25.18	23.91	105.17

表 B9　作为输入变量的产业部类构成

序号	产业部类	细分行业
1	农业	农林牧副渔业
2	劳动密集型制造业	农副食品加工业
		食品制造业
		纺织业
		纺织服装、鞋、帽制造业
		皮革、毛皮、羽毛(绒)及其制品业
		木材加工及木、竹、藤、棕、草制品业
		家具制造业
		造纸及纸制品业
		印刷业和记录媒介的复制
		文教体育用品制造业
		橡胶制品业
		塑料制品业
		非金属矿物制品业
		金属制品业
3	资金密集型制造业	饮料制造业
		烟草制品业
		石油加工、炼焦及核燃料加工业
		化学原料及化学制品制造业
		化学纤维制造业
		黑色金属冶炼及压延加工业
		有色金属冶炼及压延加工业
		通用设备制造业
		专用设备制造业
		交通运输设备制造业
		电气机械及器材制造业
		工艺品及其他制造业
		其他制造业
4	技术密集型制造业	医药制造业
		通信设备、计算机及其他电子设备制造业
		仪器仪表及文化、办公用机械制造业
5	其他类型工业	石油和天然气开采业
		电力、热力的生产和供应业
		燃气生产和供应业
		水的生产和供应业
		非金属矿物采选业
		有色金属矿采选业
		煤炭采选业
		黑色金属矿采选业
		其他采矿业
6	建筑业	建筑业
7	生产性服务业	金融保险业
		房地产业
		科学研究、综合技术服务业、地质勘查业、水利管理业
		商务信息咨询业
8	一般服务业	农业服务业
		交通运输、仓储、邮电通信业
		批发和零售贸易、餐饮业
		社会服务业
		卫生、体育和社会福利业
		教育、文化艺术和广播电影电视业
		国家机关、政党机关和社会团体
		其他行业

表 B10 对外贸易计算中企业对应的三位国民经济行业代码

三位行业代码	贸易行业类别	对应的制造业类型
611	食品、饮料、烟草批发业	劳动密集型相关行业
612	棉麻土畜产品批发业	劳动密集型相关外贸行业
613	纺织品、服装和鞋帽批发业	劳动密集型相关外贸行业
614	日用百货批发业	劳动密集型相关外贸行业
615	日用杂品批发业	劳动密集型相关外贸行业
616	五金、交电、化工批发业	资本密集型相关外贸行业
617	药品及医疗器械批发业	技术密集型相关外贸行业
621	能源批发业	资本密集型相关外贸行业
622	化工材料批发业	资本密集型相关外贸行业
623	木材批发业	劳动密集型相关外贸行业
624	建筑材料批发业	劳动密集型相关外贸行业
625	矿产品批发业	劳动密集型相关外贸行业
626	金属材料批发业	资本密集型相关外贸行业
627	电子设备批发业	技术密集型相关外贸行业
628	汽车、摩托车及零配件批发业	技术密集型相关外贸行业
629	再生物资回收批发业	其他工业相关外贸行业
631	工艺美术品批发业	其他工业相关外贸行业
632	图书报刊批发业	劳动密集型相关外贸行业
633	农业生产资料批发业	劳动密集型相关外贸行业
639	其他类未包括的批发业	劳动密集型相关外贸行业

表 B11　城市职能计算中企业对应的两位国民经济行业代码

细　分　行　业	前两位行业代码	细　分　行　业	前两位行业代码
农副食品加工业	13	交通运输设备制造业	37
食品制造业	13	电气机械及器材制造业	35
纺织业	14	医药制造业	27
纺织服装、鞋、帽制造业	17	通信设备、计算机及其他电子设备制造业	41
皮革、毛皮、羽毛(绒)及其制品业	18	仪器仪表及文化、办公用机械制造业	42
木材加工及木、竹、藤、棕、草制品业	19	电力、热力的生产和供应业	44
家具制造业	20	燃气生产和供应业	45
造纸及纸制品业	21	水的生产和供应业	46
印刷业和记录媒介的复制	22	建筑业	47
文教体育用品制造业	23	金融保险业	68、71
橡胶制品业	24	房地产业	72、73、74
塑料制品业	29	科学研究、综合技术服务业、地质勘查业、水利管理业	48、49、50、51、83、92、93
非金属矿物制品业	30		
金属制品业	31	农林牧渔服务业	05
饮料制造业	34	交通运输、仓储、邮电通信业	52、53、54、55、56、57、58、59、60
烟草制品业	15		
石油加工、炼焦及核燃料加工业	16	批发和零售贸易、餐饮业	61、62、63、64、67
化学原料及化学制品制造业	25	社会服务业	75、76、81、84
化学纤维制造业	26	商务及信息咨询	65、79、82
黑色金属冶炼及压延加工业	28	旅游业	78、80
有色金属冶炼及压延加工业	32	卫生、体育和社会福利业	85、86、87、89
专用设备制造业	36、27		

表 B12 上海具有分支机构/办事处的全球公司资料表

机构名称	全球城市联系数量	中国总部所在地	全球总部所在地	网址
捷 安	63	香港/北京	伦 敦	http：//www. msiglobal. org
德 豪	61	香 港	布鲁塞尔	http：//www. rsmi. com
奥美广告	61	北 京	纽 约	http：//www. ogilvy. com. cn
浩 华	59	香港/北京	纽 约	http：//www. nexia. com
尼克夏	59	广 州	伦 敦	http：//www. hlbi. com
摩斯伦	57	香港/北京	伦 敦	http：//www. horwath. com
马斯特	56	北 京	伦 敦	http：//www. moorestephens. com
德意志银行	56	北 京	法兰克福	https：//www. kbc. com
马施云	55	香 港	伦 敦	http：//www. mazars. com
安 永	54	香港/北京/上海	美 国	http：//www. ey. com
奥 美	51	北京/上海	纽 约	http：//www. ogilvy. com. cn
麦 肯	51	北 京	纽 约	http：//www. mccann. com
浩 信	50	上 海	伦 敦	http：//www. agn. org
灵智大洋广告	50	北 京	纽 约	http：//www. eurorscg. com
钱特雷	49	香港/上海	伦 敦	http：//www. alliottgroup. net
美国花旗	48	上 海	纽 约	http：//www. wooribank. com

续　表

机构名称	全球城市联系数量	中国总部所在地	全球总部所在地	网　址
安联保险集团	48	北　京	柏　林	http：//www. allianz. com
贝　克	47	香港/上海	伦　敦	http：//www. dfk. com/
玛泽斯	46	香港/北京	伦　敦	http：//www. bkr. com
李奥・贝纳	46	上　海	芝加哥	http：//www. leoburnett. com
德　勤	45	上　海	纽　约	http：//www. pwc. com
毕马威	44	香港/北京	阿姆斯特丹	http：//www. bdointernational. com
毅诺集团	44	北　京	伦　敦	http：//www. standardchartered. com
法国巴黎银行	44	上　海	巴　黎	http：//www. group. intesasanpaolo. com
普华永道	43	香　港	伦敦/纽约	http：//www. kpmg. com
智威汤逊	43	上　海	纽　约	http：//www. jwttpi. com. tw
罗申美	42	香　港	伦　敦	http：//www. praxity. com
美国友邦保险	41	上　海	纽　约	https：//www1. aia. com. cn
荷兰银行	39	上　海	阿姆斯特丹	http：//www. fortis. com
东京海上火灾保险株式会社	39	上　海	东　京	http：//ir. tokiomarinehd. com
荷兰合作银行	37	香港/上海	乌德勒支	http：//www. group. abnamro. com
Y&R电扬广告	37	上　海	纽　约	http：//www. yr. com

续 表

机构名称	全球城市联系数量	中国总部所在地	全球总部所在地	网 址
科隆再保险	33	北 京	科 隆	http：//www. genre. com
德国商业银行	32	北 京	北 京	http：//www. jpmorgan. com
金盛人寿	32	上 海	巴 黎	http：//www. axa. com
丰泰保险(亚洲)	32	上 海	苏黎世	http：//www. axa. com
三井住友海上火灾保险	31	上 海	东 京	http：//www. ms-ins. com
电 通	29	北 京	东 京	http：//www. dentsu. com
日本三井住友银行	28	上 海	东 京	http：//www. hanabank. com
捷孚凯市场咨询	26	北 京	纽伦堡	http：//www. gfk. com. cn
英国年利达	26	上 海	伦 敦	http：//www. linklaters. com
精信整合传播	26	北 京	纽 约	http：//www. grey. com
英国高伟绅	24	上 海	伦 敦	http：//www. cliffordchance. com
美国伟凯	24	香 港	纽 约	http：//www. whitecase. com
意大利圣保罗意米银行	24	上 海	米 兰	http：//www. dbs. com
法国 CMS 法乐菲	23	香港/上海	巴 黎	http：//www. cms-bfl. com
日本瑞穗实业银行	23	上 海	东 京	http：//www. rabobank. com
建设银行	23	北 京	北 京	http：//www. ccb. com
英国安理	22	上 海	伦 敦	http：//www. allenovery. com

续 表

机构名称	全球城市联系数量	中国总部所在地	全球总部所在地	网 址
美国众达	22	香港/上海	纽约	http：//www.jonesday.com
法国兴业银行	22	北京	巴黎	http：//www.hkbea.com
美国联邦保险	22	上海	沃伦	http：//www.chubb.com
美国瑞生	19	香港/上海	纽约	http：//www.lw.com
比利时富通银行	19	上海	布鲁塞尔	http：//www.keb.co.kr
英国渣打银行	17	上海	伦敦	http：//www.bankofamerica.com
菲律宾首都银行	17	南京	马卡蒂	http：//www.anz.com
中宏人寿保险	17	上海	多伦多	http：//www.manulife-sinochem.com
皇家太阳联合保险公司	17	上海	伦敦	http：//www.rsagroup.com
英国诺顿罗氏	16	上海	伦敦	http：//www.nortonrose.com
韩国外换银行	16	天津	首尔	http：//www.uob.com.sg
美国博恩·凯悟	15	香港/上海	芝加哥	http：//www.bryancave.com
美国普衡	15	香港/北京	纽约	http：//www.paulhastings.com
美国摩根大通银行	15		纽约	http：//www.deloitte.com
新加坡星展银行	15	上海	新加坡	http：//www.bangkokbank.com
香港上海汇丰银行	15	上海	香港	https：//www.nordlb.de

续 表

机构名称	全球城市联系数量	中国总部所在地	全球总部所在地	网址
英国品诚梅森	14	上海	伦敦	http：//www. pinsentmasons. com
美国盛德国际	14	香港/北京	纽约	http：//www. sidley. com/default. aspx
澳大利亚和新西兰银行	14	上海/北京	墨尔本	http：//www. ocbc. com. sg
新加坡大华银行	14	上海	新加坡	http：//www. bancaroma. it
意大利罗马银行	14	上海	罗马	http：//www. smbc. co. jp
新加坡华侨银行	13	上海	新加坡	http：//www. mizuhocbk. com. tw
韩国韩亚银行	13	北京	首尔	http：//www. maybank2u. com
北德意志州银行	13	上海	波恩	https：//www. commerzbank. de
英国胜蓝	12	北京	伦敦	http：//www. salans. com
英国西盟斯	12	上海	伦敦	http：//www. simmons-simmons. com
泰国盘谷银行	12	香港/北京	曼谷	http：//www. socgen. com
中国银行(香港)	12	上海	香港	http：//www. kdb. co. kr
韩国产业银行	12	香港/北京	首尔	http：//www. hsbc. com. hk
意大利比邻德立	11	北京/上海	意大利	http：//www. mofo. com. cn
西班牙嘉里盖思	11	上海	马德里	http：//www. garrigues. com
美国银行	11	北京	旧金山	http：//www. citibank. com. cn
沪江德勤会计	10	上海	纽约	http：//www. deloitte. com

表 B13 上海增加值计算的制造业区位商和职能强度

行业	1996 年		2000 年		2005 年	
	区位商	职能强度	区位商	职能强度	区位商	职能强度
农副食品	0.74	0.00	0.48	0.00	0.49	0.00
食品	1.04	0.03	1.39	0.47	1.50	0.54
纺织业	0.52	0.00	0.38	0.00	0.25	0.00
纺织服装、鞋、帽	0.90	0.00	0.73	0.00	0.61	0.00
皮革、毛皮、羽毛(绒)及其制品	0.62	0.00	0.71	0.00	0.61	0.00
木材加工及木制品	0.74	0.00	1.26	0.12	0.57	0.00
家具	0.96	0.00	1.12	0.16	1.58	0.30
造纸及纸制品业	0.68	0.00	0.74	0.00	0.54	0.00
印刷业和记录媒介的复制	1.20	0.35	1.55	0.83	1.73	0.84
文教体育用品	1.11	0.08	1.06	0.04	1.12	0.05
橡胶制品业	1.45	0.77	1.08	0.14	0.94	0.00
塑料制品业	0.61	0.00	0.90	0.00	0.95	0.00
非金属矿物制品业	0.60	0.00	0.68	0.00	0.93	0.00
金属制品业	1.02	0.05	1.08	0.21	1.07	0.06
饮料	0.99	0.00	0.83	0.00	1.14	0.04
烟草制品业	1.79	0.62	1.61	0.41	1.61	0.20
石油加工、炼焦及核燃料	0.72	0.00	0.72	0.00	1.53	0.14
化学原料及化学制品	0.86	0.00	0.86	0.00	0.83	0.00
化学纤维	1.49	0.52	1.20	0.08	0.21	0.00
黑色金属冶炼及压延	1.94	1.00	1.81	0.93	1.17	0.13
有色金属冶炼及压延	0.75	0.00	0.48	0.00	0.53	0.00
通用设备	0.80	0.00	0.93	0.00	1.30	0.48
专用设备	0.90	0.00	0.92	0.00	1.03	0.04
交通运输设备	1.62	0.81	1.68	0.98	1.62	0.69
电气机械及器材	0.57	0.00	0.84	0.00	0.83	0.00
工艺品及其他	1.04	0.06	1.13	0.30	0.77	0.00
医药	1.33	0.54	1.06	0.04	0.79	0.00
通信设备、计算机及其他电子设备	1.09	0.11	1.16	0.21	1.28	0.20
仪器仪表及文化、办公用机械	1.33	0.65	0.86	0.00	1.22	0.25

表 B14 苏州按增加值计算的制造业区位商和职能强度

行业	1996年		2000年		2005年	
	区位商	职能强度	区位商	职能强度	区位商	职能强度
农副食品	0.62	0.00	1.11	0.00	1.26	0.02
食品	0.12	0.00	1.36	0.15	0.64	0.00
纺织业	2.30	0.27	1.38	0.08	1.07	0.02
纺织服装、鞋、帽	0.99	0.00	1.15	0.05	1.16	0.08
皮革、毛皮、羽毛(绒)及其制品	0.32	0.00	1.13	0.02	0.74	0.00
木材加工及木制品	1.07	0.01	1.02	0.00	0.62	0.00
家具	1.32	0.05	1.26	0.13	0.91	0.00
造纸及纸制品业	0.86	0.00	1.03	0.01	1.55	0.16
印刷业和记录媒介的复制	0.20	0.00	0.49	0.00	0.52	0.00
文教体育用品	1.16	0.02	1.07	0.02	0.71	0.00
橡胶制品业	0.72	0.00	1.22	0.14	1.19	0.12
塑料制品业	1.19	0.04	1.05	0.04	0.99	0.00
非金属矿物制品业	1.30	0.05	1.58	0.30	0.69	0.00
金属制品业	1.11	0.05	0.84	0.00	0.54	0.00
饮料	0.00	0.00	0.13	0.00	0.32	0.00
烟草制品业	0.00	0.00	0.02	0.00	0.00	0.00
石油加工、炼焦及核燃料	0.08	0.00	0.35	0.00	0.12	0.00
化学原料及化学制品	1.17	0.03	0.94	0.00	0.74	0.00
化学纤维	0.85	0.00	0.62	0.00	1.09	0.02
黑色金属冶炼及压延	0.49	0.00	0.71	0.00	1.04	0.02
有色金属冶炼及压延	1.46	0.09	1.57	0.19	1.22	0.14
通用设备	0.72	0.00	0.77	0.00	0.53	0.00
专用设备	1.45	0.15	1.09	0.06	0.87	0.00
交通运输设备	0.20	0.00	0.47	0.00	0.35	0.00
电气机械及器材	1.41	0.05	0.94	0.00	0.92	0.00
工艺品及其他	1.61	0.21	1.26	0.22	0.36	0.00
医药	0.50	0.00	0.55	0.00	0.50	0.00
通信设备、计算机及其他电子设备	0.60	0.00	1.56	0.33	2.00	0.74
仪器仪表及文化、办公用机械	0.68	0.00	1.96	0.50	1.53	0.53

表 B15 无锡按增加值计算的制造业区位商和职能强度

行　业	1996 年		2000 年		2005 年	
	区位商	职能强度	区位商	职能强度	区位商	职能强度
农副食品	0.43	0.00	0.28	0.00	0.21	0.00
食品	0.50	0.00	0.30	0.00	0.80	0.00
纺织业	1.40	0.10	1.68	0.12	1.23	0.04
纺织服装、鞋、帽	0.99	0.00	0.67	0.00	0.73	0.00
皮革、毛皮、羽毛(绒)及其制品	0.61	0.00	0.40	0.00	0.16	0.00
木材加工及木制品	1.51	0.12	0.28	0.00	0.40	0.00
家具	0.35	0.00	0.07	0.00	0.02	0.00
造纸及纸制品业	1.19	0.04	0.60	0.00	0.44	0.00
印刷业和记录媒介的复制	1.79	0.58	1.38	0.12	0.96	0.00
文教体育用品	0.28	0.00	0.14	0.00	0.20	0.00
橡胶制品业	1.23	0.10	0.74	0.00	0.69	0.00
塑料制品业	1.28	0.12	1.25	0.14	0.95	0.00
非金属矿物制品业	1.23	0.07	1.08	0.02	0.83	0.00
金属制品业	1.06	0.05	1.13	0.08	1.43	0.19
饮料	0.40	0.00	0.20	0.00	0.15	0.00
烟草制品业	0.00	0.00	0.00	0.00	0.00	0.00
石油加工、炼焦及核燃料	0.36	0.00	0.36	0.00	0.26	0.00
化学原料及化学制品	0.91	0.00	1.17	0.06	1.07	0.02
化学纤维	0.66	0.00	1.05	0.00	2.36	0.41
黑色金属冶炼及压延	0.99	0.00	1.36	0.07	2.09	0.60
有色金属冶炼及压延	1.74	0.33	1.77	0.19	1.74	0.37
通用设备	1.40	0.19	1.44	0.23	0.87	0.00
专用设备	1.43	0.26	1.41	0.22	1.35	0.20
交通运输设备	0.63	0.00	0.67	0.00	0.74	0.00
电气机械及器材	0.99	0.00	0.96	0.00	1.15	0.08
工艺品及其他	0.39	0.00	0.45	0.00	0.43	0.00
医药	0.89	0.00	0.88	0.00	0.72	0.00
通信设备、计算机及其他电子设备	0.93	0.00	0.86	0.00	0.77	0.00
仪器仪表及文化、办公用机械	0.97	0.00	0.72	0.00	0.41	0.00

表 B16 常州按增加值计算的制造业区位商和职能强度

行业	1996年		2000年		2005年	
	区位商	职能强度	区位商	职能强度	区位商	职能强度
农副食品	0.45	0.00	0.44	0.00	0.35	0.00
食品	0.60	0.00	0.61	0.00	0.52	0.00
纺织业	1.25	0.02	1.49	0.04	1.31	0.02
纺织服装、鞋、帽	0.86	0.00	1.13	0.01	1.19	0.03
皮革、毛皮、羽毛(绒)及其制品	0.25	0.00	0.32	0.00	0.46	0.00
木材加工及木制品	0.43	0.00	0.61	0.00	0.81	0.00
家具	0.25	0.00	0.90	0.00	0.58	0.00
造纸及纸制品业	0.55	0.00	0.24	0.00	0.39	0.00
印刷业和记录媒介的复制	0.66	0.00	0.61	0.00	0.74	0.00
文教体育用品	0.21	0.00	0.16	0.00	0.46	0.00
橡胶制品业	0.69	0.00	0.78	0.00	0.57	0.00
塑料制品业	1.67	0.15	1.27	0.08	0.99	0.00
非金属矿物制品业	1.10	0.01	0.80	0.00	1.25	0.05
金属制品业	1.10	0.03	1.01	0.00	1.14	0.02
饮料	0.03	0.00	0.44	0.00	0.34	0.00
烟草制品业	0.00	0.00	0.01	0.00	0.00	0.00
石油加工、炼焦及核燃料	0.00	0.00	0.13	0.00	0.17	0.00
化学原料及化学制品	1.03	0.00	1.39	0.09	1.61	0.13
化学纤维	0.38	0.00	0.30	0.00	0.39	0.00
黑色金属冶炼及压延	0.31	0.00	0.51	0.00	1.48	0.08
有色金属冶炼及压延	1.37	0.06	2.21	0.20	1.35	0.06
通用设备	2.34	0.44	1.86	0.31	1.44	0.14
专用设备	2.20	0.47	1.98	0.39	1.76	0.25
交通运输设备	0.62	0.00	0.80	0.00	0.86	0.00
电气机械及器材	1.26	0.02	1.30	0.06	1.21	0.06
工艺品及其他	0.68	0.00	0.64	0.00	0.52	0.00
医药	1.02	0.00	0.84	0.00	1.03	0.00
通信设备、计算机及其他电子设备	1.02	0.00	0.63	0.00	0.42	0.00
仪器仪表及文化、办公用机械	0.77	0.00	0.84	0.00	0.49	0.00

表 B17　南京按增加值计算的制造业区位商和职能强度

行　业	1996 年		2000 年		2005 年	
	区位商	职能强度	区位商	职能强度	区位商	职能强度
农副食品	0.75	0.00	0.86	0.00	0.66	0.00
食品	0.71	0.00	0.55	0.00	0.95	0.00
纺织业	0.16	0.00	0.18	0.00	0.10	0.00
纺织服装、鞋、帽	0.44	0.00	0.50	0.00	0.53	0.00
皮革、毛皮、羽毛(绒)及其制品	0.72	0.00	0.98	0.00	0.43	0.00
木材加工及木制品	0.16	0.00	0.73	0.00	0.09	0.00
家具	1.86	0.24	1.21	0.07	0.13	0.00
造纸及纸制品业	0.48	0.00	0.56	0.00	0.22	0.00
印刷业和记录媒介的复制	0.76	0.00	0.78	0.00	0.78	0.00
文教体育用品	0.37	0.00	0.79	0.00	0.46	0.00
橡胶制品业	0.38	0.00	0.99	0.00	0.89	0.00
塑料制品业	1.02	0.00	1.01	0.01	0.53	0.00
非金属矿物制品业	1.20	0.05	1.07	0.02	0.92	0.00
金属制品业	0.57	0.00	0.68	0.00	0.47	0.00
饮料	0.82	0.00	0.45	0.00	1.01	0.00
烟草制品业	1.02	0.00	1.81	0.14	2.40	0.19
石油加工、炼焦及核燃料	3.73	0.31	3.37	0.26	3.09	0.30
化学原料及化学制品	2.70	0.95	2.10	0.70	2.26	0.58
化学纤维	0.14	0.00	0.12	0.00	0.13	0.00
黑色金属冶炼及压延	0.65	0.00	0.83	0.00	1.57	0.16
有色金属冶炼及压延	0.35	0.00	0.59	0.00	0.95	0.00
通用设备	0.71	0.00	0.61	0.00	0.49	0.00
专用设备	0.86	0.00	1.06	0.03	0.66	0.00
交通运输设备	1.57	0.16	0.99	0.00	1.18	0.04
电气机械及器材	0.54	0.00	0.75	0.00	0.59	0.00
工艺品及其他	0.99	0.00	1.19	0.10	0.67	0.00
医药	0.74	0.00	1.03	0.01	0.90	0.00
通信设备、计算机及其他电子设备	2.31	0.76	1.95	0.45	1.33	0.06
仪器仪表及文化、办公用机械	1.00	0.00	0.82	0.00	0.73	0.00

表 B18 镇江按增加值计算的制造业区位商和职能强度

行业	1996年		2000年		2005年	
	区位商	职能强度	区位商	职能强度	区位商	职能强度
农副食品	3.31	0.12	8.98	0.67	2.54	0.03
食品	1.67	0.07	1.26	0.03	1.26	0.02
纺织业	0.75	0.00	0.56	0.00	0.47	0.00
纺织服装、鞋、帽	0.96	0.00	0.86	0.00	0.78	0.00
皮革、毛皮、羽毛(绒)及其制品	1.50	0.02	0.70	0.00	1.01	0.00
木材加工及木制品	0.82	0.00	0.55	0.00	8.10	0.37
家具	1.00	0.00	0.25	0.00	0.16	0.00
造纸及纸制品业	0.99	0.00	3.35	0.38	5.03	0.52
印刷业和记录媒介的复制	1.07	0.01	0.92	0.00	0.64	0.00
文教体育用品	1.27	0.02	1.74	0.07	1.73	0.04
橡胶制品业	0.38	0.00	0.52	0.00	0.76	0.00
塑料制品业	1.48	0.08	0.62	0.00	0.78	0.00
非金属矿物制品业	1.53	0.07	1.79	0.12	1.73	0.11
金属制品业	1.95	0.43	2.12	0.53	2.61	0.33
饮料	0.76	0.00	0.44	0.00	0.10	0.00
烟草制品业	0.00	0.00	0.00	0.00	0.00	0.00
石油加工、炼焦及核燃料	0.08	0.00	0.34	0.00	0.45	0.00
化学原料及化学制品	1.14	0.01	1.52	0.10	2.26	0.21
化学纤维	0.12	0.00	0.08	0.00	0.10	0.00
黑色金属冶炼及压延	0.24	0.00	0.12	0.00	0.37	0.00
有色金属冶炼及压延	2.19	0.22	2.05	0.12	1.20	0.02
通用设备	0.91	0.00	0.52	0.00	0.91	0.00
专用设备	0.89	0.00	0.61	0.00	0.80	0.00
交通运输设备	0.59	0.00	0.53	0.00	1.21	0.02
电气机械及器材	2.11	0.12	1.43	0.07	1.25	0.04
工艺品及其他	1.80	0.19	1.58	0.16	1.58	0.03
医药	0.34	0.00	0.37	0.00	0.40	0.00
通信设备、计算机及其他电子设备	0.59	0.00	0.24	0.00	0.12	0.00
仪器仪表及文化、办公用机械	0.54	0.00	0.61	0.00	0.67	0.00

表 B19 南通按增加值计算的制造业区位商和职能强度

行　业	1996 年		2000 年		2005 年	
	区位商	职能强度	区位商	职能强度	区位商	职能强度
农副食品	2.35	0.07	1.55	0.01	3.94	0.13
食品	0.70	0.00	0.65	0.00	0.41	0.00
纺织业	1.92	0.14	2.40	0.15	2.49	0.19
纺织服装、鞋、帽	1.54	0.14	2.33	0.23	2.28	0.28
皮革、毛皮、羽毛(绒)及其制品	1.91	0.06	1.16	0.01	0.95	0.00
木材加工及木制品	2.37	0.22	0.25	0.00	0.14	0.00
家具	1.53	0.07	1.25	0.03	0.54	0.00
造纸及纸制品业	0.77	0.00	0.26	0.00	0.28	0.00
印刷业和记录媒介的复制	0.60	0.00	0.24	0.00	0.19	0.00
文教体育用品	0.95	0.00	0.87	0.00	1.64	0.05
橡胶制品业	1.20	0.03	0.89	0.00	1.07	0.01
塑料制品业	0.53	0.00	0.80	0.00	0.82	0.00
非金属矿物制品业	1.63	0.12	1.36	0.05	1.35	0.07
金属制品业	1.29	0.12	1.11	0.03	1.42	0.07
饮料	0.59	0.00	0.54	0.00	0.65	0.00
烟草制品业	0.13	0.00	0.12	0.00	0.06	0.00
石油加工、炼焦及核燃料	0.03	0.00	0.01	0.00	0.26	0.00
化学原料及化学制品	0.75	0.00	0.82	0.00	1.11	0.01
化学纤维	1.31	0.04	1.85	0.05	1.41	0.03
黑色金属冶炼及压延	0.06	0.00	0.16	0.00	0.18	0.00
有色金属冶炼及压延	1.55	0.10	1.08	0.00	0.67	0.00
通用设备	1.00	0.00	0.95	0.00	0.99	0.00
专用设备	0.77	0.00	0.67	0.00	0.64	0.00
交通运输设备	0.38	0.00	0.62	0.00	0.57	0.00
电气机械及器材	0.62	0.00	0.60	0.00	1.05	0.01
工艺品及其他	2.09	0.41	1.47	0.13	1.55	0.04
医药	0.66	0.00	0.46	0.00	0.97	0.00
通信设备、计算机及其他电子设备	0.75	0.00	0.64	0.00	0.33	0.00
仪器仪表及文化、办公用机械	0.24	0.00	0.60	0.00	1.24	0.04

表 B20 扬州按增加值计算的制造业区位商和职能强度

行业	1996年		2000年		2005年	
	区位商	职能强度	区位商	职能强度	区位商	职能强度
农副食品	1.26	0.01	0.72	0.00	1.55	0.01
食品	0.97	0.00	0.48	0.00	0.54	0.00
纺织业	0.73	0.00	0.83	0.00	0.72	0.00
纺织服装、鞋、帽	1.21	0.03	1.01	0.00	1.46	0.04
皮革、毛皮、羽毛(绒)及其制品	1.61	0.02	2.61	0.11	2.80	0.04
木材加工及木制品	2.01	0.10	1.92	0.05	1.87	0.01
家具	0.17	0.00	0.02	0.00	0.17	0.00
造纸及纸制品业	1.06	0.00	0.44	0.00	0.55	0.00
印刷业和记录媒介的复制	0.74	0.00	0.29	0.00	0.28	0.00
文教体育用品	3.37	0.50	3.45	0.42	3.71	0.31
橡胶制品业	0.39	0.00	0.33	0.00	0.42	0.00
塑料制品业	1.69	0.13	2.02	0.31	0.97	0.00
非金属矿物制品业	0.58	0.00	0.33	0.00	0.91	0.00
金属制品业	1.35	0.11	0.87	0.00	1.06	0.00
饮料	0.40	0.00	0.21	0.00	0.34	0.00
烟草制品业	0.00	0.00	0.00	0.00	0.00	0.00
石油加工、炼焦及核燃料	0.60	0.00	0.32	0.00	0.19	0.00
化学原料及化学制品	0.74	0.00	0.78	0.00	0.93	0.00
化学纤维	2.75	0.32	5.95	0.75	2.78	0.15
黑色金属冶炼及压延	0.23	0.00	0.19	0.00	0.44	0.00
有色金属冶炼及压延	0.69	0.00	0.51	0.00	0.68	0.00
通用设备	1.18	0.02	1.16	0.02	1.28	0.04
专用设备	1.13	0.02	1.12	0.02	1.79	0.15
交通运输设备	1.31	0.03	1.05	0.00	1.72	0.08
电气机械及器材	1.41	0.03	1.40	0.05	2.00	0.24
工艺品及其他	0.90	0.00	1.30	0.06	4.40	0.46
医药	0.71	0.00	0.49	0.00	0.77	0.00
通信设备、计算机及其他电子设备	0.48	0.00	0.23	0.00	0.25	0.00
仪器仪表及文化、办公用机械	0.00	0.00	0.09	0.00	0.44	0.00

表 B21　泰州按增加值计算的制造业区位商和职能强度

行　业	1996 年		2000 年		2005 年	
	区位商	职能强度	区位商	职能强度	区位商	职能强度
农副食品	1.19	0.00	1.78	0.01	2.04	0.01
食品	0.68	0.00	0.16	0.00	0.24	0.00
纺织业	0.61	0.00	0.84	0.00	0.80	0.00
纺织服装、鞋、帽	0.18	0.00	0.17	0.00	0.44	0.00
皮革、毛皮、羽毛(绒)及其制品	0.33	0.00	0.13	0.00	0.11	0.00
木材加工及木制品	0.14	0.00	0.23	0.00	0.39	0.00
家具	0.28	0.00	0.25	0.00	0.06	0.00
造纸及纸制品业	0.59	0.00	0.38	0.00	0.52	0.00
印刷业和记录媒介的复制	0.42	0.00	0.13	0.00	0.16	0.00
文教体育用品	0.92	0.00	0.39	0.00	0.46	0.00
橡胶制品业	0.48	0.00	0.29	0.00	0.48	0.00
塑料制品业	0.76	0.00	0.46	0.00	0.59	0.00
非金属矿物制品业	0.73	0.00	0.73	0.00	0.70	0.00
金属制品业	1.47	0.14	1.45	0.11	2.46	0.28
饮料	0.28	0.00	0.27	0.00	0.84	0.00
烟草制品业	0.00	0.00	0.00	0.00	0.00	0.00
石油加工、炼焦及核燃料	0.02	0.00	0.05	0.00	1.47	0.01
化学原料及化学制品	1.06	0.01	1.35	0.04	1.39	0.04
化学纤维	0.05	0.00	0.06	0.00	0.14	0.00
黑色金属冶炼及压延	0.14	0.00	0.32	0.00	0.54	0.00
有色金属冶炼及压延	0.85	0.00	1.34	0.02	0.89	0.00
通用设备	2.38	0.33	1.80	0.16	1.36	0.06
专用设备	1.10	0.01	0.78	0.00	1.02	0.00
交通运输设备	0.54	0.00	1.17	0.01	1.37	0.03
电气机械及器材	4.49	0.70	3.32	0.64	1.99	0.24
工艺品及其他	0.75	0.00	0.87	0.00	0.50	0.00
医药	2.35	0.33	3.81	0.47	7.91	0.84
通信设备、计算机及其他电子设备	0.20	0.00	0.10	0.00	0.05	0.00
仪器仪表及文化、办公用机械	0.67	0.00	0.23	0.00	0.27	0.00

表 B22 杭州按增加值计算的制造业区位商和职能强度

行业	1996年		2000年		2005年	
	区位商	职能强度	区位商	职能强度	区位商	职能强度
农副食品	0.32	0.00	0.22	0.00	0.44	0.00
食品	2.91	0.74	1.95	0.35	1.92	0.44
纺织业	0.73	0.00	0.85	0.00	1.00	0.00
纺织服装、鞋、帽	0.63	0.00	0.68	0.00	0.86	0.00
皮革、毛皮、羽毛(绒)及其制品	2.60	0.21	2.00	0.14	1.77	0.05
木材加工及木制品	0.84	0.00	0.87	0.00	0.64	0.00
家具	0.77	0.00	1.41	0.14	1.32	0.05
造纸及纸制品业	2.04	0.27	1.91	0.19	2.19	0.24
印刷业和记录媒介的复制	1.12	0.04	1.00	0.00	0.99	0.00
文教体育用品	0.53	0.00	0.32	0.00	0.78	0.00
橡胶制品业	1.32	0.10	1.91	0.57	2.04	0.56
塑料制品业	1.09	0.02	0.64	0.00	1.01	0.01
非金属矿物制品业	1.19	0.04	1.02	0.00	1.26	0.10
金属制品业	0.70	0.00	0.73	0.00	0.89	0.00
饮料	3.12	0.63	5.52	0.93	3.68	0.87
烟草制品业	2.40	0.28	2.21	0.23	3.12	0.47
石油加工、炼焦及核燃料	0.27	0.00	0.37	0.00	0.16	0.00
化学原料及化学制品	0.97	0.00	0.86	0.00	0.78	0.00
化学纤维	0.36	0.00	0.34	0.00	1.72	0.14
黑色金属冶炼及压延	0.90	0.00	0.72	0.00	0.66	0.00
有色金属冶炼及压延	0.05	0.00	0.12	0.00	0.58	0.00
通用设备	1.04	0.01	0.76	0.00	1.02	0.01
专用设备	0.56	0.00	0.62	0.00	0.41	0.00
交通运输设备	0.64	0.00	0.76	0.00	1.00	0.00
电气机械及器材	1.35	0.05	1.29	0.10	0.97	0.00
工艺品及其他	1.06	0.02	0.45	0.00	1.36	0.06
医药	1.32	0.10	1.57	0.12	1.37	0.03
通信设备、计算机及其他电子设备	1.40	0.13	1.03	0.01	0.75	0.00
仪器仪表及文化、办公用机械	1.39	0.15	2.26	0.46	1.27	0.11

表 B23　嘉兴按增加值计算的制造业区位商和职能强度

行　　业	1996 年		2000 年		2005 年	
	区位商	职能强度	区位商	职能强度	区位商	职能强度
农副食品	1.89	0.03	1.22	0.00	0.79	0.00
食品	0.88	0.00	0.46	0.00	0.70	0.00
纺织业	1.83	0.09	1.95	0.07	2.09	0.08
纺织服装、鞋、帽	1.91	0.21	2.88	0.32	3.10	0.45
皮革、毛皮、羽毛(绒)及其制品	5.80	0.69	5.86	0.73	9.79	0.90
木材加工及木制品	0.98	0.00	1.82	0.04	4.58	0.12
家具	0.85	0.00	0.78	0.00	3.15	0.24
造纸及纸制品业	3.61	0.58	2.98	0.24	2.34	0.09
印刷业和记录媒介的复制	1.16	0.02	1.34	0.03	1.71	0.09
文教体育用品	0.57	0.00	0.65	0.00	0.73	0.00
橡胶制品业	0.73	0.00	1.72	0.15	2.50	0.31
塑料制品业	1.03	0.00	0.58	0.00	0.91	0.00
非金属矿物制品业	2.21	0.22	1.79	0.10	1.72	0.12
金属制品业	0.61	0.00	0.76	0.00	0.75	0.00
饮料	1.27	0.02	0.95	0.00	0.57	0.00
烟草制品业	0.07	0.00	0.07	0.00	0.00	0.00
石油加工、炼焦及核燃料	0.16	0.00	0.28	0.00	0.16	0.00
化学原料及化学制品	0.61	0.00	0.71	0.00	0.71	0.00
化学纤维	1.29	0.03	2.27	0.07	2.05	0.08
黑色金属冶炼及压延	0.24	0.00	0.13	0.00	0.21	0.00
有色金属冶炼及压延	0.82	0.00	0.51	0.00	0.22	0.00
通用设备	0.36	0.00	0.64	0.00	0.78	0.00
专用设备	0.45	0.00	0.42	0.00	0.35	0.00
交通运输设备	0.14	0.00	0.09	0.00	0.19	0.00
电气机械及器材	0.78	0.00	0.56	0.00	0.53	0.00
工艺品及其他	0.67	0.00	0.62	0.00	1.39	0.02
医药	0.24	0.00	0.19	0.00	0.39	0.00
通信设备、计算机及其他电子设备	0.54	0.00	0.49	0.00	0.33	0.00
仪器仪表及文化、办公用机械	0.43	0.00	0.55	0.00	0.61	0.00

表 B24 湖州按增加值计算的制造业区位商和职能强度

行 业	1996 年		2000 年		2005 年	
	区位商	职能强度	区位商	职能强度	区位商	职能强度
农副食品	1.80	0.01	1.44	0.00	0.95	0.00
食品	1.82	0.05	0.33	0.00	0.81	0.00
纺织业	1.96	0.06	2.85	0.10	2.28	0.05
纺织服装、鞋、帽	0.69	0.00	0.91	0.00	1.42	0.02
皮革、毛皮、羽毛(绒)及其制品	0.84	0.00	0.71	0.00	2.11	0.01
木材加工及木制品	4.64	0.46	7.70	0.79	12.61	0.49
家具	3.90	0.40	3.39	0.39	5.59	0.42
造纸及纸制品业	2.20	0.09	0.55	0.00	0.71	0.00
印刷业和记录媒介的复制	0.98	0.00	1.27	0.01	1.47	0.02
文教体育用品	1.79	0.05	2.02	0.06	0.37	0.00
橡胶制品业	0.08	0.00	0.10	0.00	0.42	0.00
塑料制品业	0.32	0.00	0.31	0.00	0.80	0.00
非金属矿物制品业	3.44	0.37	3.64	0.38	3.82	0.50
金属制品业	0.71	0.00	0.83	0.00	0.70	0.00
饮料	2.30	0.07	0.92	0.00	1.19	0.00
烟草制品业	0.00	0.00	0.00	0.00	0.00	0.00
石油加工、炼焦及核燃料	0.25	0.00	0.42	0.00	0.01	0.00
化学原料及化学制品	0.79	0.00	0.60	0.00	0.67	0.00
化学纤维	0.61	0.00	0.08	0.00	0.40	0.00
黑色金属冶炼及压延	0.17	0.00	0.14	0.00	0.59	0.00
有色金属冶炼及压延	0.93	0.00	1.48	0.02	1.40	0.02
通用设备	0.40	0.00	0.29	0.00	0.46	0.00
专用设备	0.45	0.00	0.32	0.00	0.44	0.00
交通运输设备	0.27	0.00	0.24	0.00	0.07	0.00
电气机械及器材	1.75	0.03	1.31	0.02	1.41	0.04
工艺品及其他	0.00	0.00	0.00	0.00	0.89	0.00
医药	0.43	0.00	3.80	0.29	4.12	0.10
通信设备、计算机及其他电子设备	0.17	0.00	0.10	0.00	0.07	0.00
仪器仪表及文化、办公用机械	0.12	0.00	0.16	0.00	0.12	0.00

表 B25 宁波按增加值计算的制造业区位商和职能强度

行业	1996 年		2000 年		2005 年	
	区位商	职能强度	区位商	职能强度	区位商	职能强度
农副食品	1.16	0.01	0.93	0.00	1.08	0.00
食品	0.86	0.00	0.42	0.00	0.67	0.00
纺织业	1.15	0.02	0.84	0.00	0.99	0.00
纺织服装、鞋、帽	2.13	0.54	2.14	0.32	1.31	0.06
皮革、毛皮、羽毛(绒)及其制品	0.27	0.00	0.17	0.00	0.33	0.00
木材加工及木制品	1.60	0.09	0.50	0.00	0.45	0.00
家具	0.56	0.00	0.61	0.00	0.77	0.00
造纸及纸制品业	1.02	0.00	2.01	0.19	0.70	0.00
印刷业和记录媒介的复制	0.52	0.00	0.49	0.00	1.27	0.05
文教体育用品	2.31	0.33	2.46	0.39	3.20	0.54
橡胶制品业	0.41	0.00	0.72	0.00	0.49	0.00
塑料制品业	2.10	0.44	1.64	0.35	1.61	0.38
非金属矿物制品业	0.54	0.00	0.43	0.00	0.54	0.00
金属制品业	1.07	0.03	1.07	0.03	1.19	0.04
饮料	0.78	0.00	0.66	0.00	0.67	0.00
烟草制品业	1.72	0.09	2.30	0.22	2.34	0.15
石油加工、炼焦及核燃料	5.85	0.69	5.89	0.74	4.33	0.56
化学原料及化学制品	0.32	0.00	0.40	0.00	0.45	0.00
化学纤维	0.31	0.00	0.31	0.00	0.65	0.00
黑色金属冶炼及压延	0.08	0.00	0.22	0.00	0.15	0.00
有色金属冶炼及压延	1.40	0.08	1.28	0.04	1.45	0.11
通用设备	1.01	0.00	1.36	0.14	1.45	0.19
专用设备	0.66	0.00	0.90	0.00	1.71	0.31
交通运输设备	0.57	0.00	0.55	0.00	1.13	0.02
电气机械及器材	1.09	0.01	1.27	0.07	1.60	0.29
工艺品及其他	0.56	0.00	0.86	0.00	2.35	0.24
医药	0.23	0.00	0.16	0.00	0.16	0.00
通信设备、计算机及其他电子设备	0.86	0.00	0.52	0.00	0.30	0.00
仪器仪表及文化、办公用机械	1.51	0.19	1.21	0.03	1.23	0.06

表 B26 绍兴按增加值计算的制造业区位商和职能强度

行　业	1996 年		2000 年		2005 年	
	区位商	职能强度	区位商	职能强度	区位商	职能强度
农副食品	0.43	0.00	0.29	0.00	0.33	0.00
食品	0.45	0.00	0.14	0.00	0.43	0.00
纺织业	2.71	0.31	3.28	0.44	3.94	0.61
纺织服装、鞋、帽	1.39	0.08	1.44	0.06	1.30	0.04
皮革、毛皮、羽毛(绒)及其制品	0.66	0.00	0.96	0.00	0.63	0.00
木材加工及木制品	0.28	0.00	0.12	0.00	0.40	0.00
家具	2.29	0.23	1.36	0.07	0.87	0.00
造纸及纸制品业	1.13	0.01	0.81	0.00	0.69	0.00
印刷业和记录媒介的复制	0.45	0.00	0.16	0.00	0.23	0.00
文教体育用品	0.33	0.00	0.46	0.00	0.32	0.00
橡胶制品业	0.49	0.00	0.53	0.00	0.33	0.00
塑料制品业	0.89	0.00	1.20	0.06	2.05	0.61
非金属矿物制品业	0.86	0.00	1.03	0.00	1.23	0.04
金属制品业	0.36	0.00	0.68	0.00	0.28	0.00
饮料	2.70	0.25	2.19	0.06	1.95	0.08
烟草制品业	0.00	0.00	0.00	0.00	0.00	0.00
石油加工、炼焦及核燃料	0.27	0.00	0.01	0.00	0.02	0.00
化学原料及化学制品	0.87	0.00	0.79	0.00	0.84	0.00
化学纤维	1.70	0.09	1.60	0.04	2.39	0.18
黑色金属冶炼及压延	0.27	0.00	0.16	0.00	0.12	0.00
有色金属冶炼及压延	1.68	0.11	2.24	0.22	2.10	0.28
通用设备	0.95	0.00	1.48	0.14	1.30	0.08
专用设备	1.38	0.09	1.24	0.06	1.08	0.02
交通运输设备	0.20	0.00	0.23	0.00	0.48	0.00
电气机械及器材	0.50	0.00	0.51	0.00	0.63	0.00
工艺品及其他	1.49	0.11	1.10	0.03	2.25	0.15
医药	1.13	0.02	1.32	0.03	1.66	0.03
通信设备、计算机及其他电子设备	0.40	0.00	0.17	0.00	0.06	0.00
仪器仪表及文化、办公用机械	0.52	0.00	0.26	0.00	0.22	0.00

表 B27　舟山按增加值计算的制造业区位商和职能强度

行　　业	1996 年		2000 年		2005 年	
	区位商	职能强度	区位商	职能强度	区位商	职能强度
农副食品	21.40	0.76	18.49	0.30	27.65	0.80
食品	4.35	0.11	0.05	0.00	0.73	0.00
纺织业	1.14	0.00	0.21	0.00	1.42	0.00
纺织服装、鞋、帽	0.21	0.00	0.22	0.00	0.21	0.00
皮革、毛皮、羽毛(绒)及其制品	0.29	0.00	0.27	0.00	0.39	0.00
木材加工及木制品	0.97	0.00	0.00	0.00	0.73	0.00
家具	1.64	0.01	0.18	0.00	0.32	0.00
造纸及纸制品业	0.22	0.00	0.39	0.00	0.23	0.00
印刷业和记录媒介的复制	1.16	0.00	0.30	0.00	0.62	0.00
文教体育用品	1.24	0.00	0.82	0.00	1.47	0.00
橡胶制品业	0.15	0.00	0.01	0.00	0.26	0.00
塑料制品业	1.83	0.02	1.32	0.01	0.89	0.00
非金属矿物制品业	0.41	0.00	0.16	0.00	0.94	0.00
金属制品业	0.22	0.00	0.24	0.00	0.15	0.00
饮料	3.09	0.03	2.82	0.01	2.13	0.01
烟草制品业	0.00	0.00	0.00	0.00	0.00	0.00
石油加工、炼焦及核燃料	0.02	0.00	0.00	0.00	0.00	0.00
化学原料及化学制品	0.23	0.00	0.20	0.00	0.14	0.00
化学纤维	0.33	0.00	1.82	0.00	1.28	0.00
黑色金属冶炼及压延	0.01	0.00	0.00	0.00	0.02	0.00
有色金属冶炼及压延	0.14	0.00	0.06	0.00	0.15	0.00
通用设备	0.38	0.00	0.41	0.00	0.48	0.00
专用设备	0.60	0.00	4.33	0.22	2.07	0.04
交通运输设备	0.96	0.00	1.19	0.00	3.91	0.12
电气机械及器材	0.81	0.00	0.28	0.00	0.19	0.00
工艺品及其他	0.00	0.00	0.00	0.00	0.00	0.00
医药	0.56	0.00	3.26	0.04	0.20	0.00
通信设备、计算机及其他电子设备	0.30	0.00	0.51	0.00	0.00	0.00
仪器仪表及文化、办公用机械	0.69	0.00	0.55	0.00	0.08	0.00

后 记

在区域经济深度融入全球化的今天，资本作为一根无形的魔杖，时时刻刻导演着各个角落的情绪，不论是悲是喜。尽管始于2008年的全球金融危机阴霾至今仍未散去，英国脱欧、特朗普当选等事件势必导致国际贸易保护主义的重新抬头，但是经济全球化的事实却仍然是谁也无法抹煞的客观存在。毕竟，全球化已经确确实实不可避免地对我们的生活发生了重大的影响。从历史的角度看，全球化的地域流动与文化征服更为隐蔽，当然也更为迅疾，且从各个方面彻底地影响着我们的生活，而空间不过是其运动的通道和留下印记的载体而已。

我对家乡长沙、株洲、湘潭三市的发展有着非常直接的感性认识：长株潭区域的社会经济总量落后于长三角，但是局部密度类似于长三角区域，而在人文历史上，一直到20世纪50年代株洲还是湘潭的一个镇，而湘潭历史上也只是长沙的一个县，且在当地的民俗祭拜中，香封纸上总是少不了“长沙府湘潭县”的字样，可见三地之间的历史人文关系是多么的紧密，因此，在做完长三角区域的研究后，总想着继续再做一下长株潭区域。然而，我同济毕业后在华南理工大学工作，主要又是以珠三角城市区域为研究对象，相关的成果也多以该区域为例，每念及此，总有一种无奈从心底升起。回顾从事城市区域研究的几年，我的家人对我付出了巨大的支持，妻子王霜玲与我风雨同舟，家里的琐碎事情她都默默地承担着，岳父、岳母悉心照顾我的起居。另一方面，远在内地的父母、弟弟等人也时刻关心着我。作为科研工作者，对家乡的这种情怀同研究工作牵扯在一起，总是感觉到自己还应该深入做点什么，这也就有了结论部分的研究展望。

作为一名博士研究生，能够在导师唐子来教授的指导下接触到国内城市社会空间研究领域的前沿是一个十分难得的机会。回想自从2002年进入唐老师门下，当时还不大理事，只浑浑噩噩地想拿个学位，而全然不懂做研究的乐趣与价值，不过庆幸自己在唐老师的指点下，终于一步步向着学术的殿堂前进，所谓

“浪子回头金不换”。唐老师对我的一点点的批评、指正，现在想起来都是对我莫大的帮助，正因为是前沿研究，故而能接受到国际顶尖学者如 Hall、Taylor 等教授的指点。在论文写作当中，这种跌宕起伏的心理过程实在难以忘却，尤其是到了后期，唐老师仔细过问论文的每一处，实在是倾注了太多的心血！因此，感谢导师唐子来教授为我指点迷津，为论文的顺利完成奠定了坚实的基础，而唐老师平时严谨、踏实的工作作风更给我树立了榜样。扪心自问，在师门中八年寒窗，却总觉自己浅薄、不自信，或许正是先生的严谨、刚正才令我有这般的感受吧！

所以接下来，我要向 Peter Hall 爵士致谢意。想想我自己只是一个初出茅庐的博士生，对于做研究尚是一知半解，英语也不是很好，但是 Hall 爵士耐着性子看完了我发给他的两篇夹生的英文稿子，真是难得！我也要向 Taylor 教授致以谢意，正是他的帮助，使得我在 GaWC 有了自己的第一篇英文文章，也为我继续深入研究提供了巨大的动力。同时，还要感谢比利时根特大学的 Derudder 教授，他也是我后续研究的指导者，也艳羡他年纪轻轻就做了那么多的研究。

另外，还要感谢赵民、王德、宁越敏、孙施文、宋小冬等教授为我提供了很多的宝贵意见，感谢课题组黄翊翎、刘坤轶、连兴、邹玉、李璨等同学的支持，也要感谢张立、王伟等同学的支持。上海市规划和国土资源管理局张玉鑫副总工、夏建忠处长、熊健副处长以及廖志强、范宇、杜潇芳、朱丽芳、伍攀峰，上海市城市规划设计研究院熊鲁霞总工、陈琳师妹、虹口区规划局白爱军局长、罗隽副局长、程军、罗翌弘、张乐彦等领导和同事也给了我很大的关怀，这里一并致谢！

赵渺希